高职高专工学结合课程改革规划教材

交通职业教育教学指导委员会
交通运输管理专业指导委员会

Wuliu Shichang Yingxiao Jishu

物流市场营销技术

（第二版）

（物流管理专业用）

黄碧蓉 主 编
熊正平
董弋萱 副主编
楼伯良 主 审

人民交通出版社

内 容 提 要

本教材是高职高专工学结合课程改革规划教材，是在各高等职业院校积极践行和创新先进职业教育思想和理念，深入推进“校企合作、工学结合”人才培养模式的大背景下，由交通职业教育教学指导委员会交通运输管理专业指导委员会根据新的教学标准和课程标准组织编写而成。

本教材分为十个任务，分别是：物流市场营销策划导论、物流市场营销调查、物流市场营销战略、物流市场竞争、物流目标市场STP战略策划、物流促销策划、物流营销网络策划、物流企业形象策划与营销造势、顾客满意度战略策划、物流市场营销管理。

本教材可作为高职院校物流管理专业学生的教学用书，也可作为物流行业从业人员的培训用书。

图书在版编目(CIP)数据

物流市场营销技术/黄碧蓉主编. —2版. —北京：人民交通出版社，2012.7

高职高专工学结合课程改革规划教材

ISBN 978-7-114-09914-4

Ⅰ.①物… Ⅱ.①黄… Ⅲ.①物资市场—市场营销学—高等职业教育—教材 Ⅳ.①F252.2

中国版本图书馆CIP数据核字(2012)第144893号

高职高专工学结合课程改革规划教材

书　　名：物流市场营销技术（第二版）
著 作 者：黄碧蓉
责任编辑：刘　君
出版发行：人民交通出版社
地　　址：（100011）北京市朝阳区安定门外外馆斜街3号
网　　址：http：//www.ccpress.com.cn
销售电话：（010）59757969，59757973
总 经 销：人民交通出版社发行部
经　　销：各地新华书店
印　　刷：北京交通印务实业公司
开　　本：787×1092　1/16
印　　张：16.75
字　　数：420千
版　　次：2007年6月　第1版
　　　　　2012年7月　第2版
印　　次：2012年7月　第2版　第1次印刷　总第3次印刷
书　　号：ISBN 978-7-114-09914-4
印　　数：5001-8000册
定　　价：45.00元

高职高专工学结合课程改革规划教材

编审委员会

序

为了适应我国高职高专教育发展及其对教育改革和教材建设的需要，在全国交通职业教育教学指导委员会的指导下，根据2011年颁布的交通运输类主干专业《物流管理专业教学标准与课程标准》（适应于高等职业教育），我们组织从事高职高专教学第一线的优秀教师和企业专家合作编写物流管理专业系列教材（第二版），其中部分作者来自国家级示范性职业院校。

为了做好此项工作，2011年8月5～8日在青海省西宁市召开了全国交通教育交通运输管理专业指导委员会工作扩大会议，启动了新一轮规划教材的建设工作，邀请物流企业的专家共同参与教材建设（原则上要求副主编由企业专家担任），采取主编负责制。为了保证本套教材的出版质量，我们在全国范围内选聘成立"高职高专工学结合课程改革规划教材编审委员会"，确定了编写5门核心课程和12门专门化方向课程的教材主编、副主编和参编。2011年9月23～25日在北京召开了由全国交通教育交通运输管理专业指导委员会主办、人民交通出版社承办的高职物流管理专业教材编写大纲审定会议，编审委员会审议通过了17种教材的编写大纲以及具体编写进度要求。2012年3月23日、5月4日、5月5日在上海分三批对17种教材进行了审稿、定稿。本套教材按照"任务引领、项目驱动、能力为本"的原则编写，突出应用性、针对性和实践性的特点，并重组系列教材结构，力求反映高职高专课程和教学内容体系改革方向，反映当前物流企业的新理念、新技术、新工艺和新方法，注重理论知识的应用和实践技能的培养，在兼顾理论和实践内容的同时，避免片面强调理论知识的系统性，理论知识以应用为目的，以必需、够用为尺度，尽量体现科学性、先进性和广泛性，以利于学生综合素质的形成和科学思维方式与创新能力的培养。

本套教材包括：《物流信息技术应用》、《运输管理实务》、《仓储管理实务》、《物流市场营销技术》、《供应链管理实务》5门专业核心课程教材，《集装箱运输实务》、《货物配送实务》、《国际货运代理》、《物料采购与供应管理》等12门专门化方向课程教材。突出以就业为导向、以企业工作需求为出发点的职业教育特色。在内容上，注重与岗位实际要求紧密结合，与职业资格标准紧密结合；在形式上，配套提供多媒体教学课件，作为教材的配套资料挂到人民交通出版社网站供读者下载。既满足物流管理专业人才培养的需要，也可供物流企业管理和技术人员阅读，还可作为在职人员的培训教材。

交通职业教育教学指导委员会
交通运输管理专业指导委员会
2012年5月

第二版前言 PREFACE

目前中国物流业的发展面临着国际物流巨头的威胁。我国物流企业应强化竞争意识、服务意识，以市场为导向，注重与客户间的互动，重视客户需求，满足客户的需要，通过与客户建立长期的、稳定的合作关系，形成竞争优势。

物流市场营销技术通过市场分析，了解市场竞争态势、掌握客户需求，使物流企业有的放矢，提高物流资源的配置，最大限度地满足客户的需求，实现企业的营销目标。

本书是高职高专工学结合课程改革规划教材，是在各高等职业院校积极践行和创新先进职业教育思想和理念，深入推进"校企合作、工学结合"人才培养模式的大背景下，由交通职业教育教学指导委员会交通运输管理专业指导委员会根据新的教学标准和课程标准组织编写而成。

本书第一版名为《物流服务营销》。此版更名为《物流市场营销技术》。

本书体例新颖，打破传统教材学科体系模式，突出技能培养，实现理论与实践的一体化教学。教材内容以任务引领，进行项目设置，根据项目设置导入学习内容。每一项目明确教学要点、教学方法、教学内容及思考练习。每一学习内容设置相应情景，给出工作任务，提出技能训练目标，激发学生学习相关理论知识与提高自身技能的愿望，然后介绍相关理论知识。相关理论知识学习完成后，让学生根据训练步骤，完成情景设置提出的任务。学生任务完成后，通过自我评价、小组互评以及教师评价来检验相关理论知识与技能掌握的情况，使学生真正做到"学中做"、"做中学"，让学生的实际操作能力得以提高，实现高职教育的目标。

本书全面阐述了市场营销的基本任务。根据目前物流业市场竞争的严峻形势、客户关系对物流企业的重要性以及物流产品无形性这一特点，将物流市场竞争、物流企业形象策划与营销造势，顾客满意度战略策划分别单列为一个任务进行阐述。全书内容包括：任务一物流市场营销策划导论、任务二物流市场营销调研、任务三物流市场营销战略、任务四物流市场竞争、任务五物流目标市场 STP 战略策划、任务六物流促销策划、任务七物流营销网络策划、任务八物流企业形象策划与营销造势、任务九顾客满意度战略策划、任务十物流市场营销管理。

本书由云南交通职业技术学院黄碧蓉主编并统稿，云南交通职业技术学院熊正平、云南省物流协会秘书长董弋萱担任副主编，上海交通职业技术学院楼伯良主审。具体编写为：云南交通职业技术学院黄碧蓉（编写任务一、任务二、任务八），云南省物流协会秘书长董弋萱（编写任务三），云南交通职业技术学院熊正平（编写任务四），四川交通职业技术学院饶丽（编写任务五），陕西交通职业技术学院刘晗兵（编写任务六），湖北交通职业技术学院严石林（编写任务七），陕西交通职业技术学院李琳（编写任务九、任务十）。

本书在编写过程中，参阅并引用了国内外有关市场营销、物流市场营销方面的论著和资料及相关网站的资料，有的可能在参考文献中没有列出，在此一并致谢。由于作者水平有限，书中难免有疏漏和不足之处，恳请专家和读者给予批评指正。

编者

2012 年 4 月

第一版前言 PREFACE

进入21世纪，随着经济全球化的发展，物流业作为国民经济的动脉和基础产业起着越来越重要的作用。各级政府和企业都把发展物流业作为提高竞争能力和提高企业核心竞争力的重要手段。现代物流理念、先进的物流技术逐步引入到经济建设和企业经营管理之中。物流业作为一个独立的产业迅速崛起，同时也促进了物流教育的发展。为提高物流运作和管理水平，解决人才制约物流产业发展的瓶颈，加强国际物流、物流管理、仓储配送、物流运输、企业运输、物流营销、物流信息处理等技能型人才的培养，已是推动物流行业发展的关键。

为了实现人才培养目标，适应物流行业的发展要求，贯彻《国务院关于大力发展职业教育的决定》精神，培养面向生产、建设、服务和管理第一线需要的物流行业的高技能人才，推动课程建设与改革，加强教材建设，交通职业教育教学指导委员会交通运输管理专业指导委员会根据物流管理专业人才培养要求，组织全国交通职业技术院校的教师编写了物流管理专业规划教材，供高等职业院校物流管理及其相关专业教学使用。

本套教材全面、系统、科学地阐述了现代物流学的相关理论、方法和应用技术，突出以就业为导向，以能力为本位，以企业工作需求为出发点的职业教育特色，在内容上注重与岗位实际要求紧密结合，与职业资格标准紧密结合，体现了教材的科学性、系统性、应用性、前瞻性和通俗性。既满足了物流管理专业人才培养的需要，也可供物流企业管理和技术人员阅读，还可作为在职人员的培训教材。

《物流服务营销》是高职高专院校物流管理专业规划教材之一，内容包括：物流服务营销概述，物流服务营销战略，物流服务市场细分与目标市场定位，物流服务产品策略，物流服务定价策略，物流企业渠道策略，物流服务促销策略，物流服务的国际化策略，物流服务营销的客户与合同管理，物流服务的质量与绩效管理，物流服务营销理念的提升。

参加本书编写工作的有：陕西交通职业技术学院阎叶琛（编写第一、二、三章）、刘海斌（编写第六、八章），云南交通职业技术学院黄碧蓉（编写第四、五章），四川交通职业技术学院饶丽（编写第七、九章），内蒙古大学职业技术学院魏政懋（编写第十、十一章）。全书由阎叶琛担任主编，刘海斌担任副主编，云南交通职业技术学院杨丽担任主审。

本套教材在编写过程中参阅和应用了国内外有关物流科学的论著和资料，无论在参考文献中是否列出，在此，对这些文献的作者和译者表示由衷的感谢和诚挚的谢意。由于作者水平有限，书中不妥之处在所难免，恳请专家和读者给予批评和指正。

交通职业教育教学指导委员会
交通运输管理专业指导委员会
2007年5月

目　录 CONTENTS

任务一 物流市场营销策划导论

内容简介

随着经济全球一体化进程的不断加快，物流活动已成为经济活动的一个重要组成部分，与此同时，物流企业所面临的物流市场日趋复杂，市场竞争也日益激烈，物流企业要在市场中立于不败之地，并得到进一步发展壮大，就要运用物流市场营销理论作指导，把握市场营销策划的内容，根据物流市场营销目标，选择合适的物流营销策划方法，在广泛收集相关信息资料、作出客观分析的基础上，按照物流市场营销策划的流程，构思、设计出一个完整高效的最佳物流市场营销方案，并将其作为物流市场营销工作的重点，这样才能够适应复杂多变的物流市场环境。

教学目标

1. 知识目标

(1) 理解物流市场营销的含义；

(2) 了解物流市场营销的特点、目标和任务；

(3) 理解物流市场营销理念；

(4) 掌握物流市场营销策划的内容；

(5) 了解物流市场营销策划的基本原则；

(6) 掌握物流市场营销策划的一般流程；

(7) 掌握物流市场营销策划书的一般写作格式。

2. 技能目标

(1) 能够把握物流市场营销策划的内容；

(2) 能够正确运用物流市场营销策划的方法；

(3) 能够按照物流市场营销策划的一般流程组织物流市场营销活动；

(4) 能够撰写市场营销策划书。

案例导入

黑龙江省哈尔滨市邮政局的市场营销策划
——江中药业一体化物流营销

黑龙江省哈尔滨市邮政局开发了江中集团的药品仓储集散分拨运输配送一体化业务，由此拉开了江中经销商物流一体化业务发展的帷幕。

1. 扫描市场锁定目标

"立足哈市，兼顾全国"，这是哈尔滨市邮政局在开发物流市场中坚持的原则。哈尔滨市邮政局坚持以市场为导向，以用户为中心，以效益为目标的原则，扎扎实实做好市场营销工作，把邮政物流一体化业务真正作为邮政物流的核心业务来抓，积极开发包括仓储、运输或配送两个环节以上的一体化物流业务。哈尔滨邮政局充分利用各种邮政物流服务产品，对潜在用户进行深入开发，尤其注意对医药流通企业的信息采集。日益繁荣的医药市场，给物流业的发展带来了无限商机，药品成为黑龙江省重要的进、出口商品，众多商家看好这块医药物流市场的“风水宝地”，使出浑身解数进行市场征战。面对白热化的市场竞争，该局面向药品销售连锁店、省内药品批发商等药品经销单位，进行了积极的走访。

在与龙卫同新、人民同泰药店的接触中，哈尔滨市邮政局了解到，江中药业生产的健胃消食片、草珊瑚含片、亮嗓等药品和保健食品的进销量很大，为其提供物流服务的是深圳某物流公司。因为哈尔滨市邮政局物流公司在成立初期与这家公司建立过合作关系，通过调阅物流大客户档案，他们找到了这家物流公司存放江中药业药品的仓库，掌握了第一手资料。然后，该局制订了相应的物流解决方案，与江西省南昌市邮政局物流公司紧密沟通，并在该物流公司的大力帮助下，牢牢把握与江中药业的合作契机，全力将江西省药品驻黑龙江省销售部门的物流业务“收入囊中”。

2. 六件武器出击天下

在对江中药业的业务开发中，哈尔滨邮政局亮出了威力强大的六件“武器”，循序渐进、步步为营，最终赢得了客户的“芳心”。

第一件武器是“邮政物流一体化业务需求征集函”。哈尔滨邮政局首先对江中药业的公司基本信息、现有物流配送基本情况、物流操作具体事项、财务结算、信息反馈要求、代收货款、其他物流业务需求等重点情况进行了细致的调查，为建立有效的大客户档案和物流方案设计做足了准备工作。这件武器充分展示了该局的调研能力和合作诚意，体现了对客户的尊重和了解。

第二件武器是“黑龙江省哈尔滨市邮政局物流大客户信息资料明细表”。他们将采集到的江中药业有关信息进行了分析整理和建档，做好了屡败屡战、直至成功的准备，坚定了开发用户的信心。

第三件武器是“江中药业邮政物流解决方案”。他们根据江中药业的实际情况，详细陈述了双方的企业背景、对甲方物流需求的理解、共同的发展与合作的基础、邮政经销商一体化物流实施过程、与邮政合作的优势分析和前景展望等内容，就江中药业所关心的物流问题给出了操作性极强的解决方案，充分体现了邮政物流的服务特色。

第四件武器是一封“邀请函”。哈尔滨邮政局及时而恳切地邀请江中药业负责人到哈尔滨市进行实地考察，体现了邮政物流经营工作的积极主动性。

第五件武器是一个符合GMP要求的仓库，以及与药品仓储配送一体化业务相关的计算机设备、网络连接、货物管理、进出口操作等设施。

第六件武器就是全心全意的服务精神。哈尔滨邮政局以双赢互利为指导思想，以优质的个性化服务让用户感觉到邮政的合作诚意，努力维护客户关系。

这六件武器出招后，果然引起了对方的关注。江中集团代表抵达哈尔滨市考察邮政物流，当日就达成了合作意向，并于当天20:00完成了江中药品由全程物流仓库向邮政物流仓库的移仓，实现了邮政物流部门以制造企业派驻本省销售机构为客户的目标。

按照“仓储+配送”的核心服务模式，哈尔滨邮政局将江中集团当日库存药品盘点后，由全程物流中转库转仓至邮政物流仓库，为客户提供包括省内运输配送、仓储管理、包装理货、流通加工、信息管理、退货处理、代收货款等服务的省内一体化物流业务。

3. 塑造细节提升品质

“锁定用户的心,才能锁定用户的腰包”,牢牢吸引用户最有效的法宝就是“个性化服务”。哈尔滨邮政局从内部管理入手,建章立制,从细节上抓服务,进一步完善和加强现场管理,尽心尽力为客户打造完美的服务,牢牢锁定了大客户。

在内部管理上,哈尔滨邮政局建立了明确的管理流程和工作程序,确定管理信息的流向,明确工作人员的分工与合作,坚持做到“出入有登记、物品不混装、人员不乱走、摆放达标准、出仓保到位”,对仓储、运输、配送三大环节,实行了三级负责制,对违反制度者,实行转岗和下岗处理,使每一个员工都努力做到不出任何差错,最大限度地发挥员工的主观能动性和积极性。

哈尔滨邮政局选拔得力人员进行专门的信息管理,对江中药业药品的网上信息及时接收、打印、分拣、运输、配送;注意经常与江中集团物流部、江西省南昌市邮政局物流公司、江中集团驻黑龙江省代表、江中药业药品代理商的沟通,及时通报工作中出现的问题,并在第一时间协商进行解决;严格按照业务规定及合同承诺的服务要求进行处理,动态跟踪处理过程并及时向客户反馈;及时、全面掌握第一手资料,确保货物安全,做到及时准确反馈处理情况。针对异常情况,进行认真分析原因,不断改进项目作业流程,直到问题解决,确保让客户满意。

与此同时,哈尔滨邮政局积极向药监部门进行汇报、沟通,取得支持,并按照《药品经营质量管理规范》(即 GSP)对现有的邮政仓储资源进行改造,取得资质,为医药经销商提供了储存、拣选、理货、退货等医药物流服务平台。

4. 收获与启示

(1)摸排市场、重点公关。建立营销网络,规范营销流程,对信息进行分类,避免出现市场空白点;有重点地进行公关,要选准客户合作的“切入点”进行全力公关,运用邮政信誉品牌和网络资源等独特优势,进行科学策划。

(2)积极开展经销商物流业务,提高邮政物流供应链服务能力。哈尔滨邮政局积极向医药经销商推介邮政医药物流操作经验,争取为其提供省内非拆零“仓储+配送”服务,有利于促进省内一体化物流业务的快速发展,形成差异化优势,对于邮政物流的生存和长远发展,具有非常重要的意义。

(3)注意与兄弟单位的沟通联系,广泛关注各类经营信息,强化大客户档案管理,不放过任何一个发展新用户的机会。针对江中集团非常严格的“返回执”要求,哈尔滨邮政局也积极加强与省内兄弟单位的合作,避免产生对运费结算的不良影响。

(4)以客户为中心,不断提高服务水平。用心维护,是邮政物流业务开发的法宝。邮政与物流大客户合作后,就必须迎合客户的利益发展需求,把握自身特点,突出中国邮政的联动协作优势,提供切实可行的个性化物流解决方案,展示邮政网络资源的核心竞争能力,取得良好的战绩,从而获取自身的经济效益。

引导思路

(1)黑龙江省哈尔滨市邮政局物流公司对江中药业一体化物流营销之所以获得成功,是因为从哪些方面入手的?

(2)黑龙江省哈尔滨市邮政局物流公司对江中药业一体化物流制订的营销思路遵循了市场营销的什么理念?

项目一 物流市场营销的认知

教学要点

(1)通过对物流市场营销含义及市场营销理念的认识理解,辨析在物流市场营销活动的实际工作中怎样把握行动的方向。

(2)通过提供(收集)的企业资料,选择某项物流业务,小组讨论确定市场营销策划的内容和方法。

教学方法

可采用讲授、情景教学、案例教学和分组讨论等方法。

一、物流市场营销的基本知识

1. 情景设置

某物流公司新近招聘了一批员工,准备补充到销售部,上岗前要对他们进行营销知识的培训,如果这项工作由你负责,他们首先应该学习哪些理论知识?掌握哪些知识点?

2. 技能训练目标

能够对物流市场营销理论有初步的认知,明确物流市场营销的特点,物流市场营销的任务。

3. 相关理论知识

1)市场营销的含义

市场营销是指企业致力于通过交换过程满足顾客需要所进行的一系列与市场有关的活动。菲利普·科特勒(Philip Kotler)对市场营销的解释是:市场营销是个人或组织通过创造并同他人或组织交换产品和价值以获得其所需之物的一种社会过程。

市场营销是通过市场交换满足现实或潜在需求的综合性经营销售活动。就一般的市场营销而言,其目的是满足消费者的现实或潜在需要;其中心任务是达成交易,实现交换;其手段是综合性的营销活动。

市场营销管理是指为实现企业目标,创造、建立和保持与目标市场之间的互利交换关系,而对设计方案的分析、计划、执行和控制。市场营销管理的实质是需求管理,它的任务是影响需求的水平、时间和内容。

2)市场营销观念

企业在开展营销时,会受以下不同观念的影响:

(1)生产观念。生产观念是指导企业营销行为的最古老的观念之一。生产观念认为,消费者喜欢那些可以随处买得到而且价格低廉的产品,企业应致力于提高生产效率和分销效率,扩大生产、降低成本以扩展市场。生产观念是一种重生产、轻营销的商业哲学。

(2)产品观念。产品观念认为,消费者喜欢高质量、多功能和具有某种特色的产品,企业只要致力于生产高质产品,并不断加以改进,做到物美价廉,就一定会产生良好的市场反应。这种观念产生于市场产品供不应求的"卖方市场"形势下。最容易滋生产品观念的场合,莫过于当企业发明一种新产品时。此时，企业最容易患上“市场营销近视”，即不适当地把注意力放在产品上，而不是放在市场需求上。在市场营销管理中缺乏远见，只关注自己的产品质量是否好，不关注市场需求的变化，致使企业经营陷入困境。

(3)推销观念。推销观念(或称作销售观念)是为许多企业所采用的另一种观念。它认为，消费者通常表现出一种购买惰性或抗衡心理，如果顺其自然的话，消费者一般不会足量购买某一企业的产品，因此，企业必须积极推销和大力促销，以刺激消费者大量购买本企业产品。推销观念在现代市场经济条件下被大量用于推销那些非渴求物品，即购买者一般不会想到要去购买的产品或服务。许多企业在产品过剩时，也常常奉行推销观念。推销观念本质上是生产什么就推销什么，不考虑顾客是否满意和顾客的真正需求，因而以强行推销为基础的市场营销会面临很大的风险。

(4)市场营销观念。市场营销观念认为，实现企业各项目标的关键，在于正确确定目标市场的需要和欲望，并且比竞争者更有效地传送目标市场所期望的物品或服务，进而比竞争者更有效地满足目标市场的需要和欲望。西奥多·莱维特(Theodore Levitt)曾对推销观念和营销观念作过深刻的比较，他指出：推销观念注重卖方需要，营销观念则注重买方需要；推销观念以卖主需要为出发点，考虑如何把产品变成现金，而营销观念则考虑如何通过制造、传送产品以及与最终消费产品有关的所有事物，来满足顾客的需要。

(5)客户观念。随着现代营销战略由产品导向转变为客户导向，客户需求及其满意度逐渐成为营销战略成功的关键所在。各个行业的企业都试图通过卓有成效的方式，及时准确地了解和满足客户需求，进而实现企业目标。实践证明，不同子市场的客户存在着不同的需求，甚至同属一个子市场的客户的个别需求也会不同且经常变化。为了适应不断变化的市场需求，企业的营销战略必须及时调整。在此营销背景下，越来越多的企业开始由奉行市场营销观念转变为奉行客户观念或顾客观念。

所谓客户观念，是指企业注重收集每一个客户以往的交易信息、人口统计信息、心理活动信息、媒体习惯信息以及分销偏好信息等，根据所收集的信息确认不同客户的终生价值，分别为每一个客户提供各不相同的产品或服务，传播不同的信息，通过提高客户忠诚度，增加每一个客户的购买量，从而确保企业的利润增长。市场营销观念则与之不同，它强调的是满足每一个子市场的需求，而客户观念则强调满足每一个客户的特殊需求。

需要注意的是，客户观念并不适用于所有企业。一对一营销需要以工厂定制化、运营电脑化、沟通网络化为前提条件。因此，贯彻客户观念要求企业在信息收集、数据库建设、电脑软件和硬件购置等方面大量投资，而这并不是每一个企业都能够做到的。有些企业即使舍得花钱，也难免会出现投资花费大于由此带来的收益的局面。客户观念最适用于那些善于收集单个客户信息的企业，这些企业能够借助客户数据库的运用实现交叉销售，产品的周期性重购或升级(即向上销售)以及产品价值的提高。这时，客户观念往往会给这类企业带来异乎寻常的效益和收获。

(6)社会市场营销观念。社会市场营销观念认为，市场营销观念提高了人们对需求满足的期望，加剧了满足眼前需要与长远的社会福利之间的矛盾。因而社会市场营销观念强调，不仅要满足消费者的需要和欲望，而且要符合消费者自身和整个社会的长远利益，取得经济效益、社会效益和环境效益三方面的统一。企业的任务是确定各个目标市场的需要、欲望和利益，并以保护或提高消费者社会福利的方式，比竞争者更有效、更有力地向目标市场提供能满足其需要、欲望和利益的物品或服务。在制订市场营销政策时，要统筹兼顾企业利润、消费者需要和社会利益三方面的利益。

3）顾客让渡价值与市场营销组合

当今企业正面临着前所未有的激烈竞争。在卖方市场条件下，企业不必做任何特别努力去取悦顾客，顾客对产品和服务是否满意，似乎无关紧要。买方市场则完全不同，顾客可以在众多的产品和服务中进行选择，卖方必须提供令人满意的产品质量，否则，顾客很快就会转向其他竞争者。因此，企业为了求生存，尤其是为了在竞争中取胜，必须努力致力于顾客服务和顾客满意，致力于创造优于竞争者的顾客让渡价值和市场营销组合。

（1）顾客让渡价值。企业在开展营销活动时应着眼于顾客价值，通过顾客满意获得利润。

在现代市场营销观念指导下，企业应致力于顾客服务和顾客满意。而要实现顾客满意，需要从多方面开展工作，并非人们所想象的"只要价格低，则万事大吉"。事实上，消费者在选择卖主时，价格只是考虑因素之一，消费者真正看重的是"顾客让渡价值"。

顾客让渡价值是指顾客总价值与顾客总成本之间的差额。顾客总价值是指顾客购买某一产品与服务所期望获得的一组利益，包括产品价值、服务价值、人员价值和形象价值等。顾客总成本是指顾客为购买某一产品所耗费的时间、精神、体力以及所支付的货币资金等。因此，顾客总成本包括货币成本、时间成本、精神成本和体力成本等。

由于顾客在购买产品时，总希望把有关成本（包括货币、时间、精神和体力等）降到最低限度，而同时又希望从中获得更多的实际利益，以使自己的需要得到最大限度的满足。因此，顾客在选购产品时，往往从价值与成本两个方面进行比较分析，从中选择出价值最高、成本最低的产品，即顾客让渡价值最大的产品，作为优先选购的对象。

企业为战胜竞争对手，吸引更多的潜在顾客，就必须向顾客提供比竞争对手具有更多顾客让渡价值的产品，这样，才能使自己的产品被消费者所注意，进而购买。为此，企业可从两个方面改进自己的工作：一是通过改进产品、服务、人员与形象，提高产品的总价值；二是通过降低生产与销售成本，减少顾客购买产品的时间、精神与体力的耗费，从而降低货币与非货币成本。

企业的营销优势，在很大的程度上取决于营销策略组合的优势，即诸多因素的相互配合与综合运用。

（2）市场营销组合也称整体市场营销，强调以企业的市场定位为基本依据，以满足消费者需要为目标，诸多营销因素相互配合、综合运用。因为企业可控制的产品、定价、分销与促销等因素（通常称4P's营销理论）都是不断变化的因素，在市场营销实践中可以进行多种形式的组合。如同魔方的六个面，各有若干个点，只要变更其中任何一面的任何一个点，就会形成一个新的组合。企业的营销优势在很大的程度上取决于营销策略组合的优势，而不是单个策略的运用。

①市场营销组合的特点。

a. 可控性。组成市场营销组合的因素存在许多变数，但其主要因素企业是可以控制的。企业可以根据营销目标、消费者需求、市场营销环境自主确定这些营销手段的运用与搭配。

b. 可变性。组成市场营销组合的诸多因素处于动态变化之中，其中某一个因素发生变化，其他因素也会相应变化，形成新的组合。因此，企业必须关注市场条件和大大小小的营销因素的变动，及时调整自己的营销组合。

c. 整体性。企业营销成功与否，与企业营销组合的优劣有关。这就在于企业营销的产品、价格、分销、促销等诸多因素综合配套，围绕满足消费者需求开展整体营销活动，发挥整体效应。但就营销组合的多层次、多变量的相关因素来说，选取哪一个组合体，不仅需要科学的方法，而且需要丰富的市场营销经验。因此，如何确定最佳组合，既具有科学性，又充满了艺术性。

②市场营销组合的意义。

a. 市场营销组合是制订企业营销战略的基础。营销战略是企业为实现其特定的目标而设计的行为纲领或方案，主要解决的是企业发展中带有全局性、长远性和根本性的问题。有效的营销战略是目标与手段的有机统一体。将企业营销战略的制订建立在市场营销组合的基础上，可以充分发挥营销组合的优势，适应市场环境的变化，有效利用自身资源和潜力，保证企业营销战略既有远见又切实可行。

b. 市场营销组合是协调各方面力量的纽带。现代市场条件下的消费者需求，是对整体产品的需求。消费者心目中良好的企业形象和产品形象，是企业各方面工作的综合体现，它需要设计、技术、采购、生产、销售等部门的通力合作。市场营销组合概念的提出，强调了各部门的工作要在分工的基础上，更好地协调和统一起来，为满足目标市场的需求而共同努力，以实现企业的营销目标。

c. 市场营销组合为企业管理提出了新的方法和内容。传统的企业管理把企业的全部管理工作分为几个部门：生产、计划、经营、财务等，无形中把各个部门割裂开来。现在，许多企业根据市场营销组合的各个策略方向设置职能部门和工作岗位，明确部门之间的分工关系，划分市场调研的重点项目，明确企业内部和外部的关系等。不少企业的财务部门在传统的财务报表之外，抽取有关项目，按四大基本策略的内容重新列表，以分析资金运用、固定成本与变动成本支出等情况。市场营销组合的提出为企业管理提出了一种全新的、较为系统的经营管理思想。

4）物流市场营销的内涵

（1）物流市场营销的含义。物流市场营销是指物流企业以物流市场需求为核心，通过采取整体营销行为，以提供物流产品和服务来满足顾客的需要和欲望，从而实现物流企业利益目标的过程。

物流营销是市场营销的组成部分，是传统的市场营销体系在新形势下的必然发展。物流营销是一个新概念，也是市场需求链中最集中、最具活力的环节。它的使命是围绕市场需求，计划最可能的供给路径，在最有效和最经济的成本前提下，为客户提供满足空间流动和时间延伸需要的产品和服务。

物流是一个涉及运输、仓储、货代、联运、制造贸易、信息等业务的复合型行业，具体业务内容比较复杂。相应的营销知识既需要通用性原理，也需要专业性知识，需要将营销内容与物流学、管理学、计算机技术与应用等学科知识融合起来。物流营销涉及的学科有管理学、经济学、心理学、物流学、物流工程学、计算机网络技术、国际贸易与物流实务等；物流营销是应用性学科，营销知识应用于集成物流系统规划设计、运营组织与管理、全程实时控制等管理技术与方法。科学、合理的物流活动是物流企业获得持续竞争优势的一个关键因素，预示着企业具有巨大的战略潜力。物流活动离不开营销策略的正确运用，因此，只有把物流与营销结合成一个共同的竞争战略，物流系统才能够成为一个有效的系统，才能够有利于提高企业的竞争力。

(2)物流市场营销的基本特征。

①物流企业市场营销的产品既属于有形产品营销的范畴，即物流需求者的产品，又属于无形的服务产品营销的范畴，即服务于物流需求者的产品的服务过程。

②物流市场营销产品的不可事前展示性。物流营销的产品是与物流活动过程相统一和紧密联系的过程，其产品不能像有形产品一样，在服务活动开始前，向顾客展示，只能随着物流服务活动的开始、进行和结束一步一步地向客户展示。因此，物流市场营销更具有不可预见性和不可捉摸性，其营销难度更大，对营销者的营销能力要求更高。

③由于物流产品不可事前展示性的特性，物流企业市场营销的重点应以“营销企业”为主。因此，物流企业在市场营销过程中要积极主动和有计划地向所有客户和营销对象推广和推介本企业及本企业的品牌形象，增强客户对企业的信心和企业对客户的吸引力，进而促使客户放心大胆地与企业签订业务合同，达到市场营销的目的。物流企业市场营销的最终目的在于，实现物流优势资源的整合，实现物流企业长久化、经济化发展。

④物流市场营销面对的客户差异性大，既有团体客户，又有个体消费者；既有国内客户，又有国际客户；既有大客户，又有小客户；既有一次性客户，又有长久性客户。

⑤物流销售活动具有超前性。在物流产品还没有提供和生产出来之前就需要营销，它是无形性的，难以进行描述以说服客户。物流产品强调“一一对应”制和“量身订制”化，根据不同的客户分别设计不同的物流服务项目组合和产品，在客户订制完成后再生产，这样做一方面避免了提供物流产品的盲目性，另一方面能满足客户的差别化的需求。

⑥物流市场营销的目的除了推广本企业的物流服务项目外，更多的是寻求与其他物流企业的合作、合资和联合，以及寻求与国内外客户建立战略性的合作关系为主要目标，这与一般产品营销具有明显的差别。

⑦生产活动的流动性和广域性。在流动中生产产品或提供物流服务，加之生产场所的广域，使企业很难控制产品或服务质量，难以使客户满意。

(3)物流市场营销的目的可体现为以下几方面：

①通过物流营销活动，使客户了解物流企业的服务项目，增强与客户的信息和业务联系，增强客户对物流企业的信任感，以获得提供物流服务项目的机会。

②通过物流营销活动，促进客户了解和接受企业创造的新形式、新内容的物流服务项目，使物流企业与客户共享物流服务所创造的价值。

③通过物流营销活动，扩大物流企业在物流市场的份额、增强物流企业的知名度、维护企业声誉、树立物流服务品牌，提高物流企业在市场上的竞争地位。

(4)物流企业的营销任务。物流企业进行市场营销活动的一项基础和重要任务就是要开发、维持和发展特定的客户群体。物流营销的中心任务是通过营销活动达成交易或交换，体现为物流服务的销售实现。

物流营销活动要了解物流市场需求，进行物流市场研究，对物流市场进行细分；根据物流企业资源、优势、劣势、机会和风险进行物流市场定位；精心设计能够满足客户需求的物流项目，提升企业在物流项目策划方面的实力；通过大市场营销等方式，开发新市场；宣传物流企业、宣传物流服务，通过公共关系等手段，提升物流企业在公众心目中的形象。

物流企业通过营销活动要获取、扩大物流业务，维持和巩固物流市场占有率。

4. 技能训练准备

(1)学生每5人为一个小组，每个小组选1名组长。

(2)教师讲授。

(3)训练时间安排:2 学时。

5. 技能训练步骤

(1)以小组为单位,讨论市场营销的基本知识。

(2)每组派一位代表陈述主要知识点。

6. 技能训练注意事项

各成员要积极参与讨论。

7. 技能训练评价

请完成技能训练后填写附录“技能训练评价表”。

8. 技能训练活动建议

学生利用课余时间上网查阅有关物流市场营销方面的知识及资料。

二、物流市场营销策划的内容

1. 情景设置

某物流公司是一家以运输业务为主的企业,准备开展配送服务,要进行营销策划,请为该公司确定营销策划的内容。

2. 技能训练目标

能够掌握物流市场营销战略战术策划的内容。

3. 相关理论知识

物流市场营销策划包括营销战略的策划和营销战术的策划。

1)物流市场营销战略内容

物流市场营销战略是企业根据对市场机会的分析预测、判断,选择目标市场,并为目标市场安排行之有效的营销组合。

(1)分析市场机会。市场营销学认为,寻找、分析和评价市场机会,是市场营销管理人员的主要任务。在现代市场经济条件下,由于市场需要不断变化,任何产品都有其生命周期,因此任何企业都不能永远依靠其现有市场过日子。正因为这样,所以每一个企业都必须经常寻找、发现新的市场机会。不仅要善于寻找、发现有吸引力的市场机会,并且要善于对所发现的各种市场机会加以分析评价,决定哪些市场机会能成为本企业创造利润的企业机会。这是因为某些有吸引力的市场机会不一定就能成为某些企业的企业机会。

在现代市场经济条件下,某种市场机会能否成为某企业的企业机会,不仅要看利用这种市场机会是否与该企业的任务和目标相一致,而且取决于该企业是否具备利用这种市场机会、经营这种业务的条件,取决于该企业是否在利用这种市场机会、经营这种业务上比其潜在的竞争者有更大的优势,因而能享有更大的“差别利益”。

要对每种有吸引力的企业机会进行评价。如谁购买这些产品？他们愿意花多少钱？他们要买多少？顾客在何处？谁是竞争对手？需要什么分销渠道等。通过调查研究这些问题,来分析研究市场营销环境、消费者市场、生产者市场、转卖者市场和政府市场。此外,企业的财务部门和制造部门还要估算成本,以便对各种机会作最后评价,看它们能否成为能够赢利的企业机会。

总之,要善于对所发现的某种市场机会加以评价,在评价各种市场机会时,要看这些市场机会与本企业的任务、目标、资源条件等是否相一致，要选择那些比其他潜在竞争者有更大优势、能享有更大差别利益的市场机会作为本企业的企业机会。

(2)选择目标市场。发现和选择了有吸引力的市场机会之后，还要进一步进行市场细分和目标市场选择。市场细分、选择目标市场以及市场定位，构成了目标市场营销的全过程。

从现代市场营销发展史考察，企业起初实行大量市场营销，后来随着市场形势变化转为实行产品差异市场营销，二次大战之后开始实行目标市场营销。西方国家在工业化初期，由于物资短缺，生产观念在企业中颇为流行，纷纷实行大量市场营销，即大量生产某种产品，并通过众多的渠道大量推销产品，试图用这一产品来吸引市场上所有购买者。采取这种市场营销方式，可以大大降低成本、价格，创造最大的潜在市场，获得更多利润。后来，由于科学技术进步、科学管理和大规模生产的推广，商品产量迅速增加，市场商品供过于求，卖主之间竞争日趋激烈。因为同一行业中各个卖主的产品大体相似，所以卖主不能完全控制产品销售价格，于是，一些卖主开始认识到产品差异的潜在价值，实行产品差异市场营销，即企业生产销售多种外观、式样、质量、型号不同的产品，但是这时的产品差异不是由市场细分产生的。到20世纪50年代，处于买方市场形势下的西方企业纷纷接受现代市场营销观念，开始实行目标市场营销，即企业识别各个不同的购买群体，选择其中一个或几个作为目标市场，运用适当的市场营销组合，集中力量为目标市场服务，满足目标市场需要。

(3)制订营销组合。市场营销组合是企业市场营销战略的一个重要组成部分。麦卡锡曾指出：企业市场营销战略包括两个不同而又互相关联的部分：一是目标市场，即指一家公司投其所好的、颇为相似的顾客群；二是市场营销组合，即公司为了满足这个目标顾客群的需要而加以组合的可控变量。所谓市场营销战略，就是企业根据可能机会，选择一个目标市场，并试图为目标市场提供一个有吸引力的市场营销组合。

市场营销组合是现代市场营销理论中的一个重要概念。市场营销组合中所包含的可控变量可概括为4个基本变量，即产品(Product)、价格(Price)、地点(Place)和促销(Promotion)通常称为“4P”。

市场营销组合中的产品，代表企业提供给目标市场的货物和劳务的组合，包括产品质量、外观、买卖权(即在合同规定期间内按照规定的价格买卖某种货物等的权利)、式样、品牌名称、包装、尺码或型号、服务、保证、退货等。

市场营销组合中的价格，代表顾客购买商品时的价格，其中包括价目表所列的价格、折扣、折让、支付期限、信用条件等。

市场营销组合中的地点，代表企业使其产品进入和到达目标市场(或目标顾客)所进行的种种活动，其中包括渠道选择、仓储、运输等。

市场营销组合中的促销，代表企业宣传介绍其产品的优点和说服目标顾客来购买其产品所进行的种种活动，其中包括广告、销售促进、宣传、人员推销等。

企业可根据目标市场的需要，决定本企业的产品结构，制订产品价格，选择分销渠道(地点)和促销方法等，对这些市场营销手段的运用和搭配，企业有自主权。但这种自主权是相对的，因为企业营销过程中不但要受本身资源和目标的制约，还要受各种微观和宏观环境因素的影响和制约，这些是企业不可控制的变量，即不可控因素。因此，市场营销任务就是适当安排市场营销组合，使之与不可控制的环境因素相适应，这是企业营销能否成功的关键。

市场营销组合是一个复合结构，四个“P”之中又各自包含若干小的因素，形成各个“P”的亚组合，因此，市场营销组合是至少包括两个层次的复合结构。企业在确定市场营销组合时，不但应求得四个“P”之间的最佳搭配，而且要注意安排好每个“P”内部的搭配，使所有这些因素达到灵活运用和有效组合。

市场营销组合又是一个动态组合。每一个组合因素都是不断变化的，同时又互相影响，每个因素都是另一因素的潜在替代者。在四个大的变量中，又各自包含着若干小的变量，每一个变量的变动，都会引起整个市场营销组合的变化，形成一个新的组合。

市场营销组合要受企业市场定位战略的制约，即根据市场定位战略设计，安排相应的市场营销组合。

把企业的市场营销因素分为可控因素与不可控因素，以及把可控因素概括为4P这些传统理论，在西方国家已经有40年的发展历史。但是，近年来在国际市场竞争日趋激烈，以及许多国家政府干预加强和贸易保护主义再度兴起的新形势下，市场营销理论有了新的发展，菲利普·科特勒从1984年以来提出了一个新的理论，他认为企业能够影响自己所处的市场营销环境，而不应单纯地顺从和适应环境。因此，市场营销组合的4P之外，还应该再加上2P，即权力(Power)与公共关系(Public Relations)，成为6P。这就是说，要运用政治力量和公共关系，打破国际或国内市场上的贸易壁垒，为企业的市场营销开辟道路。他把这种新的战略思想，称之为大市场营销。

市场营销组合也在不断演变，在一些学者将4P的理论框架不断进行扩充和完善的同时，也有一些学者认为，随着世界经济的发展，市场营销环境发生了很大的变化，消费个性化、人文化、多样化特征日益突出，传统的4P组合已经越来越不能够适应新的情况。为此，他们分别提出新的市场营销组合来变革4P组合。20世纪90年代，美国营销专家罗伯特·劳特朋(Robert Lauteerbom)提出用新的4C组合取代4P组合。4C即顾客(customer)、成本(cost)、便利(convenience)、沟通(communication)。4C组合认为，消费者是企业一切经营活动的核心，企业重视顾客要甚于重视产品；将营销价格因素延伸为生产经营全过程的成本，包括企业生产成本和消费者购物成本；强调企业提供给消费者的便利比营销渠道更重要；用沟通取代促销，强调企业应重视与顾客的双向沟通，以积极的方式适应顾客的情感，建立基于共同利益之上的新型的企业、顾客关系。4C组合是站在消费者的立场上重新反思营销活动的诸多要素，是对传统4P理论的发展和深化。显然，4C组合有助于营销者更加主动、积极地适应市场变化，有助于营销者与顾客达成更有效的沟通。

近年来，美国学者唐·舒尔茨(Don Shultz)教授提出了基于关系营销的4R组合，受到了广泛的关注。4R组合阐述了一个全新的市场营销四要素，即关联(Relevance)、反应(Response)、关系(Relationships)和回报(Returns)。

4R认为要与顾客建立关联，在竞争性市场中，顾客具有动态性。顾客忠诚度是变化的，他们会转向其他企业。要提高顾客的忠诚度，赢得长期而稳定的市场，重要的营销策略是通过某些有效的方式在业务、需求等方面与顾客建立关联，形成一种互助、互求、互需的关系。提高市场反应速度。在今天相互影响的市场中，对经营者来说最现实的问题不在于如何控制、制订和实施计划，而在于如何站在顾客的角度及时地倾听顾客的希望、渴望和需求，并及时答复和迅速作出反应，满足顾客的需求。关系营销越来越重要，在企业与客户的关系发生了根本性变化的市场环境中，抢占市场的关键已转变为与顾客建立长期而稳固的关系，从交易变成责任，从顾客变成朋友，从管理营销组合变成管理和顾客的互动关系。回报是营销的源泉，对企业来说，市场营销的真正价值在于其为企业带来短期或长期收入和利润的能力。

总之,4R理论以竞争为导向,在新的层次上概括了营销的新框架,体现并落实了关系营销的思想。即通过关联、反应和关系,提出了如何建立关系、长期拥有客户、保证长期利益的具体操作方式,这是一个具有里程碑意义的进步。反应机制为互动与双赢、建立关联提供了基础和保证,同时也延伸和升华了便利性。而回报则兼容了成本和双赢两方面的内容。这样,企业为顾客提供价值和追求回报相辅相成、相互促进,客观上达到了一种双赢的效果。

这里需要说明的是,从4P、4C到4R,反映了营销观念在融合和碰撞中不断深入、不断整合的趋势。因此,这三者不是简单的取代关系而是发展和完善的关系。由于企业情况千差万别,企业环境和营销还处于发展之中,所以至少在一个时期内,4P还是营销的一个基础要素框架,4C也是很有价值的理论和思路。4R不是取代4P和4C,而是在4P、4C基础上的创新与发展,所以不可把三者割裂开来甚至对立起来。根据企业的实际,把三者结合起来指导营销实践,有助于取得更好的效果。

2)物流市场营销战术策划的内容

(1)产品策划。物流产品是物流企业为客户的物流需求提供的一切物流活动,是以货主的委托为基础,进行独立的物流业务作业,一般认为,物流产品是无形的,既不能储存也不能被调拨,只能满足一时一地发生的某种服务需求。物流企业服务产品的生产过程也是其产品的消费过程。

从服务营销理论分析,物流服务是附带一定设施、设备功能的服务,既具有非实体性、无形性"软件"性质,也具有所使用的设施、设备和技术等"硬件"要求。物流服务需要在数量及质量上都使货主满意。在数量上满足货主的需求主要表现为适量性、多批次、广泛性(场所分散);在质量上满足货主的需求主要表现为安全、准确、迅速、经济等。

物流产品的种类划分如下:

①依据物流的功能要素划分,可把物流产品分为:运输服务、配送服务、仓储服务、流通加工服务、装卸搬运服务、包装服务和信息服务。

②依据物流技术的形态划分,可把物流服务产品分为物流硬件产品和物流软件产品。

③依据物流服务的内容划分,可把物流服务产品分为基本服务产品和延伸服务产品。

(2)价格策划。

①物流产品价格的内涵。物流服务价格是指物流企业按照货主的要求对特定的货物提供物流服务的劳动的价格。它包括进行备货服务价格,保证提供顾客所期望的商品数量与品种等的服务价格;输送服务价格,保证在顾客所期望的时间内准时传递商品和品质保证的服务价格;保证顾客所期望的商品质量服务价格。

②物流产品价格的特点。物流产品的价格是一种劳务价格,是商品销售价格的组成部分。物流产品价格体现消费者预期价值。物流产品价格具有按不同的服务时间或过程而有所区别的特点。物流产品价格具有比较复杂的比价关系。

③物流价格的形成机理。

a.物流产品需求理论。物流(有效)需求是指消费者在某一特定时期内和一定市场上,按某一价格愿意并且能够购买的某种物流服务的数量。通常来说,物流产品和其他大多数产品一样存在以下规律:在其他条件不变的情况下,物流服务价格同消费者对该物流服务的需求数量是呈反比关系的,即我们通常所讲的产品的价格越便宜,买的人越多;产品的价格越贵,买的人越少。

b.物流服务供给理论。物流供给是指物流企业在一定市场上和某一特定时期内,与某一价格相对应,愿意并且能够供应的物流服务数量。同需求理论类似,物流服务的价格同该物流服务的供给之间成正比关系。即物流服务价格越高，企业越愿意提供更多数量的物流服务；反之，企业物流服务的供给量会减少。

c. 物流产品均衡价格的形成。当代西方经济学家认为，把需求和供给结合起来分析，就可知道在市场条件下，产品的价格是怎样形成的。为便于分析，可以把物流需求曲线和物流供给曲线在同一坐标系中表现出来，如图1-1所示。图中横轴为均衡数量，纵轴为均衡价格。

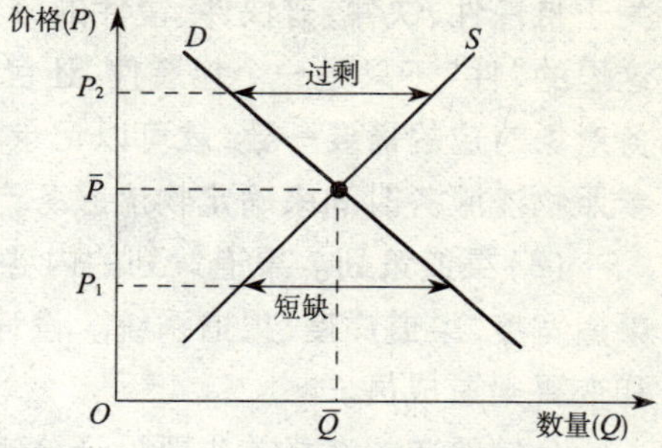

图1-1 物流产品均衡价格的形成

假定该物流产品的价格为 P_1，从图中可知，此时物流产品供不应求，产生短缺。在此条件下消费者为了能够买到他们希望购买的物流产品而愿意支付更高的价格，企业也发现即使提高价格也能够把物流产品卖出去。此时，物流产品价格有上升的趋势。

假定该物流产品的价格为 P_2，可知此时物流产品供大于求，产生过剩。物流产品提供者为了把商品卖出去不得不降价。此时，物流产品价格有下降趋势。

在该物流产品的价格为 $\bar{P}$ 时，物流服务既不短缺也不过剩，即不存在消费者因买不到想买的物流服务而愿意支付高价格的情形，也不存在物流服务提供商因卖不出去而不得不降价的情况，价格形成了相对稳定的状态。

④物流企业定价的方式。

a. 按物流服务对象定价。物流服务对象定价是指以所服务对象物品的重量、体积及其他特殊性质为定价标准的方式。

此种定价方式是普遍常用的定价方式，主要是根据物流服务工具情况来定的，如运输服务价格依据运输车辆、轮船、飞机等的承载体积和重量来确定，体积大的货物所占运输工具的空间大，影响其空间利用率，而重量大的货物因对运输工具的载重能力的要求，对运输速度和效率有所影响。同样对仓储服务来说也一样，体积大的货物所占用仓库设施的空间大，重量大的货物所需耗费的装卸搬运时间长。

b. 按物流服务距离定价。物流服务距离定价是指以所服务起点到终点的距离为定价标准的方式。

通常情况下，物流服务对象定价和物流服务距离定价同时作为标准的定价方式比较常见。物流服务距离定价方式主要运用在借助物流服务实现货物的空间转移的过程中，如运输、配送等物流活动中，常采用物流服务距离的里程作为计价的参考标准。一般情况下，物流服务距离远价格就定得高，距离近价格就定得低，但还有部分价格不遵循这个标准。也就是说采用物流服务距离定价方式时，不是完全依赖距离的比例大小来确定价格，而是采用参考距离远近来衡量确定价格。还有部分距离相同的定价却不同，以及距离相差较大而定价却相同的情况，这是依据所服务货物的保价值不同来确定的。

c. 按物流服务项目定价。物流服务项目定价是指以所提供的物流服务项目分类进行定价的方式，如运输服务定价、包装服务定价、配送服务定价、仓储服务定价、保管服务定价、理货服务定价、信息服务定价等方式。

这种定价方式有利于企业更好地满足客户对附加服务或个性化的需求，对物流服务项目进行细分定价，便于顾客选择自己需要的额外服务，也可以使顾客根据自身实际需求情况选择部分物流服务项目，还可以让顾客清楚了解到物流企业所提供的服务内容的具体性，进而给顾客一个清清楚楚的购买价格和公道合理的感性认识。

d. 按物流服务时间定价。物流服务时间定价主要用在快递、零担和邮政物流领域较多，关于特快件、快件、普快件、慢件的分类，主要依据完成某项物流服务所需要的时间来定的，这里的“件”不只是一个包装件，还包括某一客户所委托的全部服务对象包装件，只要这些服务对象对应的需要一致，就可以记录在一张单证票据上，一次性进入物流服务领域，这就是参照物流服务时间来确定物流服务产品价格。

(3) 渠道策划。渠道策划的内容包括分析渠道的形势、确定分销渠道的目标，渠道长度、渠道宽度、渠道广度、渠道系统。设计分销渠道、选择分销渠道成员、管理渠道成员以及评价和变更渠道成员。

分销渠道的选择首先要设计分销渠道“长度”，就是确定渠道环节的多少，即对长渠道与短渠道进行选择。例如，是选择零层、一层、二层还是三层渠道。渠道选择受到产品、市场、中间商、厂商自身、环境等因素制约。从生产者观点看，渠道越长，渠道环节越多，控制就越困难，所以尽量选择短渠道。但也要视具体的情况来定，对有些企业、有些产品来说选择长渠道有其客观必然性。对一个企业来说渠道的选择可以是一种模式，也可以是多种模式。在多种分销渠道模式中要确定主要的分销渠道模式。

分销渠道的选择还要设计分销渠道“宽度”，就是确定分销面的大小，对中间商数目多少进行确定，即对宽渠道和窄渠道进行选择。在进行中间商数目多少选择时，根据产品、市场、中间商、企业的具体情况，可以采用三种分销策略，即广泛性分销、选择性分销、独家分销策略。这三种分销策略各有利弊，只能根据具体条件来进行选择。

在分销渠道基本模式中，有三种分销渠道模式都是以中间商作为中介。这些中间商，无论是零售商、批发商、代理商，在产品销售中都有各自的优势和劣势，要求生产商选择最有优势的渠道成员进行合作。

在选择渠道成员时，需要对他们进行评估。评估的具体因素有：①合法经营资格；②目标市场定位；③地理位置；④营销策略；⑤销售能力；⑥服务水平；⑦储运能力；⑧财务状况；⑨企业形象；⑩管理水平。根据最优化原则，选择最有实力、善于销售、重信誉的中间商，作为自己企业的合作伙伴，本着双赢的原则，把分销渠道落在实处。

物流企业在确定分销渠道类型时还必须考虑中间商的优缺点及可控性。一般来说，对于中间商在执行运输、广告、储存及接纳客户等职能方面，以及在信用条件、退货特权、人员训练和送货频率方面，都有不同的特点和要求。如果市场上有成熟的代理人网络，物流企业可更多地考虑间接渠道。

(4) 促销策划。促销(Promotion)是指企业把产品和提供服务的信息通过各种方式传递给消费者和用户，促进其了解、信赖并购买本企业的产品或服务，以扩大产品销售为目的的企业经营活动。促销的实质是企业与消费者或用户之间的信息沟通。

现代物流企业通过一系列的活动，一方面向客户提供产品运输、仓储、配送等服务，另一方面向客户提供更为重要的增值服务和信息服务等。物流服务具有非实体性和不可储存性的特点。因此，物流企业促销就是物流企业在经营过程当中，为了争取、维持和巩固适合自己的客户，扩大业务量，利用多种措施和手段把本企业所能提供服务的诸如提供物流服务的内容、方式、特色、价位、信息通一切有用信息，通过一种或几种有效的途径传递给客户，以达到吸引客户、提高企业业务量、增加利润的一种综合经营活动。

通过物流服务促销活动，客户对物流企业有了一定的认识，进而才可能享用企业提供的服务。因此，物流服务促销是打开企业与客户沟通的一扇必不可少、至关重要的门，它影响着物流企业的运营效益，因此进行物流服务促销策划活动非常必要。

促销内容包括促销目标、促销产品、促销对象的确定，促销方式的选择、促销组合的设计以及促销时间的选择确定。

4. 技能训练准备

(1)学生每5人为一个小组，每个小组选1名组长。

(2)卡片若干张。

(3)教师现场指导。

(4)训练时间安排：1学时。

5. 技能训练步骤

(1)以每位学生为单位，在卡片上写营销策划的内容。

(2)各组通过卡片问询法，收集本组成员的结果。

(3)每组派一位代表陈述结果。

6. 技能训练注意事项

(1)一丝不苟，认真填写卡片。

7. 技能训练评价

请完成技能训练后填写附录“技能训练评价表”。

8. 技能训练活动建议

教师提供一些有关物流企业营销策划方面的书籍供学生阅读。

三、物流市场营销策划的基本方法

1. 情景设置

新宇物流公司是一家从事百货配送及小件递送的公司。王平是新宇物流公司营销部新上任的经理。该公司2011年与2010年相比较：百货配送业务增长了5%，小件递送业务增长了9%。公司认为，随着我国网购产业的不断扩大，小件递送业务将有更广阔的市场空间。2012年度的营销策划工作即将开始，你认为王平应该采用怎样的方法开展下一年度的物流市场营销策划工作。

2. 技能训练目标

能够正确应用物流市场营销策划的基本方法。

3. 相关理论知识

1)物流市场营销策划的基本原则

(1)战略性原则。营销策划应从企业的战略高度对营销的目标、营销的手段进行规划和设计，营销策划方案一旦制订，将成为企业一定时期内营销工作的指南，因此营销策划方案要站在企业战略的高度进行规划，必须力求细致完善。

(2)信息的原则。营销策划是基于信息的收集、整理分析的基础上进行的。没有充分的信息就不可能使营销策划符合企业战略的目标、符合市场的需要。有效的信息是营销策划成功的关键，是营销策划、营销工作实施的保证，否则将导致营销工作的盲目性。

(3)系统性原则。营销策划是企业经营全部活动的一部分。营销策划工作的完成离不开各部门的密切配合与相应支持。同时也离不开对各种因素的分析，如：企业内外部环境的分析、竞争环境的分析、宏观环境的分析等。因此，营销策划是一个系统的工程。

(4)时机的原则。策划要做到适时、适地。即要重视时间、空间在营销策划中的作用。

(5)可变性的原则。营销策划要随着环境的变化进行适时的调整,以适应企业的战略变化和市场变化。

(6)可操作性原则。策划方案要具有可操作性。不具操作性的方案对企业来说毫无意义。

(7)创新原则。策划方案要新颖,才能引起消费者的注意、达到预定的效果。

(8)效益的原则。物流市场营销的使命是物流企业围绕市场需求,在最有效和最经济的成本前提下,为客户提供满意的物流服务。同时,在提供物流服务的过程中也使企业实现效益的最大化,因此,营销策划方案要体现经济性和效益性。

2)物流营销策划的方法

物流市场营销策划的主要方法有程序法、模型法和案例法。

(1)程序法。程序法就是按照一定的程序进行市场营销策划,这是市场营销策划以及其他任何策划的重要方法。按照程序法的要求,企业在进行市场营销策划时一般经过7个阶段:确定策划目的、搜集和分析策划信息、创意构思与提炼、制订策划方案、方案评估与论证、实施和控制策划方案、测评策划效果。

(2)模型法。在市场营销策划中,常用的模型有:预测模型、新产品开发模型、定价模型、物流决策模型、广告决策模型、推销员管理模型、销售促进决策模型、促销组合决策模型以及购买者行为研究模型等。

(3)案例法。在市场营销策划中,通过对一些实际策划案例的分析,得到启示,找到解决问题的策略,使策划工作得以顺利开展。

3)物流企业市场营销策划方法的具体运用包括以下几个方面

(1)点子方法。指有丰富市场经验的营销策划人员,经过深思熟虑为营销方案的具体实施所想出来的主意和方法。点子需要有创新的欲望、超人的胆识、勇气及个性等。

(2)创意方法。指在市场调研的基础上,以市场策略为依据,经过独特的心智训练后,有意识地运用新的方法组和旧的要素的过程。就是不断寻找各种事物与事物之间存在的一般或不一般的关系,然后把这些关系重新组和、搭配,使其产生奇妙、变幻的创意。

创意方法是营销策划的精髓,许多成功的策划,往往源于一个绝妙的创意。

(3)谋略方法。谋略是关于某项事物、事情的决策和领导实施方案。谋略的中心是一个"术"字,战术、权术、手段和方法在谋略中发挥核心作用。谋略含有组织、管理、规划、运筹、目标、行为等多方面的内容,即要有全局性、根本性又要有艺术性、方向性。谋略的调控使点子有目标、使营销策划有目的,往往给企业带来意想不到的效果。

(4)运筹学方法,是指应用数学工具和现代计算技术对市场营销问题进行定量分析,为策划提供数量依据的一种科学方法。运筹学方法是计划工作最全面的分析方法之一,用于研究在物质条件(人、财、物)已定的情况下,为了达到一定的营销目的如何统筹兼顾整个活动所有环节之间的关系,为选择一个最好的方案提供数量上的依据。以最经济、最有效地使用人、财、物,市场营销策划取得最好的效果。

4. 技能训练准备

(1)学生每5人为一个小组,每个小组选1名组长。

(2)卡片若干张。

(3)教师现场指导。

(4)训练时间安排:2学时。

5. 技能训练步骤

(1)以每位学生为单位,在卡片上写出案例策划应采用哪种方法,并阐述依据。

(2)各组通过卡片问询法,收集本组成员的结果。

(3)各组汇总成员结果,确定本组结论。

(4)每组派一位代表陈述结果。

6. 技能训练注意事项

(1)一丝不苟,认真填写卡片。

(2)卡片汇总后要进行归类。

(3)方法选择要有依据、要准确。

7. 技能训练评价

请完成技能训练后填写附录"技能训练评价表"。

8 技能训练活动建议

建议训练前每位同学上网查阅物流策划经典案例,分析其选用了哪些策划方法。

思考练习

1. 简答题

(1)什么是市场营销观念?

(2)什么是顾客让渡价值?

(3)什么是市场营销组合?

(4)什么是物流市场营销?

(5)物流市场营销有哪些特点?

(6)物流市场营销的任务是什么?

(7)物流市场营销战略策划有哪些内容?

(8)物流市场营销战术策划有哪些内容?

(9)物流企业的定价方式有哪些?

(10)物流市场营销策划的原则是什么?

(11)物流市场营销策划有哪些方法?

2. 思考题

(1)物流企业在进行市场营销时会受到哪些观念的影响?

(2)物流市场营销策划要选取哪些内容?

(3)如何选择恰当的方法进行物流市场营销策划?

项目二　物流市场营销策划的流程及策划书的撰写

教学要点

(1)在了解物流市场营销策划一般流程基础上,通过提供(收集)的企业资料,选择某项物流业务进行营销策划。

(2)根据提供(收集)的企业资料进行物流市场营销策划。

(3)拟定策划书的一般流程和一般写作格式。

(4)撰写一份物流营销策划书。

教学方法

可采用讲授、情景教学、案例教学和分组讨论等方法。

一、物流市场营销策划的一般流程

1. 情景设置

随着我国网络购物市场的进一步扩大,小件递送业务也随之增加。星云物流公司准备开展小件递送业务,但一直从事此项业务的物流公司已经占据了沿海发达城市很大的市场份额,星云物流公司准备先从西部城市入手,逐渐树立品牌,然后再来分小件递送这杯羹。你认为星云物流公司要开展小件递送业务应如何进行市场营销策划。

2. 技能训练目标

能够按营销策划的一般流程组织物流市场营销策划。

3. 相关理论知识

物流市场营销策划的一般流程是指企业营销策划工作一般必须经过的基本步骤。物流市场营销策划,是一个科学的运作过程。营销策划应是科学、规范、系统的策划,其科学性、规范性、系统性,主要通过完整的程序来实现。

一般来说,物流市场营销策划流程包括以下几个步骤:

1)明确营销策划的问题

营销策划是针对企业自身,针对特定目标展开的。必须明确策划主题。通常要经过挖掘主题、过滤主题、选择主题和确定主题这四个阶段。

(1)挖掘主题。虽然企业无法发现所有的问题,但从企业的营销问题中挖掘,还是会大有收获。

主题越多越好,这有利于策划时更全面的认识企业的营销问题。例如:对不同地区的销售状况、消费者购买动态以及可能达到的市场空间、产品的市场占有率、原来产品资料、采取的营销战略以及各地经销商的情况及变化趋势等方面进行了解,找出其不足和有待加强、改进的地方。

(2)过滤主题。在策划作业前,要尽可能地明确策划问题。例如:为什么某一对象被选为策划主题?解决这一策划主题有什么意义?它是企业所面临的主要问题吗?问题的根源是什么?通过这些问题,策划时将过滤一些不重要的策划主题,专注于解决重要问题。

(3)选择主题。在过滤后的几个重要主题中,选择企业最重要、急需解决的问题作为选择主题。

(4)确定主题。此阶段是主题的最终确认。在选定策划主题以后,策划主题越细越好,必要时可对时间、地区、营业额等细节具体描述。

2)进行市场调查与细分

进行市场调查与细分主要是对企业的营销环境进行了解,通过分析营销环境去粗取精、去伪存真,为企业的营销策划提供可靠的信息;同时也为制订营销目标、营销战略和措施等打好基础。它是物流市场营销策划的前奏。

（1）物流企业营销的外部环境分析。企业的外部环境分两层：宏观环境和微观环境。

①宏观环境。可分为：政治环境、经济环境、社会文化环境、技术环境和生态环境。这些环境的变化直接影响企业的营销活动。因此在企业营销策划中必须对其进行分析。

②微观环境。是指与企业紧密相连的，直接影响企业的营销能力的各种参与者。主要包括企业本身、供应商和各类中间商、竞争者和公众。在营销策划中必须进行分析和考虑各种微观环境的变化以及对企业的影响。

（2）物流企业营销的内部环境分析。企业营销的内部环境，指企业的内部所有对营销活动产生直接和间接的影响因素，比如：公司资源（优势资源、劣势资源）、公司任务、公司目标、公司总体战略、公司组织结构、公司权力结构、营销部门在公司的地位、公司的文化、各战略业务单位的竞争战略等。

企业营销一方面注重总体战略，另一方面需要各部门甚至每个人的配合才能取得良好的效果。企业管理者必须对企业内部各种影响因素进行调查、分析，其中的重点是公司的优势、劣势和公司的总体战略。

（3）SWOT 分析。SWOT（优势、劣势、机会、威胁）分析是指导企业系统地考虑其内部条件与外部环境，并确定企业可行性方案的一个逻辑框架，是企业进行战略分析的一个非常有用的工具。同时将企业的内部优势和劣势与企业外部的机会和威胁相匹配进行分析。SWOT 分析能帮助企业认清形势，指导企业制订符合自身条件的发展战略、竞争战略和营销战略。

企业战略质量的高低，主要取决于企业战略使企业的优势和劣势适应环境机会与环境威胁的程度。

实际上，SWOT 分析还可以被看成是一个对企业内、外部环境分析要点的归纳总结。采用 SWOT 分析的逻辑框架，企业内部环境分析被条理化了，这使得营销策划变得比较容易。

3）策划物流营销战略

策划营销战略即围绕已制订的目标进行统筹安排，结合自身特点制订可行的市场营销战略。物流企业营销战略策划主要包括设定营销目标和目标市场策划两部分。

（1）设定营销目标。营销目标就是通过营销策划的实施要实现的期望值，即希望达到的销售收入及预期的利润率和产品在市场上的占有率等。如：市场份额提升 10%，销售利润提高 15%。如果目标不明确，策划对象就会很模糊，就不易产生策划构想。

能否制订一个切合实际的目标是营销策划的关键。有的营销策划方案太过浮夸，脱离实际，制订目标过高，其结果也必然与实际相差甚远无法实现；而有的营销策划则显得过于保守，同样也会影响营销组合效力的发挥。总之，制订一个适宜的目标不但是必要的，而且是关键的。

（2）目标市场策划。目标市场，就是在市场调查与分析的基础上，根据企业的实际情况，对企业市场进行分析，确定企业的目标市场和为企业或产品进行市场定位。这一步要做的工作包括：采用什么样的方法、手段去进入和占领自己选定的目标市场，也就是说企业将采用何种方式去接近消费者以及确定营销领域；对企业产品进行准确的定位，找出其卖点，并确定产品的价格、分销和促销的政策；执行各种市场营销战略、政策所需的最适合的预算以及在各个市场营销环节、各种市场营销手段之间的预算分配。实际就是菲利普·科特勒（Philip Kotler）所说的战略 4P，即探测（Probing）、划分（Partitioning）、优先（Prioritizing）和定位（Positioning）。

4）策划营销战术

企业营销战术策划，指企业根据已经确定的营销目标和市场定位，对企业可以采用的各种营销手段进行综合分析和整体优化，以求达到理想的效果。具体内容主要包括产品策划、价格策划、分销策划、促销策划等。这里需要强调两点：

(1)不能把企业的可控因素教条化。认为只有产品、价格、分销、促销4P，或只有这4P才重要。不同的企业，或同一个企业在不同的环境下，可以利用的可控因素是不同的。在进行企业营销战术策划时，策划者没有必要为自己设置一个框架，束缚住自己的手脚。

(2)企业的营销战略和战术策划可以是全面的，比如一个企业整体的营销策划；也可以是单项的，比如一个企业的品牌策划或一个企业的一次会展策划。不管是全面策划还是单项策划，策划的思路是基本相同的，需要考虑的战术要素也是相似的。

5)撰写营销策划书

营销策划书是表现和传送营销策划内容的载体，既是营销策划活动的主要成果，也是企业进行营销活动的行动计划。它的作用如下：

(1)帮助营销策划人员整理信息，全面、系统地思考企业面临的营销问题。

(2)帮助营销策划人员根据企业内、外部环境和企业营销问题，为企业提出解决问题的方法及依据。

(3)帮助营销策划人员与企业决策者进行沟通。

(4)帮助企业决策者判断营销方案的可行性。

(5)帮助营销管理者更有效地实施管理活动。

6)实施营销策划

企业的营销策划完成以后，要通过企业的营销管理部门组织实施。营销策划实施，指的就是营销策划方案在实施过程中的组织、指挥与协调活动，是把营销策划方案转化为具体行动的过程。为此，企业营销管理部门必须根据策划的要求，分配企业的人、财、物等各种资源，处理好企业内外的各种关系，加强领导与激励，提高执行力，把营销策划的内容落实到位。营销策划方案的实施可以分为模拟布局和分工实施两个阶段。

(1)模拟布局阶段。营销策划方案在正式实施之前，需要进行演练——模拟布局。此时，营销策划者必须根据已经拟好的预算表与进度表，运用“图像思考法”模拟出营销策划实施的布局与进度。所谓“图像思考法”就是将未来可能的发展，一幕一幕仔细地在脑海中呈现出来，事先在脑子里进行预演。模拟布局可以预测营销策划方案的过程及进度，也可预测其实施后的效果。

(2)分工实施阶段。进入分工实施阶段，营销策划才真正从“构想”过渡到“动手”。在这一阶段，营销管理者一方面要把各部门的任务详加分配、分头实施；另一方面要根据修正妥当的预算表与进度表，严加控制营销策划书的预算及进度。营销管理者要组织、指挥与协调企业的各种力量，尽最大的努力达到和完成策划书规定的营销目标和营销任务。

7)营销策划的评估与修正

营销策划的评估与修正，主要包括项目考评、阶段考评、最终考评、反馈改进等内容。

最终考评就是对营销策划实施的结果进行分析，看营销策划的期望值与实际结果是否有差异。若发现有较大的差异，就必须做一些重点研究，比如分析差异产生的原因，找出实施过程中的问题和改进方法，总结出对下次营销策划立案及实施时的教训、启示和创意等。一般而言，营销策划者应将营销策划实施结果的研究、分析做成营销策划结案报告书，提供给上级或委托方，其中的要点就是预测效果与实际结果的差异分析。

4. 技能训练准备

(1)学生每5人为一个小组,每个小组选1名组长。

(2)某企业的相关资料(企业现状、营销目标、调研结果、统计分析资料等)若干份。

(3)教师现场指导。

(4)训练时间安排:4学时。

5. 技能训练步骤

(1)组成策划工作组,制订小组工作计划(如:小组成员分工、时间进程等)。

(2)各组对所提供的资料进行系统分析。

(3)明确策划的目标定位、形象定位、功能定位、内容、策略、创意组合,提出若干策划方案。

(4)优化方案,各小组提出初步策划报告。

(5)各组派一名成员陈述报告,进行评比。

(6)根据评比情况,各组进一步完善报告,最终确定策划报告。

6. 技能训练注意事项

小组成员要合理分工,发挥各自优势,相互协调,密切配合。

7. 技能训练评价

请完成技能训练后填写附录"技能训练评价表"。

8. 技能训练活动建议

建议教师提供策划范例供学生参考。

二、物流市场营销策划书的撰写

1. 情景设置

本项目的第一个情景中,星云物流公司要开展小件递送业务,进行了市场营销策划,请为该公司撰写一份物流市场营销策划书。

2. 技能训练目标

(1)通过本次训练,学生能够掌握市场营销策划书的一般写作格式。

(2)能够完成物流市场营销策划书撰写。

3. 相关理论知识

1)物流市场营销策划书的基本结构

(1)封面。策划书的封面可提供以下信息:策划书名称,被策划客户名称,策划机构和策划人名称,策划完成日期,本策划适用时间段、编号。

(2)序言。序言是策划书正式内容前的情况说明部分。内容应简明扼要,最多不超过500字,让人一目了然。其内容包括:①接受委托情况,如某公司接受某某公司委托就某某年度的营销工作进行策划。②本次策划的重要性、必要性。③策划的概况,即策划的过程及预期达到的目的。

(3)目录。目录也是策划的重要部分。封面引人注目,序言使人感兴趣,目录使人了解策划的全貌。目录具有与标题相同的作用,也使阅读者便于查询营销策划书的内容。

(4)概要提示。应使阅读者能够通过概要提示大致理解策划书的要点。概要提示应简明扼要,篇幅不能过长,一般控制在一页纸内。另外,概要提示不是简单地将策划内容予以列举,而是要对策划内容进行提炼说明。

(5)正文。正文是营销策划书最重要的部分,包括以下几方面:

①营销策划的目的。

②市场状况分析,在市场调研取得第一手资料的基础上进行,包括以下方面:

a. 宏观环境分析,着重对本次营销活动有关的宏观环境进行分析。包括:政治、经济、文化、法律、科技等。

b. 产品。主要分析本产品的优势、劣势,在同类产品中的竞争力,在消费者心目中的地位,在市场的销售力。

c. 竞争者。分析本企业主要竞争者的情况。包括竞争者的产品优势、劣势,在同类产品中的竞争力,在消费者心目中的地位,在市场的销售力。竞争企业整体情况。

d. 消费者。对消费对象的年龄、性别、职业、消费习惯、文化层次等进行分析。

③市场机会与问题分析。营销策划方案是对市场机会的把握和策略的运用,分析市场机会是营销策划的关键,只要找准了市场机会营销策划就成功了一半。

a. 营销现状分析。对企业产品的现行营销状况进行具体分析,找出营销中存在的具体问题点,并深入分析其原因。

b. 市场机会分析。根据前面提出的问题,分析企业及产品在市场中的机会点,为营销方案的出台作准备。

④确定具体营销方案。针对营销中的问题点、市场中的机会点进行分析,提出达到营销目标的具体营销方案。市场营销方案主要由市场定位和4P's两部分组成。体现如下:

a. 本产品的市场定位如何?

b. 本产品的4P's具体是怎样的?具体的产品方案、价格方案、分销方案、促销方案是怎样的?

(6)预算。是整个营销方案推进过程的费用投入。包括营销过程中的总费用、阶段费用、项目费用等,其原则是以最少的投入获取最佳的效果。可以用列表的形式标注。

(7)进度表。把营销策划起止全过程制订出时间表,到什么时候要做什么都标注清楚,在策划进行过程中,用于检查与控制实施情况。进度表应尽量简化,可以以表格的形式制作。

(8)人员分配及场地。说明具体营销策划活动中各人员负责的具体事项所需物品及场地落实情况。

(9)结束语。结束语可有可无,主要起到与序言相呼应的作用,使策划书有一个圆满地结束,不致使人感到太突然。

(10)附录。附录的作用在于提供策划客观性的证明。凡是有助于阅读者对策划内容理解的资料均可以考虑列入附录。但可列可不列的资料以不列为宜,这样可以突出重点。附录也可以采取问卷调查表、座谈会原始照片等原始资料的形式。附录要标明顺序,以便阅读者查找。

2)市场营销策划书的写作技巧

(1)成功的市场营销策划书的基本特征。

①粗略过目就能了解策划的大致内容。

②使用浅显易懂的语言,充分体现对方的利益与要求。

③策划书展现的内容与同类策划书相比，有相当明显的差异性与优越性。

④图文并茂，加强策划书的表现效果。

⑤全文条理清晰，逻辑分明，使阅读者看完策划书后，能够按照策划书的内容有计划、步骤地执行下去。

⑥策划书能够充分体现出企业的勃勃生机和企业的基本特征。

(2)市场营销策划书的写作技巧。营销策划书和一般的报告文章有所不同，它对可信性、可操作性以及说服力的要求特别高，因此，运用写作技巧提高上述两个"性"一个"力"就成为撰写策划书的目标。

①寻找一定的理论依据。要提高策划内容的可信性并使阅读者接受，就必须为策划者的观点寻找理论依据。但是，理论依据要适度，纯粹的理论堆砌不仅不能提高可信性，反而会给人脱离实际的感觉。

②适当举例。这里的举例是指通过正反两方面的例子来证明自己的观点。在策划报告书中加入适当的例子，既能起调整结构的作用，又能增强说服力，可谓一举两得。需要指出，举例以多举成功的例子为宜，选择一些国外先进的经验和做法以印证自己的观点是非常有效的。

③利用数字说明问题。策划报告书是一份指导企业实践的文件，其可靠程度是决策者首先要考虑的。报告书的内容不能留下查无凭据的漏洞，任何一个论点都要有依据，而数字就是最好的依据。在报告书中利用各种绝对数和相对数来进行比较，是绝对不可少的。要注意的是，各种数字最好都有出处以证明其可靠性。

④运用图表帮助理解。运用图表有助于阅读者理解策划的内容，同时图表还能提高页面的美观性。图表的主要优点在于强烈的直观效果，因此，用图表进行比较分析、概括归纳、辅助说明等非常有效。图表的另一优点是能调节阅读者的视觉。

⑤正确合理利用版面安排。策划书视觉效果的优劣在一定程度上影响着策划效果的发挥。有效利用版面安排是撰写策划书的技巧之一。版面安排包括打印的字体、字号、字与字的空隙、行与行的间隔、黑体字的采用以及插图和颜色等。如果整篇策划书的字体、字号完全一样，没有层次之分，那么这份策划书就会显得呆板，缺少生气。总之，通过版面安排可以使重点突出、层次分明、严谨而不失活泼。

⑥注意细节，消灭差错。这一点对于策划报告书来说十分重要，但却往往被人忽视。如果一份策划书中错字、别字连续出现的话，阅读者怎么可能对策划者抱有好的印象呢？因此，对策划书要反复仔细检查，不允许有任何差错出现，对企业的名称、专业术语等更应仔细检查。

(3)市场营销策划书的完善。

①市场营销策划书的校正、最后确认。

②市场营销策划书的装订，需要注意以下问题：

a. 营销策划书是否要分成若干册？

b. 各大部分之间是否要插入分隔页？

c. 如果营销策划书内含彩色图片，则应灵活应用彩色复印。

d. 确定营销策划书的复制数量。

4. 技能训练准备

(1)学生每5人为一个小组，每个小组选1名组长。

(2)各组成员进行写作分工。

(3)每个小组发放一份整理分析好的完整调查资料。

(4)教师现场指导。

(5)训练时间安排:2 学时(报告撰写可在课余时间不占学时)。

5. 技能训练步骤

(1)列出大纲。

(2)细化大纲,列出大纲中各部分具体内容范围。

(3)检查大纲框架结构及各部分的具体内容是否合理得当。

(4)调整确定各部分内容。

(5)撰写 SWOT 分析,列出分析结果(即机会与威胁,优势与劣势的要点)。

(6)依据分析结果从构思要点出发写作策划核心部分的个别策划,即营销目标、战略和策略的策划。

(7)写出策划书的概要提示,从而决定策划书的整体构成。

(8)写出策划的实施计划,策划方案实施措施。

(9)补足其他部分。

(10)统撰全篇,润色定稿。

6. 技能训练注意事项

(1)一丝不苟按写作程序进行撰写。

(2)撰写过程中要整理、分析正面的资料,一定要科学合理地运用资料结果。

7. 技能训练评价

请完成技能训练后填写附录"技能训练评价表"。

8. 技能训练活动建议

建议组织学生上网查阅不同类型物流的营销策划书范例。

思考练习

1. 简答题

(1)物流市场营销策划的流程是什么?

(2)营销策划方案的实施可以分为哪些阶段?

(3)撰写营销策划书有什么作用?

(4)物流市场营销策划书的基本结构包括哪些方面?

(5)物流市场营销策划书的基本结构中最重要的部分是什么? 主要有哪些内容?

(6)撰写物流市场营销策划书有哪些写作技巧?

2. 思考题

(1)成功的物流市场营销策划应如何组织?

(2)如何才能撰写出一份合格的物流市场营销策划书?

任务二 物流市场营销调查

内容简介

物流市场营销调研是物流企业为了提高决策质量以发现和解决营销中的机遇和问题，进行系统、客观地识别、分析和传播信息的工作。通过对物流市场调研，物流企业可以掌握物流市场发展变化的现状和趋势，为物流市场预测提供科学的依据。物流市场调研是物流企业营销活动的起点，并贯穿于整个物流营销活动的始终。物流市场调查就是运用科学的方法，有计划、有目的、系统地收集、整理和分析有关物流市场营销方面的信息，得出调查的有关结论，并形成调查报告。

教学目标

1. 知识目标

(1)了解物流市场调查的一般程序与内容；

(2)掌握物流市场调查常用的方法。

2. 技能目标

(1)能拟定物流市场调查方案；

(2)会设计物流市场调查表格；

(3)能组织实施物流市场调查；

(4)能对物流市场调查报告进行整理、汇总；

(5)能统计调查数据并进行分析；

(6)能撰写物流市场调查报告。

案例导入

某公司新的服务产品开发

某公司想了解新服务产品的需求情况，为此组织了一次市场调研活动。按照调研计划，该公司首先进行了一次问卷调查，选取北京、上海和广州作为代表城市，在这三个城市中随机发放问卷。该分司向客户所发放的问卷中，问答项目达几百个，而且十分具体。该调查所获得的数据被存入计算机进行详细的分析。

该公司为了改进其刚刚研发成功的服务产品，还邀请客户担当“服务产品顾问”，让他们试用这种新的服务产品，然后“鸡蛋里挑骨头”，从客户那里收集各种改进的意见。该公司担心“服务产品顾问”有时也会提供不真实的信息，因此，市场调查人员经常亲自逛市场，“偷听”客户购买服务产品时的对话，或者干脆装扮成客户，四处探听客户对产品的意见。公司的目的只有一个，就是一定要搞到真正准确的信息，而不是虚假的赞誉。

在亲自获取市场信息的同时，该公司还把销售人员所提供的市场分析资料进行加工和整理，来补充市场调查获取信息的不足。这些从公开出版物、报纸、杂志、政府和有关行业获取的统计资料，为该公司了解整个市场的宏观信息提供了帮助。

来自客户的信息成千上万，如何分析研究、取其精华，该公司有其独特的方法。公司把所有信息分为两类，一类是期望值高的信息，即希望服务产品达到某种程度，或希望出现某种新产品；另一类是具体的改进建议。该公司十分重视前者，这类信息虽然没有具体意见，甚至很模糊，却反映了客户的期望，是新服务产品开发的重要启示，而具体的改进意见一旦和高期望值信息结合起来，则能起到锦上添花的作用。

引导思路

(1)该公司为什么要投入大量的人、财、物开展市场调查?

(2)市场信息的获取主要有哪些途径?

项目一　物流市场调查计划拟订

教学要点

(1)利用网络，收集物流企业资料；

(2)由小组讨论，选择某项物流业务；

(3)拟定一份物流市场调查计划；

(4)设计制作一份调查表。

教学方法

可采用讲授、情景教学、案例教学和分组讨论等方法。

一、物流市场调查的内容

1. 情景设置

随着国家西部大开发进程的加快，兴发物流公司准备进军西南市场，开展小件配送服务，需要对西南地区进行物流市场调查，请根据该公司的调查目的，为该公司拟订物流市场调查方案，确定市场调查的具体内容。

2. 技能训练目标

能够根据物流企业的战略目标、企业的状况、目标市场的特点来确定物流市场调查的内容。

3. 相关理论知识

1)物流市场调查的重要性

物流市场调查是指物流企业为了实现自身经济利益和社会公益目标，运用科学的方法和手段，系统地、有目的地收集、分析和研究与物流市场营销有关的各种信息，掌握物流市场现状及发展趋势，找出影响物流企业市场营销的主要因素，为物流企业准确地预测和决策，有效地利用市场机会提供正确依据的一种市场营销活动。国家或某地区在制定发展规划时涉及物流规划或预测，也要进行市场调查，收集相关的信息，为规划的制定提供依据。

物流市场调查的目的就是获取有用的物流市场情报，为物流企业进行科学预测、确定经营方针、提高经营决策水平提供依据。

物流市场调查通过信息把营销者和消费者、顾客及公众联系起来，利用这些信息来辨别和界定营销机会和问题，由此产生、改善和评估市场营销方案，监控市场营销行为，改进对市场营销过程的认识，帮助物流企业营销管理者制订有效的市场营销决策。物流市场调查是物流企业生存和发展不可缺少的条件。

一个企业经营的好坏取决于该企业的决策水平。正确的决策是建立在对物流市场的过去、现在和未来发展前景的深刻把握的基础上。只有通过市场调查，系统地、客观地收集各类有用信息，并加以全面分析和评价，企业的经营决策才能切合实际，减少失误，降低风险，为企业带来效益。通过市场调查可以帮助物流企业了解物流市场营销环境状况以及未来的发展趋势，以便为物流企业的营销决策提供科学的参考依据。

物流企业面临着激烈的全方位的市场竞争，通过市场调查物流企业可以了解和掌握国内外物流市场的需求和产、供、销的全面情况，了解物流量的构成，变化规律及发展趋势。

通过市场调查掌握竞争对手的情况，获取有价值的市场营销活动情报资料，掌握竞争的态势，使企业能够在竞争中知己知彼，更好地进行自我定位，只有这样才能根据物流市场情况和企业自身的实际，决定企业的发展方向，并在产品、价格、广告、分销渠道等营销活动的全过程，采取措施，提高市场竞争力以在市场上立于不败之地。通过市场调查还可以发现新的市场需求和机会，及时地拓展新的服务去满足这些需求。

企业经济效益的高低最终取决于企业营销活动的好坏，营销活动的成败归结为一点，就是客户对物流企业的服务能否认可、接受并感到满意，只有通过对市场环境和客户行为调查，了解客户需求，适应客户需求，才能赢得市场。通过市场调查，帮助物流企业衡量客户的满意度，如客户的基本特征、态度、愿望等。

通过市场调查，可以了解宏观经济的发展以及国家的政策法律法规的变化对物流企业发展的影响，预测未来的经济走向，抓住发展机遇。

2）物流市场调查的前提

物流企业的发展与市场环境息息相关，物流企业的营销工作必须在了解市场环境的基础上开展，因此进行市场调查是市场营销工作的重要部分。但要进行市场营销调查不能凭直觉草率开展，应作出是否进行市场调查、何时调查、何地调查、对何种产品进行市场调查的决策。因此，进行物流市场调查之前应考虑以下问题：

(1)物流企业是否有足够的资源。物流企业可能缺少正常调查所必需的资金，或者能够提供调查资金，但是没有足够的资金去实施由调查所产生的任何决策。在这种情况下，进行市场调查是没有任何意义的。

(2)物流企业能否把握市场时机。如果已经错过成功进入某一市场的时机，那么就不应该开展市场调查。例如：很快能达到饱和的市场，或产品已经处在生命周期的衰退期或成熟期的末期，还去做市场调查将是十分徒劳的。

(3)制订决策所需信息是否存在。有些企业对某个市场已经研究了很多年，充分了解了目标顾客的特征以及目标顾客对现有产品的好恶。这种情况下再做市场调查将是多余的。

(4)调查能否带来收益。企业愿意为充分的信息支付大量的金钱，是因为信息的预期价值大于获取这些信息的成本。也就是说，当调查能够产生的预期收益大于调查成本时，调查才有意义。

3)物流市场调查的内容

物流市场调查的内容十分广泛,因为物流企业市场营销涉及许多方面,因此凡是直接或间接影响物流企业营销活动的资料,都应收集和研究。但由于每次调查目的不同,调查时间有限,调查内容也不完全一样,且一次调查活动不可能包罗万象、涵盖所有内容,所以必须通过多次长期的调查积累,才能全面认识市场。

物流市场调查的内容主要包括:物流市场环境调查、物流市场需求及产品状况调查、物流市场竞争情况的调查、物流企业自身营销组合要素调查几个方面。但在进行实际的市场调查过程中,物流企业应该根据调查的主要目标,选择其中的相关内容进行重点的、详细的调查。

(1)物流市场环境调查。物流企业的营销活动是在一定的市场环境下进行的。所谓营销市场环境是指影响企业营销活动的各种外部条件。物流市场营销环境调查包括政治法律环境、经济环境、科技环境、自然环境、社会文化环境等方面的调查。市场营销环境是经常变化的,这种变化既会给物流企业营销带来新的成功机会,也会造成新的威胁。对物流企业而言,物流市场营销环境是不可控因素,物流企业必须认真分析和研究,并努力谋求企业外部环境与企业内部条件同营销目标之间的动态平衡,使企业不断发展壮大。

①政策法律环境调查。政策法律环境调查包括:国内外政治形势,政府对物流发展方面的方针、政策和各种法令、条例等可能影响到物流企业发展的诸多因素的调查。例如,油价上涨给运输企业的临时补贴政策,有关的降低过路费政策、物流产业发展政策以及环境保护政策等。

②经济环境调查。调查目标地区的经济发展整体水平、经济结构、产业结构、生产总值、基本建设规模、发展规划、交通条件、能源状况、基础设施情况;调查该地区人口规模、就业状况、居民收入水平、消费结构和消费水平等。

③行业调查。行业调查包括:物流行业的现状和未来的发展趋势,产业政策及相关法规;物流市场规模和竞争状况,物流量大小变化情况(供不应求、供求平衡、供大于求等);物流行业国内外市场的发展潜力和分析预测;行业主要产品服务的营销情况;行业中调查范围内物流企业数量、主要物流企业规模的大小,不同企业规模比例,传统物流企业所占比重等;企业名录,经营状况和盈利水平,各自的分销渠道,物料的供应状况,设施设备保有量等;高低端物流服务情况,提供高端物流服务的物流企业比例;在市场上对产品构成直接或间接威胁的潜在竞争品牌;客户对各品牌的认知和评价;竞争品牌服务和营销方面的优劣势;自己品牌在竞争中存在的机会和威胁等;产业的进入机会,物流业内企业联合的状况,联合与竞争的形势的评估等。

④科技环境调查。包括对国际国内新技术的发展速度、变化趋势、应用和推广等情况进行调查。例如:物流设施设备发展状况、信息技术在物流领域中的运用,仓储设备、运输工具的更新换代等。

⑤自然环境调查。自然环境主要指自然物质环境。包括国家或地区的自然地理位置、气候、资源分布、海岸线及其资源开发利用等。在自然环境因素中,地理位置是制约物流企业营销活动的重要因素,气候条件也会影响物流营销活动,许多货品季节性强,对气候变化非常敏感,气候变化会影响到营销的组织,如运输工具、运输线路选择等。自然环境的发展变化也会给企业造成一些环境威胁和市场机会。

⑥社会文化环境调查。调查社会的文化、风气、时尚、爱好、习俗等方面,通过这些方面的调查,可以比较具体地了解到消费者对产品需求所带有的文化色彩,并根据不同的文化特

点和文化层次，采用不同的市场营销策略。

（2）物流市场需求及产品状况调查。物流市场购买力和市场规模大小是由物流市场需求决定的。整个物流市场需求由消费者市场需求和组织市场需求构成。消费者是物流市场上最活跃、多变的群体，其需求多种多样。组织市场具有购买者数量少、购买数量大、产品专用性强、技术要求高、受经济改革影响大等特点，因此针对消费者和组织市场所进行的需求调查是物流市场调查中非常重要的内容。

物流市场需求及产品状况调查，主要是对产品种类、消费需求量、需求结构、需求时间、需求动机以及购买行为等方面的调查。

①物流产品种类调查。是指对目标市场现有的物流产品的种类、数量的调查。包括：哪些种类的产品市场已趋饱和？哪些种类的产品有淡出市场的趋势？哪些种类的产品客户需求没有得到满足？哪些产品有待开发才能适应物流产业发展变化？

②需求量调查。对于物流企业来讲，需求量调查，不仅要了解企业所在地区的需求总量、已满足的需求量，更加重要的是调查潜在需求量。同时还必须了解企业的物流服务量在该地区物流量中所占的比例，即市场占有率。

③物流需求结构调查。由于不同时期产业结构的调整，可能导致物流量、物流需求结构的变化，因此，要调查引起需求量变化的原因，调查客户需求结构变化的趋势。

④物流需求时间调查。某些客户对于物流服务产品的需求带有一定的时间差异性。例如：节假日特别是春节期间副食品物流量要远远大于其他时间，圣诞节前国际航线某些产品物流量大于其他时间。物流企业进行需求时间的调查，有利于企业了解销售的时间性特点，更好地制订营销策略。

⑤消费者购买动机与购买行为调查。物流企业的购买者一般可归为企业客户和个人客户。购买动机调查的目的主要是，了解促使客户产生购买动机的各种原因，研究社会、经济、文化、心理因素对客户购买决策的影响，根据各种原因采取相应的诱导措施。

购买行为调查实际上主要是了解客户购买行为特点、购买习惯（时间、地点、数量、如何购买等）。通过了解客户购买动机有针对性地诱导和激发购买行为，扩大物流产品的销售。

不同行业对物流服务的需求动机、购买行为均有一定差异。例如：汽车行业的物流需求动机主要是利用第三方物流减少库存水平；服装和织物行业的物流需求动机主要是缩短产品生命周期；消费电子行业的物流需求主要关注点是降低物流成本；家电制造业物流需求动机涉及多方面，虽然中国家电企业在制造成本方面具有优势，但是交易成本却很高；食品饮料行业的物流需求主要是绿色物流和冷链物流。物流企业只有通过市场调查才能根据客户的需求差异，制订相应的市场营销策略。

（3）物流市场供给调查。物流市场供给是指一定时间内物流企业为市场提供的物流产品总量。物流市场供给调查的目的在于使物流市场供给与需求相适应，更好地满足不断变化的物流市场需求。调查的内容主要包括：物流网点布局、服务能力、物流设备设施状况、物流技术、物流企业数量、生产能力、技术水平、产品类型和数量，物流总体发展规划、企业发展规划等。

（4）物流市场竞争情况调查。物流企业在制订各种重要的市场营销决策之前，必须认真调查和研究竞争对手可能作出的种种反应，并时刻注意竞争者的各种动向。物流企业在进行市场竞争情况调查的时候，首先应该明确竞争对手究竟是谁，然后展开有针对性的调查。针对竞争对手的调查主要包括：竞争者的营销策略、竞争者的优劣势、竞争者的实力、竞争者的目标、竞争者的战略等几方面。

(5)物流企业营销组合要素调查。

①物流企业服务产品结构调查。主要调查产品的种类、数量、特色、市场占有率;产品的市场生命周期;客户对物流产品安全性、及时性、方便性等的评价,客户的偏好,期望改进的意见和要求;产品是否存在尚未开发的潜力;是否有新产品出现及新产品的潜在市场接受能力。

②物流价格调查。包括以下方面:

a.物流市场供求情况的变化趋势;

b.影响物流价格变动的因素以及物流价格的变动趋势;

c.物流企业各种不同服务产品的价格策略和定价方法,对物流价格的影响以及价格变动后顾客的反应,如物流企业调高运输价格可能导致的运输量的变化等。

③物流营销渠道的调查。包括:物流营销渠道的种类、分布、营销业绩;中间商的数量、位置,运输、储存、服务能力、管理能力;客户对中间商的评价;物流营销渠道的选择、控制与调整情况。

④物流的促销调查。促销调查包括对物流产品促销方式(如广告、公关活动、营业推广活动等)的调查,确定促销活动能否有效地激发客户兴趣,并产生购买行为。调查重点为促销对象、促销方法、促销费用、促销效果等,了解促销对象类型,各种促销方法的有效性,促销方式是否为促销对象所接受,促销投入预算,促销宣传内容是否符合促销范围内的需求水平、风俗习惯,促销后物流企业的销售业绩等。

(6)物流企业的客户满意度调查,包括以下两个方面:

①物流企业人员素质的满意度调查。

②物流企业的服务满意度调查。

4.技能训练准备

(1)学生每5人为一个小组,每个小组选1名组长。

(2)卡片若干张。

(3)教师现场指导。

(4)训练时间安排:2学时。

5.技能训练步骤

(1)以每位学生为单位,在卡片上写出要调查的内容。

(2)各组通过卡片问询法,收集要调查哪些问题,问题汇总后确定要调研的内容。

(3)以组为单位完成公司调查内容的确定。

(4)每组派一位代表陈述结果。

6.技能训练注意事项

(1)一丝不苟,认真填写卡片。

(2)卡片汇总后要进行归类。

(3)调研内容确定要有依据、要准确。

7.技能训练评价

请完成技能训练后填写附录“技能训练评价表”。

8.技能训练活动建议

建议学生事先到不同类型物流的企业进行参观。

二、物流市场调查的方法

1. 情景设置

庆林物流公司在A市调查该公司小件递送业务的认知度。调查对象为年龄在18~45岁、接受过小件递送业务的人员。样本为90个，采取座谈会的形式。座谈会分为3组：在校大学生、公司职员、公务员。在确定了各组在整个母体的比例之后，调查人员确定了各组的人数。试分析该公司采用了什么样的调查方法。

2. 技能训练目标

能够根据物流企业的调查的目标，选择恰当的调查方法。

3. 相关理论知识

1）物流市场调查的常用的方法。物流市场调查常用的方法可以分为间接调查法和直接调查法两种。

（1）间接调查法。间接调查法指的是从各种文献档案中获取资料的方法。通常间接调查所获得的都是二手资料，一般又把间接调查法称为二手资料调查法。间接调查法的主要优点表现为：获取信息所需的时间和费用较少；不受时间和空间的限制；收集的资料，不受调查人员和被调查者的主观因素干扰，反映的信息比较客观、真实。缺点表现为：所获取的信息时效性差；调查的信息很难与调查活动要求一致，需要进一步的加工处理；调查的资料分析处理的难度相对较大。

间接调查的资料来源主要是企业内部资料及外部资料。

①内部资料。来源于企业的统计、营销、财务、数据、各管理部门提供的相关资料，如进货统计、送货单、运输单、销售报告、库存动态记录、合同执行情况客户意见反馈等；其他各类记录，如来自企业领导决策层的各种规划方案企业自己做的专门审计报告、企业评估，过去的市场调查报告、企业营销活动策划方案、工作总结等。

②外部资料。主要来源于政府机构的有关方针、政策、统计报告等；行业协会发表的和保存的有关行业的销售情况、经营特点发展趋势等信息资料；各种信息咨询机构，如国家经济信息中心、国家统计信息中心所能提供的各类统计资料；图书文献以及大众传媒、网络等统计资料。

由于间接调查所获得的是二手资料，所反映的信息时效性不强，而且还需要进行一定的加工处理，因此在企业的实际调查过程中，一般不常用这种方法，只是把它作为一种辅助的调查方法。

（2）直接调查法。直接调查法是指通过实地调查收集资料、获取信息的一种方法。直接调查法所获取的都是一手资料，时效性非常强，能更真实地反映市场情况。直接调查法主要包括访谈法、观察法、实验法三种方法。其中访谈法又是被广泛运用的一种方法。

①访谈法。访谈法是通过直接或间接问答方式来收集信息的方法，是物流市场调查最常用的方法。这种方法，调查人员可以灵活地提出各种设计好的问题，通过被调查人员对问题的回答来收集信息，针对性强。访谈法的具体方式又可以分为问卷调查、面谈调查、电话访谈调查。

a. 问卷调查。是目前物流销售企业中广泛采用的调查方法，即根据调查目的设计好各类调查问卷，然后采取抽样的方式确定调查样本，通过调查员对样本的访问，完成事先设计的调查项目，最后，统计分析出调查结果。问卷调查的成功与否关键取决于问卷的设计是否合理。

b. 面谈调查。是调查人员与被调查人员进行面对面的谈话，从而获得信息的一种方法。这种方法的最大特点是调查灵活、调查的信息全面、调查结果的真实性较强。面谈调查可以是个人访谈，也可以是集体座谈。

c. 电话访谈调查。是调查人员通过电话交谈来了解顾客意见的一种方法。例如，打电话定期询问顾客对物流企业服务的感觉如何，有什么需要改进的方面等。

②观察法。观察法是调查者在现场对被调查者的情况直接观察、记录，以取得市场信息资料的一种调查方法。在观察时，调查人员既可以耳闻目睹现场情况，也可以利用照相机、录音机、摄像机等设备对现场情况作间接的观察，以获取真实信息。运用观察法收集资料的优点在于，调查人员与被调查者不发生直接接触，这种情况下，被调查者的活动不受外在因素的影响，处于自然的活动状态，行为真实，因而获取的资料会更能反映实际。但观察法的缺点是，不容易观察到被调查者的内心世界，不易了解内在的东西。有时需要作长时间的观察才能得出结果。

③实验法。实验法是指在物流市场调查中，将调查范围缩小到一个比较小的规模上，进行试验后取得一定结果，然后再推断出总体可能的结果，通过实验对比来取得市场信息资料的调查方法。具体做法是：从影响调查对象的若干因素中先选出一个或几个因素作为实验因素，在其他因素处于不变的条件下，了解实验因素变化对调查对象的影响。实验完成后，还需用市场调查方法分析这种实验性的推销方法或产品是否值得大规模地推广。这种调查方法的优点是比较科学，具有客观性；缺点是实验的时间可能较长，成本高。

对于物流产品而言，在改变物流产品、价格等因素时，可应用实验法，先做小规模的实验性改变，以调查顾客反应。

2）全面调查与抽样调查

在物流市场调查的各种方法中按调查对象范围大小又分为全面调查和抽样调查。

（1）全面调查。全面调查是对调查对象的总体中每一个个体都进行调查，成本较高，不适合一般企业使用要求，只在产品的销售范围很小或用户很少的情况下采用。所以一般企业采用抽样调查。

（2）抽样调查。抽样调查就是从调查对象全体（总体）中选择若干个具有代表性的个体组成样本，对样本进行调查，然后根据调查结果来推断总体特征的方法。从调查对象总体中抽取样本的技术就是抽样技术。抽样技术的优劣将直接影响样本的代表性，影响调查结果的可靠性。如果抽样程序和方法科学的话，样本规模（被调查者数量）在100左右即具有代表性和可靠性。

以上关于物流市场调查的多种方法，在实际的调查过程中，应该根据调查的目标、调查的内容等因素来选择其中最适合的调查方法。

4. 技能训练准备

（1）学生每5人为一个小组，每个小组选1名组长。

（2）卡片若干张。

（3）教师现场指导。

（4）训练时间安排：2学时。

5. 技能训练步骤

（1）以每位学生为单位，在卡片上写出案例中采用的是何种调查方法，并阐述依据。

（2）各组通过卡片问询法，收集本组成员的分析结果。

（3）各组汇总成员结果，确定本组分析结论。

（4）每组派一位代表陈述结果。

6. 技能训练注意事项

（1）一丝不苟，认真填写卡片。

(2)卡片汇总后要进行归类。

(3)分析要有依据、要准确。

7. 技能训练评价

请完成技能训练后填写附录“技能训练评价表”。

8. 技能训练活动建议

小组成员在交流汇总结果时，应讨论该案例中的认知度调查是否还可以选择其他的调查方法。

三、物流市场调查计划的拟订

1. 情景设置

宏翔物流公司想了解一下其新开发的储存加工业务的需求情况，为此要组织一次市场调研活动。请为该公司做一份物流市场调查计划。

2. 技能训练目标

能够按企业市场调查的目标、企业的实际情况拟订物流市场调查计划。

3. 相关理论知识

制订物流市场营销调查计划包括以下几个步骤：

1)制订调查目的

在进行物流市场营销调查前，应当明确调查的目的要求和调查结果的用途，调查要有重点。在组织市场调查活动时，应当首先找出需要解决的最关键的问题，选定调查的专题，明确调查的任务和目标，然后才开始组织市场调查。调查目的主要是确定市场特性、市场潜量的开发、市场占有率情况、销售状况、竞争对手分析等。

2)拟订调查的内容(项目)

根据调查目的确定调查内容，市场调查的内容相当广泛，主要包括以下几个方面：市场需求调查、购买者调查、价格调查、分销情况调查、市场竞争调查、促销调查。

3)确定调查对象

企业的调查资料分为一手资料和二手资料。一手资料是对调查对象进行实地调查直接得到的各种数据图文、音像资料等；二手资料是从实地调查以外获取的各种数据图文、音像资料等。

一手资料资料的调查对象可以是消费者、代理商、批发商、零售商、供应商及一切与企业有业务及非业务往来的部门、单位等。

二手资料的调查对象一般可以分为企业内部和外部。企业内部可调查企业统计、营销、财务、档案室等部门，通过企业各层次相关人员收集生产、营销、物流等的原始记录、统计报表、销售记录、销售发票、订货合同、送货单、运输单、退货单、财务报表、进货成本、生产成本、流通费用、利润、资金周转、工作总结、工作报告、业务建议、企业评估、用户反馈、企业活动策划方案等。企业外部可以调查政府有关部门、行业协会、社会团体、经销商、零售商、报社、电视台、官方资料、报刊资料、商业资料、商情资料等。

4)选择调查方法

物流市场调查的方法是多种多样的，市场调查方法的选择应该根据企业调查的目标、调查的内容、经费的预算、人员的配备情况等因素来确定，从而选择最适合的调查方法。

5)安排调查时间

在调查前要对整个调查在时间上做周密的安排，要确定调查的总时间及阶段时间，并规定每个阶段要完成的目标或任务。

6）确定调查地点

调查地点选择，是一个区域，还是几个区域；是选择现场调查，还是网站调查，应该根据具体的调查项目和资料性质进行选择和安排。

7）编制调查预算

调查费用一般包括劳务费、问卷费、差旅费和设备使用费。在编制调查预算时，通常先把某项调查的所有活动或事件都一一列明，然后估算每项活动的费用，最后再汇总预算仅仅是一种估计，应有一定的灵活性，即预算金额要有一个上下差异幅度，如某调研项目的预算为 25000 元，则实际应按 $\pm 25000 \times 10\%$ 计算。

4. 技能训练准备

（1）学生每 5 人为一个小组，每个小组选 1 名组长。

（2）卡片若干张。

（3）教师现场指导。

（4）训练时间安排：1 学时。

5. 技能训练步骤

（1）以每位学生为单位，根据调查的目标在卡片上写出调查计划的内容。

（2）各组通过卡片问询法，汇总计划内容，然后根据企业调查的目的，按调查需求以列表的形式作出调查计划。

（3）每组派一位代表陈述调查计划。

6. 技能训练注意事项

（1）卡片汇总后要进行归类。

（2）计划内容要围绕企业调查的目标来确定。

（3）计划要科学合理，要切实可行。

7. 技能训练评价

请完成技能训练后填写附录“技能训练评价表”。

8. 技能训练活动建议

建议在训练前上网查阅不同企业的调查计划样本。

四、物流市场调查表的设计制作

1. 情景设置

新业公司是一家专门从事配送业务的物流公司，该公司的业务主要针对企业，迎合了企业的某些特殊需求。但随着个人递送市场的不断成熟，该企业也开始意识到开展个人递送的重要性，因此想在短期内进入个人递送市场。但公司的领导人认为，虽然自己的配送能力可以支持个人递送，但自己在品牌上却不一定具有优势，因为公司的品牌主要在企业用户中具有影响力，个人用户不一定知道这个品牌。为了验证这个市场，该公司决定进行一次市场调查，通过实地调查来了解消费者对该品牌的了解程度。于是该公司请 A 市场调研公司为其提供市场调查问卷，自己组织调查。但在实际调查过程中却出现了问题：很多被调查者不愿意合作，认为该问卷太复杂，很多问题都不理解，并且填写这样的问卷太浪费时间，同时还有些问题涉及了个人隐私。因此，该公司并没有得到自己想要的东西，为此公司召开了专门会议讨论问题的所在。请为该公司制作一份更合适的问卷调查表。

2. 技能训练目标

(1) 能够根据调查内容设计物流市场调查表。

(2) 能够进行调查表的发放、收回、整理。

3. 相关理论知识

1) 物流市场调查问卷的设计技巧

(1) 物流市场调查问卷应具备以下条件：

①能实现调查的目的，即将调查目的、询问方式的内容和要求具体地编入问卷。

②能促使被访问者愿意合作，提供正确信息，协助达成调查目的。

③能正确表达访问者与被访问者的相互关系。

(2) 问卷设计应符合以下原则：

①紧扣调查的主题。

②上下连贯，各问题间要有一定的逻辑性。

③设计被调查者愿意回答的问题。

④被调查问题要回答方便。

⑤问题要有普遍性。

⑥问题界定准确。

⑦问题不应带有引导性。

⑧便于整理统计与分析。

2) 问卷的基本结构

问卷一般由开头、正文和结尾三部分组成。

(1) 问卷的开头主要包括问候语、填表说明和问卷编号。

①问候语。语气应该亲切、诚恳、有礼貌，内容要能交代清楚调查目的、调查者身份、保密原则以及奖励措施等。

②填表说明。目的在于规范和帮助受访者对问卷的回答。

③问卷编号。主要用于识别问卷、访问员、被访者地址等。

(2) 问卷的正文。一般包括资料搜集、被调查者的基本情况和编码三个部分。

①搜集资料部分是问卷的主体，也是使用问卷的目的所在。其内容主要包括调查所要了解的问题和备选答案。

②被调查者的有关背景资料。被调查者的有关背景资料也是问卷正文的重要内容之一。被调查者往往对这部分问题比较敏感，不愿提供，但这些问题与研究目的密切相关、必不可少，如个人的年龄、性别、文化程度、职业、职务、收入等；家庭的类型、人口数、经济情况等；对企事业单位则应包括行业类别、所有制形式、职工人数经营范围、营业额、所在地等，具体内容要依据研究者先期的分析设计而定。列入这些项目，是为了对调查资料进行分类和整理。

③编码，是指问卷中包含的前编码设计，以及为后编码设计预留的位置。

(3) 问卷的结尾。可以设置开放性题，征询被调查者的意见、感受，或是记录调查情况；也可以是感谢语以及其他补充说明。

3) 设计提问项目

问卷所要调查的资料由若干个提问的具体项目即问题所组成。如何科学、准确地提出所要调查的问题，是问卷设计中十分重要的一步，对调查质量有着重要影响。在设计提问项目时，需要注意以下几点：

(1)提问的内容尽可能短。从整体上看，一份问卷中的内容不宜过多，不必要的问题不要列入，很多初学调查或问卷设计的人，往往以为多一道题，可多得一份资料，所以会询问一些不必要的问题，不但浪费时间和资料处理的费用，有时也因问题过多，使被调查者感到厌烦，影响整体调查的质量。

另外，提问的内容过长，会占用被调查者更多的时间，在问题的理解上也就更容易造成偏差。

(2)用词要确切、通俗。用词是否确切，具体可按"5W1H"准则加以推敲。"5W"即 Who(谁)，Where(何处)，When(何时)，Why(为什么)，What(什么事)，"1H"即 How(如何)，以此来判断问题是否清楚。当然，并不是每一项提问中必须同时具备这"5W1H"，例如：请问贵公司使用什么物流产品？

这个问题中的 Who 很清楚，What 指物流产品的类别，When 则未表明，很容易造成回答偏差。因此，可以修改为：请问贵公司最近一年内使用什么物流产品？

此外，时间的范围一定要清楚，比如：最近一段时间贵公司的物流产品是由哪家企业提供的？这里的 When 过于笼统，被调查者不清楚"最近"是指哪段时间，时间范围不明确，因此，可改为：贵公司最近一年内使用什么类型的物流产品？

还有许多词，如"一般"、"经常"、"很多"等都属于过于笼统、含义不确切的词，不同的人可能会有不同的理解，从而造成回答的偏差。也有一些所询问问题的含义不清或过于笼统。例如：您觉得配送质量怎么样？这里的"配送质量"的含义是很笼统的，被调查者不知道要回答哪些质量方面的问题。因此可以改为：您觉得配送是否快捷？

由于被调查者的文化程度不同，问卷中的用词要通俗，易于理解。

(3)一项提问只包含一项内容。如果在一项提问中包含了两项以上的内容，被调查者就很难回答。比如：您对小件配送的价格和服务质量满意还是不满意？

这里包括了价格和服务质量两项内容。如果被调查者认为价格很合理，而服务质量不好；或者认为价格不合理，而服务质量很好，一时就很难作出判断和回答。所以，不如把它分成两个问题：您觉得小件配送的价格怎么样？您觉得小件配送的服务质量怎么样？

(4)避免诱导性提问。问卷中的问题不能带有倾向险，而应保持中立。词语中不应暗示出调查者的观点，不要引导被调查者应作出何种回答或该如何选择。例如：某某物流公司3年荣居服务质量榜首，你觉得它怎么样？这里已经暗示了该公司服务质量很好，对被调查者的选择具有引导作用。不如改为：您觉得某某物流公司的服务质量怎么样？

引导性提问容易使被调查者不假思索地作出回答或选择，也会从心理上产生顺应反应，从而按着提示作出回答或选择。

(5)避免否定形式的提问。人们往往习惯于肯定陈述的提问，而不习惯于否定陈述的提问。例如，对一种新产品价格的市场调查，采用否定的提问是：您觉得这种产品的价格不合理吗？而采用肯定的提问则是：您觉得这种产品的价格合理吗？

否定提问会影响被调查者的思维，或者容易造成相反意愿的回答或选择，因此，在问卷中尽量不要用否定的形式提问。

(6)避免敏感性问题。敏感性问题是指被调查者不愿意让别人知道答案的问题。如个人收入问题、个人生活问题、政治方面的问题等。问卷中要尽量避免提问敏感性问题或容易引起人们反感的问题。对于这类问题，被调查者可能会拒绝回答，或者用虚报、假报的方法来应付回答，从而影响整个调查的质量。

对有些调查，必须涉及敏感性问题的，应当在提问的方式上进行推敲，尽量采用间接询问的方式，用语也要特别婉转，以降低问题的敏感程度。

4) 设计问句

根据具体情况的不同，问句可以采用不同的形式，主要有以下几种：

(1) 开放式问句。开放式提问是指对调查的问题不列出答案，回答这种问句时，被调查对象可以自由回答问题，不受任何限制，换句话说，就是事先不规定答案。例如：你认为我们的服务质量需要做哪些改进？这种问句的优点是设计问题容易，被调查者的思维不受约束，有利于被调查者思考和回答问题，被调查者可以按自己的体会或看法随意填写。有时能使调查人员收集到一些忽视的答案和资料，并可以得到被调查者建设性的意见。缺点是被调查者不易回答，而且还受被调查者文化水平、态度等的影响，有可能得不到准确的信息，同时答案过于分散，不利于统计分析。若是由调查员记录答案的话，还容易产生调查员的理解误差，使答案与调查对象的本意出现偏差。

(2) 封闭式问句。封闭式提问是指在问卷中已拟定了各种可能的答案，这种问句所提的问题的答案已事先由调研人员设计好，被调查者只能从中选择。这种提问方式的优点是被调查者回答容易，所得资料较为准确，因而成为目前进行问卷调查提问的主要方式。常用的有以下几种方法：

①两项选择法（又称是否法或真伪法）。两项选择问句通常列出性质相反的两种答案。例如：你认为目前公路运价合理吗？

答案：A. 是　　B. 否

②多项选择法。多项选择的问句通常列出 3 个或 3 个以上的答案。例如：贵公司常用的运输方式是哪些？

答案：A. 公路运输　　B. 铁路运输　C. 航空运输　D. 水路运输　　E. 管道运输

在决定采用开放式问句还是封闭式问句时，必须考虑问题答案的分散程度。如果可能的答案较多，用封闭式问句会使答案的范围过于狭窄。而现实中，通常结合开放式问句与封闭句的特点，采用在末尾安排开放式问句的方式来解决这一问题。

③程度尺度法。研究同质间的不同程度差别，通常用“很好”、“较好”、“一般”、“较差”、“差”一类的回答来表述。

④顺序法。这种方法就是列举出若干项目，以决定其中较重要的顺序。例如：购买叉车时，请按你认为的重要程度进行排序：耐用（　）；省油（　）；便宜（　）；操作方便（　）。

⑤回想法。在问卷设计中还可以采用回想法，这种方法的运用一是可以了解客户对于品牌的印象、记忆程度；二是可以了解客户对此行业的知晓范围。

5) 问题顺序的设计

问卷设计过程中，安排好问题的顺序也是很重要的。设计问卷应注意以下几点：

(1) 问题的安排应具有逻辑性。

(2) 问题的安排应先易后难。

(3) 能引起被调查者兴趣的问题放在前面。

(4) 开放性问题放在后面。

4. 技能训练准备

(1) 学生每 5 人为一个小组，每个小组选 1 名组长。

(2) 教师现场指导。

(3)训练时间安排:1学时。

5. 技能训练步骤

(1)根据调查目的确定问卷的实际内容和所需要的资料。

(2)逐一列出各种资料的来源。

(3)设计问句(确定开放式还是封闭式)。

(4)确定问题的顺序。

(5)问卷设计完成后各小组进行小规模的事先预试,之后审查预试的结果。既要着眼于所收集的资料是否易于统计,又要着眼于资料的质量,看是否有不足之处需要改进。

(6)对问卷进行修改和完善,并正式打印出来。

6. 技能训练注意事项

(1)充分了解调查的目的,注意得到的资料是否对分析问题、解决问题有帮助。

(2)写出问题,一个问题只涉及一项内容。同时考虑问答时的方便。

(3)检查提出的各个问题,消除含义不清、倾向性语言和其他疑点。注意提问语言是否自然、温和、礼貌和有趣味性。

7. 技能训练评价

请完成技能训练后填写附录"技能训练评价表"。

8. 技能训练活动建议

建议学生训练前查阅不同类型的调查问卷并进行问卷设计思路提问。

思考练习

1. 简答题

(1)物流市场调查的内容包括哪些?

(2)制订物流市场营销调查计划的步骤是什么?

(3)什么是直接调查法?什么是间接调查法?这两种调查方法有何区别?

(4)一份完整的调查问卷表应具备哪些基本结构?

(5)设计调查问卷提问项目时,需要注意哪些问题?

(6)调查问卷的问句设计有哪些形式?

2. 思考题

(1)对物流企业而言,物流市场调查有何意义?

(2)如何拟定物流市场营销调查计划?

(3)怎样才能设计一份合格的、符合企业要求的市场调查问卷表?

项目二 市场调查

教学要点

1. 由小组讨论,选择某项物流业务,根据市场调查计划、制作好的调查表,进行市场调查;

2. 进行物流市场调查回收资料的汇总、统计、分析、整理;

3. 撰写一份物流市场营销调查报告。

教学方法

可采用讲授、情景教学、案例教学和分组讨论等方法。

一、物流市场调查的程序

1. 情景设置

宏翔物流公司想了解其新开发的储存加工业务的需求情况，为此要组织一次市场调研活动。请问该公司应如何开展物流市场调查。

2. 技能训练目标

能够组织实施物流市场调查。

3. 相关理论知识

物流市场调查一般分为准备调查阶段、调查实施和总结，物流市场调查程序见图 2-1。

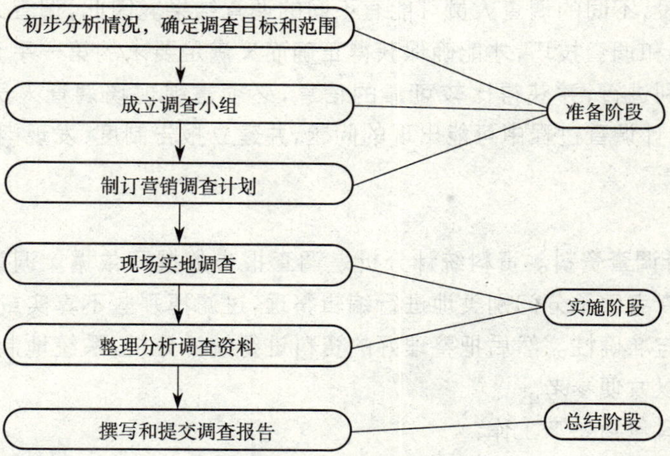

图 2-1　物流市场调查的程序

1) 准备阶段

(1) 初步分析情况，确定调查目标和范围。物流市场调查的目的在于帮助物流销售企业准确地作出经营战略和营销决策。在市场调查之前，应首先分析初步情况，明确调查目标，确定指导思想，限定调查的问题范围。

调查目标一般由企业营销综合职能部门提出，主管领导批准。调查目标和指导思想一经确立，在以后的调查活动中应始终围绕本次调查的总体目标和指导思想进行工作。

(2) 成立调查小组。为了使调查工作有计划、组织地进行，成立调查工作组是必要的。其组成人员可能包括市场营销、规划、技术研究、经营管理、财务或投资等多方面的人员。

(3) 制订营销调查计划。调查小组应根据调查的总体目标，做好营销调研计划，制订调查方案，确立调查方法与形式，并制订实施计划和阶段目标。制订实施计划，是整个物流市场调查过程中最复杂的阶段。它主要包括调查项目、调查方法、调查人员、调查费用、调查工作进程安排及监督检查、调查人员的工作考核等方面的内容。调查计划最好以表格的形式来设计，如表 2-1 所示。

调查计划表　表2-1

调查项目	市场状况	消费者状况	竞争状况	宏观环境	企业内部状况
资料来源					
调查对象					
调查时间					
调查地点					
调查方法					
调查工具					
费用预算					
调查分工					

2）实施阶段

进行实地调查是市场调查的正式实施步骤。调查人员按照确定的调查对象、调查方法、进行实地调查，现场获取第一手资料。实地调查工作的好坏，将直接影响到调查结果的准确性。对于这一阶段，不同的调查人员可能有不同的调查结果。因此，调查人员必须具备一定的素质、知识水平和调查技巧，才能确保获得正确而又满足要求的第一手资料。为了保证调查工作按计划顺利进行，并获得比较可靠的信息，必须重视现场调查人员的选拔与培训工作，而且要充分估计调查过程中可能出现的问题，并建立报告制度；发现问题，及时地予以妥善解决。

3）总结阶段

（1）整理分析调查资料。资料统计分析是调查报告的撰写依据。调查小组应对调查得到的资料及被调查者回函分门别类地进行编辑整理，过滤掉那些不真实或错误的资料，以保证资料的真实性与准确性。然后把整理好的资料进行统计分析，系统地制成各种计算表、统计表、统计图等，以方便参考。

处理所得资料包括如下工作：

①整理。对所得资料进行筛选，剔除谬误、不实和含糊之处，如调查人员的偏见、被调查者的敷衍了事、有矛盾的回答等。

②分类。根据调查目标对所得资料按一定标准归类，统一编号。

③列表。将所得资料编制成各种图表，以便进一步分析。

（2）提交调查报告。提交调查报告是整个调查工作的最后一个环节。调查报告是市场调查的最终结果。调查报告是将调查分析的情况、得出的结论、提出的措施或建议写出书面报告，提供给管理部门和职能部门的管理人员作为决策时的参考，决策者就是根据调查报告的结果来指导企业的经营决策的。因此，要十分重视调查报告的撰写，必须及时地写出准确、真实的调查报告。在编写调查报告时，要注意紧扣调查主题，力求客观、简单扼要并突出重点，使企业决策者一目了然。写作方面要求文字简练，避免或少用专门的技术性名词，必要时可用图表说明。

调查报告包括以下内容：

①前言。概述调查宗旨、经过、调查目的、调查方法和技术以及必要的谢语等。

②正文。包括调查目的、调查任务的详细说明，调查结果的阐述，对策建议等。

③附件。包括与调查报告正文有关而必须附加说明的材料。

4. 技能训练准备

(1)学生每5人为一个小组，每个小组选1名组长。

(2)准备好调查工具。如：问卷等。

(3)教师现场指导。

(4)训练时间安排：1学时(注：调查时间学生自己安排，不占课题学时)。

5. 技能训练步骤

(1)根据调查项目、方法，准确寻找被调查对象。

(2)对被调查对象进行信息收集。

(3)将收集到的原始资料进行集中整理。

6. 技能训练注意事项

(1)小组成员要合理分工、密切配合。

(2)应向被调查对象说明调查目的、填表要求。

(3)注意统计发放和回收问卷的份数及回收问卷的有效性。

7. 技能训练评价

请完成技能训练后填写附录“技能训练评价表”。

8. 技能训练活动建议

物流市场营销问卷调查前，进行问卷模拟调查。

二、物流市场调查报告的撰写

1. 情景设置

宏翔物流公司想了解其新开发的储存加工业务的需求情况，为此组织了一次市场调查活动。该公司根据物流市场调查计划，完成了实地问卷调查。请根据调查所收集的资料、回收的问卷及调查数据进行汇总、分析、整理，统计结果撰写物流市场调研报告。

2. 技能训练目标

(1)能够对物流市场调查表格进行收回、资料整理、汇总。

(2)能根据统计调查数据进行分析活动，撰写物流市场调查报告。

3. 相关理论知识

物流市场调查报告的撰写要满足三方面的要求：第一，紧扣调查主题，突出重点。调查报告中切忌罗列一大堆数据和高深的数学公式，而应主要阐述调研中的发现和结论。第二，对象明确，讲求实用。调查报告是给各级营销决策者看的，内容要实用，结论尽可能量化且明确，符合读者的理解水平。第三，说明调查结果的局限性和误差范围。正式提交调查报告书后，工作并未完全结束，应跟踪调查实施程度及其效果，以便纠正偏差，取得更佳效果，并可据此总结经验教训，进一步提高今后市场调查水平。

物流市场调查报告撰写包括以下环节：

1)资料的汇总整理

收集的原始信息资料和回收的问卷都是杂乱无章的，为了更好地发挥信息资料的作用，必须根据调查的目的和要求，对这些资料进行系统的整理、分析和评价。

调查所得的资料是大量的、零散的、有的甚至可能是片面和不真实的，必须进行系统的编辑整理，去粗取精，去伪存真，再分类汇编。

对经过编辑整理的资料，依据调查目的，按一定的标准进行分类，把性质相同的归在一起。分类后的资料还要加以统计汇总，编号归档存储，这样将方便以后的查找和使用。当采取计算机加工处理资料时，资料的分类编号更为重要。

为了掌握被调查事物的内在联系，揭示问题的实质和各种市场现象间的因果关系，还必须对调查资料进行综合分析，以找出其内在的规律性和关联性。

对经过一系列处理过程的资料，要评价它们的可靠度、真实度以及对调查目的的实现程度等。

2）物流市场调查报告的撰写

从物流市场调查报告的一般结构来看，一篇完整的物流市场调查报告应包括以下几个方面的内容。

（1）标题。标题一般把被调查单位名称、调查内容明确而具体地表示出来，如《关于某地区物流递送业务的市场调查报告》。有的调查报告还采用正、副标题的形式。

（2）目录。除了只有几页纸的调查报告之外，一般的调查报告都应该编写目录，以便读者查阅特定内容。目录包含报告的章节及其相应的起始页码。通常只编写两个层次的目录。较短的报告也可以只编写第一层次的目录。需要注意的是，报告中的表格和统计图都要在目录中列明。

例如：目录

①调查设计与组织实施。

②调查对象构成情况简介。

③调查的主要统计结果简介。

④综合分析。

⑤数据资料汇总表。

⑥附录。

如果报告含有图表，那么需要在目录中包含一个图表目录，目的是帮助读者很快找到对应信息的形象解释。因为图和表是独立的数字编号，因此，在图表目录中，应列出每一图表的名称，并按在报告中出现的次序排列。

（3）概述。概述主要是阐述调查课题的基本情况，它是按照物流市场调查课题的顺序将问题展开，并阐述在调查过程中原始资料的选择、评价、作出结论、提出建议的原则等。主要包括三方面内容：

①简要说明调查目的。即简要地说明进行调查的原因、目的和调查涉及的中心问题。

②简要介绍调查对象和调查内容，包括调查时间、地点、对象、范围、调查要点及调查的具体内容。

③简要介绍调查研究的方法。介绍调查研究的方法，有助于使人确信调查结果的可靠性，因此要对所用方法进行简短叙述，并说明选用方法的原因。例如，是用间接调查法还是直接调查法，是用直接面谈的方法还是邮寄问卷法等。

（4）正文。正文是物流市场调查分析报告的主体部分。这部分必须准确阐明全部有关论据，包括从问题的提出到得出的结论，论证的全部过程，分析研究问题的方法，全部调查结果和必要的市场信息，以及对这些情况和内容的分析评论。

正文包括引言、调查方法、结论和局限性以及建议。

①引言。引言对调查的起因、目的和中心问题作出解释说明。调查的每个问题在正文

的某一部分都应提供相应的结论。

②调查方法。调查方法部分要阐明以下5个方面的内容：

a. 调查设计。说明所开展的项目是属于探索性调查、描述性调查还是因果性调查，以及为什么适用于这一特定类型调查。

b. 资料采集方法。所采集的是初级资料还是次级资料。结果的取得是通过调查、观察还是实验。所用调查问卷或观察记录表都应编入附录。

c. 抽样方法。总体目标是什么，抽样如何确定，是什么样的样本单位，它们如何被选取出来。对以上问题的回答根据及相应的运算都须在附录中列明。

d. 实地工作。用了多少名、什么样的实地调查人员；如何对他们进行培训、监督管理；实地工作如何检查。这些方面对于最终结果的准确程度会带来十分重要的影响。

e. 分析方法。说明所使用的方法是定量分析方法还是定性分析方法。

③结论和局限性。结论在正文中占有较大篇幅。这部分内容应按一定的逻辑顺序提出紧扣调查目的的一系列结论。在结论中，还可以配合一些总括性的表格和图像加以说明。完美无缺的调查是难以做到的。所以，必须指出调查报告的局限性，诸如作业过程中无法回避的误差和抽样程序存在的问题等。在报告中，将成果加以绝对化，不承认它的局限性和应用前提，不是科学的态度。当然，也没有必要过分强调它的局限性。

④建议。建议主要是调查小组根据调查结果给物流销售企业提出的一些发展意见和思路。建议应该建立在调查结果的基础上，符合实际情况，符合企业的发展目标，而且确实具有可操作性。建议部分应该写得详细、具体、通俗。

(5) 附件。附件是指调查报告正文包含不了或没有提及，但与正文有关而必须附加说明的部分。它是对正文报告的补充或是更详细的说明。附件通常包括的内容有：图表目录、调查提纲、调查问卷和观察记录表、被访问人(机构或单位)名单、较为复杂的抽样调查技术的说明、一些关键数据的计算(如果所占篇幅不大，应该编入正文)、较为复杂的统计表和参考文献等。

4. 技能训练准备

(1) 学生每5人为一个小组，每个小组选1名组长。

(2) 调查问卷统计表数张、资料袋若干个、计算器10个。

(3) 教师现场指导，调查报告教师统一点评。

(4) 训练时间安排：1学时(学生撰写报告利用课余时间不占学时)。

5. 技能训练步骤

(1) 检查问卷是否有废卷，只统计有效问卷。

(2) 个人统计自己的调查问卷，填写累计好的数据。

(3) 在个人统计数据的基础上进行小组统计，汇总个人的统计结果，累计整个小组的有效问卷，再累计问卷每个问题的所有选项的统计总数，填写所有统计数据。

(4) 进行资料分析。

(5) 提出调查结论。

(6) 撰写调查报告。

6. 技能训练注意事项

(1) 明确撰写任务，防止抄袭。

(2) 报告紧扣主题突出重点，切忌罗列一堆数据和公式而无结论。

(3)内容要实用，资料分析论尽可能量化。

(4)说明调查结果的局限性和误差范围。

7. 技能训练评价

请完成技能训练后填写附录“技能训练评价表”。

8. 技能训练活动建议

建议学生先熟悉调查报告的写作技巧及撰写方法。

思考练习

1. 简答题

(1)物流市场调研的程序是什么?

(2)撰写物流市场调查报告应注意哪些问题?

(3)物流市场调查报告应包括哪些方面的内容?

2. 思考题

(1)物流企业应如何开展市场营销调查?

(2)怎样才能撰写一份合格的物流市场营销调研报告?

任务三 物流市场营销战略

内容简介

物流企业在竞争激烈、复杂多变的市场环境中，如何求得生存和发展，很大程度上取决于企业的市场营销活动能否适应内、外环境的变化，并作出积极正确的反应。在纷繁的市场环境下，物流企业必须进行市场形势分析与判断，识别由于环境变化而造成的机会和威胁，及时采取相应的对策，制订相应的战略与战术，使经营管理与其营销环境的发展变化相适应。

制订物流市场营销战略是物流企业在分析市场营销环境和自身资源条件的基础上，从物流市场营销的整体角度出发，为获得长期市场营销竞争优势，所进行的总体性谋划。

物流市场营销战术是营销战略的具体行动方案，是面对现实的应对措施，是营销战略的贯彻。总体战略谋划需要具体的战术行动来实施完成，具体行动需要总的指导方针来指导。

教学目标

1. 知识目标

(1) 了解市场营销战略环境分析的内容；

(2) 掌握市场营销战略环境分析的方法；

(3) 了解物流企业市场预测的过程；

(4) 掌握市场营销战略策划过程和内容；

(5) 掌握物流企业战术策划的内容。

2. 技能目标

(1) 能根据资料分析、判断物流市场的基本形势，能清晰地掌握本企业的基本状况；

(2) 能根据物流市场的基本形式和本企业的基本状况提出营销战略；

(3) 能根据物流市场的基本形式、企业的营销战略和本企业的基本状况提出相应的具体营销战术。

案例导入

联邦快递（FedEx）的全球战略

2002 年，联邦快递公司以上年营业额 196 亿美元的成绩，在全球 500 强中排名第 246 位。从地区来看，业务的地区性集中度高，美国业务占总收入的 76%，国际业务占 24%。从运输方式来看，空运业务占总收入的 83%，公路占 11%，其他占 6%。

公司在经营管理上已实现了客户通过网络直接进行邮寄手续的办理，快递公司的员工在最短时间内上门取货，让客户足不出户就能寄送包裹；货物准确送达到客户手中的时间精确至分钟；从北京办理货物运送手续起至送达到美国客户手中，时间仅为 2 天；实现信息共享，为合作伙伴提供的系统环境和服务器，可让每一个合作伙伴享受到随时跟踪货物运行状态、地点等情况，实现异地数据采集、经营报表的打印；完成了由单纯的快件运输公司向提供物流策略、系统开发、电子数据交换及解决方案的跨地区、跨行业的大型集团企业的转型。

1995年，联邦快递公司购买了中国和美国之间的航线权，开始由联邦快递飞行员驾驶的专用货机来负责中美间的快递运输服务。1996年3月，联邦快递成为唯一享有直航中国权力的美国快递运输公司。目前联邦快递每周有11个航班往返于中美之间。1995年9月，联邦快递在菲律宾苏比克湾建立了其第一家亚太运转中心，并通过其亚洲一日达网络提供全方位的亚洲隔日递送服务。

根据公司在美国成功运作的"中心辐射"创新运转理念，亚太运转中心现已连接了亚洲地区18个主要经济与金融中心。联邦快递可以将文件、包裹及货物以隔日送达的方式送抵亚洲一日达网络中的主要贸易中心，这些城市包括：奥克兰、曼谷、北京、宿务、广州、胡志明、香港、雅加达、高雄、吉隆坡、马尼拉、大阪、槟城、首尔、上海、深圳、新加坡、苏比克湾、悉尼、台北以及东京。

联邦快递在中国提供亚洲一日达及北美一日达服务的城市有：北京、天津、青岛、上海、昆山、苏州、无锡、常州、宁波、南京、杭州、广州、深圳、东莞、中山。

制订了准时送达保证条款，若托运货件送达的时间超过本公司承诺送件时间60s以上时，经运费付款人请求，本公司可以选择将运费退回运费付款人或同意抵扣对应发票中的运费。退费办法适用以下限制：因寄件人托运文件上之疏漏而造成清关手续或其他法定手续之延误，则每延误一天？

联邦快递公司（FedEx）重塑自我。

随着互联网时代的到来，FedEx主营的文件速递市场在因特网时代面临着极大的威胁。速递文件的电子化转移速度比美国邮政一类邮件的电子化转移速度要快得多。同时，美国邮政的优先邮件越来越被市场看好，因为，优先邮件的性价比优于次日递业务。另外，联合包裹服务公司（UPS）与惠普公司合资建立的文件交换服务公司，预计到2003年将分流23%的航空速递业务量。FedEx同样面临着极大的挑战，因此FedEx制订以下战略：

1. 进军物流市场

1998年，FedEx通过收购路面Roadway包裹公司（RPS）进入普通包裹运递市场，在包裹市场的占有率达到11%。在过去的4年中，FedEx投资了5亿美元，使得RPS的处理能力翻了一番。另外，FedEx对其无线通信网络进行了更新，使之能够与UPS匹敌，此外还为大小企业提供因特网商务软件。

FedEx的网址就像一个交易市场，设有许多与其他公司的链接按钮，而且FedEx已经向国际市场进军，尤其是计算机硬件和微型芯片的物流配送。像UPS一样，FedEx已经开始作为第三方物流服务供应商向外展开营销。世界著名的思科公司宣布让FedEx管理其整个物流网络，其目的是完全取消思科在亚洲的仓库，代之以这两家公司共同创立的"飞行仓库"，最终，由FedEx直接投递零部件给用户作最终的组装。

2. 住户市场策略

FedEx的住户投递市场直接与美国邮政展开竞争，但FedEx采取的战略与UPS有很大的不同。UPS是将企业到企业与企业到家庭的业务集成一体，而FedEx则准备组建专门的住宅投递服务公司，并准备聘用低成本的非工会劳动力。

FedEx总公司下设多个业务部门：

①主要从事次日递航空速递核心业务的联邦快递。

②企业到企业的普通包裹业务的联邦快递地面服务。

③地面服务下设快递家庭投递服务部门。家庭投递部门雇佣的工人被称为"业主经营者",自备箱式货车,公司根据这些工人的投递量给予报酬,这不仅比UPS的成本低甚至可能比美国邮政的成本还低。联邦快递的家庭投递服务在全国40个大城市设立了67个家庭投递站,号称覆盖了全国50%的家庭,联邦快递计划还要建立另外240个投递站,争取在3年的时间内覆盖98%的人口。

3.定位与战略

UPS的定位是"我们能够在任何地方、任何模式来处理任何货物"。

敦豪国际航空快递公司(DHL)的目标是希望能够成为世界范围邮件通讯、包裹快递、物流及财政服务领域中的领头羊。FedEx也有自己的定位:"无所不包,全面发展"恰好的定义了联邦快递的位置。

4.FedEx联邦快递的客户关系管理

联邦快递的创始者弗莱德·史密斯有一句名言:"要想称霸市场,首先要让客户的心跟着你走,然后让客户的腰包跟着你走"。

在联邦快递,CRM(Customer Relationship Management客户关系管理)被称之为ECRM(企业客户关系管理)。之所以称之为ECRM,是强调客户关系管理不仅仅是客户服务部门专用的方法,也不仅仅是简单的跨部门小组(CFT)协作,而是依靠公司的整体合作来服务客户的一种方法。因为客户关系管理是涉及公司整体战略层面、自上而下的一种策略。联邦快递实施CRM的五项方针是员工、客户、流程、技术和项目。与CRM的标准模式相比,ECRM中人的位置被放在了第一位,而且少了策略方针,多了项目方针。而这种不同反映了联邦快递的经营哲学和实施CRM的特点:"在联邦快递的经营哲学里面,员工是第一位的。而策略则是我们贯穿所有CRM实施过程中的一项原则,它超乎其他几项方针之上。"FedEx是一家环球企业,公司致力栽培用人唯才的环境。FedEx速递公司的特征,就是积极进取和创新的政策、计划及福利,以及富有鼓励性的工作环境。只有优秀的员工才会为客户提供优秀的服务,针对不同的客户需求提供不同的客户服务,因此员工第一、客户第二可以看作联邦快递客户关系管理的两条主线。"在联邦快递,员工(People)、服务(Service)和利润(Profit)是三位一体的,这也是联邦快递自1973年创立时就确定的经营哲学,被称之为PSP理念。"公司关注并善待自己的员工,他们就会依照客户的要求提供完美的服务,客户满意度的提升就会为公司带来利润,而利润是维持工作正常运作的命脉,员工工资福利的增长和工作环境的改善都依赖利润的改善。

引导思路

1.联邦快递全球战略是如何实施的?

2.联邦快递基于何种市场环境条件下进军物流市场?

项目一　物流市场营销战略环境分析

教学要点

1.小组讨论,选择某一特定物流企业为目标企业;

2. 利用网络，收集该物流企业所处营销环境方面的信息；

3. 根据该企业物流市场调查所收集的资料，对其所处的宏观与微观营销环境、环境威胁与市场机会进行分析与判断，完成物流市场营销战略环境的分析；

4. 根据环境分析为该企业进行战略与战术的制订提供依据。

教学方法

可采用讲授、情景教学、案例教学和分组讨论等方法。

一、物流市场营销战略环境分析的内容

1. 情景设置

随着劳动力成本的上升，以及国家西部大开发政策的实施，许多沿海地区的企业纷纷向劳动力成本相对低的西部转移，环宇物流公司准备抓住这一机会，重新制订营销战略，请为该公司确定市场营销战略环境分析的内容有哪些？

2. 技能训练目标

(1) 能对物流战略的宏观环境、微观环境进行分析，判断物流市场的基本形势。

(2) 能够辨析物流企业自身情况。

3. 相关理论知识

物流企业营销战略是建立在其赖以生存的物流市场环境之中。物流企业的成功与否取决于其所处的市场环境和企业对环境的适应能力。物流企业要对所面临的营销环境进行分析，从而为营销战略的制订提供可靠的科学依据。

物流市场营销战略环境分析包括以下几个方面：

1) 物流战略宏观环境分析

企业的宏观外部环境间接地或潜在的对企业发生作用和影响，一般包括政治与法律环境，经济环境，社会与人文环境和技术环境等，对宏观环境进行分析，目的是确认和评价宏观因素对物流系统战略目标和战略选择的影响。

(1) 政治法律环境分析。

政治法律环境是指对企业经营具有现实的或潜在的、当前的或长期的作用与影响的政治力量，包括对企业经营进行限制或鼓励的法律法规、企业所在地区的政局是否稳定、执政党推行何种政策以及这些政策是否连续和稳定等。政府行为也对企业经营产生着复杂的影响，有些行为制约了企业经营，但有些又对企业有着指导作用和积极影响。政府主要是通过制定法律法规来间接地影响企业经营，有关物流的政策和法规无疑是影响物流发展的一个重要因素。

①国家经济体制由所有制形式、管理体制和经济方式组成，它是一个国家组织整个经济运行的模式，是该国基本经济制度的具体表现形式，是一个国家宏观政策制定和调整的依据。

②国家经济政策是根据政治经济形势及其变化的需要而制定的，直接或间接地影响着物流企业的营销活动。对物流企业来说，国家经济政策主要表现为产业政策、能源政策、价格政策、环保政策以及财政与货币政策等。如 2005 年 3 月，原国家经贸委同铁道部、交通部、信息产业部、外经贸易部、中国民用航空总局联合下发了《关于加快我国现代物流发展的

若干意见》,交通部颁布了《关于促进运输企业发展综合物流服务的若干意见》。同时,地方政府对物流发展的有关政策性的指导更趋明朗。如2002年1月,广东省委下发了《广东省委、广东省人民政府关于大力发展现代流通业意见》,山东省经贸委也在2000年3月下发了《关于开展优化企业物流管理工作意见》等,都体现了对物流企业有利的指导环境。目前,现代物流发展的政策环境得到进一步完善,继2004年9月国家发改委联合九部委推出的《关于促进我国现代物流业发展的意见》之后,2005年我国制订了《全国"十一五"现代物流业发展规划》,在这份规划中,对我国现代物流发展的指导方针、发展目标、主要发展任务和现代物流发展的重点区域和城市,进行了较为详尽的规划,对于我国现代物流发展将具有十分重要的指导和推进意义。伴随着九部委文件和上述国家规划的出台,各级地方政府和行业管理部门将根据规划需要并结合自身实际,在统计体系、物流立法、市场准入、合理税收、土地利用、交通管制、鼓励第三方物流企业发展等的各个层面上,制定各类配套的相关产业与技术政策并逐步加以完善。特别是物流基础设施、技术装备、管理流程、信息网络技术等方面的管理与发展政策工作将成为重点,协调统一的现代物流技术标准化体系将逐步形成。

2009年3月10日国务院印发了《物流业调整和振兴规划》(国发[2009]8号),要求各地区、各部门切实按照规划的要求,做好统筹协调、改革体制、完善政策、企业重组、优化布局、工程建设等各项工作,确保这部规划目标的实现,促进物流业健康发展。

规划设定的目标是:力争在2009年改善物流企业经营困难的状况,保持产业的稳定发展。到2011年,培育一批具有国际竞争力的大型综合物流企业集团,初步建立起布局合理、技术先进、节能环保、便捷高效、安全有序并具有一定国际竞争力的现代物流服务体系,物流服务能力进一步增强;物流的社会化、专业化水平明显提高,第三方物流的比重有所增加,物流业规模进一步扩大,物流业增加值年均递增10%以上;物流整体运行效率显著提高,全社会物流总费用与GDP的比率比目前的水平有所下降。

2011年8月9日,国务院办公厅在《国务院办公厅关于促进物流业健康发展政策措施的意见》中提出加大对物流业的一系列政策支持力度,受此利好消息影响,A股市场物流版块上涨。进入2012年,一些民营快递企业准备着手上市,并加快了上市步伐,如申通、韵达等。

③法律和法规。在国际化的现代物流活动中,世界各国纷纷颁布了相应的经济法律、法规来制约、维护、调整物流企业的营销活动。美国物流业的高速发展就是从20世纪80年代美国政府放松对交通运输的管制后开始的。我国对物流管理也是通过法规和经济手段进行的,我国目前主要有《中华人民共和国合同法》、《中华人民共和国专利法》、《中华人民共和国商标法》、《中华人民共和国海商法》、《中华人民共和国反不正当竞争法》、《中华人民共和国公司法》、《中华人民共和国消费者权益保护法》等法律法规,还有与物流企业直接运作相关的《中华人民共和国水路运输服务业管理规定》《港口货物作业规则》、《汽车货物运输规则》、《中华人民共和国国际海运条例》、《道路零担货物运输管理办法》、《中华人民共和国水上安全监督行政处罚规定》等法律法规。从国家的政策法律环境来看,目前国家和各级政府越来越重视物流产业的发展,为物流业的持续发展提供了有力的保障。2004年8月,国家九部委联合制定了发展中国物流产业的相关政策,包括放宽准入、简化审批、规范物流业秩序、调整物流税费、支持专业物流企业发展、推动物流标准化、信息化建设、加快对外开放、简化通关手续等,并编制了《全国现代物流发展规划纲要》等政策性文件。2005年2月,国务院颁布的《关于鼓励支持和引导个体私营等非公有制经济发展的若干意见》,放宽了非公有制经济的市场准入,在投资核准、融资服务、财税政策、土地使用、对外贸易和经济技术合作等

方面，对非公有制企业与其他所有制企业一视同仁，实行同等待遇。与此同时，我国与物流行业密切相关的铁路、民航和中国邮政并没有实现完全商业化，中央政府和地方都有物流相关产业的管理部门，各自为政，条块分割，需要进一步建立健全有利于物流发展的比较完善的政策法规体系。这都是我国企业制订物流战略必须考虑的因素。另外，加入 WTO 后，我国物流业面临激烈的国际物流竞争，企业还必须考虑国际化经营问题，对国际物流环境和各国政府颁布的法令政策、经济法规、国际规则、国际惯例、行业惯例、程序手续等对物流营销活动的影响，如与服务贸易有关的 GATS（服务贸易总协定）以及 ISMCODE（国家安全管理规定）等。物流企业在制订营销战略时，要遵循相关的国际规则和行业惯例，既要奉公守法，也要学会用法律来保护自己的合法权益。

（2）经济环境分析。

经济环境中首先要对企业所在国家或地区的宏观经济状况进行分析。宏观经济环境通常指一国的国内生产总值及其发展变化的情况，社会总供给、总需求的情况及变化趋势、产业结构、物价水平、就业以及国际贸易等方面的环境内容。反映宏观经济总体状况的关键指标是国民生产总值（GDP）增长率，也与政府赤字水平及中央银行货币供应量有关。宏观经济环境决定了物流业务总量的高低。国民经济持续稳定增长与繁荣，肯定会给物流企业的生存和发展提供有利机会，反之则困难重重。另外，世界经济和国际贸易的发展变化对物流企业特别是从事国际经济活动的物流企业也会产生重大影响。流入中国的产业资本和国内资本的跨地区、跨产业流动会带来大量的物流需求。“入世”后，中国放开对外国物流资本的市场准入限制，跨国公司可能将其在国外签约的物流战略伙伴直接带入中国。同时，中国政府扩大国内基础设施建设以及拉动内需的政策将大大改善中国物流基础设施的落后状况，对中国经济和物流产业的发展产生长远的积极影响。一般说来，世界经济的高速增长会导致国际贸易的相应增长，从而使得物流活动频繁，物流市场繁荣活跃；反之，就会使物流企业萧条和不景气。当前经济全球化与区域经济一体化已成为当今世界经济的两大浪潮，在新的经济环境下，对各国经济社会产生了深远影响，同时也为物流企业的发展创造了良机，为物流企业带来机遇。

其次是对微观经济环境分析。微观经济环境主要指物流企业所在地区或所需服务地区客户的社会购买力、收支结构以及经济的迂回程度等造成物品的流量与流向情况。这些因素直接决定着物流企业目前及未来的市场规模。企业应考虑中央银行或各专业银行的利率水平、劳动力的供给（失业率）、消费者收入水平、价格指数的变化（通货膨胀率）等。

此外，跨国经营的企业还必须考虑关税种类及水平、国际贸易的支付方式、东道国政府对利润的控制、税收制度等。第三方物流的逐渐成长和传统储运企业的积极转型都对中国物流业今后的发展具有积极意义。因此，中国物流业将面临更加激烈的竞争，也将面对更多的发展机会和更好的经济环境，只有进行认真的经济环境分析才能找到正确的应对策略，制订正确的战略规划。

（3）技术环境分析。

技术环境不但包括那些革命性的发明创造，也包括与企业发展有关的新技术、新工艺、新材料的出现及其发展趋势和应用前景。技术革新一方面创造了企业发展的机遇，另一方面可能会使社会对企业产品和服务的需求发生重大变化，从而使企业面临新的挑战。对物流系统最具影响力的技术因素是信息、运输、物料管理及包装技术的革新，如计算机、GPS 全球卫星定位系统、扫描、条形码和数据库等技术均对企业及时准确地掌握信息，跟踪物料运动、工作程序以及存货,改进实时控制及决策具有革命性的影响。信息技术与网络的结合也使传统的生产和销售模式发生了重大变革。因此,制订战略规划必须认清本企业和竞争对手在技术上的优势和劣势。

(4)社会因素分析。

社会因素包括社会的文化、习俗、道德观念、公众的价值观、员工的工作态度以及人口统计特征等。社会文化是人们的价值观、思想、态度、社会行为等的综合体,影响着人们的购买决策和企业的经营行为。公众的价值观同人们的工作态度一起对企业的工作安排、作业组织、管理行为以及报酬制度等产生很大的影响。人口统计特征包括人口数量、密度、结构分布、地区分布、收入水平、教育程度等,影响着劳动力的供给以及市场的需求。因此,物流战略的规划必须考虑这些因素。

2)物流战略微观环境分析

微观环境分析又称产业竞争性分析,主要是分析本行业中的企业竞争格局以及本行业和其他行业的关系。根据哈佛商学院教授波特(**M. E. Porter**)的观点,行业竞争存在着五种基本的竞争力量,这五种力量的状况及综合强度,决定着行业的竞争激烈程度,从而决定着行业中获利的最终潜力。

(1)行业新进入者的威胁。

目前我国物流行业进入者主要有:大型制造企业、传统储运企业、商贸流通企业、跨国物流企业等。

新进入者的加入会导致行业生产能力的扩大,在需求未见增长的情况下必然引起与现有企业的激烈竞争,使产品价格下跌。新进入者要获得生产所需的资源必然导致对有限资源的竞争,使行业生产成本升高,二者都导致行业的获利能力下降。新进入者威胁的强度取决于进入障碍和原有企业的反击程度,如果进入障碍高,原有企业反击有力,潜在的进入者就难以进入该行业,进入者对原有企业的威胁就小。新进入者进入壁垒的高低主要取决于以下因素:规模经济、经营特色、产品差异优势、投资额度、资源供应、物流网络、原有企业的反应、与规模经济无关的成本优势等。

(2)现有竞争者之间的竞争程度。

现有竞争者是指已在行业中的现有物流企业之间的竞争。现有竞争者之间的竞争程度与特定行业经营的特点密切相关。这就需要分析研究行业内竞争对手的基本情况,竞争对手的实力,竞争对手的发展方向。行业内竞争的基本情况主要包括数量、分布、市场活动位置,规模、资金、技术等力量,通过分析找出威胁最大的主要竞争对手;主要竞争对手找出后,进一步研究它们的竞争实力在哪里,知己知彼地制订有效的对策。与此同时,还必须分析整个行业的竞争格局和主要竞争对手的战略动向、发展方向,从中制订出相应的竞争战略。一般来说,现有竞争者之间多采用价格战、广告战、改进产品以及增加服务等手段开展竞争。如果一个企业的行动对其对手有显著威胁,可能就会招致报复或抵制。如果竞争行动和反击行动逐步升级,则行业中所有企业都可能受到影响,使处境更糟。

(3)替代产品的威胁。

对于物流服务而言,以运输型为主的物流服务、以仓储型为主的物流服务以及综合物流服务之间都有重叠的服务项目。物流从内容上存在多种可实现方式,如运输就有公路、铁路、水路、航空等多种运输方式。

替代物流产品是指同样的业务采用成本较低的方案完成任务,如航空货运一般比地面运输的价格高出十倍。假如在发货时间要求不紧迫的情况下,客户大多数选择水路、公路、轮船等地面运输方式运送货物。又如互联网的出现,很多电子邮件通过互联网就安全快速地传递了,取代了其他的邮件传递方式。替代物流产品设置了行业中物流企业可谋取利润的定价上限,从而限制了一个行业的潜在收益,替代物流产品所提供的价格选择机会越具有吸引力,行业的利润就压得越紧,对本行业构成的压力也就越大。因此,本行业与替代产品生产行业的竞争,常常需要本行业所有企业采取共同措施和集体行动。

(4)客户讨价还价的能力。

物流企业的购买者一般可归为企业客户和个人客户,其议价能力受以下因素影响:购买者规模与服务合约的周期;物流服务的质量水平;购买者对物流服务质量的敏感性;物流服务在客户成本中所占的比例等。

客户讨价还价的能力是指客户向物流企业施加压力,要求较低的价格购买高质量的产品和更多的优质服务,结果使得行业的竞争者们互相残杀,导致行业利润下降。

下列情况下客户有较强的讨价还价能力:客户相对集中且大量购买物流服务产品;购买的产品占其全部费用或全部购买量中很大的比重;产品标准化或无差别;客户的行业转换成本低;客户有采用后向一体化的倾向;产品对客户无关紧要;客户掌握充分的信息等。

(5)供应商讨价还价的能力。

物流企业的供应商主要是提供企业开展物流业务所需的物流设备,包括运输车辆、装卸搬运工具等的生产商、经销商;还包括开展一体化物流业务必须的物流通道的提供者,诸如道路、铁路等相关政府部门和直接经营者。其决定因素主要有:运输工具等物流设备生产商所在行业的集中化程度;产品的标准化程度;供应商所提供的产品在物流企业提供物流服务中的成本比例;供应商提供的产品对物流企业运作流程的重要性;供应商提供的产品对物流企业服务质量的影响;企业采购的转换成本;供应商前向一体化的战略意图等。

供应商的讨价还价能力是指供应者向物流企业施加的压力,主要采取提价或维持原价,但降低产品的质量和服务。当供方的压力足够大时,会使物流企业因无法使其产品价格跟上成本增长而失去利润。在出现以下情况时,供方施加的压力较大:如供方生产由几个企业分配、集中化程度高于物流企业,供应商在向较为分散的物流企业销售产品时,往往在价格、质量及交货期上施加相当的压力;供应商无需与替代产品进行竞争;当物流企业并非供方集团的主要客户物流服务商时,供应商往往会自抬身价;当供应商产品成为物流企业的主要投入资源时,由于这种产品的质量对物流企业至关重要,供应商也会加大争价的砝码。

3)竞争者分析

竞争者分析的任务是了解每个竞争对手采取的战略及其实施和成功的希望、各竞争者对其他公司的战略行动、对可能发生的产业变迁和环境变化作出的反应等。根据波特教授的模型,对竞争者的分析有四种要素,即竞争者的长远目标、现行战略、竞争者的假设和能力。

(1)竞争者的长远目标。

了解竞争者的长远目标是为了预测他们对目前位置的评价,由此来推断这个竞争者将如何进行战略调整以及对环境变化或其他公司战略行动的反应。同时,由于竞争者为达到其目标而采取的战略行动绝非偶然,对竞争者目标的了解也有助于分析竞争者所采取的特定战略行动。如果竞争者是某公司中的一个经营单位,那么了解其目标就包括对公司级、经营单位级,甚至职能部门等多级领导目标的了解。

(2)竞争者的假设。

竞争者一般有两类假设：对自己的假设以及对产业和产业中其他公司的假设。对自己的假设是指他如何看待自己，对产业及竞争对手的假设是指对产业和竞争者的看法，这些假设将指导它的行动方式和反击方式。由于这些假设的主观性，对其分析就能发现竞争者的管理人员在认识环境的方法中所存在的偏见及盲点，找出这些盲点可以帮助企业采取不易遭到竞争者报复的行动或者采取即使报复也影响不大的行动。

(3)竞争者的现行战略。

从每个竞争对手的现行战略中可以了解到竞争者采用的战略及其原因，找出它实施战略的能力和水平、优势和劣势，从而发现其弱点，采取有针对性的战略措施，取得竞争的主动。

(4)竞争者的能力。

竞争者的目标、假设和现行战略会影响他反击的时间、可能性、性质及强烈程度，而最终决定他进攻或反击的行动能力以及适应环境变化的能力，是实力，因此，对竞争者的实力要进行认真的分析，其中要重点考察以下能力：核心能力、增长能力、快速反击能力、适应变化的能力和持久力等。

4)物流战略内部环境分析

内部环境是指企业能够加以控制的内部因素，这是物流经营的基础，是制订物流战略的出发点和依据，是竞争取胜的根本。对内部环境进行分析的目的在于掌握企业目前的状况，明确企业具有的优势和劣势，以便有效利用资源，制订能够发挥企业优势的物流战略，实现确定的战略目标。

(1)企业内部环境分析。

一般说来，企业内部环境分析包括以下方面内容，对每一方面的分析和评价都需要回答一系列问题才能明确企业所具备的长处和劣势。

①财务状况。

财务优势和劣势，财务指标的变化趋势，利润结构是否合理；是否有提高投资收益率的规划；有无筹措短期资金和长期资金的能力和渠道；财务管理制度是否完备；运行是否有效；成本控制是否有效。

②产品线及竞争地位。

本企业产品或服务的优势和劣势；企业是否具有能够获得竞争优势的某些专利；本企业的产品或服务目前的市场占有率；稳定程度如何；这个市场占有率集中还是分散；变化趋势如何；本企业的产品或服务是否容易受到经济周期变化的影响；现在的和潜在的顾客怎样评价本企业的产品或服务。

③物流生产设施设备状况。

物流生产运输工具、仓储设施设备、装卸搬运设施设备运转是否有效率？生产设备是否先进？构成怎样？有无过剩的能力和扩充的可能？

④市场营销能力。

体现在如下方面：本企业市场营销人员是否充足；素质如何；营销工作是否有效；本企业的定价策略如何；市场调研的能力及水平如何；是否充分了解顾客需求；是否具备开拓新市场的能力；本企业的促销及广告活动是否有效；顾客对售前和售后服务如何评价。

⑤研究与开发能力。

各类研发人员的数量、构成、知识结构、研究能力如何？是否已经开发出重要的新产品；研发经费是否充足？能否满足市场需要？研发工作的组织管理能力如何？

⑥管理人员的数量及素质。

高层管理人员的构成，如他们的知识结构、年龄结构、采用的管理模式等。高层管理者中占统治地位的价值观是什么？在战略实施和控制方面，中层和基层管理人员的数量及素质如何？

⑦员工的数量及素质。

员工的数量是否充足？职工的技能和熟练程度怎样？这些技能是否能充分满足当前和未来的需要？员工的工作态度如何？出勤率怎样？员工的激励水平如何？

⑧组织结构。

现有组织结构的类型、运转情况、组织中的责权关系分权与集权关系处理情况。

⑨过去的目标和战略

企业过去几年的主要目标有哪些，是否都已达到？这些目标是否适合企业自身？企业已采用了哪些战略，是否取得了成功？

(2)物流企业独特竞争能力分析。

企业独特竞争能力是企业超越竞争者并获得较大利润的能力，独特竞争能力分析从企业所具有的资源与能力两方面进行。企业资源按其特点可分为有形资源和无形资源两类。企业能力是企业整合其资源并使其发挥作用的能力，是由企业组织结构和控制系统所决定的。资源和能力对企业独特竞争能力的形成所起的作用是不同的：企业如果仅有独特的资源，却没有使这些资源发挥作用的能力，这些资源就无法创造竞争优势并使其持续下去；反之，企业具有竞争者所不具备的能力，在缺乏资源的情况下，同样可以建立起自己的独特竞争能力。

物流企业的独特竞争能力常常表现在协调供应商和经销商、整合客户资源和物流资源的能力，充分体现了市场链、供应链和价值链的统一。为了独占独特竞争能力为企业带来的超额收益，企业必须避免竞争者的模仿。所建立的模仿障碍越大，企业的竞争优势就越持久，只要竞争者模仿独特竞争能力所花的时间大于建立新的竞争能力的时间，竞争者就永远处于被动。因此，制订物流战略规划时对独特竞争能力的分析具有十分重要的意义。

4. 技能训练准备

(1)学生每5人为一个小组，每个小组选1名组长。

(2)卡片若干张。

(3)教师现场指导。

(4)训练时间安排：2学时。

5. 技能训练步骤

(1)以每位学生为单位，在卡片上写出物流营销战略环境分析的内容。

(2)各组通过卡片问询法，收集要分析的内容，汇总后确定要分析的内容。

(3)以组为单位完成公司环境分析内容的确定。

(4)每组派一位代表陈述结果。

6. 技能训练注意事项

(1)一丝不苟，卡片填写认真。

(2)卡片汇总后要进行归类。

(3)环境分析内容要客观全面。

7. 技能训练评价

请完成技能训练后填写附录“技能训练评价表”。

8. 技能训练活动建议

上网查阅我国物流市场环境分析的相关报告。

二、物流市场营销战略环境分析的方法

1. 情景设置

随着劳动力成本的上升,以及国家西部大开发政策的实施,许多沿海地区的企业纷纷向劳动力成本相对低的西部转移,环宇物流公司抓住这一机会,重新制订营销战略,现已确定了市场营销战略环境分析的内容,请为该公司选择战略环境分析的方法。

2. 技能训练目标

能够运用物流市场营销环境分析方法进行物流营销环境分析。

3. 相关理论知识

选择科学合理的分析方法对物流市场营销环境分析结果的准确性具有重要的意义。物流市场营销环境常用的分析方法有 SWOT 分析法和波士顿矩阵分析法。

1)SWOT 分析法

SWOT 分析法(也称 TOWS 分析法、道斯矩阵)即态势分析法,20 世纪 80 年代初由美国旧金山大学的管理学教授韦里克提出,经常被用于企业战略制订、竞争对手分析等场合。

在现在的战略规划报告里,SWOT 分析应该算是一个众所周知的工具。SWOT 分析,包括分析企业的优势(Strengths)、劣势(Weaknesses)、机会(Opportunities)和威胁(Threats),并依照一定的次序从矩阵形式排列起来,然后运用系统分析的思想,把各种因素相互匹配起来加以分析,从中得出一系列相应的策略。

因此,SWOT 分析实际上是对企业内外部条件进行综合和概括,进而分析组织的优劣势、面临的机会和威胁的一种方法。

运用 SWOT 分析方法,有利于对组织所处环境进行全面、系统、准确地研究,有助于制订发展战略和计划,可以通过分析帮助企业把资源和行动集中在自己的强项和有最多机会的地方,以及制订与之相应的发展计划或对策,让企业的战略变得更加明朗。

优、劣势分析主要是着眼于企业自身的实力及其与竞争对手的比较,而机会和威胁分析将注意力放在外部环境的变化及对企业的可能影响上;在分析时,应把所有的内部因素(即优、劣势)集中在一起,然后用外部的力量来对这些因素进行评估。

(1)机会与威胁分析。随着经济、社会、科技等诸多方面的迅速发展,特别是世界经济全球化、一体化过程的加快,全球信息网络的建立和消费需求的多样化,企业所处的环境更为开放和动荡。这种变化几乎对所有企业都产生了深刻的影响。正因为如此,环境分析成为一种日益重要的企业职能。

环境发展趋势分为两大类:一类表示环境威胁,另一类表示环境机会。

①环境威胁,是指环境中一种不利的发展趋势所形成的挑战,如果不采取果断的战略行为,这种不利趋势将导致企业的竞争地位受到削弱。因此,要进行环境威胁的识别,环境威胁有以下几种情况:

a. 减退的市场。一个正在萎缩的市场，无论是否被预测到，都会付出重大的代价。

b. 政府政策的变化和规则及规章的调整。政府政策的变化和规则及规章的调整可能会影响企业的生存，例如，企业无论大小都要遵守环保机构、安全与卫生机构、税务和工商部门以及行业标准等的约束。因为能源供应紧张，中国政府对能源产品的出口政策由原来的出口退税调整为出口征税，这会给国际货运物流产生深刻影响。

c. 变化的趋势。中国国际贸易的增长趋势对物流市场需求造成深刻的影响。

d. 替代产品。替代产品的危险就是常常使企业不知道危险从哪里而来。物流相关服务项目的替代性更明显。

e. 反复无常的汇率。即使是很小的企业也会受到全球经济力量的影响，其中就包括汇率的影响。例如，当美元对其他主要货币的汇率上升时，美国的公司几乎都被淹没在便宜的外国进口货的冲击之中。

f. 原材料特别是能源的短缺。

g. 失去保护的专利。失去保护的专利往往使原来就想进入该行业的潜在的竞争者可以理直气壮地进入，并且还可以轻易地获得不花钱而得到的专利技术的支持。

h. 懒惰和自满。当一个企业获得滚滚财源的时候，或多或少地会表现出骄傲自满的思想和行为，或表现出"大企业病"，这实际上是给竞争者带来可乘之机，危险和威胁便接踵而至。

②环境机会，是对企业富有吸引力的领域，在这一领域中，该企业将拥有竞争优势。企业要学会进行机会的识别，机会识别有以下方面：

a. 物流技术上的变化，当物流技术有了变化时，有些企业常常表现迟钝，因为他们在老技术方面投入过多。对于物流企业而言，技术上的变化是机会出现的重要因素之一。

b. 物流新材料、新设施的出现，物流新材料可能引起产品的革新并扩大市场机会。

c. 物流客户对现有服务产品的不满，当物流企业识别出某类顾客对现有产品的挑剔和不满意时，就是市场机会的出现。

d. 物流市场的发展，当一个市场启动时，那些能先用自己的产品来满足市场需求的企业就有机会。

e. 老产品新用途，当老产品有了新用途时，市场就会发展。

f. 高技术人士特别是物流专家的获得。获得了某个行业的高技术人才，实际上就等于重新获得了巨大的市场机会。

g. 正确的物流选址，物流选址的好坏意味着经营的成败，也意味着未来环境变化下的新的市场机会的多少。

h. 物流新组织模型，如减少企业的组织规模或对组织或流程进行重组，可以获得新的市场发展机会。

i. 物流营销中新的分销渠道，分销渠道的变化往往会带来市场机会。

j. 物流政策和法规的变化。

k. 物流行业的平均收入和利润水平。

l. 进入物流行业的入市壁垒和出市壁垒，即进出该行业的难易程度。

m. 物流行业的繁荣程度。物流行业的繁荣程度越高、越发达，市场机会就越小，反之则越高，我国物流行业目前平均成本与世界发达国家的巨大差距正是我国物流机会多的有力佐证。

(2)优势与劣势分析(SW)。物流企业的优势是指企业在执行策略、完成计划和实现目标时可以加以利用的能力、资源及技能。物流企业的劣势是指企业在能力和资源方面的短缺或不足。二者都与竞争有关,会妨碍企业去执行策略和实现目标。

每个企业都要定期检查自己的优势与劣势,这可通过企业经营管理检查的方式进行。企业或企业外的咨询机构都可利用这一格式检查企业的营销、财务、制造和组织能力。每一要素都要按照特强、稍强、中等、稍弱或特弱划分等级。

企业的优势可以用企业的竞争力指数来表示。一般来讲,一个企业的竞争力指数由以下几个指标构成:市场份额、产品或服务的独特性、服务的质量、顾客的忠诚度、企业的知名度、行业的成本和利润水平、企业的制造能力、企业的技术优势、企业的人力资源优势、企业的研究和发展能力、企业的专利、企业的营销能力和网络优势、企业的组织结构和适应性等。

例如:当两个企业处在同一市场或者说它们都有能力向同一顾客群体提供产品和服务时,如果其中一个企业有更高的盈利率或盈利潜力,那么,我们就认为这个企业比另外一个企业更具有竞争优势。换句话说,所谓竞争优势是指一个企业超越其竞争对手的能力,这种能力有助于实现企业的主要目标——盈利。但值得注意的是:竞争优势并不一定完全体现在较高的盈利率上,因为有时企业更希望增加市场份额。

虽然竞争优势实际上指的是一个企业比其竞争对手有较强的综合优势,但是明确企业究竟在哪一个方面具有优势更有意义,因为只有这样,才可以扬长避短,或者以实击虚。

由于企业是一个整体,并且由于竞争优势来源的广泛性,所以,在做优、劣势分析时必须从整个价值链的每个环节上,将企业与竞争对手作详细的对比。例如,产品是否新颖,销售渠道是否畅通,以及价格是否具有竞争性等。如果一个企业在某一方面或几个方面的优势正是该行业企业应具备的关键成功要素,那么,该企业的综合竞争优势就强一些。衡量一个企业及其产品是否具有竞争优势,只能站在现有或潜在用户角度上,而不是站在企业的角度上。

企业在维持竞争优势过程中,必须深刻认识自身的资源和能力,采取适当的措施。因为一个企业一旦在某一方面具有了竞争优势,势必会吸引到竞争对手的注意。一般地说,企业经过一段时期的努力,建立起某种竞争优势,然后就处于维持这种竞争优势的态势,竞争对手开始逐渐作出反应,而后,如果竞争对手直接进攻企业的优势所在,或采取其他更为有力的策略,就会使这种优势受到削弱。

影响企业竞争优势的持续时间,主要是三个关键因素:一是,建立这种优势要多长时间;二是,能够获得的优势有多大;三是,竞争对手作出有力反击需要多长时间。如果企业分析清楚了这三个因素,就会明确自己在建立和维持竞争优势中的地位了。

对于物流企业优势与劣势的识别,应采取多途径进行考察:

①内部观点。利用物流企业现有的有丰富经验和阅历的物流管理者和专家,提出有关企业优势和劣势的调查。同时,企业的历史资料及现成的二手资料也可以向你展示企业的优、劣变化。

②外部观点。用竞争对手的优势和劣势来比较自己企业的相应资源和能力,处于同行业的竞争者一般要处于企业长期不断的密切监控之下,对手的优势和劣势会一览无遗地暴露在企业的视野里,通过发现对手资源和能力的变化来对照自己,就容易获得关于自己的现状。

③专家的意见。从企业外部寻求一些优秀的行业专家，请他们从外部、客观的角度对企业的优、劣势加以定位。

(3) SWOT 分析法的程序

①构造 SWOT 矩阵的过程包括以下八个步骤：

a. 列出企业的关键外部机会；

b. 列出企业的关键外部威胁；

c. 列出企业的关键内部优势；

d. 列出企业的关键内部劣势；

e. 将内部优势与外部机会相匹配，把作为结果的 SO 战略填入矩阵格中；

f. 将内部劣势与外部机会相匹配并记录得出的 WO 战略；

g. 将内部优势与外部威胁相匹配并记录 ST 战略；

h. 将内部劣势与外部威胁相匹配并记录 WT 战略。

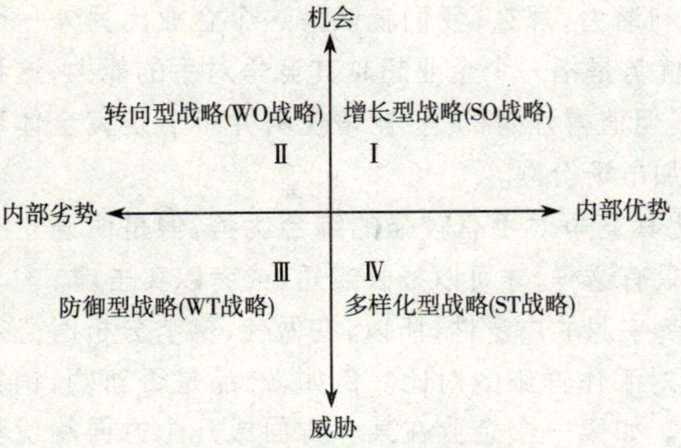

图 3-1　战略地位评估矩阵

②制订行动计划。在完成环境因素分析和 SWOT，矩阵的构造后，便可以制订出相应的行动计划。制订计划的基本思路是：发挥优势因素，克服劣势因素，利用机会因素，化解威胁因素；考虑过去，立足当前，着眼未来。运用系统分析的综合分析方法，将排列与考虑的各种环境因素相互匹配起来加以组合，得出一系列企业未来发展的可选择的战略，如图 3-1 所示。

③结论和分析。第Ⅰ象限的企业，具有很好的内部优势和众多的外部机会，应当采取增长型战略，具体有集中化战略、中心多样化战略、垂直一体化战略等。企业可以通过严格的成本控制，以价格作为主要竞争手段，在激烈的竞争中进一步发挥企业的市场优势。

第Ⅱ象限的企业，面临巨大的外部机会，却受到内部劣势的限制，应采取转向型战略，在弥补和消除内部劣势的同时，最大限度地利用外部环境带来的机会。

第Ⅲ象限的企业，内部存在劣势，外部面临强大的威胁，应采取防御型战略。这时企业不应该、也没有实力实施扩张战略，因此适合采取比较保守的战略，以避开威胁并逐渐消除劣势。

第Ⅳ象限的企业，具有一定的内部优势，但外部环境存在威胁，应采取多样化营销战略。这样可以利用自己的优势，同时通过多种经营分散环境带来的风险。

通过 SWOT 分析和战略地位评估，企业可以了解内部条件和外部环境的共同作用，明确自身的战略地位，并初步选定企业可能采取的竞争战略类型。

最小与最小对策（WT 对策），即考虑劣势因素和威胁因素，目的是努力使这些因素都趋于最小。

最小与最大对策（WO 对策），即着重考虑劣势因素和机会因素，目的是努力使劣势趋于最小，使机会趋于最大。

最小与最大对策（ST 对策），即着重考虑优势因素和威胁因素，目的是努力使优势因素趋于最大，使威胁因素趋于最小。

最大与最大对策(SO 对策),即着重考虑优势因素和机会因素,目的在于努力使这两种因素都趋于最大。

可见,WT 对策是一种最为悲观的对策,是处在最困难的情况下不得不采取的对策;WO 对策和 ST 对策是一种喜优参半的对策,是处在一般情况下采取的对策;SO 对策是一种最理想的对策,是处在最为顺畅的情况下十分乐于采取的对策。

由于具体情况所包含的各种因素及其分析结果所形成的对策都与时间范畴有着直接的关系,所以在进行 SWOT 分析时,可以先划分一定的时间段分别进行 SWOT 分析,最后对各个阶段的分析结果进行综合汇总,并进行整个时间段的 SWOT 矩阵分析。这样,有助于分析的结果更加精确。

2)波士顿矩阵分析法

波士顿矩阵法是美国管理咨询服务企业波士顿咨询公司(BCG)于 1970 年提出的一种规划企业产品组合的方法。这种方法可以对物流企业现有的不同物流产品的现状进行分析,并对处在不同状态的物流产品采取不同的竞争策略。

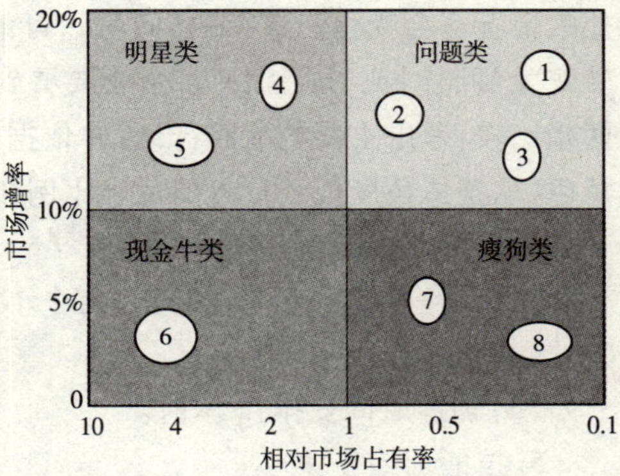

图 3-2 波士顿矩阵分析图

在矩阵中(图 3-2),纵坐标代表市场增长率,以年为单位。增长率高低可依具体情况确定。假设以 10% 为分界线,则高于 10% 为高增长率,低于 10% 为则为低增长率。横坐标为相对市场占有率,表示各经营单位与其最大的竞争者之间,在市场占有率方面的相对差异。比如某个经营单位的相对市场占有率为 0.4,说明它的市场占有率为最大竞争者的 40%;如果相对市场占有率为 2,说明比最大竞争者的市场占有率多一倍,自己才是市场上的“大头”。相对市场占有率比绝对市场占有率更能说明竞争情况。假定以 1 为分界线,可分为高、低两类市场占有率。矩阵中的圆圈,代表企业所有的战略经营单位。圆圈的位置表示各单位在市场增长率及相对占有率方面的现状。圆圈的面积表示各单位销售额的大小,见图 3-2。

波士顿矩阵法有四个象限,可以将企业的业务分成四种类型,即问题业务、明星业务、现金牛业务和瘦狗业务。

(1)问题类业务,指有较高增长率、较低占有率的经营单位或业务。大多数经营单位最初都处于这一象限。这一类经营单位需要较多的资源投入,以赶上最大竞争者和适应迅速增长的市场。但是它们又都前程未卜,难以确定远景。必须考虑是继续增加投入还是维持现状,或减少投入,进行精简、淘汰。例中企业有 3 个问号单位,这似乎太多。如果集中向一到两个单位投入资源,情况或许好些。

(2)明星类业务,指高市场增长率和市场占有率都很高,需要大量投入资源,以保证跟上市场的扩大,并击退竞争者,因此短时期内未必给企业带来可观的收益。但是,它们是企业未来的“财源”。例中企业有两个明星类单位,如果一个也没有,则将是危险的信号。

(3)现金牛类业务,明星类单位的市场增长率降到 10% 以下,但有较高的相对市场占有率,便成为现金牛类单位。由于市场增长率降低,不再需要大量资源投入,又由于相对市场占有率较高,这些经营单位可以产生较高的收益,支援问号类、明星类及瘦狗类单位。例中的企业只有一个现金牛类单位,说明它的财务状况比较脆弱。如果该单位的市场占有率突然下降,企业就不得不从其他单位抽回资源,以帮助其巩固市场领先地位;要是把它的收益全部用于支持其他单位,这个强壮的"现金牛"就会日趋瘦弱。

(4)瘦狗类业务,瘦狗类单位是市场增长率和相对市场占有率都较低的经营单位。它们也许还能提供一些收益,但盈利甚少或有亏损,一般难以再度成为"财源"。例中企业有两个瘦狗类单位,情况显然不妙。

战略经营单位分类以后,企业要评价其业务组合是否恰当。一般来说,市场占有率越高,这个单位的盈利能力越强,利润水平似乎与市场占有率同向增长;另一方面,市场增长率越高,经营单位的资源需要量也越大,因为它要继续发展和巩固市场地位。同时,各单位所处的情况也会变化。最初的"问号",可能就是未来的"明星";"瘦狗"经营得法,也未必不能转变为"问号"或"现金牛"。企业要看到现状,又要分析前景,将目前的矩阵与未来的矩阵两相比较,考虑主要的战略行动,并依据资源有效分配的原则,决定各单位将来应该扮演的角色,从整体角度规划投入的适当比例和数量。

4. 技能训练准备

(1)学生每5人为一个小组,每个小组选1名组长。

(2)教师现场指导。

(3)训练时间安排:2学时。

5. 技能训练步骤

(1)以小组为单位,讨论比较各种战略环境分析方法的优缺点、适用条件。

(2)各组通过讨论,根据该企业的实际情况为其选择战略环境分析的方法,并阐述选择依据。

(3)每组派一位代表陈述结果。

6. 技能训练注意事项

(1)小组成员要人人参与讨论,发表各自的观点。

(2)分析要有依据、方法选择要准确。

7. 技能训练评价

请完成技能训练后填写附录"技能训练评价表"。

思考练习

1. 简答题

(1)物流市场营销战略环境分析包括哪几个方面?

(2)企业微观环境的分析包括哪些内容?

(3)对竞争者的分析有哪几种要素?

(4)战略环境分析的方法有哪些?

2. 思考题

(1)企业进行营销战略环境分析有何意义?

(2)企业进行宏观环境的分析对战略制订有何指导作用

(3)企业在进行微观环境分析时要做好哪些工作?

项目二　物流市场预测

教学要点

(1)根据提供的某物流企业完成的物流市场营销战略环境分析资料基础上,由小组讨论,选择合适的预测方法。

(2)按照企业预测目标进行物流市场预测。

教学方法

可采用讲授、情景教学、卡片问询法、案例教学和分组讨论等方法。

一、物流市场预测的方法

1. 情景设置

新宇物流公司 2010 年 7 ~ 12 月份的货物运输量分别为 1200t、1250t、1310t、1280t、1300t、1200t。要预测 2011 年 1 月份的货物运输量,请为该公司选择合适的预测方法。

2. 技能训练目标

(1)能够掌握不同预测方法的特点,掌握常用的预测方法。

(2)能够根据预测的目标选用合适的预测方法进行市场预测。

3. 相关理论知识

市场预测的方法主要分为定性预测法和定量预测法,营销人员应该根据具体情况作出选择。

1)定性预测方法

(1)购买者意向调查法。市场总是由潜在购买者构成的,预测就是预估在给定条件下潜在购买者的可能行为,即要调查购买者,这种调查的结果是比较准确可靠的,因为只有购买者自己才知道将来会购买什么和购买多少。

①购买者的购买意向是明确清晰的。

②这种意向会转化为顾客购买行动。

③购买者愿意把其购买意向告诉调查者。

对于耐用消费品,如汽车、房屋、家具、家用电器等的购买者,调查者一般要定期进行抽样调查。另外,还要调查消费者目前和未来个人财力情况以及他对未来经济发展的看法。对于产业用品,企业可以自行从事顾客购买意向调查。通过统计抽样选取一定数量的潜在购买者,访问这些购买者的有关部门负责人。根据访问获得的资料以及其他补充资料,企业便可以对其产品的市场需求作出估计。

尽管这样费时费钱,但企业可从中间接地获得某些好处。首先,通过这些访问,企业分析人员可以在没有公开发布资料的情况下了解解决各种问题的新途径;其次,可以树立或巩固企业关心购买者需要的形象;最后,在进行总体市场需求的预测过程中,也可以同时获得各行业、各地区的市场需求估计值。如日本三菱电机公司第五任总经理进藤贞和,

20 世纪 70 年代为扭转家电的困难局面，亲自调查了全国 3000 多个销售点。店主们对产品提出了许多意见，有的店主向他抱怨，有的对产品的缺点抓住不放。进藤贞和再三道歉，并表示要加以改进。由于获得了确切的信息，企业及时改进了生产，使得三菱电机公司的销售额翻了 10 倍。如今三菱电机已经主宰了日本整个家电市场，进藤贞和也被人们誉为“三菱霸主”。

用购买者意向调查法预测产业用品未来需要，其准确性比预测消费品的未来要高。因为消费者的购买动机或计划常因某些因素（如竞争者的市场营销活动等）的变化而变化，如果完全根据消费动机做预测，准确性往往不是很高。一般来说，用这种方法预测非耐用消费品需要的可靠性较低，预测耐用消费品需要的可靠性稍高，预测产业用品需要的可靠性更高。

（2）销售人员综合意见法。在不能直接与顾客见面时，企业可以通过听取销售人员的意见来估计市场需求。

销售人员综合意见法的主要优点是：

①销售人员经常接近购买者，对购买者意向有较全面深刻的了解，比其他人有更充分的知识和更敏锐的洞察力，尤其是对受技术发展变化影响较大的产品。

②由于销售人员参与企业预测，因而他们对上级下达的销售配额有较大的信心完成。

③通过这种方法，也可以获得按产品、区域、顾客或销售人员划分的各种销售预测。

一般情况下，销售人员所做的需求预测必须经过进一步修正才能利用，这是因为：

①销售人员的判断总会有某些偏差，受其最近销售成败的影响，他们的判断可能会过于乐观或过于悲观，即常常走极端。

②销售人员可能对经济发展形势或企业的市场营销总体规划不了解。

③为使其下一年度的销售大大超过配额指标，以获得升迁或奖励的机会，销售人员可能会故意压低其预测数字。

④销售人员也可能对这种预测没有足够的知识、能力或兴趣。

尽管有这些不足之处，但是这种方法仍为人们所利用。因为各销售人员的过高或过低的预测可能会相互抵消，这样使预测总值仍比较理想。有时，有些销售人员预测的偏差可以预先识别并及时得到修正。

（3）专家意见法。企业也可以利用经销商、分销商、供应商及其他一些专家的意见进行预测。由于这种方法是以专家为信息索取的对象，用这种方法进行预测的准确性，主要取决于专家的专业知识和与此相关的科学知识基础，以及专家对市场变化情况的洞悉程度，因此，依靠的专家必须具备较高水平。

利用专家意见有多种方式，如组织一个专家小组进行某项预测，这些专家提出各自的估计，然后交换意见，最后经过综合，提出小组的预测。这种方式的缺点是，小组成员容易屈从于某个权威或者大多数人的意见（即使这些意见并不正确），不愿提出不同的看法或者虽然认识到自己的意见错了，但碍于情面不愿意当众承认。

现在应用较普遍的方法是德尔菲法。其基本过程是：先由各个专家针对所预测事物的未来发展趋势独立提出自己的估计和假设，经企业分析人员（调查主持者）审查、修改，提出意见，再发回到各位专家手中，这时专家们根据综合的预测结果，参考他人意见修改自己的预测，即开始下一轮估计和假设。如此往复，直到各专家对未来的预测基本一致为止。

专家意见法的主要优点是：

①预测过程迅速，成本较低。

②在预测过程中，各种不同的观点都可以表达并加以调和。

③如果缺乏基本的数据，可以运用这种方法加以弥补。

专家意见法的主要缺点是：

①专家意见未必能反映客观现实。

②责任较为分散，估计值的权数相同。

③一般只适用总额的预测，而用于区域、顾客群、产品大类的预测时可靠性较差。

比如，美国洛克希德飞机制造公司在做销售预测时，把专家意见法略做了改动。一组洛克希德公司的经理人员扮作该公司的主要顾客，十分认真、冷静地评价公司的销售条件（包括产品、价格、售后服务等）以及竞争者的条件。接着每人模拟顾客作出购买什么和向哪里购买的决策。把"顾客"向本公司购买的数量加起来，并与其他独立的统计预测协调，即得到公司的销售预测值。

(4)市场试销法。

市场试销法是指就某一特定的地区或消费对象到市场上去进行产品实地试销，然后依据试销实际数据对未来销售作出预测，这种方法应用广泛，凡是还未正式进入市场的新产品或改进的老产品，均可采用。

(5)市场因子推演法

市场因子是指市场中可引起对某种商品需要的相关因子。市场因子推演法通过分析市场相关因子来推算某类商品的市场潜量，即推算某类产品的最大市场总需求量。因此，市场因子是指能影响商品使用者实际需要的因素。例如，每年的结婚人数是家具、耐用家电的需求量的市场因子；人口结构的变化和人口增长速度是日用商品需求量的市场因子等。

2)定量预测法

(1)回归分析法。

回归分析法是借助回归分析这一数理统计工具进行定量预测的方法，即利用预测对象和影响因素之间的因果关系，通过建立回归方程式进行预测。例如，消费品需求量与居民人均收入之间、劳动生产力与产品成本之间、施肥量与农作物产量之间均存在着这种因果关系。我们把变量之间这种并不完全确定、带有偶然性和随机性，但统计上看又有一定规律的关系称为相关关系，这种相关关系可用回归方程来加以描述。

回归分析预测实际上是根据现有的一组数据来确定变量之间的定量关系，并且可对所建关系式的可信程度进行统计检验，同时还可以判断哪些变量对预测值的影响较为显著。由于这种方法定量地揭示了事物之间因果关系的规律性，所以具有比较高的可靠性。

根据自变量多少，回归预测分析可以分为一元回归和多元回归；根据自变量与因变量函数关系的不同，又可分为线性回归和非线性回归。下面仅说明一元回归的用法。

一元线性回归预测的步骤为：

①分析变量之间关系，确定自变量和因变量，建立预测模型。

②根据已知的统计数据，求解回归系数 a、b 之值，然后确定回归方程。a、b 的计算采用最小二乘法求解。

③利用 R 检验，进行相关分析，检验 X、Y 间之间是否存在线性关系。

④计算方差，估计预测值的误差范围。

有关具体的计算方法，在市场预测的专门书籍中有详细介绍，这里不再详述。

在运用回归分析法进行预测时，应注意以下几个问题：第一，预测对象与影响因素之间必须存在相关关系，而且样本量不能过少，数据点最好在20个以上；第二，自变量之间的相关关系不能太复杂；第三，不能遗漏出现的新变量。

(2)时间序列分析法。

时间序列是指各种经济指标统计数据，按时间先后顺序排列而成的数列。时间序列分析法就是将经济发展、购买力增长、销售变化等同一变数的一组观察值，按时间顺序加以排列，构成统计的时间排列，然后运用一定的数学方法使其向外延伸，预计市场未来的发展变化趋势并确定市场预测值的方法。因此，时间序列分析法也叫历史延伸法或外推法。

运用时间序列法进行预测，必须以准确、完整的时间序列数据为前提。为了让时间序列中的各个数值正确地反映研究预测对象的发展规律，各数值间具有可比性，编制时间序列要做到：总体范围一致；代表的时间单位长短一致；统计数值的计算方法和计量单位一致。

市场的时间序列中每个观察值的大小，实际上是影响市场变化的各种不同因素在同一时刻发生作用的综合结果。从这些影响因素发生作用的大小和方向变化的时间特性来看，这些因素造成的时间序列数据的变动可分为4种类型。

①长期趋势变动(T)。长期趋势变动表示时间序列中数据不是意外的冲击因素引起的，而是随着时间的推移而逐渐发生的变动。它描述了一定时间周期内经济关系或市场活动中持续的潜在稳定性，即它反映观察目标(预测目标)所存在的基本增长趋向、基本下降趋向或平稳发展趋向的模式。例如，工农业生产的发展、国民生产总值、收入水平、社会商品零售总额等的逐渐增长模式。这种逐渐增长趋势模式，如果其过去的社会经济状况在将来仍继续保持不变的假设成立，那么就可以试着延长这个趋势模式，从而得到未来观察时间长期趋势变动的结果。

②季节变动(S)。季节性变动归因于一年内的特殊季节及节假日。它反映了在一年过程中，经济活动和市场活动或多或少具有规律性的变化。例如，我国每年春节所在月份里，商品零售额会达到最大的数量；冷饮销售最高峰出现在每年夏季。这就是说，季节性变动基本上是每年重复出现的周期性变动。如我国春运物流市场供需矛盾的周期性变动等。

③周期性变动(C)。周期性变动也称循环变动。它表现为整个市场经济活动水平不断的周期性的，但非定期的变动。市场经济由于竞争，会出现一个经济扩张时期，紧接着是一个收缩时期，再接下来又是一个扩张期等变化，通常在同一时间内影响到大多数经济部门。此外，在时间序列中，影响周期变动的也可能是货币政策或政府政策的改变。

④不规则变动(I)。不规则变动也称随机变动，它是指时间序列数据在短期内由于随机事件而引起的忽大或忽小的变动。例如：战争、自然灾害、政治的或社会的动乱等所致的不规则变动。

在上述各类影响因素的作用下，会导致历史的时间序列变化，有的具有规律性，如长期趋势变动和季节性变动；有的就不具有规律性，如不规则变动(偶然变动)，以及循环变动(从较长时期来观察也有一定规律性，但短期的变动是不规律的)。时间序列分析法就是要运用统计方法和数学方法把时间序列数据作为随机变量$X_j(j=1,2,\cdots,n)$分解为T、S、C、I四种变动值，也就是说，T、S、C、I四种变动的综合作用构成时间序列X。一般综合作用有两种方式：

乘法模型方式，即$X=T\cdot S\cdot C\cdot I$

加法模型方式，即 $X = T + S + C + I$

一般情况下，按乘法模型方式或按加法模型方式求得的预测值只是过去历史发展规律延伸的结果。再说，迄今为止人们尚未找到一种可供使用的定量分析方法，来精确分析循环变动和不规则变动值，而只能通过质的分析来推断其变动情况，并对季节变动和长期趋势变动做调整。因此，在实际运用中时间序列分析法定量预测的乘法模型方式和加法模型方式分别采用简化形式，即：

$$X = T \cdot S$$

$$X = T + S$$

运用时间序列分析法进行市场预测时，首先应绘制历史数据曲线图，确定其趋势变动类型；其次，根据历史资料的趋势变动类型以及预测的目的与期限，选定具体的预测方法，并进行模拟、运算；最后，将量的分析与质的分析相结合，确定市场未来发展趋势的预测值。

(3)直线趋势法。直线趋势法是运用最小平方法进行预测，用直线斜率来表示增长趋势的一种外推预测方法。

其预测模型为：

$$y = a + bX$$

式中：a——直线在 y 轴上的截距；

b——直线斜率，代表年平均增长率；

y——销售预测趋势；

X——时间。

根据最小平方法原理，先计算 $y = a + bX$ 的总和，即：

$$\sum y = na + b\sum x$$

然后计算 $\sum xy$ 的总和，即

$$\sum xy = a\sum x + b\sum x^2$$

上述二式的共同因子是 $\sum x$。为简化计算，可将 $\sum x$ 取 0，其方法是：若 n 为奇数则取 X 的间隔为 1，将 $X = 0$ 置于资料期中央一期；若 n 为偶数，则取 X 的间隔为 2，将 $X = -1$ 与 $X = 1$ 置于资料期的中央上下两期。

当 $\sum x = 0$ 时，上述二式分别变为：

$$\sum y = na$$

$$\sum xy = b\sum x^2$$

式中，n 为年份的数目，由此可计算出 a，b 值为：

$$a = \sum y / n$$

$$b = \sum xy / \sum x^2$$

所以，

$$y = \sum y / n + \sum xy / \sum x^2 \cdot x$$

例如：某物流企业 2006 年～2010 年的业务收入分别为 480 万元、530 万元、570 万元、540 万元、580 万元，现需运用直线趋势法预测 2011 年的业务收入。

由于 $n = 5$ 为奇数，且 x 的间隔为 1，故可将 $x = 0$ 置于资料期的中央一期（即 2008 年），x 的取值依次为 $-2, -1, 0, 1, 2$，xy 依次为 $-960, -530, 0, 540, 1160$，x^2 依次为 $4, 1, 0, 1, 4$，所以：

$$\sum y = 2700$$

$$\sum xy = 210$$

$$\sum x^2 = 10$$

将有关数据代入计算公式，则得：

$$y = 2700/5 + 210/10 \cdot x$$

由于需预测2011年的业务收入所以 $x = 3$，代入上式，得：

$$y = 540 + 21 \times 3 = 603(\text{万元})$$

即2011年的业务收入将为603万元。

(4)统计需求分析法。时间序列分析法把过去和未来的销售都看作是时间的函数，即仅随时间的推移而变化，不受其他任何现实因素的影响。然而，任何产品的销售都要受到很多现实因素的影响。统计需求分析就是运用一整套统计学方法发现影响企业销售的最重要的因素以及这些因素影响的相对大小。企业经常分析的因素，主要有价格、收入、人口和促销等。

统计需求分析将销售量 Q 视为一系列独立需求变量 $x_1, x_2, \cdots, x_n$，的函数，即

$$Q = f(x_1, x_2, \cdots, x_n)$$

但是，这些变量同销售量之间的关系一般不能用严格的数学公式表示出来，而只能用统计分析来揭示和说明，即这些变量同销售量之间的关系是统计相关。多元回归技术就是这样一种数理统计方法。它运用数理统计工具在寻找最佳预测因素和方程的过程中，可以找到多个方程，这些方程均能在统计学意义上符合已知数据。

在运用统计需求分析法时，应充分注意影响其有效性的问题：

①观察值过少。

②各变量之间高度相关。

③变量与销售量之间的因果关系不清。

④未考虑到新变量的出现。

需要说明的是，需求预测是一项十分复杂的工作。实际上只有特殊情况下的少数几种产品的预测较为简单，如未来需求趋势相当稳定，或没有竞争者存在(如公用事业)，或竞争条件比较稳定(如纯粹垄断的产品生产)等。在大多数情况下，企业经营的市场环境是在不断变化的，由于这种变化，总市场需求和企业需求也是变化的、不稳定的。需求越不稳定，就越需要精确的预测。这时准确地预测市场需求和企业需求就成为企业成功的关键，因为任何错误的预测都可能导致库存积压或存货不足，从而产生使销售额下降等不良后果。

在预测需求的过程中，所涉及的许多技术问题需要由专业技术人员解决，但是市场营销经理应熟悉主要的预测方法以及每种方法的主要长处和不足。

4. 技能训练准备

(1)学生每5人为一个小组，每个小组选1名组长。

(2)卡片若干张。

(3)教师现场指导。

(4)训练时间安排：2学时。

5. 技能训练步骤

(1)以每位学生为单位，在卡片上写出预测的方法。

(2)各组通过卡片问询法，收集本组成员选择的预测方法。

(3)各组汇总成员预测的方法,确定本组的预测方法。

(4)每组派一位代表陈述结果。

6. 技能训练注意事项

(1)一丝不苟,卡片填写认真。

(2)卡片汇总后要进行归类。

(3)选择的方法要符合预测目的,要有依据、要准确。

7. 技能训练评价

请完成技能训练后填写附录“技能训练评价表”。

8. 技能训练活动建议

建议学生熟悉不同预测方法的适用范围。

二、物流市场预测

1. 情景设置

新鑫物流公司 2006 ~ 2010 年的物流量分别为 200 万 t、250 万 t、290 万 t、360 万 t、410 万 t现需预测 2011 年的物流量。

2. 技能训练目标

能够根据预测的目标、收集整理资料,按照预测步骤进行物流市场预测。

3. 相关理论知识

物流市场营销预测,就是根据调查得到的有关物流市场过去和现在的营销活动的各种信息,运用一定的方法和数学模型,对未来一定时期内物流市场对物流产品和物流服务的需求量变化及变化趋势进行预测,为研究制订市场营销计划目标和生产经营活动提供客观依据。

1)市场预测步骤

市场预测的全过程是调查研究、综合分析和计算推断的过程。一个完整的市场预测,一般都要经过如图 3-3 所示的几个步骤。

(1)确定预测目标。进行一项预测,首先必须明确预测的内容或项目与预测目标的关系,及相关的一系列问题,搜集什么资料、怎样搜集资料,以及采用什么预测方法等。只有目标明确,才能使预测结论符合决策要求。

(2)搜集、整理资料。资料是预测的基础,必须做好资料的搜集工作。搜集什么资料,是由预测的目标所决定的。对所搜集到的资料要进行加工、整理和分析,辨别资料的真实性、完整性、可比性和可用性,对不可比、不完整和不适用的资料要进行必要的推算和调整,对不真实的资料应剔除。

(3)选择预测方法。市场预测的方法很多,各种方法都有自己的适应范围和局限性。要取得较为正确的预测值,必须正确选择预测方法。选择的原则,主要应考虑以下几个方面:

①预测的目的。针对不同的预测目的,要选择不同的方法。例如,为了分析和判明两种相关产品之间的内在联系和需要量的关系可运用相关分析法,如果为了发展一种新产品而预测新产品未来的市场容量,就可运用市场因子推演法。

②预测时间的长短。短期的销售预测,一般采用各种平均法、平滑法;中、长期预测一般要采用直线或曲线趋势法。

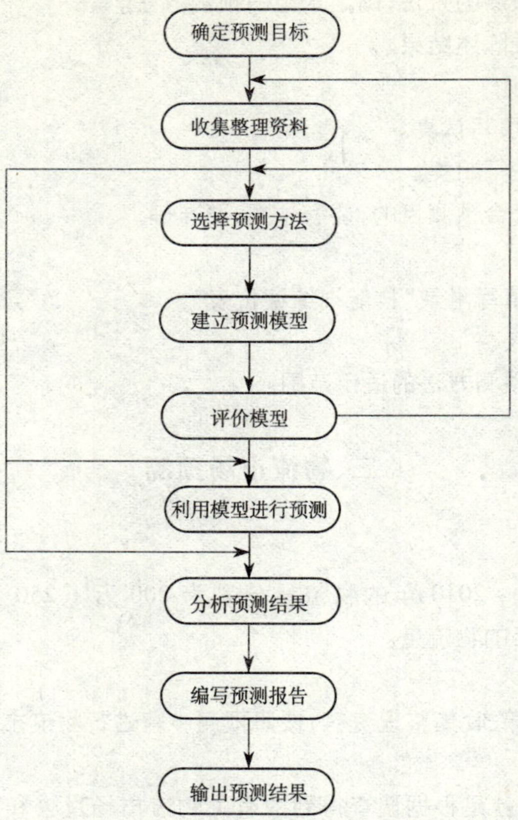

图 3-3　市场预测步骤图

③占有历史资料的多少及完整程度。中、长期预测一般要有 3 年以上的统计资料，如果统计资料比较丰富完整，可以用多种统计方法进行预测；如果统计资料不完整，一般采用经验判断法、销售人员综合意见法、德尔菲法等。

④产品寿命周期。产品寿命周期的不同阶段，有不同的市场特性，市场经营决策的目标也不同，因此，要采用不同的预测方法。产品成长期销售增长很快要用直线式或曲线式最小平方法；产品受季节波动的影响要用季节指数法，消除季节波动的影响；产品成熟期采用移动平均法、平滑法进行预测。因此，要分析产品寿命周期和更新换代的转折点，从而选择不同的预测方法。

(4)建立预测模型。预测模型是对预测对象发展规律的近似模拟。因此，在资料的搜集和处理阶段，应搜集到足够的可供建立模型的资料，并采用一定的方法加以处理，尽量使它们能够反映出预测对象未来发展的规律性，然后利用选定的预测方法确定或建立可用于预测的模型。如用数学模型法，则需确定模型的形式并求出模型的参数；如用趋势外推法，则要确定反映发展趋势的公式；如用概率分析法，则要确定预测对象发展的各种可能结果的概率分布。如用类推法，则要找到可以应用于本预测的历史的或他人的经验规律等。

(5)评价模型。由于模型是利用历史资料建立的，它们反映的是事物发展的历史规律。因此，应根据搜集到的有关未来情况的资料，建立预测模型加以分析和研究，评价其是否能够应用于对未来实际的预测。如果认为事物在未来的发展将不再遵循预测模型所反映出的规律性，则应舍弃该模型，重新建立可用于进行未来预测的模型。在没有理由认为模型不能应用于预测未来的实际时，才可以利用它进行预测。

(6)利用模型进行预测。根据搜集到的有关资料，利用经过评价所确定的预测模型，就可计算或推测出预测对象发展的未来结果。这种计算或推测是在假设过去和现在的规律能够延续到未来的条件下进行的。

(7)分析预测结果。市场预测毕竟只是对未来市场供需情况及变化趋势的一种估计和设想,与市场需求变化的动态性和多变性相比,预测值同未来的实际值总是有差距的。主要有以下几点:

①预测方法选择不当,建立的预测模型与产品实际需求规律不符合。

②历史统计资料不完整,或有虚假因素。

③预测环境或影响预测对象的主要因素发生了重大变化。

④预测人员的经验、分析判断能力存在局限性。

(8)编写预测报告。预测报告是对预测工作的总结。内容包括:资料搜集与处理过程、选用的预测方法、建立的预测模型及对模型的检验评价、对未来条件的分析、预测结果及其分析评价以及其他需要说明的问题等。

报告要把历史和现状结合起来进行比较,既要进行定性分析,又要进行定量分析,尽可能利用统计图表及数学方法予以精确表述。要做到数据真实准确,论证充分可靠,建议切实可行。然后,还要对预测的结果进行判断、评价,重点要进行预测误差分析。预测是一种预计,很难与实际情况百分之百吻合。但是,预测的误差不能过大,否则,就失去了预测的意义。一旦发现误差过大,就要找出原因。如果引起误差的原因是选择预测方法不当,就应该重新选择预测方法,以求得正确的结果。

(9)最后输出预测结果,向有关部门汇报。

4. 技能训练准备

(1)学生每 5 人为一个小组,每个小组选 1 名组长。

(2)教师现场指导。

(3)训练时间安排:2 学时。

5. 技能训练步骤

(1)以小组为单位,整理、分析给出的资料。

(2)根据整理分析资料的结果,按企业的预测目标,选择预测的方法,建立预测模型。

(3)进行市场预测。

(4)每个小组派一位同学陈述预测结果。

6. 技能训练注意事项

(1)资料整理要全面、认真。

(2)选择预测方法不能偏离企业预测目标,应根据收集到的有关资料情况建立可行的预测模型。

7. 技能训练评价

请完成技能训练后填写附录"技能训练评价表"。

8. 技能训练活动建议

建议学生熟悉预测结果的论证依据、市场预测报告的撰写方法。

思考练习

1. 简答题

(1)市场预测的方法有哪些?

(2)市场预测定性的方法有哪些优缺点?

(3)市场预测定量的方法有哪些?

2. 思考题

(1)市场预测对物流企业的战略制订有何作用?

(2)企业如何进行市场预测?

项目三　物流市场营销战略制订

教学要点

1. 通过提供(收集)的企业资料,进行企业核心竞争力和竞争战略选择;

2. 在企业核心竞争力和竞争战略选择的基础上,根据物流市场的基本形式和该企业的基本状况进行物流营销战略的制订。

教学方法

可采用讲授、情景教学、案例教学和分组讨论等方法。

一、物流市场营销战略制订的内容

1. 情景设置

某企业通过全面的环境调查和市场分析,根据环境的变化,要重新制订物流市场营销战略,请分析该企业制订营销战略包括哪些方面的内容。

2. 技能训练目标

能够确定市场营销战略制订的内容。

3. 相关理论知识

1)战略与战术的区别

战略原指军事方面事关全局的重大部署,或对战争全局的谋划和指导,是如何赢得一场战争的概念。战术是指为实现目标的具体行动,是如何赢得一场战役的概念。战略是与战术相对而称的。德鲁克曾经将管理者的职责区分为"做正确的事"和"正确地做事"两种类型。高层管理者即是战略制订者职责在于前者,而后者是战术的制订者,即战略任务的贯彻者。对于一个企业来讲,战略计划是面向未来的整体指导方针,战略的制订强调权衡利弊,估算优势,识别机会,规避风险。战术计划是面对现实的应对措施。如果说战略明确了企业努力的方向,战术则决定由何人、在何时、以何种方式、通过何种步骤,将战略付诸实施。战略和战术不可混为一谈:战术是一种单一的主意或谋略,而战略则包含很多因素;战术具有某种竞争优势,而战略则是用来保持这种优势;战术相对于产品或企业具有外在性,甚至不是企业自己制订的;而战略则具有内在性,通常需要进行大量的内部组织工作;战术是沟通导向的,而战略则是产品导向或企业导向的。

可以这样理解,战略就是目标,一旦有了自己的目标,下一步就是决定到达那儿的路线,即所谓的"交通方式"。战略就好比你的路线图。它就是为了实现任何你想达到的目标,你所计划的前进模式,一旦制订了战略,你就会发展出战术,这些战术就是通常我们所说的“交通工具”。

具体来说,营销战略就是要明确:企业在哪里、与谁竞争、竞争的地位如何、可以采用什么竞争战略,可以在营销的哪些方面进行改进而获得竞争优势。如何通过营销努力使企业获得持续竞争优势。营销战术则要清楚:企业采用什么手段实现营销目标和任务,应如何突出营销重点,贯彻营销战略。

2)市场营销战略的制订的内容

物流企业市场营销战略直接受到企业总体发展战略的影响,因此,制订营销战略必须与企业的总体发展战略保持一致。市场营销战略的制订主要包括以下几方面内容:

(1)确定市场营销战略目标,是指在对企业战略环境和内部条件进行分析的基础上,按照企业的市场营销战略思想及其战略方针,制订出一定时期应达到的总体营销战略目标,具体包括市场拓展目标、利润目标、销售增长率和市场占有率目标等。例如:制订长期战略目标,五年后企业的市场占有率是多少?与目前的市场占有率相比提高多少个百分点等。

(2)编制市场营销战略计划。战略计划是实现战略目标的具体安排,是战略目标及战略对策的展开。战略对策,即为实现战略目标所采取的重要措施和手段。战略目标还需要分解为阶段性目标,并采取相应的措施,确保取得阶段性成果。

营销战略计划包括以下内容:

①时间期限。战略计划是物流企业的长期计划,年限不等,一般为三年以上。

②环境分析。包括物流市场发展趋势,竞争状况的变化情况,物流设施设备技术的发展以及信息技术发展对物流作业方式的改变等,对物流企业市场营销的影响所带来的机会和威胁。

③物流企业自身情况分析。包括人才结构、产品类型、资金实力、市场竞争实力等优势与劣势的分析。

④拟订战略方针。行之有效的营销战略目标是以市场为导向,具有可行性和挑战性。要有必要的方针措施作指导。

⑤制订具体战略。包括物流企业市场战略、增长战略、产品战略等。

(3)进行战略方案的选择。不论是战略目标、战略计划还是战略对策,在其拟订过程中,都应有几套备选方案,然后综合各种因素,进行对比评价,选择最佳方案,即所谓的战略决策。

4. 技能训练准备

(1)学生每5人为一个小组,每个小组选1名组长。

(2)企业环境调查和市场分析资料若干份。

(3)教师现场指导。

(4)训练时间安排:1学时。

5. 技能训练步骤

(1)每组发一份准备好的资料。

(2)以小组为单位,根据给出的资料讨论该企业战略制订涉及哪些内容。

(3)每个小组派一位同学陈述结果。

6. 技能训练注意事项

(1)要通过分析给出资料,并以此作为依据来确定战略制订的具体内容。

(2)每个小组成员都要积极参与分析讨论。

7. 技能训练评价

请完成技能训练后填写附录“技能训练评价表”。

8. 技能训练活动建议

上网查阅物流企业战略制订案例。

二、物流市场营销战略制订

1. 情景设置

上一情景中的企业通过全面的环境调查和市场分析,根据环境的变化,确定了战略制订的内容,那么该企业应如何制订营销战略。

2. 技能训练目标

能够根据企业的实际情况及所处的市场环境,明确制订市场营销战略的过程。

3. 相关理论知识

物流市场营销战略制订一般包括以下几个步骤:

1)市场营销战略是物流企业制胜的计划,要对环境、市场、行业、本企业状况等进行分析,以期准确、动态地把握市场机会。

(1)分析企业市场环境。

市场环境包括政治、法律、社会、文化、经济、技术环境等。

了解分析这些环境对制订市场营销战略至关重要。一是,市场营销的成果很大程度上要受到其环境的左右;二是,这些属不可控制因素,难以掌握,企业必须有组织地进行调研、收集信息,并科学地对其进行分析;三是,这些环境正加速变化,环境的变化对企业既是威胁也是机遇,关键的是企业能否抓住这种机遇或者使威胁变为机遇。

(2)充分了解企业的自身状况。

可利用过去资料来了解企业状况,整理出优势和劣势,在制定营销战略时必须充分发挥本企业的优势,尽量避开其劣势。

(3)掌握行业动向和竞争。

把握住了行业动向和竞争就等于掌握了成功的要素,所以要了解和把握企业所在行业的现状及发展动向;要明确竞争者是谁,竞争者在不断增加和变化,它不再只是同行业者,相关行业、新参与者、采购业者、代理商、顾客等都可能处于竞争关系,如铁道运输业的竞争对手包括汽车运输业和航空运输业等。

2)确定市场营销战略目标

确定市场营销战略目标是指在对企业战略环境和内部条件进行分析的基础上,按照企业的市场营销战略思想及其战略方针,制订出一定时期应达到的总体营销战略目标,具体包括市场拓展目标、利润目标、销售增长率和市场占有率目标等。

确定战略目标是制订市场营销战略的重要环节,因此应注意以下几个问题:

(1)目标既具有先进性又具有可行性。战略目标应有所超越,使之具有吸引力和号召力,以振奋员工精神。如果目标定得过低,将失去战略目标的指导意义。同时,战略目标又必须切实可行,不能超越企业外部环境因素和内部条件的限制。

(2)战略目标应明确、具体。市场营销战略目标规定着企业一定时期内市场营销活动的内容和任务，同时又是制订企业市场营销战略计划的依据和前提。因此，战略目标必须明确、具体，尽可能量化，避免空洞抽象和含糊不清。

(3) 处理好多目标之间的关系。企业市场营销战略目标，实际上是由多个单项目标构成的目标体系，其中的各单项目标应相应一致，否则将为战略方案的选择和战略实施计划的制订带来困难。

此外，在确定市场营销战略目标时，应处理好各目标之间的关系，首先确定战略重点及重点目标，并据此确定相关目标；其次，尽可能减少战略目标的数量，删除那些有可能互相矛盾的次要目标；再次，借助数学模型和手段，将战略目标体系进行综合平衡，对必须保留而又与主要目标有矛盾的次要目标，进行适当调整。

3) 确定战略重点，选择战略方案，进行战略决策

在战略范围形成若干备选方案，确认每个区域范围的优势，即战略的重点。

进行战略方案的选择，不论是战略目标、战略计划还是战略对策，在其拟定过程中，都应有几套备选方案，然后综合各种因素，进行对比评价，选择最佳方案，即所谓的战略决策。

4) 制订整合战略实施计划方案

战略实施计划是为实施市场营销战略而制订的计划。是实现战略目标的具体安排，是战略目标及战略对策的展开。

战略制订好后要有组织、有计划、有步骤地实施。具体内容包括：①组织及人员配置；②运作方式；③步骤及日程；④费用预算等等。

5) 计划执行阶段

根据企业物流市场营销战略目标，进行市场营销战略目标的分解，把营销战略目标层层分解落实到具体的各个部门，按照不同阶段的目标要求，实施目标责任管理。各营销部门都要有与总体营销战略目标一致的，不同阶段的分目标，保证整个企业各项营销战略协调配合。

6) 营销战略的评估与优化

物流市场营销战略的评估可以分为执行前的评估、执行中的评估、执行后的评估。由于物流营销战略在制订过程中对周围的环境进行了充分的分析，因此，物流营销战略执行后的评估显得更为重要，因为它的资料直接来源于客观事实，并且为战略的优化提供重要的事实依据。

值得注意的是，物流市场营销战略制订不是一经确定，就一成不变的，它是一个动态过程，企业必须定期或不定期地对其进行评估，一旦营销战略与实际情况不相适应，就应及时地进行调整、修订。

该阶段是对制订的营销战略进行可行性分析和风险评估。即对该营销战略可行的依据进行分析。同时，判断如果企业执行该营销战略，在营销战略实施的过程中可能会产生哪些问题、困难和后果，对企业有何影响？一旦问题产生，应对措施是否有效，是否考虑需要调整战略。

4. 技能训练准备

(1) 学生每 5 人为一个小组，每个小组选 1 名组长。

(2) 企业资料若干份。

(3) 教师现场指导。

(4) 训练时间安排：1 学时。

5. 技能训练步骤

(1) 以小组为单位作为一个战略制订小组。

(2) 各组根据所提供的资料对资料进行系统分析。

(3) 各小组进行战略制订过程方案的设计。

(4) 各组派一名代表陈述本组方案。

(5) 各组之间进行战略制订过程方案评比。

6. 技能训练注意事项

(1) 小组成员要合理分工。

(2) 战略制订过程要明确、科学。

7. 技能训练评价

请完成技能训练后填写附录"技能训练评价表"。

8. 技能训练活动建议

教师在训练前提供一些战略方案模板供学生参阅。

思考练习

1. 简答题

(1) 营销战略与战术的区别?

(2) 物流市场营销战略制订的内容包括哪些方面?

2. 思考题

物流企业如何制订市场营销战略?

项目四　物流市场营销战术的制订

教学要点

1. 通过提供(收集)的企业资料,对该企业制订的战略进行分析领会;

2. 在分析领会该企业制订的战略基础上,按照企业的战略思想,根据企业的实际情况及面临的市场状况分别制订相应的物流市场营销战术。

教学方法

可采用讲授、情景教学、案例教学和分组讨论等方法。

一、物流企业产品决策

1. 情景设置

某物流企业通过市场分析,重新制订了市场营销战略,现在要按照营销战略进行营销战术的部署,请帮助该企业进行产品决策。

2. 技能训练目标

能够根据企业营销战略思想,企业产品状况,市场形势进行产品决策。

3. 相关理论知识

物流服务的形式和服务项目是多种多样的，不同物流服务形式或服务项目的生命周期是不同的。有些物流服务项目已经进入成熟期，而有些物流服务项目才刚刚步入市场或是已经处于被淘汰的边缘。物流企业要根据物流产品的生命周期制订相应的产品策略，了解物流企业的产品处于市场生命周期的哪一个阶段，才能使现代物流企业对复杂变化的环境和日益激烈的竞争作出快速的反应，从而延长物流产品的市场生命周期。

物流产品市场生命周期是指一项物流服务投入市场直到它完全退出市场所经历的时间，任何一项物流服务都会经历导入、成长、成熟、衰退的发展变化过程。

1）产品导入期的策略

导入期的物流服务一般处于总体需求少、促销费用高、运作成本大、利润很小的状况。在导入阶段，物流企业可以采用以下营销策略：

（1）迅速建立完善的货物集散网络，以保证物流服务产品的可获得性。

（2）完备各种物流设施设备，以保证按质量提供物流服务。

（3）建立完善的物流服务体系。

（4）加大企业产品的宣传力度，让潜在的客户了解产品的各种属性，说服他们作出购买决定。

物流企业在导入期主要的任务就是尽量争取更多稳定的客户，从而为企业今后的运营打下坚实的基础。

2）成长期策略

（1）物流企业要注意改善物流服务的品质，如增加新的服务功能，改进现有服务的水准，以提高服务的竞争能力，满足客户更广泛的需求，吸引更多的客户。

（2）可以广泛地通过寻找新的子市场，来发现更多的货主。通过市场细分，找到新的尚未满足的子市场，根据其需求组织服务的产出，以达到迅速进入这一新市场的目的。

（3）物流企业也可以在适当的时机采取降价的策略，来激发那些对价格比较敏感的需求者产生购买动机和采取购买行为。

（4）可以通过广告效应，把客户对产品的认知从简单的接受转向对产品的深度信任上，并由此来推动人们的购买行为。

此时，企业的关键是要尽可能实现收支平衡的销售量，然后扩大其市场覆盖面。同时也要注意发展新客户，增加客户源。

3）衰退期策略

衰退期的主要特点是：物流服务的成交量急剧下滑；物流企业从某种物流服务上获得的利润很低甚至为零；大量的竞争者退出市场；消费者已转向更有利于其生产运作的新的物流服务提供商。面对处于衰退期的物流产品，物流企业需要进行认真的研究分析。可采用的策略如下：

（1）持续战略。仍推行原来的服务方式，使用相同的分销渠道、定价及促销方式；或是采用集中战略，把本企业的能力和资源集中在最有利的子市场和分销渠道上，从中获取利润。

（2）收缩战略。大幅度降低服务的供给规模，尽量降低一切费用，以增加目前的利润。

（3）放弃战略。如果这种物流服务已经完全没有市场，则可以采用放弃战略，放弃现在的物流服务形式，开发新的物流服务，并把原来的资源逐步转向新服务模式的开发、推广上。

在衰退期，物流企业面临的最大问题就是服务方式及内容已经不能满足客户的需求，此时最重要的任务就是依据需求者的需要迅速推出新产品，这样才能在竞争激烈的市场中生存下来。

4）物流服务产品组合策略

（1）产品组合，是指物流企业为了满足不同物流服务需求者的要求，开发并输出的服务种类及服务策略的组合。物流服务产品组合既可以反映企业的经营范围，又可以反映企业市场开发的深度。

企业的产品组合，一般是由若干个产品系列（又称产品线）组成的，而每个产品系列又包含若干个产品项目。它包括以下内容：

①产品项目。企业所生产或经营的不同功能、不同品质、不同尺寸、不同商标、不同包装形态、不同价格的各项产品，都称为一个产品项目。物流企业产品项目有运输服务、配送服务、仓储服务、流通加工服务、装卸搬运服务、包装服务和信息服务等。

②产品系列。指互相关联或相似的一组产品。一个产品系列内往往包括多个产品项目。产品系列的划分：可依据产品功能的相似性，消费上具有的连带性，供给相同的顾客群；同一产品有相同的分销渠道，或属于同一价格范围。物流产品系列是具有相关服务功能但类别不同的一组产品项目。例如运输服务所提供的公路运输系列、铁路运输系列等。

③产品系列的宽度、深度和关联性。一个企业生产和经营的产品系列数目称为产品组合的宽度。每个产品系列所有的产品项目的数目称为产品组合的深度。各个产品系列之间，在生产条件、销售渠道、最终用途或其他方面可能存在某种联系，也可能各不相关，这种产品系列之间的联系程度称之为关联性。产品组合的宽度、深度及关联性这三个因素的不同集合，构成了不同的产品组合。

（2）物流服务产品组合策略

①基于产品组合四因素的组合策略：

a. 全方位产品组合策略。这种产品组合策略是一种扩展型策略，物流企业在设计产品时，既关注产品组合的宽度，也重视产品组合的深度。

b. 专项产品组合策略

与全方位产品组合策略不同，物流企业选择专项产品组合策略是指物流企业在既定产品宽度的基础上，重点拓展产品组合的深度；或者仅仅扩大产品组合的宽度，即增加服务种类，而不涉及深度的延伸。

c. 产品线专业化策略，是指物流企业集中提供某一类服务产品，并将其服务产品推向各类顾客的策略。

d. 有限产品线组合策略，是指物流企业以单一的市场或部分顾客作为目标市场，针对该目标市场提供服务产品的策略。

②基于物流企业提供的服务产品的组合策略：

a. 以服务功能为切入点的产品组合策略。严格按照物流服务的功能进行，即物流企业的服务产品构成为提供运输服务、仓储服务、包装服务等。

b. 以服务领域为切入点的产品组合策略。根据物流企业的服务对象进行划分。

c. 物流服务产品组合的调整与优化

a）扩大产品组合。包括拓展产品组合的宽度和增强产品组合的深度。前者是在原产品组合中增加一个或几个产品大类，扩大经营范围；后者是在原有产品大类中增加新的产品项目。扩大产品组合对物流企业的实力要求较高，但有助于扩大企业的经营领域与范围，弥补原有产品项目的不足，有利于综合利用企业的技术、资源优势，避免和分散经营风险，增强企业的适应能力和竞争能力，增加赢利，占领更多的细分市场，集中力量更好地满足目标市场客户的需要。

b）缩减产品组合。当市场繁荣时，较长、较宽的产品组合会为许多企业带来较多的赢利机会。但当市场不景气时，缩减产品反而可能使总利润上升。这是因为从产品组合中剔除了那些获利很小甚至亏损的产品大类或产品项目，使企业可以集中力量发展获利多的产品大类和产品项目。缩减原有的产品组合，虽然增加了企业的经营风险，但可以使企业集中力量，发挥专业优势，改进服务质量，稳定与客户的关系。

c）物流服务产品组合的优化。由于市场需求、竞争环境和企业内部条件的不断变化，产品组合的具体因素也会随之发生变化。一些服务产品基于用户需求的不断变化而得以提升，而另一些服务产品则有可能产生衰落，从而导致物流企业的服务产品组合形成不均衡的发展态势。这就要求物流企业根据目标市场的需求，并结合自身的条件进行产品组合的优化，即对优势服务进行深化、对劣势服务进行完善或淘汰以及不断地开发新的服务内容，以确定合理的产品组合。

对于物流服务产品组合的优化，需要综合性地研究企业资源和市场环境可能发生的变化，各产品项目的可行性、发展趋势、市场占有率将会发生的变化，以及这些变化对企业所起的影响。

此外，最重要的是明确现有产品的状态，根据现有服务产品在市场中的表现以及用户需求的变化趋势，确定哪些服务是企业的支柱产品，哪些服务是疲软产品，哪些服务是企业未来潜在的发展重点，哪些服务是企业马上就应抛弃的。

4. 技能训练准备

(1) 学生每5人为一个小组，每个小组选1名组长。

(2) 企业资料若干份(资料可由教师提供或利用上一项目中的资料)。

(3) 教师现场指导。

(4) 训练时间安排:1学时。

5. 技能训练步骤

(1) 每组发一份企业资料。

(2) 以小组为单位，根据提供的资料，领会企业的战略方针。

(3) 分析企业现有产品状况、生命周期，产品的市场表现。

(4) 进行企业产品组合优化。

(5) 进行产品决策。

(6) 每组派一代表陈述结果。

6. 技能训练注意事项

(1) 各组要按步骤进行分析之后，才能进行相应的决策。

(2) 产品决策要科学合理，要符合企业的战略方针、要可行。

7. 技能训练评价

请完成技能训练后填写附录“技能训练评价表”。

8. 技能训练活动建议

训练前教师提供一些相关企业的产品决策案例供学生阅读，或是让学生上网查阅相关案例。

二、物流企业价格决策

1. 情景设置

上一情景中的企业根据企业的战略思想，进行了产品决策，那么，该企业应如何根据市场变化，企业战略方针、产品决策进行价格决策。

2. 技能训练目标

能够根据营销战略方针、企业状况、市场变化进行价格决策。

3. 相关理论知识

影响定价决策的外部因素有竞争因素、需求因素、国家有关方针政策的影响及其他相关因素，当企业营销环境急剧变化时，物流企业制订价格策略还应考虑许多相关因素的影响，如国际的经济状况、通货膨胀、利率、汇率、政策法令等。对于物流企业而言，行业特征也是影响物流产品定价的重要因素。物流企业定价方法有以下几种：

1）客观定价法

所谓客观定价法是指不考虑顾客种类，先设定物流服务的单价，再乘以实际提供的服务单位数，即得该项物流产品的售价。

2）主观定价法

主观定价法是根据顾客对物流产品的感觉价值和接受程度来主观地调整物流产品的标准价格。这种定价法是将购买者对产品价值的认知而不是将售卖者的成本作为定价的关键因素。企业利用营销组合中的非价格变量来确定购买者头脑中的感知价值，并制订适当的价格与这种价值相匹配。物流产品定价的主观因素包括：物流服务效率的估计；物流企业的经验和能力；物流企业的知名度；物流工作的类型和难度；物流产品的便利性和可得性；额外的特殊开销；市场价格水平；顾客对物流产品的感觉价值与接受程度。

3）成本导向定价法

（1）成本加成定价法。

成本加成定价是按照单位成本上一定百分比的加成来制订产品销售价格。除了固定成本、变动成本以外，还有几个与成本加成定价法有关的成本概念：

①总成本。即固定成本与变动成本之和。

②平均固定成本。即总固定成本被总销售量除所得的商数。由于销售量是个变量，故平均固定成本也是变动的，是随着销售量的增加而减少的。

③平均变动成本。即总变动成本被总销售量除所得的商数。由于生产规模增加，大批量生产的有利因素得到利用，平均变动成本呈递减趋势。但超过企业最佳产量后，平均变动成本又会转而回升。

④平均总成本。即总成本除以产量所得商数，简称平均成本。

⑤边际成本。指每变动（增加或减少）一个单位产量所产生的成本。

⑥边际贡献。是指企业增加一个产品的销售所获得的收入减去边际成本的数值。

成本加成定价法是在产品的成本（变动成本和固定成本之和）上加一个标准的加成。这种方法是用产品的单位成本加上一定比率的利润来制订产品的价格。加成的含义就是一定比率的利润。其计算公式为：

$$P = C(1 + R)$$

式中：P——单位产品价格；

C——单位产品成本；

R——成本加成率或预期利润率。

(2)目标利润定价法。

这是根据企业所要实现的目标利润来定价的一种方法。同成本加成法相比，此方法主要是以企业想达到的利润目标为出发点来制订产品价格，而成本加成法是以产品成本为出发点来制订产品价格。目标利润法的基本公式为：

单位产品价格 =(固定成本 + 变动成本 + 目标利润)/预计销量

(3)投资报酬率定价法。

投资报酬率定价法，又称目标报酬率定价法，是一种以投资额为基础计算加成利润(投资报酬)再得出产品价格的方法。投资报酬是投资额与投资报酬率的乘积。这种投资报酬率的多少，由企业或投资者裁定，具有一定的技巧，但一般不低于银行的存款利率。其单位产品定价的具体公式如下：

$$P = \frac{F_a + T_w}{Q} + V_p$$

式中：P——单位产品价格；

F_a——固定成本；

T_w——投资报酬；

V_p——单位变动成本；

Q——产品销量。

(4)非标准产品合同定价法。

这也是加成定价法中常用的一种形式。非标准产品合同定价，是企业的非标准产品无市价资料可供参考，只能以成本为基础协商定价并签订合同的一种定价方法。合同定价有不同的内容：

①固定价格合同。买卖双方对产品的成本计算均有一定知识和经验，经过双方协商一致同意的价格，作为明确的合同价格固定下来，不管今后卖方产品的实际成本高低，均按此固定价格结算。

②成本加成合同。对买方迫切需要订购的产品，在与买方签订合同时，卖方成本(指实际生产成本)在合理的和允许的范围内实报实销，并按此成本和规定的成本利润计算卖方应得的利润，实际生产成本加上应得利润定为价格。

③成本加固定费用合同。合同规定价格由实际成本加固定费用两部分构成。成本实报实销，固定费用由合同写明具体金额。

④奖励合同。合同明确规定出预算成本和固定费用额，并规定实际成本超过预算成本时可以实报实销。节约的成本则按合同规定的比例由双方分成，给卖方的即成为鼓励卖方降低成本的奖励。

4)需求导向定价法

近年来出现了一种定价的新思维，以往企业对于产品价格的思维模式是“成本 + 适当利润 = 适当价格”，新的模式则是“消费者接受的价格 - 适当的利润 = 成本上限”。也就是说，企业界对于产品的价格定义，已从过去由企业的“指示”价格，转换成了消费者的“接受”价格，我们可以把这看作一场定价思维的革命。新的定价模式将消费者接受价格列为决定性因素，企业要想不断追求更高利润，就不得不想方设法降低成本，从而推动生产技术、服务流程、营销手段进入一个新的水平。

(1)理解价值定价法。即企业根据顾客对物流劳务价值的认识制订价格的定价方法，也就是根据顾客对产品价值的理解，即产品在顾客心目中的价值决定价格的定价法。

(2)区分需求定价法。就是企业在不同季节、不同时间、不同地区、针对不同供应商的适时变化情况，对价格进行修改和调整的定价方法。

(3)习惯定价法。是企业依照长期被客户接受的价格来定价的一种方法。习惯定价法又称便利定价法，是企业考虑并依照长期被顾客接受和承认并已成为习惯的价格来定价的一种方法。

(4)比较定价法。是根据对产品需求弹性的研究与市场调查来决定价格的方法。一般认为，价格高，获利则多；反之，获利就少。其实，根据市场需求情况，实行薄利多销的策略，定价虽低，销量却能增加，反而可以获得较高的利润。

5)竞争导向定价法

竞争导向定价法是根据同一市场或类似市场上竞争对手的物流产品价格，来制订本企业物流产品的价格。

(1)随行就市定价法。这是以同行业的平均现行价格水平或“市场主导者”(指在相关产品市场上占有率较高的企业)的价格为标准来确定本企业价格的方法。

(2)低于竞争者产品价格定价法，即指那些成本低于同行业平均成本的企业准备推销产品，渗入其他企业已经建立牢固基础的市场，或扩大市场占有率时所用的一种方法。

(3)高于竞争者产品价格定价法，所谓高于竞争者产品价格的定价法，是指那些能制造特种产品和高质量产品或能提供高质量服务的企业，凭借其产品或服务本身独具的特点和很高的声誉，以及能为消费者提供更高水平服务的保证等，而与同行竞争的一种定价方法。

(4)投标定价法，这种方法一般是由买方公开招标，卖方竞争投标，密封递价，买方按物美价廉原则择优选取，到期当众开标，中标者与买方签约成交。

(5)差别定价法。物流企业在进行物流服务的过程中，若提供与别的物流企业异质的服务，则可以采用差别定价法制订价格。

(6)倾销定价法。是企业在控制了国内市场的情况下，以低于国内市场的价格向国外抛售，以低价打击竞争对手而占领市场的方法。

(7)垄断定价法，当少数垄断企业控制了某项产品的生产与流通时，结成垄断同盟或达成垄断协议，使产品定价大大超过其价值，同时对非垄断企业的原材料或零配件定价低于这些产品的实际价值。

4. 技能训练准备

(1)学生每5人为一个小组，每个小组选1名组长。

(2)企业资料若干份(资料除企业的战略方针、所处的市场状况信息外，还应包含企业财务部门提供的成本信息及市场部提供的市场价格信息及竞争对手的成本及价格信息)。

(3)教师现场指导。

(4)训练时间安排：1学时。

5. 技能训练步骤

(1)每组发一份企业资料。

(2)以小组为单位,分析领会企业战略思想,所处的市场状况。

(3)分析影响定价的内部和外部因素。

(4)根据定价方法,设计定价方案。

(5)分析哪些价格方案缺乏竞争力、哪些具有竞争力、哪些在目前不适用但可以作为后备方案。

(6)进行价格方案的分析选取,确定价格策略。

(7)每组派一代表陈述结果。

6. 技能训练注意事项

(1)根据定价方法设计定价方案时,要对各种预选方案进行分析量化。

(2)选取的方案要科学、有说服力。

7. 技能训练评价

请完成技能训练后填写附录"技能训练评价表"。

8. 技能训练活动建议

训练前教师提供一些相关企业的价格策略制订案例供学生阅读,或是让学生上网查阅相关案例。

三、物流企业渠道决策

1. 情景设置

某物流企业通过市场分析,重新制订了市场营销战略,完成了产品策略、价格策略的制订,该企业应如何进行渠道决策。

2. 技能训练目标

能够根据企业营销战略思想,产品策略、价格策略制订的状况,明确渠道决策过程。

3. 相关理论知识

市场营销渠道处在一个不断变化的动态环境之中,渠道策略制订必须能有效地与经营环境联系起来,因此,SWOT 分析对渠道策略的制订必不可少。渠道的 SWOT 分析主要包括:从内部资源现状来评估企业的优势、劣势和从外部竞争环境识别机遇和挑战,从而能够扬长避短,发挥优势,做到长盛不衰。

1)用 SWOT 法分析渠道形势

SWOT 分析的内容之一是进行企业内部资源的评估,分析企业现有渠道的优势和劣势;二是进行竞争环境分析,分析环境的机会和威胁。这一步骤的核心是比较本企业与目标竞争对手在货物周转、市场覆盖率和成本变动趋势等方面的差别。对于许多企业来说,在分析渠道形势时,除了要搞清楚自身的情况,更重要的是了解到主要竞争对手使用的渠道种类以及每条渠道的市场份额,并将这些数据与自身的情况对比,以便通过分析知道每条渠道的相对获利能力、渠道种类的增长速度以及市场覆盖率。

除上述分析之外,还要密切关注与制订渠道策略相关的一些趋势,包括客户购买方式可能的变化、渠道新进入者、采用新技术进入市场的方式、从渠道中获取利润的压力等。这既可能是由于议价力量的增强,也可能是由于使用渠道费用的快速增长。

2)确定分销渠道的目标

通过 SWOT 分析后,企业便面临着决定其分销渠道目标。对于不同企业来讲其分销渠道目标各不相同。有的企业分销渠道是追求一个大的市场覆盖率,而有的企业则追求一个高度密集的市场渗透率。不同的渠道目标的选择将直接影响到渠道结构的设计和选择。

3)制订分销渠道战略,建立竞争优势

设计分销渠道,必须从顾客的角度思考以下问题:渠道中提供的服务项目的价值是什么,细分顾客的需求、辨认他们的差别,了解顾客对各种渠道选择的看法。继而考虑可选择的渠道,建立起合理的分销体系。目标则是树立差别化或低成本的竞争优势。

分销渠道策略尤其适合趋于饱和的市场。一般来讲,对于竞争激烈的产品市场,除非是早期的进入者,后来者是无法觅得一席之地的。但如果借助分销渠道,情形就不同了。

4)分析渠道决策的经济性

在比较不同渠道选择的获利能力时,必须判断不同组合的收入、成本和资金需求情况。一方面,企业可以通过仅使用分销商以削减固定成本;另一方面,企业可以对工厂和仓储进行相当大的先期投资,以保持与顾客尽可能直接的联系。具体来讲,需考虑交易成本、资产特性以及大量交易可能带来的经济性。

5)评价渠道策略的适应性和可行性

渠道决策是在一个广泛的背景中作出的,因此理想的渠道还必须在战略责任、可用资源、渠道策略的历史等限制条件下实施。这一步的目的,就是要把先前的步骤中识别出的最优渠道暴露在这些现实条件之下。如果确认某项选择适应当前的策略是可行的,还必须看它是否适应将来的战略需要,并让竞争对手陷入困境。如果一种渠道策略很容易被竞争对手模仿和超越,它就不能提供一种实质性的优势。

4. 技能训练准备

(1)学生每5人为一个小组,每个小组选1名组长。

(2)企业资料若干份。

(3)教师现场指导。

(4)训练时间安排:0.5学时。

5. 技能训练步骤

(1)每组发一份企业资料。

(2)以小组为单位作为一个渠道决策小组。

(3)分析分销渠道基本模式的特点、分析企业提供的资料。

(4)各小组进行渠道决策过程方案设计。

(5)各组派一名代表陈述本组方案。

(6)各组之间进行渠道决策过程方案评比。

6. 技能训练注意事项

(1)要充分分析给出的企业资料。

(2)渠道决策过程要科学、合理、可行。

7. 技能训练评价

请完成技能训练后填写附录"技能训练评价表"。

8. 技能训练活动建议

训练前教师提供一些相关企业的渠道策略制订案例供学生阅读,或是让学生上网查阅相关案例。

四、物流企业促销决策

1. 情景设置

某物流企业通过市场分析，根据市场变化重新制订了市场营销战略，完成了产品策略、价格策略的制订，该企业应如何进行促销决策。

2. 技能训练目标

能够根据企业营销战略思想，产品策略、价格策略和渠道策略制订的状况，明确促销决策过程。

3. 相关理论知识

一般来说促销决策包括以下过程：

1）确定促销目标

促销策划首先要明确促销的目的，然后才能确定促销目标。因为促销目的不同，促销目标有所不同，促销方式也有所不同。例如：某企业在一定时期内，促销目标是在某一市场激发客户的需求，扩大企业的市场份额，其促销目标为短期促销目标，为了近期利益，宜采用广告促销和营业推广相结合的方式；另一企业的促销目的是加深顾客对企业的印象，树立企业形象，为其产品今后占领市场，提高市场竞争地位奠定基础。该企业的促销目标属于长期促销目标，可以采用具有决定性意义的公关促销，辅之必要的人员推广和广告促销。

一般来说，促销目标有以下几种：增加销售量，扩大销售；吸引新客户、巩固老客户；树立企业形象、提升企业知名度；应对竞争、争取客户。

促销目标要根据企业要求及市场状况来确定，促销目标可以是单个目标也可以是多个目标。

促销目标的确定，要通过对市场信息资料进行收集和分析，依据当前市场、消费者和竞争者状况、企业目前情况及本次促销动机等来确定。

2）选择促销的产品，确定促销对象

物流企业的一切促销活动最终目的是为了扩大销售。在制订促销策略前，首先要确定促销对象，如零散的新客户，应注重树立良好的企业形象和物流产品信息的宣传，加强广告和公共关系促销并辅以人员推销，以吸引更多客户；其次是确定促销产品，即选择哪类服务产品，哪些产品，多少数量作为促销的主力产品以及促销的时间段，如春运期间某运输航线不涨价或在淡季的某个时间段运价下调等。当然，作为促销产品应具备相应条件：有一定品牌知名度；有明显的价格优势；消费需求量较大。

3）选择促销的方式

促销的方式是多种多样的，不同的促销方式都有其特殊的效用及特点，促销达到的目的也有所不同，企业应根据自身的实际情况、根据确定的促销产品、促销的目标选择促销方式，也采用多种促销方式，进行合理组合。同时也要根据企业不同发展阶段选择适合自己企业特点的不同促销方式，搭配不同的促销组合，这样才能做到有的放矢，达到促销的目的。

4）进行促销费用的预算

促销费用常常制约着促销组合策略的制订。任何一种促销方式都需要花费一定的费用，没有足够的促销费用，再好的促销组合策略也难实现。同时不同的促销方式费用也不同，有时不同的促销组合所需费用往往相差很大。一般而言，促销费用是根据促销目标以及企业本身情况来决定。大多数企业的促销费用是以销售收入或利润额的一定比例来确定的。

5）促销人员的培训

促销是一个与客户沟通的过程，其实质就是企业与消费者或客户之间的信息沟通，企业通过促销与目标客户取得有效的信息沟通与联系。促销人员必须明确企业促销的目标，熟悉促销产品的情况，掌握促销的技巧，才能使促销活动事半功倍，达到预期的促销目的。否则，会影响促销效果。因此，在制订促销策略的同时也要考虑对促销人员进行培训。

4. 技能训练准备

（1）学生每5人为一个小组，每个小组选1名组长。

（2）企业资料若干份。

（3）教师现场指导。

（4）训练时间安排：0.5学时。

5. 技能训练步骤

（1）每组发一份企业资料。

（2）以小组为单位作为一个促销决策小组。

（3）分析企业提供的资料。

（4）各小组进行促销决策过程方案设计。

（5）各组派一名代表陈述本组方案。

（6）各组之间进行促销决策过程方案评比。

6. 技能训练注意事项

（1）要充分分析给出的企业资料。

（2）促销方案制订过程要科学、合理、可行。

7. 技能训练评价

请完成技能训练后填写附录"技能训练评价表"。

8. 技能训练活动建议

训练前教师提供一些相关企业的促销决策案例供学生阅读，或是让学生上网查阅相关案例。

思考练习

1. 简答题

（1）什么是物流产品市场生命周期？

（2）简述影响物流产品定价的因素。

（3）物流企业定价的方法有哪些？

（4）为什么物流企业要使用随行就市定价法进行定价？

（5）物流企业营销渠道决策的过程是什么？

（6）物流企业促销决策的过程是什么？

2. 思考题

（1）为什么要根据产品的生命周期来确定相应的产品策略？

（2）物流市场营销战术的制订要考虑哪些因素？

任务四 物流市场竞争

内容简介

物流市场竞争是市场经济的基本特征之一。正确的市场竞争战略,是物流企业成功地实现其物流营销目标的关键。物流企业要想在激烈的市场竞争中立于不败之地,就必须树立营销观念,强化服务意识,制订正确的物流市场竞争战略,努力取得竞争的主动权。

教学目标

1. 知识目标

(1)掌握识别竞争者的主要方法;

(2)掌握竞争战略的基本类型;

(3)了解物流企业战略联盟的形式;

(4)掌握物流企业战略联盟的建立与管理。

2. 技能目标

(1)能识别企业的竞争者,进行企业竞争者的分析;

(2)能够根据企业的情况进行市场竞争战略的选择;

(3)能够根据企业发展适时建立战略联盟。

案例导入

中信物流股份公司营销战略

作为中国整车物流行业的新军,中信物流股份公司的前身是“中信汽车运输有限责任公司”,隶属于中信集团,注册资本1个亿,是中信汽车、中信国安、中信中原三家公司与许昌汽车销售公司和海万泰德公司合作的成果。

1. 营销网络发展战略

几乎是在无声无息中,中信物流公司完成了遍布全国的战略据点“部署”。总部设在北京,在郑州、长春、沈阳、广州、上海设分公司;在天津等16个城市设有分支机构;在北京等10个城市建立场站,在北京、郑州、广州、武汉、上海、营口、重庆建立仓储中心。

中信物流公司凭借网络优势,一举成为郑州日产公司整车销售物流的独家供应商。郑州日产公司主要生产尼桑皮卡系列汽车,目前又上马了帕拉丁品牌的多功能客车,产品市场占有率极高,计划年产量达2.5万台。拿下这个项目后,中信物流公司根据郑州日产公司的销售情况,为其设计了完备的服务方案,其中甚至包括应急方案,并专门配备专业物流管理团队,15人的项目组实施的是项目经理负责制,运作也完全按照现代项目管理的原则和方法进行。为使服务高效、精准,公司还专门为这个项目开发了计算机信息系统,该系统与郑州日产公司的业务系统联网运行,即使日产月销售量最高时达到2400多台,中信物流公司也可通过其遍布全国的网络和信息系统自如调动运力,轻松完成任务。而且,质损率低于

0.5%，准时率高于98%，达到了双方"共赢"的目的。据郑州日产公司介绍，整车物流配送环节被中信公司全面接手后，支出已大幅下降了30%。

2. 客户服务战略

中信物流公司很善于在国内整车物流市场上按照现代物流的玩法"出牌"。一汽大众公司是中信物流公司的老客户了，从1993年开始，一汽大众公司超过15万辆商品车的物流配送都是由中信公司一手操办的。但是，汽车物流远非运输这么简单，立志要做现代物流的中信公司开始在增值服务上寻求突破。

1996年，中信物流公司为一汽大众公司增加了郑州中转库全国分拨服务。一汽大众公司通过火车低价批量将车运到郑州后，由中信物流公司提供中转库仓储管理和全国分拨服务，此举不仅降低成本，还加快了市场响应速度。六年中，中信物流公司的郑州中转库为一汽大众公司中转了6万多辆车。

2005年，中信物流公司又向一汽大众提交了一份详细报告，提出在北京地区为其36家经销商开展商品车城市配送服务。一汽大众公司迅速认可，并签订了协议。这项服务每年可为一汽大众公司配送3万辆以上的商品车。通过这一招，一汽大众公司在北京市内的商品车配送难题迎刃而解，经销商的库存也大大降低，还为将来一汽大众公司发展电子商务打下了基础。

3. 产品或业务整合战略

多年铺设网络的同时，中信物流公司还逐步设立了全国性的调度管理中心，建立了基础信息网络，开发了基于GPS/GIS和卫星通信技术的智能运输信息系统，这些显然是由传统储运企业向现代物流企业加速转变的绝招。但同时，由于运力不足困扰他们的实际问题却长期得不到解决。

2005年8月份以来，随着市场份额的不断加大，中信物流公司的运力不足问题进一步凸显。面对运力不足与运力分散这一对矛盾，中信物流公司还是很快找到了解决手段——联盟车队。这是一张新的网络，它把中信公司与全国各地的中小物流企业连在了一起。中信公司与这些企业建立起联盟关系，它们的车所有权不变，调度权给了中信公司，统一使用中信公司标志，纳入中信物流公司的管理网络在全国运行。

现在，联盟的意义已经显现，除了原有车辆，几十家联盟伙伴的加入使中信公司的运力一下子增加了600~700台车。2005年，中信物流公司调度联盟车队车辆1022班次，运送了6232台商品车，占了公司全年任务的17%。2006年这个比例计划提高到50%，12万辆商品车运输任务中的一半将利用联盟车队完成。

引导思路

(1)中信物流公司的市场营销战略为何能在物流市场竞争中取得可喜成绩?

(2)中信物流公司通过网络构建、车队联盟体现了物流市场竞争中哪些策略?

项目一　物流市场竞争战略的选择

教学要点

(1)利用各种渠道(如网络、国家及行业协会发布的统计资料)收集物流企业资料;

(2)由小组讨论,选择某项物流业务;

(3)进行竞争者的分析;

(4)根据竞争者的分析结合企业的该项业务选择竞争战略。

教学方法

可采用讲授、情景教学、案例教学和分组讨论等方法。

一、物流企业竞争者分析

1. 情景设置

东星物流公司看到为沿海大中型企业进行原材料配送这项业务有利可图,有意涉足该业务。据了解这些企业的配送业务大多由一家规模不大的地方物流公司完成。东星物流公司要涉足该业务,请对其进行竞争情况进行分析。

2. 技能训练目标

(1)能够识别物流企业的竞争者。

(2)能够对物流企业的竞争者进行分析。

3. 相关理论知识

物流企业在开展营销活动的进程中,仅仅了解其顾客是远远不够的,还必须了解其竞争者。知彼知己,才能取得竞争优势。在商战中获胜。

1)识别企业的竞争者

竞争者一般是指那些与本企业提供的产品或服务相类似,并且所服务的目标顾客也相似的其他企业。例如,宅急送公司把 EMS、顺丰作为主要竞争者,而不是其他小公司。

识别竞争者看来是简单易行的事,其实并不尽然。企业的现实竞争者和潜在竞争者的范围很广。从现代市场经济实践看,一个企业很可能被潜在竞争者吃掉,而不是当前的主要竞争者。通常可从产业和市场两个方面来识别企业的竞争者。

(1)产业竞争观念。从产业方面来看,提供同一类产品或可相互替代产品的企业,如交通运输行业的企业。如果一种产品价格上涨,就会引起另一种替代产品的需求增加。例如:飞机票涨价会促使消费者转而选用其他交通方式出行,因为这些是可相互替代的产品,尽管它们的自然形态不同。企业要想在整个产业中处于有利地位,就必须全面了解本产业的竞争模式,以确定自己的竞争者。

(2)市场竞争观念。从市场方面来看,竞争者是那些满足相同市场需要或服务于同一目标市场的企业。例如,从产业观点来看,某航空公司与其他同行业的航空公司为竞争者;但从市场观点来看,顾客需要的是"交通出行",这种需要公路、铁路、水路也可满足,因而提供这些出行方式的企业均可成为航空公司的竞争者。以市场观点分析竞争者,可使企业拓宽眼界,更广泛地看清自己的现实竞争者和潜在竞争者,从而有利于企业制订长期的发展规划。

识别竞争者的关键是,从产业和市场两方面将产品细分和市场细分结合起来,综合考虑。

2)确定竞争者的目标与战略

确定了谁是企业的竞争者之后,还要进一步搞清每个竞争者在市场上追求的目标和实施的战略是什么，每个竞争者行为的动力是什么。可以假设，所有竞争者努力追求的都是利润的最大化，并据此采取行动。但是，各个企业对短期利润或长期利润的侧重不同。有些企业追求的是“满意”的利润而不是“最大”的利润，只要达到既定的利润目标就满意了，即使其他策略能赢得更多的利润它们也不予考虑。

(1)竞争者的目标。每个竞争者都有侧重点不同的目标组合，如获利能力、市场占有率、现金流量、技术领先和服务领先等等。企业要了解每个竞争者的重点目标是什么，才能正确估计它们对不同的竞争行为将作出何种反应。例如，一个以“低成本领先”为主要目标的竞争者，对其他企业在降低成本方面技术突破的反应，要比对增加广告预算的反应强烈得多。企业还必须注意监视和分析竞争者的行为，如果发现竞争者开拓了一个新的细分市场，那么，这可能是一个营销机会；或者发觉竞争者正试图打入属于自己的细分市场，那么，就应抢先下手，予以回击。

(2)竞争者的战略。各企业采取的战略越相似，它们之间的竞争就越激烈。在多数行业中，根据所采取的主要战略的不同，可将竞争者划分为不同的战略群体。例如：顺丰、联邦快递、宅急送与 EMS 都提供小件递送服务，因此可将它们划为同一战略群体。

根据战略群体的划分，可以归纳出两点：一是，进入各个战略群体的难易程度不同。一般小型企业适于进入投资和声誉都较低的群体，因为这类群体较易打入；而实力雄厚的大型企业则可考虑进入竞争性强的群体。二是，当企业决定进入某一战略群体时，首先要明确谁是主要的竞争对手，然后决定自己的竞争战略。

假如某公司要进入顺丰、联邦快递、宅急送与 EMS 的战略群体，就必须有战略上的优势，否则很难吸引相同的目标顾客。

除了在同一战略群体内存在激烈竞争外，在不同战略群体之间也存在竞争。因为：第一，某些战略群体可能具有相同的目标顾客；第二，顾客可能分不清不同战略群体的产品的区别；第三，属于某个战略群体的企业可能改变战略，进入另一个战略群体。例如：以存储服务为主的物流企业可能进入配送服务。

(3)竞争者的优势及劣势。物流企业需要估计竞争者的优势及劣势，了解竞争者执行各种既定战略的情报，是否达到了预期目标。为此，需搜集过去几年中关于竞争者的情报和数据，如销售额、市场占有率、边际利润、投资收益、现金流量、发展战略等。在寻找竞争劣势时，要注意发现竞争者对市场或对它们自己判断上的错误。如果发现竞争者的主要经营思想有某种不符合实际的错误观念，企业就可利用对手这一劣势，出其不意，攻其不备。

3)判断竞争者的市场反应。

竞争者的目标、战略、优势和劣势决定了它对降价、促销、推出新产品等市场竞争战略的反应。此外，每个竞争者都有一定的经营哲学和指导思想。因此，为了估计竞争者的反应及可能采取的行动，物流企业的营销管理者要深入了解竞争者的思想和信念。当物流企业采取某些措施和行动之后，竞争者会有不同的反应。

(1)从容不迫型竞争者。一些竞争者反应不强烈，行动迟缓，其原因可能是认为顾客忠实于自己的产品；也可能重视不够，没有发现对手的新措施；还可能是因缺乏资金无法作出相当的反应。

(2)选择型竞争者。一些竞争者可能会在某些方面反应强烈，如对降价竞销总是强烈反击，但对其他方面(如增加广告预算、加强促销活动等)却不予理会，因为它们认为这对自己威胁不大。

(3)凶猛型竞争者。一些竞争者对任何方面的进攻都迅速强烈地作出反应，因此，同行企业都避免与它直接交锋。

(4)随机型竞争者。有些企业的反应模式难以捉摸，它们在特定场合可能采取行动也可能不采取行动，并且无法预料它们将会采取什么行动。

4)选择企业应采取的对策

企业明确了谁是主要竞争者并分析了竞争者的优势、劣势和反应模式之后，就要决定自己的对策：进攻谁、回避谁，可根据以下几种情况作出决定。

(1)竞争者的强弱。

多数企业认为应以较弱的竞争者为进攻目标，因为这可以节省时间和资源，事半功倍，但是获利较少。反之，有些企业认为应以较强的竞争者为进攻目标，因为这可以提高自己的竞争能力并且获利较大，而且即便是强者也会有劣势。

(2)竞争者与本企业的相似程度。多数企业主张与相近似的竞争者展开竞争，但同时又认为应避免摧毁相近似的竞争者，因为其结果很可能对自己不利。例如，20世纪70年代末，美国博士伦眼镜公司在与其他同样生产隐形眼镜的公司竞争中大获全胜，导致竞争者完败而将企业卖给了竞争力更强的大公司，结果使博士伦公司面对更强大的竞争者，处境更困难。

(3)竞争者表现的好坏。有时竞争者的存在对企业是必要的和有益的，具有战略意义。竞争者可能有助于增加市场总需求，可分担市场开发和产品开发的成本，并有助于使新技术合法化；竞争者为吸引力较小的细分市场提供产品，可导致产品差异性的增加；最后，竞争者还加强企业同政府管理者或职工的谈判力量。但是，企业并不是把所有的竞争者都看成是有益的。因为每个行业中的竞争通常都有表现良好和具有破坏性的两种类型。表现良好的竞争者按行业规则行动，按合理的成本定价，有利于行业的稳定和健康发展；它们激励其他企业降低成本定价，有利于行业的稳定和健康发展；它们激励其他企业降低成本或增加产品差异性；它们接受合理的市场占有率与利润水平。而具有破坏性的竞争者则不遵守行业规则，常常不顾一切地冒险，或用不正当手段(如收买贿赂买方采购人员等)扩大市场占有率等，从而扰乱了行业的秩序。

那些表现好的竞争者试图组成一个只有好的竞争者的行业。它们通过颁发许可证，选择相互关系(攻击或结盟)及其他手段，试图使本行业竞争者的营销活动限于协调合理的范围之内，遵守行业规则，凭自己的努力扩大市场占有率，彼此在营销因素组合上保持一定的差异性，从而减少直接的冲突。

企业在进行市场分析之后，还必须明确自己在同行业竞争中所处的位置，进而结合自己的目标、资源和环境，以及在目标市场上的地位等来制订市场竞争战略。

4.技能训练准备

(1)学生每5人为一个小组，每个小组选1名组长。

(2)教师现场指导。

(3)训练时间安排：2学时。

5.技能训练步骤

(1)以小组为单位收集竞争者资料及东星物流公司企业的资料。

(2)资料汇总。

(3)各组对东星物流公司竞争情况进行分析。

(4)每组派一代表进行分析结果的陈述。

6. 技能训练注意事项

(1)资料汇总后要进行归类。

(2)分析要有依据、全面、准确。

7. 技能训练评价

请完成技能训练后填写附录"技能训练评价表"。

8. 技能训练活动建议

上网查询、了解目前物流业竞争态势及发展前景方面的有关信息。

二、物流企业竞争战略

1. 情景设置

上一情景中,东星物流公司已经进行了竞争状况的分析,东星物流公司的规模、业务能力、资金实力等方面情况优于当地的物流公司,地缘优势则逊于当地的物流公司,请根据竞争者状况分析,为东星物流公司选择恰当的竞争战略。

2. 技能训练目标

(1)能够掌握物流企业的竞争战略类型。

(2)能够根据物流企业竞争者分析选择与物流企业发展相适应的竞争战略。

3. 相关理论知识

物流企业竞争战略包括:物流企业的基本竞争战略和依据物流企业市场地位确定的竞争战略。

1)基本竞争战略

制订竞争战略的实质就是将一个企业与其所处环境建立联系。环境中的关键部分主要由企业所在的相关行业、行业结构及行业竞争状态构成。迈克尔·波特(Michael Porter)于20世纪80年代初提出了对企业战略制订产生深远影响的五种力量模型,认为行业内部的竞争状态取决于如下基本的竞争实力:供应商和购买者讨价还价的能力,潜在进入者的威胁,替代品的威胁,以及现有厂商之间的竞争。波特进一步提出,有三种基本的竞争性战略可以使企业成为行业中的佼佼者,即成本领先战略、差异化战略和目标集聚战略。

(1)成本领先战略。成本领先战略也称低成本战略,其核心就是在追求规模经济效益的基础上,通过内部加强成本控制,以低于竞争对手或低于行业平均水平的成本提供产品和服务,来获得较高的利润和较大的市场份额的一种战略。

成本领先战略要求企业的产品必须具有较高的市场占有率,收获规模效益和经验效益。规模效益,是指单位产品成本随生产规模增大而下降;经验效益,是指单位产品成本随累积产量增加而下降。

成本领先战略的主题是使企业的成本低于竞争对手。成本领先战略在20世纪70年代由于经验曲线概念的流行而得到普遍的应用。成本优势可以使企业在与竞争对手的争斗中受到保护,低成本意味着当别的企业在竞争过程中已失去利润时,这个企业仍然可以获取利润。低成本地位有利于企业在强大的买方压力中保护自己,考虑到需有多种选择和降低购买风险的要求,购买方最多只能将价格压到效率居于其次的竞争对手的水平。低成本也有利于企业抵御来自供应商的威胁,它使企业应对供应商产品涨价具有较高的灵活性。导致低成本地位的各种因素，通常也以规模经济或成本优势的形式产生进入障碍，提高了进入壁垒，削弱了新进入者的竞争力。低成本企业可以采取降低价格的办法保持、维护现有消费者，提高消费者转向使用替代品的转换成本，降低替代品对企业的冲击，为企业赢得反应时间。因此，成本领先战略可以使企业在面临竞争力的威胁时处于相对主动的地位，有效地保护企业。但是，有些低成本企业将过多注意力放在成本上，忽视了客户需求的变化，在产品、服务方面投入不足，难以符合消费者的需求，无法提高客户的满意度，这对企业发展是非常不利的。

所以，成本领先战略有一定的适用范围，当产品的市场需求具有较高的价格弹性，产生差异化的途径很少，价格构成市场竞争的主要因素，而且购买转换成本较低时，企业可以考虑这一战略。

(2)差异化战略。差异化战略也称特色经营战略或别具一格战略，是指企业向市场提供与众不同的产品和服务，在行业内独树一帜，在全行业范围中具有独特的东西，用以满足客户特殊的需求，从而形成竞争优势的一种战略。应当强调，差异化战略并不意味着企业可以忽略成本，但此时成本不是企业的首要战略目标。

差异化战略利用顾客对产品特色的偏爱和忠诚，降低了产品价格的敏感性，从而使企业可以避开价格竞争，在相关领域获得持续经营优势，使利润增加却不必追求低成本。顾客的偏爱和忠诚构成了较高的进入壁垒，竞争对手要战胜这种“独特性”需付出很大的代价。实现产品差异化有时会与争取占领更大的市场份额相矛盾，它往往要求企业对于这一战略的排他性有思想准备，即这一战略通常与提高市场份额两者不可兼顾。较为普遍的情况是，企业实现产品差异意味着以高成本为代价，比如广泛的研究、高质量的材料和周密的顾客服务等，因此实行差异化战略的企业产品价格一般高于行业平均价格水平。但是，并非所有顾客都愿意或有能力支付企业因其独特性所要求的较高价格，从而导致目标市场较为狭窄，无形中扩展了竞争对手的市场空间和价格优势。这是企业采取差异化战略时需要特别注意的问题。

(3)目标集聚战略。目标集聚战略也称专门化战略，是指企业在详细分析外部环境和内部条件的基础上，把战略的重点放在一个特定的目标市场上，为特定地区或特定的客户提供特殊的产品或服务。目标集聚战略是围绕一个特定的目标进行密集型的生产经营活动，要求能够比竞争对手提供更为有效的服务。它有两种形式：一种是企业寻求目标市场上的成本领先优势，称为成本集聚战略；另一种是企业寻求目标市场上的差异化优势，称为差异化集聚战略。虽然成本领先与差异化战略都是要在行业范围内实现其目标，集聚战略的整体却是围绕着为行业内某一特定目标服务而建立的，并以这一目标为中心。

实施目标集聚战略，企业能够划分并控制一定的产品势力范围。在此范围内其他竞争者不易与其竞争，所以市场占有率比较稳定。通过目标细分市场的战略优化，企业围绕一个特定的目标进行密集性的生产经营活动，可以更好地了解不断变化的市场需求，能够比竞争对手提供更为有效的产品和服务，提供更高的顾客价值和更好的顾客满意度，从而获得那些以更广泛市场为经营目标的企业所不具备的竞争优势。尽管从整个市场的角度看，集聚战略未必能使企业取得低成本和差异优势，但它的确能使企业在其细分的目标市场中获得一种或两种优势地位，这一战略尤其有利于中小企业利用市场空隙谋求生存和发展，使之能够以小搏大，在小市场做成大生意。

企业在实施目标集聚战略时，常常需要放弃规模较大的目标市场，否则竞争对手可以从企业目标市场中划分出更为细分的市场，并以此为目标市场来实施集聚战略，使企业在该市场的竞争优势丧失殆尽。倘若企业所集聚的细分市场非常具有吸引力，以致多数竞争对手蜂拥而入瓜分这一市场的利润，则会使企业付出很高的代价，甚至导致企业集聚战略的失败。而细分市场之间差异性的减弱，会降低该目标市场的进入壁垒，从而削弱目标集聚企业的竞争优势，使之不得不面对更为激烈的竞争。

2）市场地位确定竞争战略

（1）市场主导者战略。市场主导者是指在相关产品的市场上占有率最高的企业。一般说来，大多数行业都有一家企业被认为是市场主导者，它在价格变动、新产品开发、分销渠道的宽度和促销力量等方面处于主宰地位，为同行业者公认的市场竞争先导者，也是其他企业挑战、效仿或回避的对象，如电脑软件市场中的微软公司、快餐市场中的麦当劳公司等，中国家电市场中的海尔集团公司等。这种主导者中各行各业都有，它们的地位是在竞争中自然形成的，但不是固定不变的。市场主导者所具备的优势包括：消费者对品牌的忠诚度高，营销渠道已建立并且高效运行，以及营销经验的迅速积累等。

市场主导者如果没有获得法定的垄断地位，必然会面临竞争者的无情挑战。因此，必须保持高度的警惕并采取适当的战略，否则就很可能丧失领先地位。为此，市场主导者通常可采取三种战略：一是扩大市场需求总量；二是保护市场占有率；三是提高市场占有率。

（2）市场挑战者战略。市场挑战者和市场跟随者是指那些在市场上处于次要地位（第二、第三甚至更低地位）的企业，如美国汽车市场的福特公司、软饮料市场的百事可乐公司等。这些处于次要地位的企业可采取两种战略：一是争取市场领先地位，向竞争者挑战，即市场挑战者；二是安于次要地位，在“共处”的状态下求得尽可能多的收益，即市场跟随者。每个处于市场次要地位的企业，都要根据自己的实力和环境提供的机会与风险，决定自己的竞争战略是“挑战”还是“跟随”。

市场挑战者如果要向市场主导者和其他竞争者挑战，首先必须确定自己的战略目标和挑战对象，然后选择适当的进攻战略。

首先，确定战略目标和挑战对象，战略目标同进攻对象密切相关，对不同的对象有不同的目标和战略。一般说来，挑战者可在下列三种情况中进行选择：一是攻击市场主导者；二是攻击与自己实力相当者；三是攻击地方性小企业。

第二，选择进攻战略，确定了战略目标和进攻对象之后，挑战者还需要考虑采取什么进攻战略。

一般有以下五种战略可供选择：

①正面进攻。正面进攻就是集中全力向对手的主要市场阵地发动进攻，即进攻对手的强项而不是弱点。

②侧翼进攻。侧翼进攻就是集中优势力量攻击对手的弱点，有时可采取“声东击西”的战略，佯攻正面，实际攻击侧翼或背面。侧翼进攻也是一种最有效和最经济的战略形式，比正面进攻有更多的成功机会。

③包围进攻。包围进攻是一种全方位、大规模的进攻战略，挑战者拥有优于对手的资源，并确信借助围堵计划足以打垮对手时，可采用这种战略。

④迂回进攻。这是一种最间接的进攻战略，完全避开对手的现有阵地而迂回进攻。具体办法有：发展无关的产品、实行产品多样化或以现有产品进入新地区的市场，实行市场细分化以及发展新技术、新产品，取代现有产品。

⑤游击进攻。主要适用于规模较小、力量较弱的企业的一种战略。游击进攻的目的在于以小型的、间断性的进攻干扰对手的士气，以占据长久性的立足点。但是，如果要想打倒对手，光靠游击战不可能达到目的，还需要发动更强大的攻势。

(3)市场跟随者战略。市场跟随者与挑战者不同，它不是向市场主导者发动进攻并图谋取而代之，而是跟随在主导者之后自觉地维持共处局面。这种自觉共处状态在资本密集且产品同质的行业(钢铁、化工、物流等)中是很普遍的现象。

美国管理学专家西奥多·莱维特(Theodore Levitt)曾指出，产品模仿有时像产品创新一样有利。因为一种新产品的开发者要花费大量投资才能取得成功，并获得市场领先地位，而其他企业(市场跟随者)从事仿造或改良这种产品，虽然不能取代市场主导者，但因不需大量投资，也可获得很高的利润，其盈利率甚至可超过全行业的平均水平。

但是，这不等于说市场跟随者就无所谓战略。每个市场跟随者必须懂得如何保持现有顾客，并争取一定数量的新顾客；必须给自己的目标市场带来某些特有的利益，如地点、服务、融资等；还必须尽力降低成本并保持较高的产品质量和服务质量。

市场跟随者战略有以下三种：

①紧密跟随。这种战略是在各个细分市场和营销组合方面，尽可能仿效主导者。这种跟随者有时好像是挑战者，但只要它不从根本上侵犯到主导者的地位，就不会发生直接冲突，有些甚至被看成是靠拾取主导者的残余市场谋生的寄生者。

②距离跟随。这种跟随者是在主要方面，如目标市场、产品创新、价格水平和分销渠道等方面都追随主导者，但仍与主导者保持若干差异。这种跟随者可通过兼并小企业而使自己发展壮大。

③选择跟随。这种跟随者在某些方面紧跟主导者，而在另一些方面又自行其道。也就是说，它不是盲目跟随，而是择优跟随，在跟随的同时还要发挥自己的独创性，但不进行直接的竞争。这类跟随者之中有些可能发展成为挑战者。

(4)市场补缺者战略。在现代市场经济条件下，每个行业几乎都有些小企业，它们专心关注市场上被大企业忽略的某些细小部分，在这些小市场通过专业化经营来获取最大限度的收益，也就是在大企业的夹缝中求得生存和发展。这种有利的市场位置在西方被称为"Niche"，即补缺基点。

所谓市场补缺者，就是指精心服务于市场的某些细小部分，而不与主要的企业竞争，只是通过专业化经营来占据有利的市场位置的企业。这种市场位置(补缺基点)不仅对于小企业有意义，对某些大企业中的较小部门也有意义，它们也常设法寻找一个或几个这种既安全又有利的补缺基点。

市场补缺者战略，首先是补缺基点的选择。选择市场补缺基点时，多重补缺基点比单一补缺基点更能减少风险，增加保险系数。因此，企业通常选择两个或两个以上的补缺基点，以确保企业的生存和发展。

其次是专业化市场营销。具体来讲，就是在市场、顾客、产品或渠道等方面实行专业化。如专门致力于为某类最终用户服务、专门致力于分销渠道中的某些层面或专门为某种规模(大、中、小)的客户服务以及客户订单专业化等。

总之，竞争战略方案的选取必须基于行业特点、企业的能力、限制条件及竞争状况。只有选择适合本企业的最佳战略才能成功。

4. 技能训练准备

(1)学生每5人为一个小组,每个小组选1名组长。

(2)卡片若干张。

(3)教师现场指导。

(4)训练时间安排:2学时。

5.技能训练步骤

(1)以个人为单位,根据企业的情况及提供的竞争者分析资料为该企业选择恰当的竞争战略,并说明依据,然后填写在卡片上。

(2)各小组汇总成员的卡片,进行分析得出本组的结果。

(3)每组派一代表陈述结果,并阐述依据。

6.技能训练注意事项

(1)一丝不苟,认真填写卡片。

(2)卡片汇总后要进行归类。

7.技能训练评价

请完成技能训练后填写附录"技能训练评价表"。

8.技能训练活动建议

在训练前,教师进行知名物流企业竞争战略的案例分析。

思考练习

1.简答题

(1)物流企业竞争者分析的内容包括哪些方面?

(2)物流企业基本竞争战略包括哪些?

(3)何谓差异化战略?

(4)何谓市场补缺者?

2.思考题

(1)如何进行市场竞争者的分析?

(2)为什么要对竞争者的战略进行分析?竞争者战略分析对企业制订营销战略有何意义?

项目二　物流企业战略联盟

教学要点

(1)分析给出的物流企业信息。

(2)选择某一物流企业,由小组讨论该企业适合的战略联盟形式。

(3)拟订一份物流企业战略联盟计划。

教学方法

可采用讲授、情景教学、案例教学和分组讨论等方法。

一、物流企业战略联盟的形式

1. 情景设置

以小组为单位，各组分别代表规模大小不一的物流企业，各企业具有不同地域优势，均能提供同质化的物流服务。请各组讨论分析，自己所属的企业在物流市场竞争要中确保生存，是否有必要与其他企业建立战略联盟。

2. 技能训练目标

(1) 能够进行战略联盟的分析。

(2) 能够进行战略联盟形式的选择。

3. 相关理论知识

1) 战略联盟的含义

随着经济的发展，市场竞争日益激烈，企业欲在竞争中确保其生存，必须学会和竞争者共同生存、共同发展。以往所奉行的视竞争者为仇敌，彼此互不相让的竞争原则已成为陈旧的经营观念而被人们逐渐抛弃。现代市场营销哲学认为，企业欲在竞争中确保生存，并积极地开拓市场，最好的途径乃是寻求某种竞争的新模式，以实现共同生存、共同发展的目标。战略联盟正是这样一种兼有竞争与合作功能的新型的市场营销组织形式。

战略联盟的思路是：不去“抢”对手的市场，而是与对手共同创造并分享一个更大的市场。因此，企业建立战略联盟的用意在于，与合作方协力加速扩大市场容量，从而提高市场占有率。

在现代市场经济条件下，企业要取得竞争中的优势，就得谋求不断扩展。一般而言，企业发展可供选择的途径主要有三种：一是独立拓展，即不借助任何外力而自我发展。这需要企业有雄厚的经济和经营实力。从当今企业竞争发展的趋势看，依赖于企业的自身实力很难应对多变的经济环境，难以在激烈的市场竞争中立足，因而这种发展方式已为大多数现代企业所摒弃；二是兼并收购，这种发展方式如今十分盛行，成为企业谋求发展的主要途径。但是，这种方式也有一定的缺陷。对兼并或收购方来说，成交后就要负起被兼并或被收购方的全部责任和经济法律上的义务。大多数情况下，这种责任和义务几乎成为一种包袱和企业发展的障碍，而对被兼并或被收购方而言，则需适应新的管理模式，特别是作为兼并者的大企业，其组织结构和企业文化难以为被兼并的小企业所接受。因此，在变幻莫测的竞争中，兼并方式欠灵活；三是战略联盟，这种新型的企业联合模式，无论是在适应环境的能力方面，还是在市场渗透的能力方面，均较兼并乃至合资经营方式更胜一筹，这也是企业进入新竞争时代的必然选择。

物流企业战略联盟是指两个或两个以上物流企业为了实现资源共享、开拓新市场等特定战略目标而建立起的合作性的利益共同体，联盟企业分享约定的资源和能力。物流企业建立战略联盟，旨在实现企业间的优势互补，增强企业的长期竞争优势，从企业的基本任务和方向中衍生出经营目标，进而赢得长远的相对优势。

物流服务由于运作的复杂性，加之一个企业的物流资源毕竟是有限的，某一单一的物流服务提供商往往难以满足物流服务的全球化与综合化发展需要，难以实现物流动作整体的有效控制与管理，难以实现物流全过程的价值和经营行为的最优化，难以实现低成本、高质量的物流服务，也无法给客户带来较高的满意度。通过与相关物流企业间战略联盟，可以使物流企业在未进行大规模资本投资的情况下，利用伙伴企业的物流服务资源，增加物流服务品种，扩大物流服务的地理覆盖面，为客户提供集海运、河运、公路运输、铁路运输于一体、货架到货架的“一站式”服务，实现一个系统一张单，负责到底，提升市场份额和竞争能力，进而从联合营销和销售活动中获益。目前，这已成为许多具有一定实力的物流企业的发展战略。

中国的物流市场广阔，客户的需求是多样性的，无论是运输工具线路和联运方式，还是价格成本和时间周期，任何企业都无法全面承揽所有的服务，实施战略联盟与合作已是大势所趋。我国物流企业，尤其是中小型民营企业的自身力量薄弱，难以与大型跨国物流企业竞争，因此，中小型物流企业的发展方向是相互之间的横向或纵向联盟。这种自发的资源整合方式，经过有效的重组联合，依靠各自的优势，可以在短时间内形成一种合力和核心竞争力。在战略联盟的实施过程中，可以将有限的资源集中在附加值高的功能上，而将附加价值低的功能虚拟化。虚拟经营能够在组织上突破有形的界限，实现企业的精简高效，从而提高企业的竞争能力和生存能力。

战略联盟既包括强强企业之间的合作，也包括强弱企业、弱弱企业之间的合作，既包括非股权参与型的松散合作，也包括股权参与型的紧密合作。例如：天津大田物流与美国联邦快递于1999年7月在北京共同出资组建的大田联邦快递有限公司和被业界称为“海元模式”的广州海元物流集团公司、中国邮政与中铁、上海物流专线联盟等。

2）战略联盟的形式

企业为了达到自身的战略目标，可从外部寻找其最稀缺的资源，选择具有该种资源的企业结为战略伙伴。战略联盟分为以下几种：

（1）技术开发联盟。这种联盟的具体形式有多种，如在大企业与（中）小企业之间形成的技术商业化协议，即由大企业提供资金与营销力量等，而由小企业提供新产品研制计划，合作进行技术与新产品开发。又如合作研究小组，即各方将研究与开发的力量集中起来，以提高研发水平，加速研发的进程。与此类似的还有联合制造工程协议，即由一方设计产品，另一方设计工艺。

（2）合作生产联盟。即由各方集资购买设备以共同从事某项生产。联盟可根据不同的需要，在各参与者之间进行劳动力、传输制造技术、操作技巧等要素的配置。这种联盟可以使加盟各方分享到生产能力利用率提高的益处，因为各参与方既可以优化各自的生产量，又可以根据供需的不同对比状况及时迅速地调整生产量。

（3）市场开拓联盟。加盟方相互利用彼此的市场销售渠道销售自己的产品，实现资源共享，达到销售的规模效益。譬如特许经营、连锁加盟等形式的销售联盟在当前商业领域颇为流行，使得企业销售网点可以实现低成本的迅速增长，比竞争对手更积极、更迅速地占领市场。此外，加盟各方也可经由这种联盟形成新市场，使竞争不致因各方力量相差悬殊而趋于窒息。

（4）多层次合作联盟。这种联盟实际上是上述各种联盟形式的组合，即由加盟各方在若干领域内开展合作业务。企业加入这种联盟可采取渐进方式，从一项业务交流发展到多项合作。

3）战略联盟的特点

（1）组织灵活。战略联盟只是某种意义上的无限制的“意向备忘录”，协议本身仅说明双方进行合作的目的，以及在生产和营销各环节如何为共同的战略利益而合作，因而它并不要求各方必须承担一定的法律义务和违约责任。此外，参与战略联盟的各方不组成经营实体，也不确立任何形式的组织，具有很大的灵活性。

(2)自主经营。战略联盟中，合作伙伴之间的关系是平等的，这种关系不受合作伙伴之间经济实力差别的影响。任何一个合作伙伴如果觉得受到了不平等待遇，或对其他合作伙伴产生信任危机，都可以选择退出该项战略联盟或选择新的联盟形式。因此，战略联盟通过平等的合作，把各方的决策都纳入自身利益与共同利益相一致的轨道上来。战略联盟对资源与能力的贡献不做任何规定，完全由合作伙伴自主决策，不设置统一的管理体系，对战略实施过程中每一个环节的控制基本上是通过市场力量来完成的。

(3)风险降低。战略联盟生产的产品是通过合作伙伴之间外联型的相互衔接，产生网络附加值而逐步增值的，产品在生产-销售网络中每个环节上所产生的附加值都立即到市场上去实现，战略产品的销售情况只对终端企业的利益有直接的影响。战略联盟的合作伙伴从自己所从事的那一环节上的经营活动获取利润，当然，各合作伙伴的利润额也间接地取决于整体战略的成功程度，因而也受到合作网络的协调。

4)战略联盟的优势

(1)战略联盟有利于缩短新产品开发的时间。科学技术的突飞猛进，已经把产品生产推向高度技术化和复杂化，一项复杂的高技术新产品的完成涉及越来越多的科技领域、经过越来越多的生产环节，从设计、试制到有关设备的筹备，乃至生产的实现和市场渠道的开拓，已表现为规模越来越大的战略工程，而这种战略工程是单个企业难以在短期内独立完成的。不同的企业在产品开发上形成合作关系，就能够以市场为纽带组成灵活、协调的生产营销网络，其潜力是无限的。

(2)战略联盟有利于分摊高昂的开发投资费用。战略联盟以少量投资就能够有效地、适当地动员起所需要的各种资源，各合作伙伴在各自承担的环节上也会有更多的机会来降低投资成本和提高经营效益。

(3)战略联盟有利于提高规模经济效益。战略联盟通过协调性的合作极易取得规模效益，这主要体现在战略联盟借助同类产品生产者的联合，使各自的相对优势在生产规模扩大的条件下得到更大程度的发挥，从而降低了生产成本和投资成本，增强了企业的竞争实力。

(4)战略联盟有利于避免经营风险。采用战略联盟，能够以更为广泛的网络掌握更多的市场渠道，降低经营风险；实现企业间的优势互补，从而拓展经营范围，平抑市场风险。

(5)战略联盟有利于确立新的竞争原则。竞争与合作是一种新的辩证关系，竞争并不排斥合作。从某种程度上讲，合作有益于充分提高竞争效率，与竞争对手携手建立战略联盟，共同促进社会经济的发展，不失为新时代竞争的明智之举。当然，战略联盟并不否认竞争的存在，而是使竞争以新的形式在新的层次上出现，即从原有的价格竞争向非价格竞争转变，从恶性竞争向塑造比较优势竞争转变。

4. 技能训练准备

(1)学生每5人为一个小组，每个小组选1名组长。

(2)不同企业情况介绍资料若干份。

(3)教师现场指导。

(4)训练时间安排:2学时。

5. 技能训练步骤

(1)每组发一份企业资料。

(2)以组为单位收集自身(本企业)资源情况、面临的市场竞争情况,进行本企业竞争状况的分析。

(3)分析本企业进行战略联盟是否会给企业的发展带来机会。

(4)收集相关企业(各组)的资料,从中选择适合自己的盟友。

(5)与意向联盟企业(其他组)进行初步洽谈。

6. 技能训练注意事项

(1)各企业资料要有一定差异。

(2)资料分析要全面,即突显自己的优势,也客观判断自己的不足。

7. 技能训练评价

请完成技能训练后填写附录"技能训练评价表"。

8. 技能训练活动建议

训练前上网查阅成功物流企业战略联盟案例。

二、战略联盟的建立与管理

1. 情景设置

上一情景中的企业通过分析研究,了解了建立战略联盟的必要性,请根据上述企业的分析资料,为企业拟定一份建立战略联盟的计划,并讨论建立战略联盟后应怎样进行有效的管理。

2. 技能训练目标

(1)能够根据企业的实际情况与发展需要进行战略联盟的建立。

(2)能够对战略联盟进行科学的管理。

3. 相关理论知识

1)战略联盟的建立

战略联盟的建立,是指在分析企业的外部环境和内部条件的基础上,根据企业的战略目标,确定合作对象、合作方案及其应变措施计划的过程;战略联盟的建立主要包括制订战略、评选方案、寻找盟友、设计类型和谈判签约五个阶段。

(1)制订战略,包括:分析环境以明确来自竞争对手的威胁和本企业所具有的市场机会,核查本企业的资源和生产能力,评估本企业在现有环境下的优势与劣势,然后在共同考虑本企业长期与短期目标的基础上,确定本企业的战略。

(2)评选方案。评选方案几乎与战略的形成同步进行。为最后确定战略,企业需对各种方案进行评选。如果企业采用战略联盟,则需明确如下问题:

①联盟是否必不可少?②结成联盟后对企业的声誉有何影响?③企业的高层管理者是否拥护联盟?④联盟的建立是否会引起客户、供货方、目前的合伙方及金融部门的不利反应?

(3)寻找盟友。选择盟友的标准是资源的互补性。物流企业战略联盟的成败与否,很大程度上取决于合作伙伴的正确选择,因此,在选择合作伙伴时,最重要的是要看所选择的合作伙伴是否具备企业所需要的资源和能力;是否能帮助本企业更好地满足客户的需求;能否通过优势互补实现整体最优化,达到建立物流联盟的目的。

理想的合作伙伴应能对联盟起到补缺的作用,如果双方能在工艺技术、营销资源、顾客服务等方面互补，合作的机会就会增大。选择合作伙伴时还应考虑寻找那些与本企业具有共同经营理念的伙伴，同时合作伙伴的财务状况与组织机构也应是稳定的。

(4)设计类型。建立战略联盟采取什么样的形式，应当依据企业的不同情况，特别是相对的优劣势来确定，即对每个可能的伙伴，都应考虑联盟的相应类型与构成方式。

(5)谈判签约。联盟类型一旦确定，即将加盟各方集中起来进行谈判，合作各方就目标、期望和义务等各抒己见，然后在取得一致意见的基础上制订出联盟的细则并签约实施。

2)战略联盟的管理

所谓战略联盟的全方位管理是指不仅要对联盟各方以缔结合约的核心要素(如经济利益、风险划定)等进行管理，也要对其外在要素(如组织结构、知识产权、企业文化)等各方面进行综合协调和控制。战略联盟全过程管理则是对战略联盟的形成、运作以及信息反馈全过程所实施的组织、计划、监督和调节。具体而言，全方位、全过程的战略联盟管理应集中在如下几点：

(1)战略联盟必须基于双方的需要。企业在寻求理想的合作对象时，应首先分析本企业的资源、生产能力和市场潜力，评估现有企业的优势，在此基础上，广泛了解合作对象的战略，以便使双方在短期目标与长期目标上都达到一致。例如，法国邮政的包裹与物流集团公司与美国的联邦快递公司(Fedex)签署了一项新的战略合作协议(2001年1月生效)，法国邮政的客户根据该协议可以享受联邦快递公司的航空网络服务；芬兰邮政于2000年初与敦豪国际(DHL)全球快递公司战略结盟，共同推出了一项全新的国际快递服务，使芬兰邮政的顾客受益于DHL国际航空快递服务网络。这样双方的结合就能顺利地将各方的优势集为一体，适应了企业战略联盟的要求。

(2)建立合适的组织机构。组织机构是企业保持战略联盟整体性内在联系的方式，它是联合体的诸要素及其相互关系作为一个统一性的整体加以有机组合的组织体系，它决定了整个联盟的运行效率。成功的战略联盟组织结构具有两个特征：一是新的组织结构必须能对市场总需求和竞争条件的变化作出迅速而灵活的反应；二是新的组织结构必须具备广泛、健全的信息反馈网络。

(3)保护联盟各方的技术资产。在联盟的初创阶段，决策人员必须分析各方技术资产的性质，区分独家或专有技术，以及来自其他技术供给方的一般技术等，专有权的要素(专利、注册商标)一般可通过法律手段获得，而独特的生产技术、工程技术和材料加工诀窍等，则可采取对等交换的方法，实行部分让渡。从长远看，保持联盟内技术水平的最佳措施是坚持研究与开发活动，实行技术吸收政策。

(4)对战略联盟进行有效的协调管理。对战略联盟进行有效的协调管理，首先应确定由谁来经营联合体，联合体经营的利益和损失如何分担，怎样组织和管理联合体经营所需要的人员，战略联盟经营的风险是否已确认等。

其次是进行跨文化管理，通常各企业都有自己独特的企业文化，在企业战略联盟中，会出现多种企业文化的相互交融，因此要进行跨文化管理。一是强调团队文化，这种文化不是以牺牲合作伙伴利益来服从整体目标，而是讲求局部利益与整体利益的统一。为此，一方面在选择合作伙伴时，要充分利用各方面的信息，从中选择信誉好、技术硬、具有良好合作意愿的参与；另一方面，在大项目实施过程中充分沟通信息、加强协调，促进团队文化的形成。二是建立信任关系。由于加入联盟的企业来自不同的背景，在合作中自觉或不自觉地会产生习惯性的防卫心理和行为，并有可能损耗企业精力，使合作难以为继。因此，应通过充分的沟通与尊重，消除习惯性防卫，建立互信关系。

(5)加强物流企业信息化建设，及时进行信息交流和沟通。企业战略联盟是为发挥各成员企业的优势而组建的企业联盟，信息建设有助于加强各成员企业之间的业务联系，了解供需情况，有助于进行物流全过程统一调度，充分发挥各组织、各部门的优势，使各物流企业、各部门在物流作业过程中紧密配合实现一体化，从而提高运转效率，保证联盟顺利运行。

此外，在联盟运行过程中出现一些纠纷是不可避免的。信息技术架起了各企业相互联系、相互沟通的桥梁。经常的信息沟通，能在纠纷出现之前化解。

(6)建立公平的、规范的联盟制度。在进行物流联盟时要制订一个公平、合理、双赢或多赢的协议或合同。因为信任的建立和维护是建立在联盟各方共同遵守的规章制度基础上。

建立公平的、规范的联盟制度，就是要让各自独立的合作伙伴感受到在物流联盟中彼此之间是平等的，并且在相互理解的基础上，明确各自的权利和义务。

(7)发展多方位的联盟合作关系。多边联盟的形式能最大限度地减少任意两方联盟解体带来的危机，能比单一联盟更广泛、更好地运用多个企业的综合优势，从而优化技术水平，开拓更广泛的市场。

4. 技能训练准备

(1)学生每5人为一个小组，每个小组选1名组长。

(2)企业情况分析资料若干份。

(3)教师现场指导。

(4)训练时间安排:2学时。

5. 技能训练步骤

(1)每组发一份企业资料。

(2)各组根据提供的企业分析资料，按照战略联盟建立的要求、程序，拟订一份战略联盟计划。

(3)小组讨论，战略联盟建立后如何进行管理才能实现战略联盟的目的，保证战略联盟的正常运转。

(4)对各组拟订的战略联盟计划进行比较、评比，选出最佳战略联盟计划。

(5)各组派一名代表陈述如何实施战略联盟的管控。

6. 技能训练注意事项

(1)战略联盟计划的拟定一定要有依据，科学、可操作性。

(2)进行战略联盟管控讨论时一定要全面、客观。

7. 技能训练评价

请完成技能训练后填写附录“技能训练评价表”。

8. 技能训练活动建议

训练前教师可提供一些物流企业战略联盟计划样本供学生参阅。

思考练习

1. 简答题

(1)什么是战略联盟?

(2)战略联盟有哪些形式

(3)战略联盟具有什么特点?

(4)什么是战略联盟管理?

(5)战略联盟管理包括哪些内容?

2. 思考题

(1)物流企业进行战略联盟具有什么意义?

(2)物流企业如何建立战略联盟?

3. 案例题

我国中小物流企业战略联盟的典范——广州海元物流公司

广州海元物流公司就是中小型物流企业战略联盟的成功典范,它是由31家优秀的专线运输公司资产重组后建立的现代化物流企业,在全国拥有376个分公司,并且建立了海元物流信息系统,推出了京广物流带、广沪物流带、广渝物流带等服务区域。“海元模式”是中小型企业向现代物流企业发展过程中创造的一种新模式,为中小型物流企业做大做强提供了借鉴。

问题:

(1)广州海元物流公司给我们带来的启示是什么?

(2)我国物流业面临着剧烈的市场竞争,物流企业应该如何闻风而动?

任务五　物流目标市场STP战略策划

内容简介

目标市场营销(STP营销)是现代营销理论的重要内容之一。随着市场的急剧变化,物流企业面临的市场越来越复杂多变,物流消费者需求越来越个性化、多样化,竞争越来越激烈。而任何企业的资源和实力都是有限的,不可能满足市场当中所有消费者的所有需求。因此,在激烈的市场竞争中,各物流企业必须根据自身的优势与实力、物流消费者情况、竞争情况、物流市场情况等相关因素,选择合适的细分标准,对整体物流市场进行细分,并从中选择对本企业最有利的细分市场,作为自己的目标市场,并且进行相应的准确定位,选择相应的营销组合,以达到最佳的营销效益。这就是物流目标市场STP战略营销,它分为三个主要步骤:市场细分、目标市场选择、市场定位。

教学目标

1. 知识目标

(1)了解物流市场细分的作用、程序;

(2)掌握物流市场细分的常用标准;

(3)掌握物流细分市场的评估;

(4)掌握物流目标市场的选择;

(5)掌握物流市场定位的依据与方法、步骤、策略。

2. 技能目标

(1)能选择合适的细分标准对物流市场进行有效细分;

(2)能科学评估物流细分市场;

(3)能根据市场、竞争对手、企业自身等实际情况选择物流目标市场;

(4)能科学确定物流目标市场营销策略;

(5)能科学进行物流市场定位。

案例导入

维珍航空公司

1. 公司简介

英国维珍大西洋航空公司(Virgin Atlantic Airways)简称维珍航空,成立于1984年,提供来往英国的洲际长途航空服务。维珍航空是维珍集团的附属公司之一,维珍集团由3个完全自营的股权公司组成:维珍零售集团,主要经营大型连锁超市,销售唱片、CD、游戏盘以及其他娱乐制品;维珍传播公司,出版电脑游戏软件、电台节目的投资管理、投资相关的出版、娱乐活动和电视制作服务等;旅游投资公司,包括维珍航空公司和维珍假日俱乐部等旅游相关业务。维珍大西洋航空以其一贯的高品质服务及勇于创新理念闻名,维珍大西洋航空专注于企业发展的永续创新。维珍大西洋航空提出经营目标是“为所有客舱乘客提供最高品质、最超值的服务”。

2. 布兰森的“企业哲学”

“如果一个市场被两个寡头垄断，对我来说它就有正当竞争的空间。不仅是有兴趣，我还喜欢浑水，尤其是当大公司提供价高质次的产品时，我就想从他们的收入中分一杯羹。”这就是集团总裁布兰森的“企业哲学”。

“喜欢浑水”的布兰森清楚地知道：如果维珍在服务和产品上只是和其他航空公司差不多的话，那么将难以成为客户的最终选择。基于这种理念，目前维珍大西洋航空公司不属于任何一家航空联盟，也无意加入。维珍大西洋航空公司的航线网络以远程航线为主，但又没有支线航空给它输送客源。维珍大西洋航空公司80%的收入来自经济舱客源，却又花巨资在商务舱上提供创新性的产品和服务。

3. 市场定位

目前，越来越多的航空运输企业成功地运用市场定位策略参与竞争，扩大市场。例如：英航、法航等航空公司所采用的差异化战略，美国西南航空公司所采用的成本领先战略和维珍航空所采用的空隙战略。

维珍航空公司从策划到投入运营的筹备时间仅用了3个月。在成立之初，维珍航空只有一条运营航线往返于伦敦希思罗机场和纽约肯尼迪机场之间。但就在此航线上维珍航空也面临着强大的对手——英航的竞争。作为刚迈入民用航空业的新手，该如何应对这实力悬殊的挑战？维珍航空的缔造者——理查德·布兰森围绕公司的定位开创了一套全新的经营模式，同强大的英航展开了巧妙的竞争。

维珍航空定位的核心思想是：区隔市场，焦点经营。作为一个后进品牌，维珍如果同英航展开正面竞争很难做到比其更好，因为维珍的品牌知名度和资源优势都非常有限，如果同英航发生直接对抗，将是以卵击石。因此理查德·布兰森将维珍定位于：提供高品质的革新化服务，使所有舱位的旅客都得到物超所值的享受。维珍竞争的焦点在于服务创新和价格优势，以完全不同于领先者的经营战略，在目标受众的潜意识里占据一个特定的位置，形成有别于竞争者的价值，并维持好自己的经营焦点。事实证明，维珍航空的定位战略和经营模式创造出了令人惊叹的业绩：今天维珍航空已成为英国第二位，欧洲第三位的远程航空产品服务商，2002年财务年度运营收入超过1.4亿英镑，而其飞机总数仅有26架。

维珍的市场定位模式可以分为以下几个步骤：

1. 分析竞争对手

一个新的品牌不可能在真空中建立市场区隔。由于周围的竞争对手都有各自的品牌概念，新品牌的持有者必须切合行业环境，弄清自己的竞争者在消费者心中的大概位置，以及它的优势和弱点。英航作为传统型的全方位服务轮辐式航线网络的航空公司，由于航线网络庞大，经营管理相当复杂。在构建轮辐式网络方面，必须采用混合机队，整体运作成本较高。其市场定位聚焦在高收益的商务旅客，然后才是休闲旅客。英航的产品形象具有高品质、高价位的特征。

2. 细分市场

通过对竞争对手与不同客户群的有效分析，维珍敏锐地发现介于高收入的商务旅客和对价格较敏感的普通休闲旅客之间存在着一个空隙市场，该空隙市场的需求恰恰可通过服务与价位的错位营销得到满足。高明的竞争应该是避免竞争，维珍巧妙地避开了与英航的直接竞争，将自己有限的资源集中于国际远程航空业务，瞄准空隙市场。

3. 确立区隔概念

为了有别于传统型的航空公司，维珍航空将自己定位于航空业内的革新先锋，强调产品的独特性和唯一性。为了使这样的区隔概念能够深入人心，维珍航空通过空隙定位策略为自己的品牌实施有效的规划，使之满足消费者在情感利益和功能利益两方面的内在需求，从而创造了竞争优势。

首先是品牌核心价值的确定：维珍航空不经营欧洲区内航线，不构建轮辐式航线网，仅瞄准往返于英国伦敦的国际远程航空市场，并锁定3个区域：美洲大陆、南非和远东地区。目前维珍航空有12架B747-400，10架A340-300和4架A340-600，飞机的平均年龄只有5岁。由于经营航线仅限于远程航空，所以维珍能够将其机队结构尽可能地简单化，降低了公司的管理和运营成本，从而有能力提供低价高质的产品同英航竞争：以商务舱的价格、头等舱的服务标准来同对手竞争商务旅客市场；以经济舱的价格、商务舱的服务来争取休闲旅客。

其次是品牌精神的确定，包括品牌个性以及其所代表的意义和主张：作为航空创新服务的先锋，维珍航空首先在产品结构上进行了大胆的尝试：考虑到商务旅客不同层次的需要，设计开发出了多层次，不同价位的产品。与传统的航空公司不同的是，在经营的远程航班上，维珍只设有两种舱位：高等舱（Upper Class）和经济舱（Economy Class）。而经济舱又被分为两部分：全票价经济舱和折扣价经济舱。

维珍航空的高等舱产品自1984年面市以来囊括了所有旅游行业的最高奖项。公司为了完善该产品，不断地赋予它新的内容，使其他竞争对手无法仿效。1990年维珍航空开始为所有高等舱旅客提供了机上美容和头、颈部按摩服务；在伦敦的希思罗机场设置了18个淋浴房和美容沙龙为到达旅客提供个人清洁和美容服务；在机场的休息厅专门为商务旅客设置了商务区域，提供免费的电话、电邮和传真服务。这些创新服务赢得了广大客户的欢迎。

1992年维珍航空设计并推出了全票价经济舱产品，该产品的目标客户是对价格比较敏感，预算有限但对舒适度仍有一定要求的商务旅客。维珍的全票价经济舱曾被誉为“世界上最舒适的经济舱”。该舱位的座位间距为1米，等同于其他航空公司的商务舱间距，而该舱位的服务质量却丝毫不逊于其竞争对手的商务舱服务。同时购买该产品的旅客在办理登记手续和认领托运行李时都设有快速通道，这样的产品设计真正做到了从全方位满足旅客在功能和情感方面的需求，使他们感到物超所值。

对于购买折扣票价经济舱的旅客，维珍航空也同样设计了花样繁多的服务内容，使漫长而枯燥的旅程变得趣味横生。该舱位的座位距离为31英寸，距离比竞争对手的同类产品要宽，重新调整过的椅背进一步增加了旅客的舒适度。在任何时候旅客都可以叫餐，其中还有传统的炸鱼，炸薯条和腊味三明治等英国小吃。机上有20个可供选择的影视频道和25个任天堂游戏，甚至连机内的救生录像也变成了由当红小生伊旺·麦奎格配音的有趣动画片。

通过上述空隙定位策略，维珍航空清晰地向消费者展示了自己的品牌概念：最独特的、创新化服务的先驱——为旅客提供有别于他人的、高质量的服务。甚至，在品牌的传播活动中，维珍航空都尽力体现出它的区隔概念，以奇制胜：如理查德·布兰森的热气球之旅和试图乘快艇横跨大西洋的勇敢之举都成了街头巷尾的热门话题，同时结合了维珍的品牌形象——独特与创新，赢得了消费者的广泛认同，并且深入人心。

维珍航空的定位，证明中小型航空公司应该避开市场上那些竞争激烈的领域，在正确分析竞争者，充分了解消费者的前提下，寻找和创造自己的市场空间，应用独树一帜的营销策

略才能做到以小搏大。(选自互联网)

引导思路

1. 维珍公司采用了哪种定位策略与方法？这种策略适用于哪些公司？

2. 从维珍的发展看，企业应该如何进行市场细分、目标市场选择及市场定位？

3. 该案例对物流企业的 STP 营销有何启示？

项目一　物流市场细分

教学要点

1. 小组讨论，确定一家比较熟悉的背景企业；

2. 利用网络，收集物流企业有关市场细分的资料；

3. 根据物流服务的市场情况和特征，选择合适的市场细分方法与细分标准，有效细分所调查的物流市场；

4. 描述物流细分市场；

5. 撰写并提交物流市场细分报告。

教学方法

可采用讲授、情景教学、案例教学和分组讨论等方法。

一、物流市场细分方法的确定

1. 情景设置

随着西部大开发进程的加快，西部物流得到了快速的发展，给广大物流公司发展带来了机遇。宏翔物流公司欲扩张市场，打算进军西部物流市场。该公司要不要进入西部物流市场？它能否进入西部物流市场？它应该进入西部物流市场的哪个领域？要解决这些问题，该公司必须在市场调查的基础上，进行市场细分，把整体的西部物流市场划分为若干个细小的市场。那么，物流市场的细分方法有哪些呢？应作何选择？

2. 技能训练目标

(1) 加深对物流市场细分作用的理解。

(2) 能够根据所选物流市场实际情况选择合适的细分方法。

3. 相关理论知识

1) 物流市场细分

所谓物流市场细分，就是物流企业通过市场调查、分析，根据物流消费者需求与购买行为等方面的差异性，把整体物流市场划分为若干具有某种相似特征的物流顾客群，以便选择确定自己的目标市场的工作过程。

市场细分是一个有力的营销工具，在营销策略中起着关键的作用。物流市场细分可以准确地定义客户的物流服务需要和需求，帮助决策者更准确地制订营销目标，更好地分配物流资源。

对物流市场细分概念的理解。物流市场中，客户对物流服务的需求，无论是在产品的质量和数量上，还是在产品的特性和要求上都存在着明显的差异，虽然客户从根本要求上都是为了完成物品从供应地向接受地的实体流动过程，但是物流活动或物流作业的具体运作活动却各不相同，这就为物流市场的细分提供了客观依据。例如运输方式的不同，可采用公路运输、航空运输、水路运输、铁路运输等。

物流企业市场营销活动必须以客户为中心。由于客户需求的差异程度，物流市场可被分为同质市场和异质市场。当客户对物流服务的需求大致一致，而且对企业同一营销策略反应也十分相似时，称为同质物流市场。当客户对物流服务有不同要求，而且对企业的同一营销策略会作出不同反应时，称为异质物流市场。在异质市场上，具有类似需求的客户群就构成了一个子市场。

物流企业必须致力于分析确认客户的需求差别，例如：客户在运输方式上会产生差异，首先由于地域的差别，不同地区的客户可能倾向不同的运输方式，而且也有可能为了降低运输成本而指定物流企业去采用某种运输方式。存储也是如此，不同的货物就有不同的存储要求，再加上其他多种因素，其差异性是显而易见的，这也就说明了物流市场细分是必要的。

另外，物流企业的资源总是有限的，不可能满足市场上所有的需求。因此，物流企业的经营者在制订营销决策时，必须首先确定那些最有吸引力，并有能力为之提供最有效服务的市场部分作为企业的目标市场，来提高企业营销活动的效率。例如，中远物流公司凭借国际化的网络优势，在市场细分的基础上，重点开拓了汽车物流、家电物流、项目物流、展运物流、为客户提供高附加值服务。

(1)细分后形成的每一个顾客群就是一个物流细分市场，或叫子市场。

(2)分属不同物流细分市场的消费者对于同一种物流服务的需要或欲望存在明显差别；属于同一物流细分市场的消费者对同一种物流服务的需要或欲望极为相似。

(3)物流市场细分是对拥有不同需求和欲望的物流消费者进行分类，不是对产品进行分类。

(4)物流市场细分的基础是对同一物流服务的消费需求的差异性和多样性。

(5)物流市场细分的目的：辨别出物流企业营销的对象，找到物流服务的买主。

2)物流市场细分的作用

任何市场都存在着市场机会，关键是企业如何去把握这种机会。同样，任何企业的资源都是有限的，关键是企业如何利用有限的资源进行有效的组合为客户提供服务。通过市场细分物流企业可以利用有限的资源进行有效组合为客户提供服务这关系到物流企业经营的成败。通过市场细分，物流企业可以认识到每个细分市场上物流需求的差异、物流需求被满足的程度以及物流市场竞争状况，那些未被满足或满足程度较低、竞争者未进入或竞争对手很少的市场便是客观存在的市场机会。抓住这样的市场机会，结合企业资源状况，从中确定适合企业发展的目标市场，并以此为出发点设计相应的营销组合策略，就可以夺取竞争优势，在市场占有较大的份额，为下一步的发展打下良好的基础。具体来说，物流市场细分的作用表现在以下方面：

(1)有利于物流企业发现新的市场机会。物流市场上存在的未被满足的需求就是市场机会。这种需求往往是潜在的，较难发现。市场细分后，市场相对变小，物流企业可以更好了解物流细分市场的需求情况和目前的满足程度，从而选择潜力较大、更有盈利机会的市场和领域。

(2)有利于选择目标市场和制订营销策略。通过市场细分，细分后的每个子市场变小且更具体，这样就容易了解物流需求者的要求，企业可以根据自己的经营思想、物流技术和营销力量，确定物流服务对象，即目标市场。同时，对于这些小的目标市场，便于制订有针对性的营销策略，而且在细分后的市场上，信息更容易了解和反馈，一旦物流需求发生变化，企业可以迅速改变营销策略，制订相应对策，提高物流企业的应变能力和竞争能力。

(3)有利于物流企业有针对性的实施营销组合。通过市场细分和选择目标市场，物流企业可根据所选目标市场的情况，有针对性地制订营销组合方案，更好的适应顾客需求。

(4)有利于物流企业节省营销费用。经过市场细分，物流企业能够集中有限资源使用在少数细分市场中，节省了营销费用，提高了物流企业经济效益。

(5)有利于物流企业的物流服务产品营销定位，赢得竞争优势。市场细分后，每个细分市场的优势、劣势都充分暴露出来。物流企业在市场细分、选择目标市场的过程中，可以更加深入细致地分析研究该市场中物流需求的特点，及时、准确地调整产品结构，推出更适合客户需要的产品，把竞争对手的原有客户和潜在客户转变为本企业的客户，增强竞争力。

(6)有利于物流企业合理利用资源。通过细分市场，企业可以选择一个或多个细分市场作为目标市场，集中企业的人力、财力、物力有针对性地开展适销对路的物流服务，更好地满足目标市场的需求。

(7)有利于中小物流企业开拓市场。中小企业资源很有限，所以要充分利用。通过市场细分，中小物流企业可以找到最有利于自己的目标市场，避免与大企业之间的不必要竞争，找到自己的生存和发展空间，更好更快的发展自己。

3)有效物流市场细分的条件

从物流企业市场营销的角度，并非所有的细分市场都是有意义的，有效的市场细分必须具备以下特征：

(1)可衡量性。经过市场细分后，各物流细分市场之间容易界定和区分，各个物流细分市场的范围、容量、潜力等应该是可以被测量的，否则物流企业无法选择其目标市场。因此，不能识别、区分和测量的物流细分市场是没有意义的。

(2)可进入性。细分市场的目的是使物流企业能够找到可以进入并且有竞争优势的目标市场。所以细分物流市场的时候，必须考虑物流企业的资源条件，选择的目标市场必须和物流企业资源条件相匹配。

(3)可盈利性。物流企业进入目标市场后能够获得预期的利润。物流企业作为商业企业，其根本目的是盈利，能否盈利成为一个物流企业是否能生存的关键点。因此，有效的物流细分市场应该有一定销量和一定的利润水平，以使物流企业进入该细分市场后能有一定的盈利。

(4)稳定性。稳定性是指细分出来的子市场，在一定时期内，其细分标志能够保持相对不变。有效的物流细分市场必须具有一定的稳定性，以便当物流企业进入市场后，能够制订较长期、较稳定的营销战略与策略。如果市场变化过快或过大，会导致物流企业营销战略和策略的不适应，从而给物流企业带来风险和损失。

(5)发展性。物流企业选择的细分市场具有一定的未来发展潜力，通过企业的努力开发，可以发展成为一个更大的市场，能够给物流企业带来更大更长远的利益。

4)物流市场细分的方法

根据市场细分时使用的细分标准的多少来区分，物流市场细分的方法通常有：单一因素法、综合因素法、系列因素法和主导因素排列法等方法。物流企业应该根据业务范围和种类选择合适的市场细分方法。

(1)单一因素法。只选用一个细分标准来细分物流市场。如按照客户规模这一标准进行细分，则物流市场可以分为大客户物流细分市场、中等客户物流细分市场、小客户物流细分市场等。当然，单一因素法并不排除环境因素的影响作用，考虑到环境的作用更符合细分市场的科学要求。

(2)综合因素法。选用两个或两个以上的影响物流需求的细分标准，同时从多个角度对物流市场进行细分。事实上，物流客户的需求多种多样，非常复杂，因此必须多方面了解、分析，才能更准确的细分物流市场，区分物流客户群体。如按照客户规模和物品属性两个细分标准进行细分，可以把整体物流市场分为以下几个细分市场，如表 5-1 所示。

综合因素法

表 5-1

内容		客户行业			
		农业	工业	商贸业	服务业
客户规模	大客户	细分市场 1	细分市场 4	细分市场 7	细分市场 10
	中等客户	细分市场 2	细分市场 5	细分市场 8	细分市场 11
	小客户	细分市场 3	细分市场 6	细分市场 9	细分市场 12

(3)系列因素法

系列因素法是物流企业选择多个细分标准对物流整体市场进行由粗到细，逐步进行细分的方法。如图 5-1 所示。

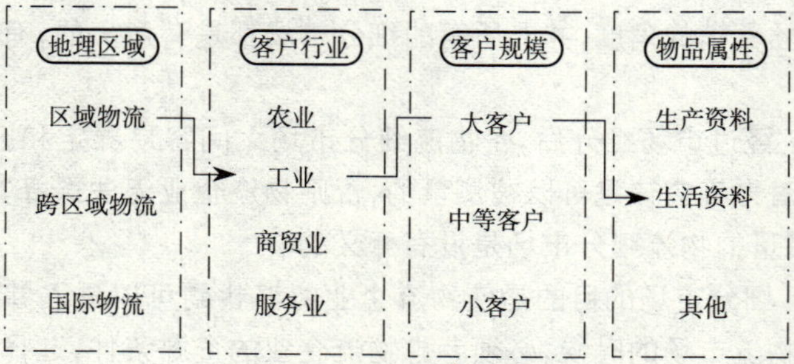

图 5-1　系列因素法

(4)主导因素排列法。指一个细分市场的选择存在多种影响因素，可以从物流消费者特征中寻找和确定主导因素，然后和其他因素有机结合，确定物流细分市场。

4. 技能训练准备

(1)学生每 5 人为一个小组，每个小组选 1 名组长。

(2)教师现场指导。

(3)训练时间安排：0.5 学时。

5. 技能训练步骤

(1)以小组为单位，讨论市场细分方法的种类、适用范围。

(2)各组根据企业情况讨论该企业的市场细分可以采用哪些方法。

(3)每组派一位代表陈述结果。

6. 技能训练注意事项

(1)小组成员要做到人人参与，并发表各自的意见。

(2)方法选择要有依据、要切实可行。

7. 技能训练评价

请完成技能训练后填写附录“技能训练评价表”。

8. 技能训练活动建议

建议在训练前上网查阅知名物流公司有关市场细分资料及所选物流市场情况，以帮助思考与分析。

二、物流市场细分的标准

1. 情景设置

宏翔物流公司为了更好地了解西部物流市场需求的具体情况，在确定了物流市场细分的方法以后，还必须确定市场细分的具体标准。那么可以用来对西部物流市场进行细分的标准有哪些呢？请为该公司确定可行的细分标准。

2. 技能训练目标

(1)能熟练运用常用的物流市场细分标准。

(2)能够按企业的实际情况和西部物流市场的实际情况进行西部物流市场的有效细分。

3. 相关理论知识

物流企业的市场细分，其基础和其他市场一样，也是需求的差异性，而且物流市场的需求差异性也很多。因此，究竟按照什么标准来进行细分，没有一个统一的模式。根据物流市场所表现出来的特点，常用的细分标准有以下几类。

1)地理区域

按照地理区域进行物流市场细分，就是根据客户所需物流的地理区域的不同来加以区分。不同地理区域，经济发展程度与规模、地理环境、人文环境、客户需求不同，对物流企业要求也有所不同，所以在消费过程中，对物流技术、物流成本、物流管理、物流服务项目与质量等方面，都会出现明显的差别。因此，各物流企业必须根据不同地理区域的不同物流需求，提供相应的物流服务，制订与之相适应的营销策略。

按照地理区域进行划分，可将物流市场划分为：

(1)区域物流，一般指省内或省际物流。

(2)跨区域物流，一般指省际或行政区划之间物流。

(3)国际物流，一般指国与国之间的跨国物流。

2)客户行业

按照客户行业进行物流市场细分，就是根据物流市场的客户所处的不同行业来加以区分。同一行业市场内的客户，对物流需求具有相似性，其相似性主要体现在每个行业实现物流功能的具体操作活动上。客户所在行业不同，其产品构成存在很大差异，对物流需求也各不相同。因此，不同行业的客户，物流需求具有差异性。不同行业差异主要体现在各个行业要根据自己的特点去组织物流活动。

按照客户行业进行划分，可将物流市场细分为：农业物流市场、工业物流市场、商业物流市场、服务业物流市场等细分市场。如黑龙江省哈尔滨市邮政局在细分市场的基础上开展了医药物流服务。

3)客户规模

按照客户规模来细分物流市场,就是根据客户对物流需求规模的大小来加以区分。由于物流客户需求的规模大小不同,所以对所需提供的物流服务也必将存在差异。

按照客户规模大小,可将物流市场细分为:

(1)大客户物流市场。这类客户物流需求量大,给物流企业带来的利润量大,是物流企业主要服务对象和争取对象。同时,这类客户对物流服务的项目和质量都有较高要求,管理难度相对较大,操作难度相对高,合作风险也相对高。因此,物流企业要尽量争取和留住这类客户。

(2)中等客户物流市场。这类客户是对物流业务需求一般的客户,是物流企业的次要服务对象。这类客户给物流企业带来的利润量一般,但利润空间比较大,操作相对容易,是物流企业次要服务对象和争取对象。多年来,很多物流企业以大客户为主要目标市场,现在他们认识到中等客户最有吸引力,这部分市场兼有大小客户的优点,往往对企业的利润贡献最大。

(3)小客户物流市场。这类客户物流需求量小,是物流企业较小服务对象和争取对象。

4)物品属性

按照物品属性来细分物流市场,就是根据物流活动中涉及物品的属性或者特征来加以区分。物流企业在进行物流活动的过程中,由于物品属性的差异,使得物流作业的区别很大。物品属性差别对物流功能的要求会体现在整个物流活动中,而且物流质量和经济效益也同物品属性有很大的联系。

按照物品属性的不同,可将物流市场细分为:

(1)生产资料物流市场,指用于生产的物资资料市场。这类市场业务量大,地点集中,物流服务数量和质量要求都较高。

(2)生活资料物流市场,指用于生活需要的物资资料的市场。这类市场单次业务量小,但频率高,地点分散,要求准确、及时。

(3)其他资料物流市场,指除以上两个细分市场以外的所有物资资料市场。

5)服务方式

按照服务方式来细分物流市场,就是根据物流活动中涉及的物流服务功能的实施和管理要求的不同来加以区分。物流企业在进行物流活动的过程中,由于物流客户要求的服务功能不同,会对物流成本、企业效益产生影响,使得物流企业不得不考虑物流服务的方式。

按照服务方式的不同,可将物流市场细分为:

(1)综合式服务物流市场,指客户需要两种及以上方式的物流服务市场。

(2)单一式服务物流市场,指客户只需要一种方式的物流服务市场。

6)时间长短

按照时间长短来细分物流市场,就是根据物流活动中物流需求与提供方合作的时间的长短来加以区分。对于长期合作的客户,物流企业可以在价格、服务等方面给予优惠,这类客户是企业应该尽量留住的客户。

按照时间长短的不同,可将物流市场细分为:长期客户、中期客户和短期客户。

7)客户所有制性质

客户所有制性质对物流企业开发市场的成本、合作的难易程度、客户维护成本和利润空间等都有较直接的影响。根据客户所有制的性质,一般将客户分为:

(1)三资企业,指外商以合资、合作或独资的形式在大陆境内开办的企业。

(2)国有企业,指生产资料归国家所有的企业。

(3)民营企业，指生产资料归公民私人所有，以雇佣劳动为基础的企业。

(4)其他企业或组织，除以上3种形式以外的其他企业或组织。

8)外包动因

按客户选择第三方物流企业的动因进行细分：

(1)关注成本型。这类客户在选择物流服务商时，最关注的是物流成本问题，他们希望通过与第三方物流企业的合作，降低成本。

(2)关注能力型。这类客户希望通过第三力物流公司的能力，提高自己的客户服务水平。

(3)关注资金型。这类客户一般资金不足或比较关注资金的使用效率，他们不希望自己在物流方面投入过多的人力和物力。

(4)复合关注型。这类客户，选择服务商的动因不止一个，严格来讲大多数客户选择物流服务商的动因都是复合型的。

9)利润回报

根据客户盈利能力的不同进行市场细分。顾客盈利能力是指物流企业客户在未来很长一段时间里为物流企业贡献利润的能力。

这种市场细分就是把每个客户都作为一个细分市场，分析企业服务每个客户的成本和收益，得到每个客户对企业的财务价值，然后与企业设定的客户盈利能力水平进行比较，如果客户的盈利能力达到或超过企业设定水平，那么它就是目标市场中的一员，所有满足这个条件的客户构成企业的目标市场，否则企业就不向它提供服务。

在以上划分目标的基础上，企业还可以根据巴莱多的“二八”定律，将进一步客户划分为大客户和一般客户，提供差异化的物流服务。

4. 技能训练准备

(1)学生每5 人为一个小组，每个小组选1名组长。

(2)卡片若干张。

(3)教师现场指导。

(4)训练时间安排：0.5学时。

5. 技能训练步骤

(1)以每位学生为单位，在卡片上写出市场细分的标准有哪些。

(2)各组通过汇总小组成员的卡片结果，进行讨论为该企业确定可行的细分标准。

(3)每组派一位代表陈述结果。

6. 技能训练注意事项

(1)一丝不苟，认真填写卡片。

(2)卡片汇总后要进行归类。

(3)确定标准要有依据、要准确。

7. 技能训练评价

请完成技能训练后填写附录“技能训练评价表”。

8. 技能训练活动建议

(1)建议在训练前上网查阅相关物流公司有关资料，以帮助思考与分析。

(2)建议在训练前上网查阅西部物流发展情况、政策资料及市场的有关资料，以帮助思考与分析。

(3)建议在训练前通过网络了解有关物流客户需求与相关特点。

三、物流市场细分程序

1. 情景设置

宏翔物流公司为进入西部物流市场,组织人员进行了前期调查与分析,确定了对西部物流市场的细分方法和细分标准。李新是该公司西部市场开发项目组一名成员,领导要求李新为西部市场开发细分工作拟订一个具体的细分操作过程。请你为李新完成该任务。

2. 技能训练目标

能够根据相关情况拟订具体、科学、可行的市场细分操作程序。

3. 相关理论知识

物流市场细分的程序,可以参考麦卡锡提出的市场细分七步骤。

1)确定营销目标,选择市场范围

确定营销目标,选择市场范围也就是把要进行细分的物流市场与物流企业资源、任务、目标联系,在营销调查和市场预测的基础上,结合本企业的实际能力及竞争实力,确定营销目标,进而选择合适的物流细分市场或服务范围。首先物流企业必须确定该区域适合物流的哪些服务;需求规模有多大;服务对象是谁;要不要进入;进入什么行业;提供什么产品或服务;提供给谁等问题。

2)列举所选物流市场客户(包括潜在客户)的相关需求与特点

这是对物流市场进行细分的重要依据。物流企业应根据已经存在、刚刚出现或将要出现的物流需求,进行全面、详细地分类,如心理上的、行为上、区域上的等等,为分析客户需求提供资料。以便针对物流需求的差异性确定细分市场的因素和组合,从而为物流市场细分提供可靠的依据。

3)分析物流客户需求

物流企业将前面所列举的相关客户特征,与相关类型客户进行交流、沟通、选择,充分征询消费者意见,通过分析评价不同的客户需求特征,选出一些客户作为典型,研究他们需求的具体内容,再加上分析人员的理解与分析,确定物流市场细分的具体标准,根据细分市场的标准对整体市场进行初步细分。

4)进行筛选

在对物流市场进行初步细分的基础上,分析评价客户物流需求特征,找到各物流细分市场的共同点和差异性,重点关注其差异性,并根据本企业的具体条件,去除那些引起各物流子市场具有同等重要性的因素,然后将各子市场进行比较,分析本企业在各细分市场上的盈利可能,放弃不适合企业进入的细分市场,初步筛选出最有利于本企业发展的细分市场。

5)为物流细分市场命名

根据细分市场的特点,为细分市场命名,以突出细分市场消费者的特征。

6)进一步具体分析各物流细分市场

通过进一步的具体分析,找到各细分市场不同需求与购买行为之间的原因与关系,进一步确定各物流细分市场是否需要再次细分,是否发现新的细分变量。

7)最终选定物流细分市场

预测各细分市场潜量大小,分析市场机会,综合权衡,确定目标市场。

4. 技能训练准备

(1)学生每 5 人为一个小组,每个小组选 1 名组长。

(2)教师现场指导。

(3)训练时间安排:0.5 学时。

5. 技能训练步骤

(1)以组为单位,根据市场细分的标准,讨论该企业的市场选择范围。

(2)分析该企业所选客户的需求与特点。

(3)初步筛选出细分市场,在此基础上进行分析选定几个细分市场,进行预测,确定目标市场。

(4) 每组派一位代表陈述结果。

6. 技能训练注意事项

(1)分析要全面,要有比较。

(2)分析结果要有依据、要科学。

7. 技能训练评价

请完成技能训练后填写附录"技能训练评价表"。

8. 技能训练活动建议

(1)建议在训练前上网查阅相关物流公司有关资料,以帮助思考与分析。

(2)建议在训练前上网查阅物流发展情况、政策资料及市场的有关资料,以帮助思考与分析。

思考练习

1. 简答题

(1)什么是市场细分?

(2)进行市场细分的条件和标准是什么?

(3)市场细分的方法有哪些?

(4)按客户选择第三方物流企业的动因进行市场细分,可分为哪几类?

2. 思考题

(1)如何进行市场细分?

(2)为什么要进行市场细分?

3. 案例题

"宅急送"的市场细分

宅急送以其在国内快运行业十年的从业经验为坚实后盾,以航空、铁路、公路三位一体的口岸途径优势为支撑,以强大的自有网点分布及网络管控能力为基础,面对社会大众不同层次的服务需求,为客户提供不同类型的快运服务。

宅急送公司在充分调查行业市场上不同客户的不同需求的基础上,首先把客户区分为五种不同的需求类型,再以不同的产品形式与之相对应。根据区分类型,这五类不同需求的客户可以描述为:

(1)大众型普通客户——快运标准服务。该类客户居多数,他们对快递服务没有什么特别要求,按照正常的、一般的、与大多数公司相类似的标准提供服务,他们就比较满意的一类客户。

(2)经济型客户——经济服务。该类客户比较关注物流服务的价格与费用,并把价格作为选择物流商的道选。

(3)高端客户——精品服务。该类客户需求量大,快递产品价值高,企业知名度高,重视质量,对快递时限有较高要求。

(4)偶然性的零散客户——小件服务。该类客户需求量小,且不固定,货品零散,以小件为主,服务较为烦琐。

(5)标新立异型客户——附加服务。因为行业、企业性质、价值观等的不同,该类客户除了需求一般服务外,还希望物流商提供追加服务,以彰显企业的独特个性和品质。

根据以上客户细分,宅急送的快运服务产品可以细分为五种。

(1)快运标准服务。按照客户对门到门快递服务的普遍时限需求及高质量的服务标准设计,以区域范围内合理的班车设计及全国范围内强大的航空运力与地面派送衔接进行有效保障。

(2)经济服务。依托完善的国内干、支线班车体系及网络分布优势为客户提供低成本,高性价比的门到门服务。

(3)精品服务。专为有特殊时限需求和高品质服务要求的客户而设计,提出:您的"时间就是金钱"的价值理念。

(4)小件服务。专为零散小包裹设计,让客户体验经济、快捷的快运服务为生活带来的便利。

(5)附加服务。按照客户的个性化服务需求,为客户提供相应的辅助服务。

问题:

(1)请描述宅急送如何进行市场细分。

(2)宅急送的市场细分为我们带来什么启示?

项目二　物流目标市场选择

教学要点

(1)由小组讨论,选择比较熟悉的物流企业,确定背景企业;

(2)以前面市场细分的资料为基础,结合实际收集有关资料;

(3)撰写细分市场评估报告;

(4)撰写一份目标市场选择分析报告。

教学方法

可采用讲授、情景教学、案例教学和分组讨论等方法。

一、评估细分市场

1. 情景设置

在前面任务中,宏翔物流公司已经把整个西部物流市场细分出来了。在公司最终确定目标市场之前,需要对已经细分出来的市场做一个评估,然后再作出选择。那么,如何评估细分市场?应该从哪些方面入手呢?

2. 技能训练目标

能够结合公司情况、市场情况，灵活运用相关知识对细分市场进行科学评估。

3. 相关理论知识

1）物流目标市场概念

所谓物流目标市场，是指在物流市场细分基础上，经过物流企业分析、比较，最终确定作为自己服务对象的一个、几个或全部细分市场。

现代经济条件下，任何产品及服务市场都有很多消费群体，他们需求各异，而且分散在不同地域。因此，一般来说，任何企业都不可能满足所有顾客群体的需要，而只能满足其中部分客户的需要。为了提高企业的经济效益，必须进行市场细分，选择自己目标市场。

物流市场细分与物流目标市场选择关系密切。物流市场细分显示了物流企业所面临的市场机会，是选择目标市场的前提，目标市场选择则是物流企业通过评价各种市场机会，决定为多少个物流细分市场服务的过程，是物流市场细分的目的和必然要求。物流企业的所有营销活动都是以目标市场为核心进行的。

2）评估物流细分市场

物流市场细分以后，一个整体物流市场就变成了若干细分物流市场。企业资源相对有限，而企业的最终目的是赢利。因此，对于任何物流企业来说，并不是每一个物流细分市场都可以进入或值得进入。企业必须把有限的资源用到最有利的市场当中去，所以物流企业必须根据自己的营销目标和资源条件选择那些既能提供足够的获利机会又能发挥企业优势的物流细分市场。因此，物流企业必须对每一个物流细分市场进行认真评估。

一般来说，物流企业评估物流细分市场主要考虑以下几个方面：

（1）物流细分市场的规模。评估物流细分市场，首先要评估物流细分市场是否有适当规模。规模大小的选择要充分考虑企业实力。大市场相对于小企业来说，缺乏足够的资源，无法进入，而且小企业在大市场上很难与大企业相抗衡；而小市场对于大企业来说，规模太小，利润太低，不值得进入。

（2）物流细分市场的发展潜力。评估物流细分市场，需要评估物流细分市场的发展潜力。市场发展潜力的大小，关系到企业营业额和利润的增长。市场发展潜力小的市场，投入回报期短，利润潜力小；市场发展潜力大的市场往往会招来竞争者，获利机会也就随之减少。因此应该选择和企业资源实力相匹配的潜力市场。

（3）物流细分市场的吸引力。评估物流细分市场，需要评估物流细分市场的吸引力。吸引力主要指长期获利能力的大小。一个具有适当的规模和发展潜力的物流细分市场，从获利观点来看不一定具有吸引力。一个市场是否具有长期的吸引力主要取决于五种力量：即现实竞争者、潜在竞争者、替代产品、购买者和供应者。物流企业必须充分估计这五种力量对长期获利的影响。

（4）物流企业的资源。评估物流细分市场，还必须结合企业资源实力来考虑。有的市场尽管规模适合，也具有吸引力，但还必须考虑企业是否具备占领该市场所必需的能力和条件。如果企业缺乏进入目标市场的能力或条件，或者不能及时获得相应的能力或条件，就无法进入该物流细分市场。同时，即便进入了，如果不具备在该市场上超过竞争对手的能力和条件，仍然不能取得竞争优势，不能获取利润，不得不放弃。

(5)物流企业发展目标。评估物流细分市场,还需要考虑物流企业的长期发展目标。一个良好的物流细分市场应该和物流企业的长期发展目标保持一定的一致性。物流企业需要将细分市场和企业自身的目标和资源相结合考虑,有些物流细分市场,即便其他情况都很好,如果不符合企业的长远目标,也不得不放弃。

(6)物流客户讨价还价的能力。评估物流细分市场,还要考虑该物流细分市场上客户讨价还价的能力。在一个市场上,如果客户讨价还价的能力较强,则意味着客户能以较低的价格消费同水平档次的产品或服务,则企业的利润率降低;反之,则利润较高。因此,物流企业在选择目标市场之前,要分析该细分市场客户的讨价还价能力,并找到影响客户讨价还价能力的因素,如同类产品、替代产品、消费偏好、竞争对手数量等。

4. 技能训练准备

(1)学生每 5 人为一个小组,每个小组选 1 名组长。

(2)若干份该企业市场细分后的相关资料。

(3)教师现场指导。

(4)训练时间安排:1 学时。

5. 技能训练步骤

(1)每组发一份企业市场细分后的资料。

(2)以小组为单位,根据提供的相关资料进行讨论分析。

(3)各小组确定分析评估意见,并形成书面报告。

(4)根据报告制作 PPT,每组派一位代表讲解。

6. 技能训练注意事项

(1)要在对资料进行全面分析的基础上进行评估。

(2)分析评估报告要观点正确、结果合理、重点突出。

7. 技能训练评价

请完成技能训练后填写附录"技能训练评价表"。

8. 技能训练活动建议

(1)建议在训练前上网查阅相关物流公司有关资料,以帮助思考与分析。

(2)建议在训练前上网查阅物流发展情况、政策资料及市场的有关资料,以帮助思考与分析。

(3)建议在训练前通过网络了解有关物流客户需求与相关特点。

二、目标市场范围的确定

1. 情景设置

物流市场细分的目的,在于有效地选择并进入目标市场。在物流市场细分的基础上,怎样选择和确定最佳目标市场呢?前面任务中,已经对细分市场进行了综合评估,接下来就应该选择目标市场了。选择目标市场,首先要确定目标市场的范围。如何确定目标市场的范围呢?

2. 技能训练目标

能根据相关情况确定企业目标市场范围。

3. 相关理论知识

1)物流目标市场的选择应考虑的因素

(1)细分市场的规模及潜力。作为目标市场的细分市场必须是规模适当和有开发潜力的,因此,必须首先对各个细分市场的规模和潜力进行评估。细分市场的规模要适当,即应当与企业的实力相匹配。有些物流企业选择需求量大、高增长率和较大边际利润的细分市场作为目标,然而,规模大、增长快的细分市场并不会对每一家企业形成吸引力。小的物流企业会发现他们缺乏物流技术与资源去服务较大或竞争激烈的细分市场,因此规模小的公司应该选择较小、竞争不十分激烈并可获取最大利润的市场,避免与大企业正面冲突。

理想的细分市场还应当具有潜力,这样就为选择这一细分市场的企业提供了长远的发展机会,而且其增长最好能同企业对该市场的控制能力同步增长,这样企业才能在该目标市场上保持持久的竞争力。

(2)细分市场的结构吸引力。有些细分市场虽然具备理想规模和增长率,但若从利润角度来看却无法形成吸引力。因此,物流企业须先观察几个长期影响细分市场吸引力的主要因素,例如,应当评估眼前及潜在竞争者所带来的利益冲突,若某细分市场已有几个实力强大的竞争者,则必会降低其吸引力;另外,假使物流需求方的谈判力量与日俱增,也可迫使物流服务价格降低并要求更高的服务质量,并使竞争者彼此竞价,这一切都会削减物流企业的利润。

(3)企业的目标与资源。评估细分市场的规模、潜力以及吸引力以后,还要对这些细分市场与企业目标与资源的一致性进行检验。物流企业的目标有长期目标(战略目标)和短期目标两种,在评估细分市场时,先要看它是否与本企业的长期目标相一致,然后还要考虑本企业的各种资源,如物流设备、物流技术、人才与管理能力等。是否可以在这个细分市场中建立持久竞争的优势。

2)物流目标市场选择的范围

企业在评估不同的物流细分市场以后,可以根据自身情况,决定为多少个子市场服务。站在产品—市场对应的角度,企业可以有五种方式确定自己的目标市场覆盖范围(即选择哪些细分市场)。

(1)产品—市场集中化。采用这种范围选择是指物流企业集中力量提供某一种物流服务,供应给某单一顾客群。这种选择通常是由于企业资源力量有限,一般适用于小企业、新进入企业或刚转型的企业。当然,如果企业在这一特定市场范围具有专业化经营的优势,或者竞争对手比较少,企业有足够的发展空间。这种范围选择可以集中力量了解这个物流细分市场的特点,实行专业化生产和经营,更好地为目标顾客服务,但由于投资过于集中,一旦客户需求发生改变,经营风险将较大。

(2)产品专业化。采用这种范围选择是指物流企业以一种物流服务去满足不同的物流细分市场的客户需要。这种范围选择能降低成本,产生规模经济效益,分散企业的经营风险,即使其中某个子市场失去了吸引力,企业还能在其子他市场获利,但会受到替代品或者新产品的威胁。

(3)市场专业化。采用这种市场范围选择是指物流企业以各种物流服务去满足某一类顾客群的各种需要。这种选择可帮助企业尽可能满足客户的各种需要,避免单一产品带来的弊端,有利于分散风险;有利于与顾客建立稳固的关系,树立良好形象;但在市场容量有限的情况下,企业将承受很大的成本压力。

(4)选择性专业化。采用这种市场范围选择是指物流企业有选择地专门服务于几个不同的细分市场的顾客群体，针对不同客户群体提供不同的物流服务，实行不同的营销组合策略。这种选择通常要求选中的每个细分市场都具有吸引力，都符合企业资源和目标，而且相互之间关联少或者没有关联。这种选择可以使企业集中力量开拓有利的细分市场，有利于分散企业经营风险，但是企业投入成本高，对企业资源实力要求较高。

(5)全方位进入。采用这种市场范围选择是指物流公司为所有顾客群提供其需要的各种物流服务，即物流企业全面进入各个细分市场。实力强大的企业为了占据市场领先地位常采用作出这样的选择。

4. 技能训练准备

(1)学生每 5 人为一个小组，每个小组选 1 名组长。

(2)企业细分市场综合评估资料若干份。

(3)教师现场指导。

(4)训练时间安排:1 学时。

5. 技能训练步骤

(1)每组发一份企业细分市场综合评估资料。

(2)以组为单位，讨论分析目标市场选择要考虑的因素有哪些。

(3)根据企业的细分市场综合评估资料确定该企业的目标市场覆盖范围。

(4)各组将结果形成书面材料。

(5)每组派一位代表陈述结果。

6. 技能训练注意事项

(1)讨论要人人参与。

(2)分析结果要有依据、要准确。

7. 技能训练评价

请完成技能训练后填写附录“技能训练评价表”。

8. 技能训练活动建议

(1)建议在训练前上网查阅相关物流公司有关资料，以帮助思考与分析。

(2)建议在训练前上网查阅物流发展情况、政策资料及市场的有关资料，以帮助思考与分析。

三、物流目标市场营销策略的选择

1. 情景设置

物流市场细分的目的，在于有效地选择并进入目标市场。在物流市场细分的基础上，怎样选择和确定最佳目标市场呢？前面任务中，我们已经确定了目标市场的选择范围，接下来还应该确定目标市场的具体营销措施，即确定物流目标市场的营销策略。那么，选择物流目标市场的具体策略有哪些呢？

2. 技能训练目标

能根据相关情况确定物流企业目标市场营销策略。

3. 相关理论知识

企业通过市场细分，从众多的细分市场中，选择出一个或几个适合自己的细分市场或者整个市场作为自己的目标市场,还要考虑,应该采取怎样的营销策略,才能取得更为满意的经济效果?因此,物流企业应该综合考虑相关情况,选择合适的目标市场营销策略。

1)目标市场营销策略

在确定目标市场范围后,一般有以下几种目标市场营销策略可供选择。

(1)无差异性市场营销。指物流企业在物流市场细分后,不关注各物流细分市场的特性,而注重各物流细分市场的共性,面对整个市场,只提供一种物流产品或服务,采用一套市场营销方案,力求在一定程度上满足尽可能多的物流客户的某种共同需要。采用这种策略的物流企业,把物流购买者看成具有相同需求的整体,力图吸引所有的物流需求者,所设计的物流服务和营销方案是针对所有现实和潜在购买者的。简单地说,就是把整体物流市场看作目标市场。所以对市场各个部分同等看待,推出一种物流服务,制订一种价格,使用相同渠道,采用相同的广告设计和宣传,去占领总体市场。

无差异性市场营销的优点:产品或服务单一,有利于标准化与大规模生产,有利于降低生产成本和营销成本,取得规模经济效益。由于不需要进行市场细分,可以节约调查和宣传费用,提高利润水平。

无差异性市场营销的缺点:过分强调无差别,单一产品要以同样的方式广泛销售并受到所有需求者的欢迎,难度非常大,应变能力差。同时,如果许多企业都采取这种战略,就会造成共性市场的激烈竞争,难以获利。

这种策略适用于适应性强、差异小、需求量大的物流服务。但在物流买方市场逐渐形成的条件下,物流需求逐渐向多样化、个性化发展,适用范围逐渐缩小。

(2)差异性市场营销。指物流企业在物流市场细分的基础上,选择两个或两个以上的物流细分市场作为目标市场,设计、提供不同物流服务或产品,并在渠道、价格和促销等方面相应改变,以适应各个物流细分市场的需要。采用这种策略的物流企业,把物流购买者划分成不同的群体,针对不同物流客户群体提供不同物流服务,并选择不同的营销方案。

差异性市场营销的优点:企业可以更好地满足多个物流细分市场上消费者的不同需求,扩大物流服务的销售量。在几个物流细分市场上都有优势的情况下,可以提高消费群体对企业的信任感,进而提高重复购买率。同时有助于提高物流企业的应变能力和竞争能力,有助于分散风险。

差异性市场营销的缺点:使企业的生产成本和营销费用增加,对企业资源实力要求比较高。

这种策略适用于适应性差、差异大、需求弹性大的物流服务;适用于多品种经营的实力雄厚的大中型物流企业。

(3)集中性市场营销。指物流企业选择一个或少数几个子市场作为目标市场,制订一套营销方案,集中精力在该物流细分市场中取得较大的市场占有率。采用这种策略的物流企业,能够对所提供的物流服务实行专业化经营,针对一个或者少数几个市场设计营销组合,追求的不是在较大市场上占有较小的份额,而是在较小的市场上占有较大的份额。

集中性营销的优点:可以照顾个别市场的特殊性,使企业经营的物流服务在个别市场上占有优势地位,提高市场占有率和知名度。营销对象集中,可以提高物流服务的专业化程度,能准确了解和满足顾客的不同需要。营销组合方案针对性强,可节约成本和营销费用,从而提高企业投资回报率。

集中性营销的缺点：应变能力差，风险较大。目标市场过于集中，一旦市场变化，如强大的竞争对手进入、消费者偏好突然变化等，就会使企业陷入困境。

这种策略一般适用于资源有限、规模较小的中小型物流企业或者初次进入的大企业。

(4)定制营销。指物流企业在大规模生产的基础上，将每一位客户都看作一个单独的细分市场，通过与每一个客户的单独交流与沟通，明确把握特定客户的需求，并为其提供特制的产品或服务。采用这种策略的物流企业，根据每一位客户的具体要求提供不同的物流服务，目的在于提高客户的满意度，更好实现企业利益。

定制营销的优点：能极大限度的满足个性化需求，提高客户满意度，提高企业竞争力；能减少库存，加快企业资金周转；有利于服务、技术、管理等的创新。

定制营销的缺点：营销工作复杂化，增大经营成本。

这种策略适用于资金、技术、管理、创新等能力较强的大企业。虽然难度很大，但仍然是很多企业努力的方向。

4. 技能训练准备

(1)学生每5人为一个小组，每个小组选1名组长。

(2)提供若干份企业确定了目标市场的选择范围的资料。

(3)教师现场指导。

(4)训练时间安排：0.5学时。

5. 技能训练步骤

(1)以每位学生为单位，在卡片上写出可供选择的目标市场营销策略。

(2)各组小组成员根据提供的资料进行讨论分析。

(3)通过分析提出该企业目标市场的营销策略，并形成书面报告。

(4)每组派一位代表陈述结果。

6. 技能训练注意事项

(1)各位同学在填写卡片时，要指出可供选择策略的优缺点。

(2)结果要有依据、要可行。

7. 技能训练评价

请完成技能训练后填写附录“技能训练评价表”。

8. 技能训练活动建议

(1)建议在训练前上网查阅相关物流公司有关资料，以帮助思考与分析。

(2)建议在训练前上网查阅物流发展情况、政策资料及市场的有关资料，以帮助思考与分析。

(3)建议在训练前通过网络了解有关物流客户需求与相关特点。

四、影响目标市场策略选择的因素

1. 情景设置

在前面任务中，宏翔物流公司已经初步确定了自己的目标市场之前，并了解了相关目标市场营销策略。由于各策略各有利弊，该如何确定呢？在做决定时应该充分考虑哪些因素呢？

2. 技能训练目标

能根据相关情况全面分析企业目标市场选择。

3. 相关理论知识

不同的目标市场策略，各有利弊，它们各自适用于不同的情况。物流企业在运用时，必须结合企业具体情况，全面考虑各种因素，权衡得失，慎重选择。一般来说选择目标市场营销策略应考虑以下因素：

1）物流企业资源

物流企业资源包括物流企业的人力、物力、财力、竞争能力、营销能力、创新能力、公关能力等。如果企业实力雄厚，能够占领整个市场或者能够进行特色经营，就可以采取无差异营销或者差异性营销。如果企业实力较弱，能力有限，无法占领整体市场，也没有能力进行特色经营，就应该选择集中性营销。

2）物流市场同质性

指各物流细分市场的需求与偏好的相似程度。市场同质性高，则表现为客户对某些产品的需求欲望、兴趣爱好、购买行为等大致相同，对统一营销方案的反应也将大致相同，宜采取无差异营销战略；反之，如果为异质市场，则表现为市场需求差别大，宜采用差异性或集中性营销。

3）物流服务产品同质性

产品同质性，指产品在性能、特点等方面的差异性大小。针对物流服务产品，指在物流服务需求者看来，不同物流企业提供的服务产品的相似程度。差别不十分明显，可视为“同质”产品，可采取无差异性营销；反之应实行差异性营销或集中性营销。

4）物流产品生命周期的阶段

目标市场策略的选择应该随产品的不同生命周期阶段的变化而变化。物流服务与其他产品一样，也有自己的生命周期。当物流服务处于介绍期和成长期的时候，其营销的重点是启发消费者的偏好，不宜提供太多的品种，如果竞争对手没有或者很少，可采取无差异性营销。当物流服务进入成熟期，提供同类物流服务的企业增多，物流服务形式增加，市场竞争加剧，消费者需求日益多样化，为确立竞争优势，可改用差异性营销，以开拓新市场，满足新需求，延长产品生命周期。对进入衰退期的物流服务，应采用集中性营销战略，集中服务于少数市场，以维持和延长产品的生命周期。

5）物流市场竞争状况。

物流企业选择目标市场策略时，应该充分考虑市场的竞争情况，包括竞争对手的种类、数量、强弱及潜在竞争对手的加入及其他可能的情况等。如果竞争对手实力强大，并实行无差异性营销，则应采用差异性营销或集中性营销战略。如果竞争对手实力强大，并实行差异性营销，则本企业应采用差异性营销或集中性营销战略。如果竞争对手实力弱小或者不存在竞争，则本企业可以根据情况，选择无差异营销或者集中营销。具体策略要根据实际情况灵活选择。

4. 技能训练准备

（1）学生每 5 人为一个小组，每个小组选 1 名组长。

（2）卡片若干张。

（3）教师现场指导。

（4）训练时间安排：0.5 学时。

5. 技能训练步骤

(1)以每位学生为单位,在卡片上写出,营销策略选择时应考虑的因素有哪些。

(2)各组通过卡片问询法,收集小组成员结果。

(3)汇总成员结果。

(4)每组派一位代表陈述结果。

6. 技能训练注意事项

(1)一丝不苟,认真填写卡片。

(2)卡片汇总后要进行归类。

(3)分析结果要有依据、要准确。

7. 技能训练评价

请完成技能训练后填写附录"技能训练评价表"。

8. 技能训练活动建议

建议训练前事先了解所选目标市场的相关情况。

思考练习

1. 简答题

(1)什么是目标市场?

(2)如何评估目标市场?

(3)物流目标市场选择应考虑的因素?

(4)企业选择目标市场应该考虑哪些因素?

(5)企业如何确定目标市场范围?

2. 思考题

(1)企业为什么要进行目标市场的选择?

3. 案例题

春秋航空,与众不同

春秋航空与老牌航空公司相比,坐椅空间略显狭小,只有一瓶免费矿泉水,餐食要自掏腰包,免费行李额度为15公斤……即便这样,也许你仍然会选择它,原因很简单,它能提供1元、99元、199元、299元、399元的特价机票。

这种低成本的运营模式,让春秋航空在激烈的行业竞争中获得一席之地。当然,春秋航空知道低成本航空的核心不是一味地节约,而是要提高效率,寻找差异化的竞争力。

主要体现在:

航线以长途航线为主,让机队的日均飞行时数达13个小时,摊薄成本44%。

在销售方式上,春秋航空也寻找到了自己的差异化路线。春秋航空的机票销售不进入中国民航GDS预订系统,全部在春秋航空自己开发的座位控制销售系统销售,以网上电子客票直销和呼叫中心电话直销为主,辅助以春秋航空遍及全国、在华东地区甚至延伸到乡、镇3000余家网络成员的销售网络进行销售。这种创新服务,旅客在家或在办公室通过网上订票、网上划位服务,旅客可以自助打印电子客票,并实现了无托运行李旅客自助登机(Check In)。

另外,春秋航空的"空中演讲服务、跪蹲式服务等"等独具特色的服务项目,正逐步冲击着国人的航空消费观念。

即使在不成熟的市场上，这一系列被传统航空公司视为“不可能”，都被春秋航空打破了，并成功地通过低成本运作模式让利于消费者。春秋航空自2005年飞出第一班航班开始，就保持着年度的持续盈利。2010年春秋航空销售收入增加了62%，达到43.2亿；净利润增长240%，达到4.7亿元。

问题：

(1)目标市场营销策略有哪些？春秋航空公司运用的是什么目标市场营销策略？是如何实施的？

(2)该策略有何优缺点？该如何运用该策略？

项目三　物流市场定位

教学要点

(1)进一步培养学生的营销意识，综合运用目标市场选择、市场定位方法，解决实际营销问题；

(2)模拟建立物流公司营销部，选择熟悉物流服务作为分析目标，要求能够创造差异；

(3)撰写市场定位方案书。

教学方法

可采用讲授、情景教学、案例教学和分组讨论等方法。

一、物流市场定位的依据、方法

1. 情景设置

宏翔物流公司是一家知名物流企业，该企业已经决定进入西部物流市场，主打垮区域物流。也就是说该公司在市场细分的基础上选择了自己的目标市场，并确定了目标市场营销战略，这就明确了企业的服务对象和经营范围，接下来将面临的问题是市场定位。那么，宏翔物流公司定位的依据与方法有哪些呢？假定你负责该任务，你将给公司经理提供哪些建议？

2. 技能训练目标

(1)能够了解与掌握物流市场定位的相关依据与方法。

(2)能根据企业实际情况，为企业科学地确定物流市场定位依据与方法。

3. 相关理论知识

物流企业确定了自己的目标市场后，将面临下一个问题：就是如何进入目标市场？在同一目标市场上，通常还有其他竞争对手，怎样才能让客户偏好自己的产品或服务呢？这就需要进行市场定位，确定本企业在市场中占据什么位置，确定本企业的产品或服务在市场中占据什么位置。

1)物流市场定位的概念

物流市场定位就是物流企业通过多种营销手段，树立本企业和企业物流服务在目标消费者群体心目中的形象，使企业提供的产品或服务具有一定特色，以适应消费者一定的需要和偏好，并与竞争者相区别而且优于竞争对手。

市场定位的实质就是差异化营销，为企业、产品或服务塑造一定的特色，树立一定的市场形象，以使消费者对其形成一种特殊的印象和偏爱。

市场定位的关键是企业要塑造自己比竞争对手更具竞争优势的特色。制造有别于竞争对手的差别优势是有效定位的基本手段。因此，物流企业必须在市场调查的基础上，了解对手，了解消费者，从而找到并打造差别优势。

企业的市场定位，以产品（服务）定位为基础，迎合目标市场客户群体的相关需求，并在此基础上，结合企业自身资源条件和营销目标，实现企业的品牌定位、企业定位等。

2）物流市场定位的作用

（1）合理的市场定位有助于实施针对性营销组合策略。定位工作做好了，才能更有针对性的实施营销组合策略。即围绕所要树立的形象，设计相应产品，制订合适的价格，选择最有效的分销渠道，有针对性的广告宣传。

（2）合理的市场定位有助于形成差别优势，引起消费者注意。通过定位，塑造一个鲜明的有别于竞争对手的形象，再通过有效的包装宣传，使差别优势显现出来，从而引起消费者注意，并产生联想。若定位符合顾客的需要，那么消费者偏好就由此建立。

（3）合理的市场定位有助于形成竞争优势。定位一旦得到客户的认可，就可以为企业赢得巨大的竞争优势。这种竞争优势通常是质量和价格不可比的。现今市场，单凭提高质量或降低价格已难获得竞争优势。在这个定位时代，企业重点不应是对一件产品本身做什么，而是在消费者心目中做什么，留下什么。

3）物流市场定位的依据与方法

营销活动中，企业的定位依据可以有很多种，主要有：

（1）依据产品特色进行定位。主要包括物流产品（服务）的性能、特色、功能、款式、使用用途、价格、产品档次、产地、类别等。

（2）依据使用者定位。即把物流产品（服务）指引给某一特定顾客群体，以便根据该细分市场的特点创建恰当的形象。

（3）依据顾客利益定位。即突出物流产品能给予顾客某一方面更多的利益，以引起顾客注意。

（4）依据使用场合定位。即赋予物流产品（服务）特定的使用场合，或者增加老产品新的用途或扩大其使用范围，从而实现其新的定位。

（5）依据竞争者情况定位。即突出本企业产品（服务）与竞争者同档产品的不同特点，确定对本企业最有利的竞争优势并加以开发。

（6）依据文化定位。即将文化内涵融入物流产品（服务）特色当中，使产品形成具有文化内涵的差异定位。这样既可以提高产品的文化品位，也可以形成独具特色的市场形象。

（7）依据附加服务定位。即物流企业通过加强附加服务等方式树立和强化物流企业产品（服务）形象进行定位。

在实际操作中，可以将上述方法进行组合定位。

4. 技能训练准备

（1）学生每 5 人为一个小组，每个小组选 1 名组长。

（2）卡片若干张。

(3)教师现场指导。

(4)训练时间安排:1 学时。

5. 技能训练步骤

(1)以每位学生为单位,在卡片上写出该企业物流市场地位的方法。

(2)汇总小组成员结果。

(3)根据小组汇总情况确定小组结果,并形成书面资料。

(4)每组派一位代表陈述结果。

6. 技能训练注意事项

(1)一丝不苟,认真填写卡片。

(2)卡片汇总后要进行归类。

(3)分析结果要有依据、要准确可行。

7. 技能训练评价

请完成技能训练后填写附录"技能训练评价表"。

8. 技能训练活动建议

建议学生训练前先了解所选物流市场的情况。

二、物流市场定位步骤

1. 情景设置

前面任务中,宏翔物流公司确定了自己的市场定位依据。现假定你是该项目的经理,你将如何开展具体定位工作?请拟订市场定位步骤。

2. 技能训练目标

(1)能够了解一般的市场定位操作程序。

(2)能根据实际情况,撰写可操作的市场定位步骤。

3. 相关理论知识

市场定位工作的可以遵循以下步骤:

1)全面分析市场情况和自身资源

物流企业在进行市场定位时,应该首先对所选定的目标市场做再次深入分析;再次明确客户类型、客户数量、客户需求偏好、客户消费心理、客户购买行为特征;明确竞争对手数量、类型、竞争优势劣势、竞争产品特点及优缺点、消费者对竞争对手及其产品的评价;明确本企业自身资源实力,与竞争对手相比较的优劣势等。通过全面的分析与比较,更好的认清形势,清楚自己的在市场中的地位。

2)寻找自身的差别优势

企业市场定位的关键是要找到目标客户对企业、品牌、产品或者服务的期望,主要包括属性和心理两个方面。因此,企业应该通过调研与分析,了解客户对某类产品或者服务的要求。然后认真分析自身优势,把自身可能的优势都列举出来。当然,企业自身的优势可以从很多方面去寻找与发掘,如产品本身、人员、服务、形象、文化等方面。

3)选择和确定一个或者几个差别优势

对一个企业来说,由于资源的有限性,不可能对所有的差别优势都加以宣传。因此,企业必须对所列举的差别优势进行筛选,去掉优势不明显或者企业不能实现的差别优势,再结合对市场、客户、竞争、自身资源等情况的了解与分析，从中选择某一个或者几个优势作为自己的市场定位点。

在这里，要注意两个问题：

一是，选择多少个差别优势进行宣传包装对企业更好？一个差别优势，重点突出，个性鲜明，给客户留下的印象深刻；多个差别优势，可与竞争对手有多个差别，在市场定位实践中也不少见。因此，在这个问题上，要视具体情况而定。

二是，什么样的差别优势才可以作为企业的市场定位点？不是任何差别优势都可以作为市场的定位点的，它应该符合以下条件：有足够多的客户注重这种差别优势；客户愿意为这种差别优势出高价；客户看得到或者能感觉到这种差别优势；竞争对手无法提供或者短期无法提供相同的差别优势。

4）市场定位方案确定

（1）初步确定定位方案。这个阶段要进行相应的量化分析，如成本、收益、利润核算，企业的人力、财力等相关资源安排。同时，要预测客户、竞争对手可能的反应及应该和可以采取的措施等。

（2）调整定位方案。完成了初步定位后，还要再做进一步的检验。应在定位市场上再次进行调查、分析与试验，如果发现偏差应马上纠正。

（3）确定市场定位方案。

5）定位展示

企业在作出市场定位决策后，还必须通过多种渠道，大力开展广告宣传，把企业的定位观念准确无误地传播给客户，使客户清楚本企业的定位，树立鲜明的市场形象与特色。

理想的市场定位一旦建立，就要尽量保持其稳定性和持久性。

6）再定位

企业要密切注意市场环境的变化，如果需要，随时准备重新定位。

4. 技能训练准备

（1）学生每 5 人为一个小组，每个小组选 1 名组长。

（2）企业资料若干分。

（3）教师现场指导。

（4）训练时间安排：1 学时。

5. 技能训练步骤

（1）每组发一份企业资料。

（2）以小组为单位，根据提供的资料进行讨论分析。

（3）根据所学的知识拟定该企业市场定位步骤。

（4）各组将拟定的该企业市场定位步骤，形成书面结果。

（5）每组派一位代表陈述结果。

6. 技能训练注意事项

（1）拟定该企业市场定位步骤前，要根据提供的资料认真讨论分析。

（2）结果要有依据、要切实可行。

7. 技能训练评价

请完成技能训练后填写附录“技能训练评价表”。

8. 技能训练活动建议

建议学生训练前了解市场情况和企业情况。

三、物流市场定位策略

1. 情景设置

前面任务中，宏翔物流公司已经决定进入西部物流市场，主打跨区域物流，并且确定了自己定位的依据与方法，定位的具体操作步骤。通过调查了解到，客户对该物流服务最为关注的就是运输的安全、速度、价格，又了解到这一市场上已经有 A、B、C、D 四家物流公司提供同类服务，它们所处的市场位置如图 5-2 所示。在这种情况下，该公司应该如何为自己的物流服务定位呢？假定你是该公司经理，你将如何为新市场定位。请拟订一份项目计划书。

2. 技能训练目标

(1) 能根据实际情况，综合分析，确定企业的定位策略。

(2) 能撰写企业定位方案书。

3. 相关理论知识

物流企业市场定位活动中，可选择的策略有：

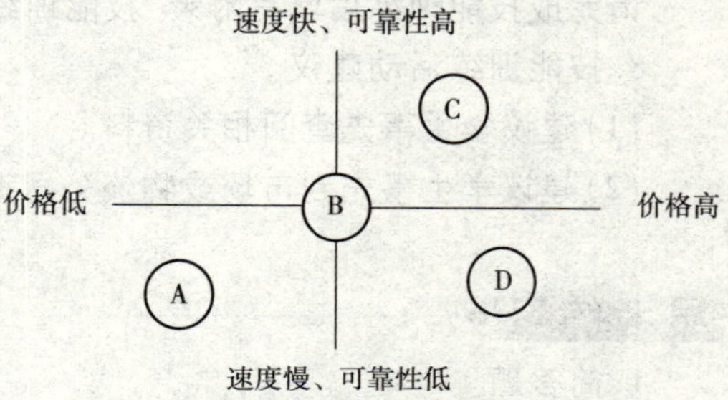

图 5-2 市场定位过程图

1) 避强定位策略

选择这种策略的物流企业，会避免与比自己实力强大的企业发生直接竞争，而将自己的特色定位于不同方面，从而使自己的特色有别于竞争对手，方便顾客区分。这种策略风险相对较小，成功率比较高，但往往会被迫放弃某些很有优势的市场。

2) 迎头定位策略

选择这种策略的物流企业，根据自身的资源情况，在某些市场与对手对着干，与强大的竞争对手发生直接竞争，选择相同或者相似的市场定位。这种策略容易引发市场的激烈竞争，风险较大。

3) 重新定位策略

选择这种策略的物流企业，通过自己的努力，打破市场现有的格局体系，改变市场对其原有的印象，产生新的认识，为企业赢得新的或者更大的竞争优势。

在以下情况下，往往可以考虑重新定位：竞争者推出类似产品，并以相似定位挤入市场；消费者偏好发生了转移；产品进入成熟期。

企业重新定位时，应该考虑：估算重新定位的成本；估算重新定位的收入；新位置上竞争者的实力和数量。同时要注意，在吸引新客户的同时要注意留住原有的老客户。

当然，在市场定位时，还要注意合理定位，过高定位、过低定位都不利于企业差别优势的塑造。同时，定位要明确，稳定，混乱的定位对企业来说也是得不偿失的。

4. 技能训练准备

(1) 学生每 5 人为一个小组，每个小组选 1 名组长。

(2) 企业资料若干份。

(3) 教师现场指导。

(4) 训练时间安排：0.5 学时。

5. 技能训练步骤

(1) 以小组为单位。

(2) 根据提供的资料分析该企业市场地位因素，确定定位依据。

(3) 分析竞争状况，确定该企业的定位并形成书面结果。

(4) 每组派一位代表陈述结果。

6. 技能训练注意事项

(1) 资料分析要认真。

(2) 卡片汇总后要进行归类。

(3) 定位结果要有依据、要准确。

7. 技能训练评价

请完成技能训练后填写附录"技能训练评价表"。

8. 技能训练活动建议

(1) 建议学生事先查阅相关资料。

(2) 建议学生事先到市场或物流公司调查。

思考练习

1. 简答题

(1) 什么是市场定位？

(2) 市场定位的第一步要做好哪些工作？

(3) 市场定位的依据和方法有哪些？

(4) 市场定位策略有哪些？

(5) 什么是避强定位？它有何特点？

2. 思考题

(1) 企业为什么要进行市场定位，市场定位有何意义？

(2) 企业在什么情况下需要考虑重新定位？重新定位时需考虑哪些主要因素？

3. 案例题

香港邮政"特快专递"的市场细分、选择目标市场和市场定位

1973 年，香港邮政署率先推出了"特快专递"业务。但是，由于邮政署是行政拨款的政府部门，一直未对该项业务进行商业化的市场推广，结果速递业务的发展反而赶不上后起的民营公司。

1997 年，香港邮政署决定对速递业务进行市场推广，提高市场占有率，增加营业额。

首先他们对顾客进行了调查，了解到顾客选择速递服务时，首先考虑的是速度和可靠性，其次才是价格；同时顾客希望能够追踪邮件，随时了解邮件运送的情况。他们也调查分析了竞争对手的情况，得出的结论是：

(1) 邮政署的优势：

①特快专递服务推出较早，技术支持较强（如电子追踪服务）。

②以邮局为服务点，服务网络覆盖面广，竞争对手无法相比。

③邮政署寻求改变的决心大，员工士气高昂，急欲参加。

(2) 邮政署的劣势：

①邮政署"特快专递"过去的形象不太好，认知度不高。

②人们认为邮政署可靠性与速度不及私营速递公司。

市场机会：

私营速递公司多以大公司为主要客户，绝大多数的中、小机构享受不到价格优惠，个人客户更被作为最后处理的对象，他们的需求得不到满足，是个被忽视的市场。

通过细分市场，香港邮政署选择了中小商业机构和个人客户作为自己的目标市场，以"补缺者"的身份填补市场空隙，避免和竞争对手作正面冲突。他们把自己的服务定位为"分秒显优势"的"超值服务"。为了塑造这一市场形象，吸引目标消费者，采取了以下措施：

(1)对"特快专递"服务采取低价策略。

(2)提供电子追踪服务，让顾客随时掌握邮件运送的情况。

(3)提供大小不同的特快专递包装箱，满足顾客的需要。

(4)消除一切可能造成延误的因素，保证邮件准时发送。

(5)特设专门的小组，应对顾客的查询业务，替顾客开立账户，并兼作宣传。

(6)整顿工作作风。一线人员礼貌热情，服务耐心细致，富有效率。

(7)提供高质量、高效率的"超值服务"，让顾客有更多时间处理邮件，甚至在"最后一分钟"将邮件寄出，令客户的分分秒秒尽显优势。

1997年10月，香港邮政署推出了主题为"分秒显优势"的市场推广活动。

在视觉形象上，设计了全新的公司标志和"特快专递"服务标志，选择以速度见长的"蜂鸟"代表公司形象，选择以速度和耐力著称的"雨燕"作为"特快专递"服务的形象。

电视广告也极富感染力，突出了"分秒显优势"的承诺。一个勤勉、质朴的年轻邮递员，充满自信地走在人群中，他不断前行的身影、真诚的笑容，与身后喧闹的都市形成了强烈的对比，给人以踏实、可信的感觉，反映了香港邮政署"特快专递"业务崭新的形象。

此外，这一活动还采用了多种传播手段，如报纸广告、直邮广告、广告传单、海报等等。

邮政署还特别成立了"特快专递"倡导委员会，并设立了许多工作促进小组，对邮政署所有员工介绍有关知识和加强服务的重要性。领导的重视和亲临指导给员工以极大鼓舞，每个员工都愿为推广活动效力。

这一推广活动取得了显著成绩。

业务量：尽管1997年~1998年香港经济不景气，"特快专递"处理的邮件总量仍有所上升。

客户数：实施推广活动的头5个月，新开立账户的客户人数上升了60%。

认知率：在未开立账户的顾客中，认知率从11%上升到30%；在已开立账户的顾客中，认知率从36%上升到50%，"特快专递"在香港已经成功地建立起自己的品牌形象。

满意度：对顾客满意程度的独立研究显示，客户对特快专递服务各个程序的满意程度均有明显上升。

由于速递业务服务水平的提高，1997年第4季度，香港邮政署获得了全球邮政联盟的嘉奖。这一市场推广活动成功地入围1998年度香港杰出营销奖，其电视广告也被评为该年度的杰出广告作品。

问题：

(1)香港邮政署在目标市场进行了怎样的市场定位?

(2)香港邮政署在目标市场运用的定位策略是什么？该策略有何优缺点?

任务六　物流促销策划

内容简介

物流企业要想市场营销活动成功，必须进行灵活多样的促销活动。物流企业的促销活动是由一系列具体的活动所构成的，服务促销组合包括多种元素：广告、人员推销、营业推广、公共关系。在某一具体的促销活动中，各种促销手段一般是同时存在，互相补充，营销人员必须把这些元素认真地整合成一个协调的促销组合。物流企业促销活动是企业和消费者之间的一种沟通活动，它可以刺激消费者的需求，扩大产品的销量，提高市场占有率。因此，物流市场营销是企业实现经营目标的重要手段，对物流企业有着重要作用。

教学目标

1. 知识目标

(1)了解物流企业促销的目标；

(2)掌握物流企业的促销策略；

(3)理解促销组合的选择和促销预算的制订。

2. 技能目标

(1)能够综合考虑各种因素，选择合适的促销组合策略；

(2)具备选择合适广告媒体的能力；

(3)能够进行营业推广的策划；

(4)能够根据物流企业的特点及所处的环境，适当选择促销方式有机组合，达到最佳效果；

(5)能运用各种促销方式开展促销活动。

案例导入

TNT 公司的广告："人梯的 TNT 次方"

TNT 公司在中国中央电视台做的广告，一个客户遇到一堵高墙无法跨越，TNT 公司的员工自觉地搭成一座人梯，帮助客户翻越过去。该广告传递了这样的信息：

(1)TNT 公司就是一座人梯、一座桥梁，是一座可以帮助任何客户实现理想、通向成功的人梯和桥梁，只要客户需要，无论在什么时候，我们都可以挺身而出、义不容辞。这就是我们的服务宗旨、我们的文化、我们的价值观，同样这也是客户需要的最高价值。

(2)公司的每一位员工都是一块砖、一块木板、一块可以充当人梯的坚实的、不可或缺的木板，我们是一个团队，是一个有机的整体，只要我们组成人梯的 TNT 次方，就没有什么可以阻挡我们，也没有什么客户的要求我们无法实现。

引导思路

1. TNT 公司的促销策略与创意启发?

2. FedEx 公司的电视广告与 TNT 公司广告有什么异同?

项目一 影响物流市场促销的因素分析

教学要点

(1)小组讨论,选择某一特定物流企业为目标企业;

(2)利用网络,收集该物流企业所处物流市场现状;

(3)根据该收集到的该企业物流市场现状的资料,对影响其促销组合策略的因素进行分析,完成该企业物流促销组合策略的影响因素分析。

教学方法

可采用讲授、情景教学、案例教学和分组讨论等方法。

一、物流市场促销的方法

1. 情景设置

中秋节将至,某邮政物流企业要针对月饼递送业务在节前做一次促销活动。请为该企业选择此次促销活动的方式。

2. 技能训练目标

能够根据物流企业的实际情况,为物流企业进行促销活动选择恰当的方法。

3. 相关理论知识

1)物流企业促销的作用

促销是促进产品销售的简称。从市场营销的角度看,促销是企业通过人员和非人员的方式,沟通企业与消费者之间的信息,引发、刺激消费者的消费欲望和兴趣,使其产生购买行为的活动。

物流企业促销就是物流企业把其向客户提供物流服务的方式、内容、信息等通过一种或几种有效的途径传递给客户以达到吸引客户,提高企业业务量,增加利润的企业经营活动。

物流企业通过促销活动可以起到以下作用:

(1)沟通信息,是企业争取客户的重要环节,物流企业促销的目标之一是提高本企业在物流服务市场上的占有率。要达到这一目的,物流企业必须及时地将本企业的服务信息提供给客户,让客户尽量全面了解本企业经营的业务项目、费用水平以及各地的分支机构、代理网络等信息,吸引客户的注意,为扩大销售打下基础。

(2)刺激需求。物流企业促销活动不仅可以诱导需求,而且能在一定条件下创造需求。在促销活动中,物流企业可侧重宣传,从订单处理、仓储保管、运输配送、装卸到包装、流通加工、信息反馈等一连串作业活动都能创造商品的附加值,都能为客户提供增值服务。这样,有益于将潜在的客户转变为传统的"大而全"的观念,改变其自行处理物流业务的做法,进而形成对物流企业服务的巨大需求。

(3)突出特色。在激烈的市场竞争中,企业的生存与发展越来越需要强化自身的经营特色。物流企业服务的领域十分广阔,不同企业提供服务的差别往往不易被客户所了解。在这种情况下,物流企业通过促销,突出宣传本企业的服务特色,以及它给客户带来的特殊利益,显然有助于客户加深对本企业的了解,达成交易。

(4)稳定客户关系。追求稳定的市场份额是企业营销的重要目标之一,物流企业稳定的市场份额源自稳定的客户关系。物流企业通过促销活动可以加深推销人员与客户的感情,提高企业在客户中的信誉和知名度,有利于与客户建立长期、稳定的合作关系。

2)促销的方式

目前,我国物流企业市场营销的水平参差不齐,促销手段比较单一。实际上物流企业促销中可以使用的方式很多,按照信息传递的载体是否为人力,物流促销可以分为人员促销和非人员促销两大类,具体包括人员推销、广告宣传、公共关系、营业推广4种主要方式。

(1)人员推销,是一种最直接的推销方式,它是指物流企业派出或委托推销人员,向客户或潜在客户面对面地介绍本企业所提供的服务,以获取更多的业务量。由于在人员推销过程中信息沟通是直接的,不仅可以促成交易,而且有利于推销人员配合企业整体营销活动来发现并满足客户的需求,使企业与客户建立长期稳定的业务联系。因此,人员推销是物流企业促销活动中最重要的一种推销方式。

(2)广告,是一种典型的非人力推销方式,它是指物流企业通过一定的传播媒介,以付费的方式将有关物流企业服务信息传递给目标客户的促销方式。物流企业的广告促销通过综合运用文字、声音、图像、色彩等手段,增强信息传递的表现力,使客户易于接受。同时由于广告具有公众性,有助于物流企业树立良好形象,提高其知名度。因此,在4种促销方式中,广告是仅次于人员推销的重要的促销方式。

(3)营业推广,是指在短期内能迅速刺激物流服务需求,吸引客户,增加物流企业业务量的各种促销方式。随着市场竞争的日益激烈,营业推广的使用日益受到重视。但他只是一种在短期内效果明显的促销方式,企业不宜经常使用,以防止急功近利、陷入促销的误区。

(4)公共关系,是指物流企业在营销过程中为使自身与社会公众建立良好的关系所进行的有组织的活动过程。公共关系的核心是共同信息,促进相互了解,宣传企业,提高企业的知名度,为企业创造一个良好的发展环境。它与人员推销、广告和营业推广比较,是一种更为简洁的促销方式。

4. 技能训练准备

(1)学生每5人为一个小组,每个小组选1名组长。

(2)卡片若干张。

(3)教师现场指导。

(4)训练时间安排:1学时。

5. 技能训练步骤

(1)以每位学生为单位,根据所提供物流企业的资料,在卡片上写出物流企业促销的方式。

(2)各组通过卡片问询法,收集汇总结果。

(3)以组为单位完成公司促销方式的确定。

(4)每组派一位代表陈述结果。

6. 技能训练注意事项

(1)一丝不苟,认真填写卡片。

(2)卡片汇总后要进行归纳。

(3)促销方式确定要有依据、要可行。

7. 技能训练评价

请完成技能训练后填写附录“技能训练评价表”。

8. 技能训练活动建议

建议学生事先在网上查阅物流企业促销方式的相关资料。

二、促销目标分析

1. 情景设置

各种节日将至的时候,也是各种节日礼品热销的时候,快递公司的生意也日益火爆。一些快递公司的业务人员为了招揽生意,在一些大超市以及写字楼附近,会推出许多促销特色服务。请收集更多资料,分析这些快递公司在节假日期间进行促销活动的具体目标。

2. 技能训练目标

能够根据物流企业的实际情况,不失时机的确定物流企业进行促销活动的预期目标。

3. 相关理论知识

物流企业促销的目标在于通过传递、说服和提醒等方法,销售物流服务产品,提高本企业在物流服务市场上的市场占有率。当然,目标也由于服务企业、服务性质及服务对象的不同而不同。物流企业应根据企业不同时期的不同情况,确定具体的促销目标。

1)物流企业促销的基本目标

(1)建立对该物流产品及物流公司的认识和兴趣。物流企业通过促销活动的信息传递活动,使客户对企业现状、服务项目、内容、形式、价格等有所了解,建立企业与客户之间的良好关系。同时,企业也可以进一步了解客户的需求与建议。通过企业与客户之间的互动活动,能促使现有的和潜在的客户对本企业及服务产生兴趣,更好地提高公司的知名度,这种促销目标主要以广告为主。

(2)使服务内容和物流企业本身与竞争者产生差异。通过促销宣传将本企业的产品类型,服务流程、服务项目等企业信息传递给客户,突出本企业与竞争者之间的差异。

(3)沟通并描述所提供产品或服务的种种利益。通过促销传递和提醒客户本企业提供的产品或服务能为顾客带来相应的利益。使客户关注并接受本企业的产品或服务。

(4)建立并维持物流企业的整体形象和信誉。物流服务促销能够消除错误认识,使客户对本企业的服务形象形成良好的认识和印象;能改善客户对企业的态度;最主要的是在将来公司开发新服务时,能够让目标客户更容易接受。这种促销目标应以公关为主,同时应有良好的客户服务及其他促销方式。

(5)说服顾客购买或使用该项物流产品。对于企业的产品和服务作出详尽的说明,说服客户购买或使用本企业提供的服务。促销的目的在于使客户对本企业的物流服务形成特殊偏好,在选择物流供应商时,优先考虑本企业。所以,在服务宣传时,应对本企业物流服务作详尽说明,包括成本与利益的关系,价格及相关咨询;应将有关公司服务的特殊项目或附加服务及调整告知客户;应将市场上各种新的服务渠道告知客户,突出本企业的差别优势。这种促销目标主要以人员推销为主，同时应该配合广告等促销方式。

2）物流企业促销的具体目标

（1）顾客目标。

①增进对新的物流产品和现有的物流产品的认识；

②鼓励试用物流服务；

③鼓励非用户参加服务展示或试用现有服务；

④说服现有顾客继续购买物流服务，不终止使用或转向竞争者；

⑤促进与顾客发展战略伙伴关系；

⑥加强物流产品的区别利益；

⑦加强物流服务广告的效果，吸引消费者注意；

⑧获得关于物流服务价格、技术发展趋势等市场研究信息。

（2）中间商目标。

①说服中间商递送新服务；

②说服现有中间商努力销售更多的服务；

③阻止中间商在销售场所与顾客谈判价格。

（3）竞争目标。

①识别竞争者；

②判断竞争者的战略及目标；

③评估竞争者的实力及反应。

总之，任何促销努力的目标都在于通过沟通、说服和提醒等方法，增加物流产品的销售。当然，这些目标也会因物流产品的性质不同而有所差异，而且，任何服务的特定目标在不同的产品和市场状况中都要有所改变。

4. 技能训练准备

（1）学生每5人为一个小组，每个小组选1名组长。

（2）卡片若干张。

（3）教师现场指导。

（4）训练时间安排：1学时。

5. 技能训练步骤

（1）以每位学生为单位，根据收集到的物流企业的资料，在卡片上写出物流企业促销的目标。

（2）各组通过卡片问询法，收集汇总后确定其具体目标。

（3）以组为单位完成公司促销目标内容的确定。

（4）每组派一位代表陈述结果。

6. 技能训练注意事项

（1）一丝不苟，认真填写卡片。

（2）卡片汇总后要进行归纳。

（3）内容确定要有依据、要准确。

7. 技能训练评价

请完成技能训练后填写附录“技能训练评价表”。

8. 技能训练活动建议

建议学生事先在网上收集不同类型物流企业的相关资料。

三、影响促销组合的因素分析

1. 情景设置

某物流企业利用春运期间开展促销活动，目的是树立企业形象，进一步提高企业知名度，同时推广专门针对节日期间的礼品递送业务。请为该企业进行促销组合的因素分析。

2. 技能训练目标

能够根据物流企业的实际情况，进行物流企业促销组合的因素分析。

3. 相关理论知识

1）促销组合的要素

促销组合的要素可以分为4大类：人员销售、媒体广告、宣传和公共关系，以及营业推广（在销售店的促销或提供信息的活动）。只有人员销售是一种双向的沟通形式。其余的都是单向沟通，即只从营销者到客户。使用多种沟通工具，或者重复使用一种工具就会增加现有的和潜在的顾客接触公司信息的机会，把这些信息与企业联系起来并记住它。通过强化这些信息，企业就能保证现有的和潜在的顾客更了解公司，以及它们提供哪些产品，企业的沟通组合往往为随后与潜在顾客的接触打下基础，使服务提供者与消费者之间的讨论变得更容易，使消费者感到更舒服。

2）促销组合策略

促销组合就是物流企业把人员推销、广告宣传、营业推广和公共关系等方式进行合理选择，有机搭配，使其综合地发挥作用，以取得最佳的促销效果，实现促销目标。各种方式之所以要结合起来综合运用，是因为各种方式分别具有不同的特点、使用范围和促销效果。

促销组合策略是物流企业对各种促销方式的选择及在组合中侧重使用某种促销方式。一般有以下三种倾向。

（1）推式策略，是物流企业利用推销人员与中间商（货运代理）促销，将产品推向客户的策略。这一策略需要利用大量的人员推销产品，它适用于物流企业和中间商（货运代理）对产品前景看法一致的情况。推式策略风险小、推销周期短、资金回收快，但其前提条件是须有中间商的共识和配合（见图6-1）。物流企业采用推式策略，常用的方式主要有：人员推销、营业推广等。

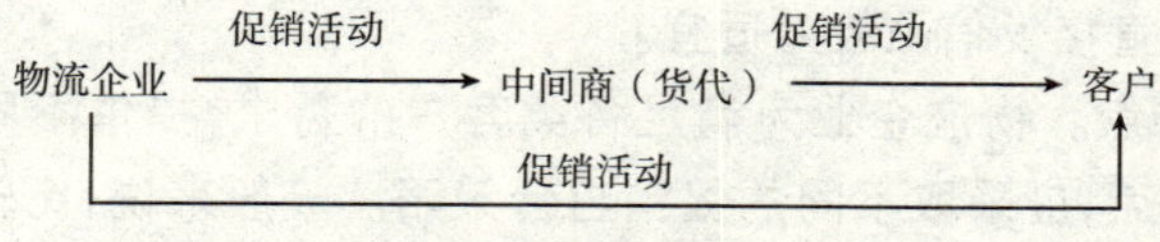

图6-1 推式策略

（2）拉式策略，是企业针对客户展开广告攻势，把服务产品的信息介绍给目标市场的客户，使客户产生购买的欲望，形成市场需求，然后“拉引”中间商到企业要求经销本企业提供的产品（见图6-2）。物流企业采用拉式策略，常用的方式主要有：价格促销、广告、代销、试销等。

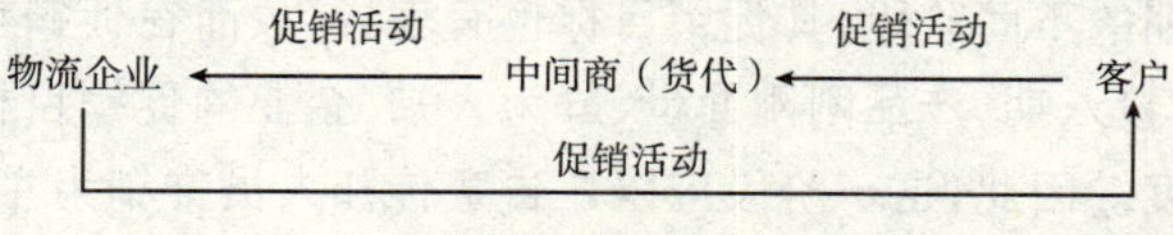

图6-2 拉式策略

(3)推拉结合策略。在通常情况下,物流企业也可以把上述两种策略结合起来运用,在向中间商进行大力促销的同时,通过广告刺激市场需求(见图 6-3)。

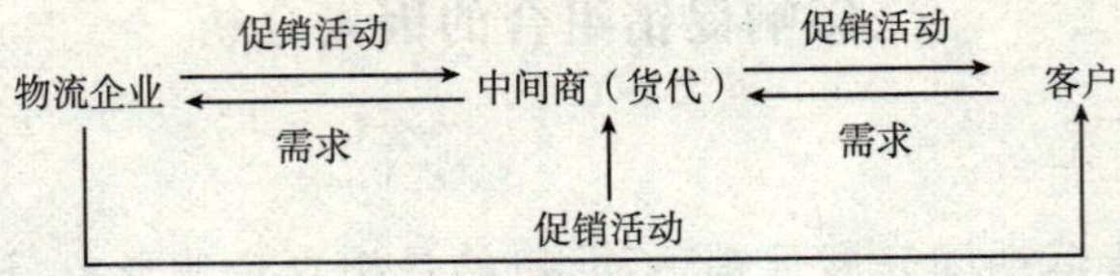

图 6-3 推拉结合策略

在"推式"促销的同时进行"拉式"促销,用双向的促销努力把服务产品推向市场,这比单独地利用推式策略或拉式策略更为有效。

3)影响促销组合的因素

促销有很多种方式,物流企业很少只采用一种促销方式,几乎都是同时并举的各种组合。组合的选择取决于诸多因素,包括预期的目的、服务的性质、服务对象的特点、投入的资源、服务的生命周期阶段、竞争对手等。

(1)促销目标。确定最佳促销组合,需考虑促销目标。相同的促销工具在实现不同的促销目标上,其成本效益会有所不同。也就是说,促销目标的不同,应有不同的促销组合。如果促销目标是为了提高产品的知名度,那么促销组合重点应放在广告和营业推广上,辅之以公共关系宣传。如果促销目标是让顾客了解某种产品的性能和使用方法,那么促销组合应采用适量的广告、大量的人员推销和某些营业推广。如果促销目标是立即取得某种产品的推销效果,那么重点应该是营业推广、人员推销,并安排一些广告宣传。

(2)服务的性质。如果服务比较复杂,最好的方式是靠人员促销。如果服务简单,则采用广告方式。针对机构的物流服务的促销,需要面对面的接触,通常人员推销是最有效的,同时也可以靠广告进一步加强。

(3)服务对象的特点。物流企业要面对谁?他们有何特点?深刻影响着促销方式的选择。有多少人?在地区内是如何分布的?是个人消费者、分销商、还是机构组织?广告是针对个人顾客群的最好促销方式。如果对象是机构,就要了解实际决策权在谁手上?谁最有影响力?对这些人最好的办法是人员接触。

①数量。如果潜在购买者比较少,最有效的手段是通过人员销售。如果对象的面很宽、很大,广告还是最行之有效的方式。

②区域。如果服务对象集中在一个有限的地区内,可以靠人员销售;如果分散在很大的区域内,还是用广告和直接发信函较为适宜。

(4)物流产品的特点。物流企业为满足各类客户的需求,提供不同类型的物流服务产品,针对各类产品的特点,应采取不同的促销组合策略。一般来说,比较复杂的物流服务产品如通过系统数据库和咨询服务提供的以管理为基础的物流服务、物流战略计划的服务等,最好采取人员推销的方式。而对于比较简单的物流服务如快运、仓储、运输、配送等,则比较适合采取广告的方式。

(5)物流服务产品的生命周期。产品生命周期也是影响促销组合的重要因素之一。物流服务产品在生产周期的不同阶段,其促销目标也有差异,故而在促销组合的选择和编配上也要有相应的变化,在投入期,产品刚刚面世、鲜为人知、企业的促销目标是提高客户和潜在客户对产品的知晓程度。因此,这一阶段应以广告宣传和人员推销为主要的推销方式,同时配合营业推广刺激客户购买。

在成长期，产品畅销，但竞争者开始出现，物流企业的促销目标是如何进一步吸引潜在客户，力求与老客户建立稳定的业务关系。因而此阶段的促销活动应以人员推销为主，辅助以广告宣传，广告的内容侧重优势宣传上，使老客户形成对产品和企业的偏爱，吸引新客户。

在成熟期，需求趋向饱和、竞争日益激烈，物流企业的目标是尽量维持现有客户的业务联系，保持企业的市场份额。因此，在成熟期企业仍可坚持采用人员推销的促销方式，同时辅助使用广告、公共关系等促销方式提高企业和产品的声誉。

在衰退期，企业的目标主要是使一些老客户仍然信任本企业及其产品，坚持购买。因此，促销方式应以营业推广为主，辅之以提醒式广告。

(6)促销费用。企业在制订促销组合策略时，还应考虑促销费用的因素。任何一种促销方式或促销组合都要花费一定的费用，促销费用常常制约着促销组合策略的制订。同时各种促销方式的费用也不尽相同，不同促销组合所需费用往往相差很大。物流企业在选择促销方式和制订促销组合策略时，应全面衡量、综合比较各种促销方式的费用与效益，以尽可能低的促销费用取得尽可能高的促销效益。

(7)竞争对手。促销方式的选择也经常受到竞争对手的战略制约。如果市场上占主导地位的物流企业采取一种促销，新入市的企业忽略这种形式就难以成功。创新精神经常是使人受益的，但是各个行业都有自己的传统目标、标准，这是不能忽略的。

(8)促销的总策略。促销组合的选择，很大程度受物流企业选择的促销总策略的影响。

4. 技能训练准备

(1)学生每5人为一个小组，每个小组选1名组长。

(2)企业资料若干份。

(3)教师现场指导。

(4)训练时间安排:1学时。

5. 技能训练步骤

(1)以小组为单位，根据提供的物流企业资料，讨论分析该企业的促销组合策略。

(2)各组在上述讨论基础上，分析影响促销组合策略的影响因素。

(3)完成企业促销组合策略的影响因素分析。

(4)每组派一位代表陈述结果。

6. 技能训练注意事项

(1)全面分析企业资料的基础上，才能确定分析结果。

(2)分析要科学、有依据、要准确。

7. 技能训练评价

请完成技能训练后填写附录“技能训练评价表”。

8. 技能训练活动建议

建议学生事先在网上收集不同类型物流企业的相关资料。

思考练习

1. 简答题

(1)物流企业促销的作用有哪些？

(2)简述物流企业促销的方式。

(3)促销组合要素是什么?

(4)促销组合策略有哪些方式?

2. 思考题

(1)试述物流产品各周期的促销策略。

(2)试述物流企业促销的目标。

(3)如何进行物流企业促销组合策略的影响因素分析?

项目二 物流广告策划

教学要点

(1)上网收集某一物流企业资料,分析物流广告预算;

(2)根据物流企业所处情况选择广告媒体;

(3)分组讨论并制订物流广告策划方案。

教学方法

可采用讲授、情景教学、案例教学和分组讨论等方法。

一、物流广告预算

1. 情景设置

京东商城 CEO 刘强东在其新浪微博上透露,已经决定将今年原本占销售额 1% 的广告预算砍掉一半,并将节省的资金用于建设物流配送体系。据悉,京东商城去年的销售额为 102 亿元,这意味着京东商城今年将减少 5100 万的广告费。请根据资料分析该企业的广告预算是如何计算出来的。

2. 技能训练目标

能够根据实际资料计算物流企业广告预算。

3. 相关理论知识

1)物流企业广告的概念

广告是借助一定的宣传媒体将企业产品或服务的信息传递给消费者或用户的一种促销方式,相对于其他促销方式,广告的宣传面广、渗透力强,通过精心设计,可以使企业产品或服务、价值观与企业文化深入消费者心中。

目前,很多服务行业都利用广告来扩大自己的影响力。物流企业也逐渐开始利用广告。物流企业广告,是指物流企业通过各种传播媒介,以付费的形式,将本企业的产品和服务等信息传递给客户,属于非人员推销方式。

对无形的物流服务产品进行广告宣传与对有形商品进行广告宣传,相对而言存在很多的不同,因此在开展广告宣传时要注意以下几个方面:

①要使用明确的信息;

②要强调服务的利益;

③只承诺能够提供的和顾客能够得到的;

④对企业员工进行培训;

⑤建立口传的沟通机制;

⑥提供有形线索;

⑦保持广告宣传的连续性。

2)物流企业广告的作用

(1)传播信息,介绍产品。

传播信息是广告最基本的功能,经济愈发达,社会愈进步,这一功能愈清晰。物流企业通过各种广告活动,把服务产品的信息传递给消费者,消费者可以根据广告宣传了解物流产品的性能、质量、特点、使用方法等。

(2)刺激需求,促进销售。促进销售是广告的最终目的。由于消费者很多需求都是处于潜在状态,物流企业通过广告的方式,造成浓烈的购买气氛,会使消费者的潜在需求被激发出来,产生购买行为。

(3)引导消费。随着科学技术的进步,新产品不断涌现,如果不借助广告,这些新产品就会长期鲜为人知,消费者也就无法购买。广告宣传不仅能指导消费者去购买老产品,而且能指导他们去购买新产品,引导公众的消费。

(4)树立企业形象,提高企业知名度。哪里有产品生产,哪里就有竞争。物流企业通过广告把自己产品的性能、特点、质量、适用范围以及企业经营方针公之于众,接受消费者的评判,这样有利于树立良好的企业形象,提高企业的知名度,从而间接促进销售。

3)广告预算

广告预算是企业广告计划对广告活动费用的匡算,是企业投入广告活动的资金费用使用计划。它规定在广告计划期内从事广告活动所需的经费总额、使用范围和使用方法,是企业广告活动得以顺利进行的保证。

(1)广告费用投入要考虑的因素。

①产品生命周期:产品间的广告费用分配,取决于产品处于生命周期的哪一个阶段。一般而言,处在投入期和成熟期的产品,其广告费应多于成长期、饱和期和衰退期的广告费。

②利润率:利润率高的产品,广告费投入一般较多,反之,则较少。

③销售量:销售量大的产品,一般广告费投入多,反之则少。

④市场覆盖大小:全国性广告费 > 区域性广告费 > 地方性广告费。

⑤市场竞争状况:竞争激烈,广告费投入多,反之则少。

⑥经济发展状况:经济形势好,市场兴旺,商品畅销,供不应求,则广告费投入少;反之,则广告费投入多。

⑦各部门任务:各部门所负担的工作性质和工作量不一样,广告费的分配份额有所不同。具体比例视情况而调整,但购买媒体费占70% ~90%左右的比例是无可非议的。

(2)制订广告预算的方法目前为广告界采用的有数十种之多。常见的有七种:销售百分比法,利润百分比法,销售单位法,目标达成法,竞争对抗法,支出可能法和任意增减法。

①销售额百分比法,这种匡算方法是以一定期限内的销售额的一定比率计算出广告费总额。由于执行标准不一,又可细分为计划销售额百分比法、上年销售额百分比法和两者的综合折中——平均折中销售额百分比法,以及计划销售增加额百分比法四种。

销售额百分比计算法简单方便,但过于呆板,不能适应市场变化。比如销售额增加了,可以适当减少广告费;销售量少了,也可以增加广告费,加强广告宣传。

②利润百分率法。利润额根据计算方法不同,可分为实现利润和纯利润两种百分率计算法。这种方法在计算上较简便且使广告费和利润直接挂钩,适合于不同产品间的广告费分配。但对新上市产品不适用,新产品上市要大量做广告,掀起广告攻势,广告开支比例自然就大。利润百分率法的计算和销售额百分率法相同,同样是一种计算方法。

③销售单位法。这是以每件产品的广告费分摊来计算广告预算方法。按计划销售数为基数计算,方法简便,特别适合于薄利多销商品。运用这一方法,可掌握各种商品的广告费开支及其变化规律。同时,可方便地掌握广告效果。公式:

广告预算 =(上年广告费/上年产品销售件数)×本年产品计划销售件数

④目标达成法。这种方法是根据企业的市场战略和销售目标,具体确立广告的目标,再根据广告目标要求所需要采取的广告战略,制订出广告计划,再进行广告预算。这一方法比较科学,尤其对新上市产品发动强力推销是很有益处的,可以灵活地适应市场营销的变化。广告阶段不同,广告攻势强弱不同,费用可自由调整。目标达成法是以广告计划来决定广告预算。广告目标明确也有利于检查广告效果,其公式为:

广告费 = 目标人数 × 平均每人每次广告到达费用 × 广告次数

⑤竞争对抗法。这一方法是根据广告产品的竞争对手的广告费开支来确定本企业的广告预算。在这里,广告主明确地把广告当成了进行市场竞争的工具。其具体的计算方法有两种,一是市场占有率法,二是增减百分比法。

市场占有率法的计算公式如下:

广告预算 =(对手广告费用/对手市场占有率)× 本企业预期市场占有率

增减百分比法的计算公式如下:

广告预算 =(1 ± 竞争者广告费增减率)× 上年广告费

注:增减百分比法费用较高,采用时需谨慎。

⑥支出可能额法。这是根据企业的财政状况可能支出多少广告费来设定预算的方法,适应于财力一般的企业。但此法还要考虑到市场供求出现变化时的应变因素。

⑦任意增减法。依据上年或前期广告费作为基数,根据财力和市场需要,对其进行增减,以匡算广告预算。此法无科学依据,多为一般小企业或临时性广告开支所采用。

此外,其他计算广告预算的方法还有很多。

4. 技能训练准备

(1)学生每 5 人为一个小组,每个小组选 1 名组长。

(2)卡片若干张。

(3)教师现场指导。

(4)训练时间安排:2 学时。

5. 技能训练步骤

(1)以每位学生为单位,上网查询资料,在卡片上写出企业制订广告预算的影响因素。

(2)各组通过卡片问询法,收集汇总后确定预算制订的方法。

(3)以组为单位完成公司广告预算内容的确定。

(4)每组派一位代表陈述结果。

6. 技能训练注意事项

(1)一丝不苟,认真填写卡片。

(2)卡片汇总后要进行归纳。

(3)内容确定要有依据、要准确。

7. 技能训练评价

请完成技能训练后填写附录“技能训练评价表”。

8. 技能训练活动建议

建议学生事先在网上收集该企业的相关资料。

二、广告媒体的选择

1. 情景设置

网络是新时代的媒体,随着社会的发展,网络媒体日趋成熟,很多的物流企业已逐步开始利用网络进行宣传活动。网络为企业提供了一个很好与客户沟通互动的平台,并能与线下活动相结合发挥出意想不到的营销效果。德邦物流利用网络与线下活动相结合的方式开展了“我的网点,你做主”的互动营销活动,收到了很好的效果。请帮助德邦物流选择更多广告媒体,并比较它们的优缺点。

2. 技能训练目标

能够根据实际情况选择广告媒体。

3. 相关理论知识

1)依照不同媒体划分的广告种类

广告媒体是指传播广告的工具。在我国依照不同媒体划分的广告主要有:

(1)视听广告:通过电台、电视、电影、幻灯、广播等媒体传递的广告。

(2)印刷广告:通过报纸、期刊、印刷品等媒体传递的广告。

(3)户外广告:在街头、建筑物、车站、码头、体育馆(场)、展览馆、旅游点等公共场所,按规定允许设置或张贴的路牌、霓虹灯、张贴等广告形式。

(4)交通广告:在车、船、飞机内设置或张贴的广告。

(5)售点广告:在商店、商品橱窗内设置的广告。

(6)邮寄广告或直邮广告:通过邮政直接投递企业介绍、产品说明书等函件传播的广告。

2)新兴的广告形式——POP广告

POP广告是许多广告形式中的一种,它是英文 Point Of Purchase Advertising 的缩写,意为“购买点广告”,简称POP广告。POP广告的概念有广义和狭义两种:广义的POP广告的概念,指凡是在商业空间、购买场所、零售商店的周围、内部以及在商品陈设的地方所设置的广告物,都属于POP广告。如:商店的牌匾、店面的装潢和橱窗,店外悬挂的充气广告、条幅,商店内部的装饰、陈设、招贴广告、服务指示,店内发放的广告刊物,进行的广告表演,以及广播、录像电子广告牌等。狭义的POP广告概念,仅指在购买场所和零售店内部设置的展销专柜以及在商品周围悬挂、摆放与陈设的可以促进商品销售的广告媒体。

3)广告媒体的选择依据

不同的广告媒体,其特点和作用各不相同,在选择广告媒体时,应根据以下因素进行全面权衡,充分考虑各种媒体的优缺点,力求扬长避短。

(1)服务的特性。不同的服务应选择不同的媒体。专业性强的服务不宜在电视、广播中做广告,而应在专业杂志上做广告,这样更有效果。而对于大众性服务来说,则在电视、广播、报纸上刊发广告的效果更好。

(2)顾客的习惯。不同客户群体的消费习惯不一样，所以在选择媒体时，必须要考虑目标客户群的习惯，如一般大众在日常生活中比较喜欢观看电视，而专业人士可能更喜欢翻阅专业杂志，所以对于EMS这类为普通消费者提供服务的物流企业来说，最好的广告媒体就是电视或报纸，而对于仓储服务来说最好的广告媒体则是专业性较强的杂志。

(3)媒体的传播范围。不同的媒体其受众范围不一样。全国性的报纸其受众为全国的读者，地方电视的受众则是区域市场内的观众。因此，在选择广告媒体时，要保证广告宣传的范围与企业的服务范围一致。

(4)广告媒体的知名度和影响力。报纸、杂志的发行量，广播、电视的听众和观众数量，以及媒体的频率及声音等，都是媒体影响力的标志。媒体的影响力应达到目标市场的每一个角落，但如果越出目标市场，则会造成浪费。

(5)媒体成本。不同媒体的成本是不一样的，广告宣传应考虑费用与效果的关系，既要使广告达到理想的效果，同时也要考虑企业的承受能力，应尽量争取以较少的成本，达到最大的宣传效果。

4)广告媒体的选择策略

广告媒体的选择策略，应综合考虑以上因素来制订。一般来说，广告媒体的选择策略有以下五种。

(1)无差别市场广告策略，运用在同质市场，指在一定时期内运用各种广告媒体向同一个大目标市场推出相同内容主题的广告，以广为宜，迅速占领市场。这种策略的效果较好，但成本较高，效率不高。

(2)差别市场广告策略，是指在一定时期内，针对细分的目标市场，选择部分媒体或媒体组合进行广告宣传。之所以要选择，一是为了投石问路，待市场扩大后再采用其他媒体；二是为了节约成本，提高所选媒体的效率。

(3)集中市场广告策略，就是把广告力量专注于一个或几个细分的目标市场。采用此策略一般从企业自身力量考虑，选择适当的目标市场，避免力量分散而缺少力度。

(4)动态策略，特点是无一确定的媒体选择，完全根据需要和信息反馈情况来确定下一步媒体选择方案，归纳起来可以有两种动态策略：一是先宽后窄，即先采用较多媒体，待征得广告信息反馈、研究反馈来源后，以反馈较多的媒体为下一步媒体选择目标；二是先窄后宽，即以少数媒体开头，观察反应，若反应不强烈，则有两个对策，其一是另择媒体再试，其二是启用更多的媒体同时开展广告攻势。

(5)媒体组合策略。各种媒体功能、特性各异，使之合理搭配进行广告宣传是很有益的。曾被采用过的比较好的搭配是：

①报纸与广播搭配，可使不同文化程度的消费者都能接受广告信息传播。

②电视与广播搭配，可使城市和乡村的消费者都能接受广告信息传播。

③报纸或电视与售点广告搭配，有利于提醒消费者购买已有印象或已有购买欲望的商品。

④报纸与电视的搭配运用，应该以报纸广告为先锋，对产品进行详细解释后再运用电视广告进攻市场，这样可以使产品销售逐步发展，或做强力推销。

⑤报纸与杂志搭配，可用报纸广告做强力推销，而用杂志广告来稳定市场。或者，用报

纸广告进行地区性宣传，而用杂志广告做全国性大范围宣传。

⑥报纸或电视与邮寄广告配合时，应以邮寄广告为先锋，做试探性宣传，然后用报纸广告或电视广告做强力推销，这样可以取得大面积的成效。

⑦利用邮寄广告和售点广告或海报的配合，对某一特定地区进行广告宣传。

4. 技能训练准备

(1) 学生每5人为一个小组，每个小组选1名组长。

(2) 卡片若干张。

(3) 教师现场指导。

(4) 训练时间安排：2学时。

5. 技能训练步骤

(1) 以每位学生为单位，根据所学知识，在卡片上写出企业可选择的广告媒体。

(2) 各组通过卡片问询法，收集汇总后确定具体广告媒体。

(3) 以组为单位完成公司广告媒体的确定。

(4) 每组派一位代表陈述结果。

6. 技能训练注意事项

(1) 一丝不苟，认真填写卡片。

(2) 卡片汇总后要进行归纳。

(3) 内容确定要有依据、要准确。

7. 技能训练评价

请完成技能训练后填写附录“技能训练评价表”。

8. 技能训练活动建议

建议学生事先在网上收集该企业的相关资料。

三、物流广告策划方案书的制订

1. 情景设置

某物流公司近期打算推出“当日快递”这一新服务项目，这项服务要求快递人员具有较强的时间观念和较高的效率，能够帮助顾客当日收到所需文件，该项服务定位在高端市场。请为该公司制订一份广告策划方案书。

2. 技能训练目标

能够根据企业的服务目标和实际情况拟订广告策划方案。

3. 相关理论知识

广告策划在对其运作过程的每一部分作出分析和评估，并制订出相应的实施计划后，最后要形成一个纲领式的总结文件，我们通常称为广告策划书。广告策划书是根据广告策划结果而写的，是提供给广告主加以审核、认可的，是广告活动的策略性指导文件。物流企业广告策划方案书就是根据物流企业的营销计划和广告目标，制订出一个与市场情况、产品状态、消费群体相适应的经济有效的广告计划方案。

物流企业广告策划方案书内容包括：市场调查、消费者动机和行为调查、细分市场和确定目标市场产品调查和产品定位、广告目标和广告策略。

一份完整的广告策划方案书至少应包括如下内容：

1)前言

前言部分,应简明概要地说明广告活动的时限、任务和目标,必要时还应说明广告主的营销战略。这是全部计划的纲要,它的目的是把广告计划的要点提出来,让企业的高层决策者或执行人员快速阅读和了解,使高层决策者或执行人员对策划的某一部分有疑问时,能通过翻阅该部分迅速了解细节,这部分内容不宜太长,以数百字为佳,因此有的广告策划书也称这部分为执行摘要。

2)市场分析

市场分析部分,一般包括四方面的内容:

(1)企业经营情况分析。

(2)产品分析。

(3)市场分析。

(4)消费者研究。

撰写时应根据产品分析的结果,说明广告产品自身所具备的特点和优点。再根据市场分析的情况,把广告产品与市场中各种同类商品进行比较,并指出消费者的爱好和偏向。如果有可能,也可提出广告产品的改进或开发建议。有的广告策划书称这部分为情况分析,简短地叙述广告主及广告产品的历史,对产品、消费者和竞争者进行评估。

3)广告战略或广告重点部分

广告战略或广告重点部分,一般应根据产品定位和市场研究结果,阐明广告策略的重点,说明用什么方法使广告产品在消费者心目中建立深刻的印象。用什么方法刺激消费者产生购买兴趣,用什么方法改变消费者的使用习惯,使消费者选购和使用广告产品。用什么方法扩大广告产品的销售对象范围。用什么方法使消费者形成新的购买习惯。有的广告策划书在这部分内容中增设促销活动计划,写明促销活动的目的、策略和设想。也有把促销活动计划作为单独文件分别处理的。

4)广告对象或广告诉求

广告对象或广告诉求部分,主要根据产品定位和市场研究来测算出广告对象有多少人、多少户。根据人口研究结果,列出有关人口的分析数据,概述潜在消费者的需求特征和心理特征、生活方式和消费方式等。

5)广告地区或诉求地区

广告地区或诉求地区部分,应确定目标市场,并说明选择此特定分布地区的理由。

6)广告策略

广告策略部分,要详细说明广告实施的具体细节。撰文者应把所涉及的媒体计划清晰、完整而又简短地表述出来,详细程度可根据媒体计划的复杂性而定。也可另行制订媒体策划书。一般至少应清楚地叙述所使用的媒体、使用该媒体的目的、媒体策略、媒体计划。如果选用多种媒体,则需对各类媒体的刊播和交叉配合加以说明。

7)广告预算及分配

广告预算及分配部分,要根据广告策略的内容,详细列出媒体选用情况及所需费用、每次刊播的价格,最好能制成表格,列出调查、设计、制作等费用。也有人将这部分内容列入广告预算书中专门介绍。

8)广告效果预测

广告效果预测部分,主要说明经广告主认可,按照广告计划实施广告活动预计可达到的目标。这一目标应该和前言部分规定的目标任务相呼应。

在实际撰写广告策划书时,上述八个部分可有增减或合并。如可增加公关计划(公关策划)、广告建议等部分,也可将最后部分改为结束语或结论,根据具体情况而定。

广告策划方案书的撰写。一般要求简短,避免冗长,要简要、概述、分类,删除一切多余的文字,尽量避免多次重复相同概念,力求简练、易读、易懂。撰写广告计划时,不要使用许多代名词。广告策划的决策者和执行者不在意是谁的观念、谁的建议,他们需要的是事实。广告策划方案书在每一部分的开始最好有一个简短的摘要。在每一部分中要说明所使用资料的来源,使计划书增加可信度。一般说来,广告策划方案书不要超过2万字。如果篇幅过长,可将图表及有关说明材料放在附录里。

在撰写过程中,视具体情况,有时也将媒体策划、广告预算、总结报告等部分专门列出,形成相对独立的文案。随后分而述之。

4. 技能训练准备

(1)学生每5人为一个小组,每个小组选1名组长。

(2)教师现场指导。

(3)训练时间安排:2学时。

5. 技能训练步骤

(1)以小组为单位,分析同类服务产品目前的广告投放媒体状况。

(2)调查分析目标客户接受或亲近的媒体情况。

(3)选择合适的广告策略撰写广告方案。

(4)每组派一位代表陈述结果。

6. 技能训练注意事项

(1)一丝不苟,尽可能多的收集资料。

(2)方案内容要围绕企业的广告目标来确定。

(3)策划方案书要科学合理,要确实可行。

7. 技能训练评价

请完成技能训练后填写附录"技能训练评价表"。

8. 技能训练活动建议

建议在训练前上网查阅不同企业的资料。

思考练习

1. 简答题

(1)物流企业广告的作用有哪些?

(2)物流企业做广告预算时要考虑哪些因素?

(3)物流企业可选择的广告媒体有哪些?

(4)论述选择广告媒体应考虑的因素。

(5)物流广告策划方案如何制订?

2. 思考题

(1)为什么物流企业进行广告宣传既要考虑经费的预算也要考虑媒体的选择?

(2)一份完整的广告策划方案应包含哪些内容?

项目三 物流促销公关策划

教学要点

(1)举例分析物流促销公关策划的类型;

(2)案例分析物流促销公关策划的方法;

(3)分组讨论并模拟制订物流促销公关策划的方案。

教学方法

可采用讲授、情景教学、案例教学和分组讨论等方法。

一、物流促销公关策划的内容

1. 情景设置

公关关系不是一种盲目的、随意性的活动,而是有意识、有计划的行动,公关部的设置是做好公关工作的组织保证。有一家物流企业新设了一个公共关系部,开办伊始,该部就配备了豪华的办公室、漂亮迷人的公关小姐、现代化的通信设备等,但该部部长却发现无事可做。针对这种情况,请指出该部长应先搞清哪些问题,分析到底该"怎么办"。

2. 技能训练目标

能够根据资料掌握公关关系策划的主要内容和主要类型。

3. 相关理论知识

1)物流促销公关策划的概念

公共关系(Public Relation)是指某一组织为改善与社会公众的关系,促进公众对组织的认识、理解及支持,达到树立良好组织形象、促进商品销售的目的而实施的一系列公共活动。它本质是社会组织、集体或个人必须与其各种内部、外部公众建立良好的关系。它是一种状态,任何一个企业或个人都处于某种公共关系状态之中。它又是一种活动,当一个工商企业或个人有意识地、自觉地采取措施去改善和维持自己的公共关系状态时,就是在从事公共关系活动。作为促销组合一部分,公共关系的含义是指这种管理职能,评估社会公众的态度,确认与公众利益相符合的个人或组织的政策与程序,拟定并执行各种行动方案,提高主体的知名度和美誉度,改善形象,争取相关公众的理解与接受。

物流企业公共关系,是指物流企业为改善与社会公众的关系,促进公众对企业的认识、理解及支持,树立良好的企业形象,提高企业的知名度和美誉度,而进行的现代管理活动。

物流促销公关策划是指物流企业在从事促销活动中的公共关系策划,是物流企业从事公共关系工作的专业人员根据组织形象的现状和目标要求,分析现有条件,谋划并设计公关战略、专题活动和具体公关活动最佳行动方案的过程。

物流公关策划的核心,是解决以下三个问题:

①如何寻求传播沟通的内容和公众易于接受的方式。

②如何提高传播沟通的效能。

③如何完善公关工作体系。

2)物流公共关系活动的作用

(1)树立物流企业形象。物流企业开展公共关系活动,如公益活动,赞助公益事业等,可以加强与公众的沟通,增进公众对本企业的好感,提高企业的美誉度,为企业创造一个好的外部环境。

(2)提高企业内部的凝聚力。物流企业开展公共关系活动,能让本企业内部员工了解企业的重大活动及其意义,了解企业领导层的创造性活动,可以提高员工对企业未来发展的信心,增强他们对企业领导人的信任,有助于提高企业的凝聚力。

(3)建立信息网络。公共关系活动是企业收集信息、实现反馈以帮助决策的重要渠道。由于外部环境在不断地发展,物流企业如果不及时掌握市场信息,就会丧失优势。公共关系策划可以使企业及时收集信息,对环境的变化保持高度的敏感性,为企业决策提供科学的依据。

(4)协调各方面关系。在现代社会环境中,物流企业不是孤立存在的,不可能仅凭一己之力去实现企业的经营目标,而是在包括顾客、职工、股东、政府、金融界、协作者以及传媒界在内的各方面因素组成的社会有机体中实现自身的运转。物流企业通过公共关系活动可以为企业塑造良好的形象,协调以上各方面的关系,争取得到政府和相关方面的支持。

(5)消除公众误解。当企业在社会上的名誉受到损害或企业内部发生变故,造成人心不稳,影响企业各项工作的正常运转时,通过公共关系活动解除危机,重塑企业的良好社会形象并稳定人心。

(6)分析、预测并及时感知社会环境的变化,包括政策、法令的变化,社会舆论、公众志趣、自然环境、市场动态等的变化。

(7)促进产品销售。物流企业在推出新产品、新服务或开辟新市场之前,通过公共关系活动,让公众对新产品、新服务有较多的了解,提高其知名度,以创造一个对本企业有利的消费环境。既可以增强顾客的消费欲望,又能为物流企业树立良好的形象。

3)物流促销公关策划的特点

公共关系作为物流企业促销组合的一个重要组成部分,较之人员推销、广告宣传、营业推广具有以下特点:

(1)从公关目标来看,公关注重长期效应。物流企业公共关系追求的目标与社会公众利益相一致,通过一系列有计划的活动,树立和保持企业的声誉和形象。这一目标的达成,不是一朝一夕能够实现的,需要企业长期积累、不断努力才能成功。

(2)从公关的对象来看,公关注重双向沟通。公共关系的对象是公众。物流企业活动的涉及面广,公关对象主要有企业内部公众、媒介公众、客户公众、政府公众、社区公众及与其业务有关的公众等。物流企业进行公共关系活动,就是要一方面将有关产品及企业的各种信息及时、准确、有效地传播给公众,争取公众对企业的了解和理解,提高企业的知名度和美誉度,为企业树立良好的形象;另一方面还要从各类社会群体收集有关市场需求信息、价格信息、产品及企业形象信息、竞争对手信息及其他有关的信息,为协调企业与公众的关系打下了基础。

(3)从公关的手段看,公关注重间接促销。物流企业公共关系活动是通过对各种传播手段的运用,搞好与公众的关系,树立企业的形象,进而促进产品的销售。它不同于广告、人员推销和营业推广,这些策略对促销产品起到直接的作用,而公共关系则比较间接。

4)物流促销公关策划的内容

与其他物流营销策划的流程基本一致,在完成了项目调查研究以后,物流公关活动策划就进入了设计规划阶段。这是公共关系工作中最富有创意的部分。物流公关策划可以分成战略策划和战术策划两个部分。

战略策划指对物流公司整体形象的规划和设计,因为这个整体形象将会在相当长一段时间内连续使用,所以战略策划关系到公司的长远利益。而战术策划则是指对具体公共关系活动的策划与安排,是实现公司战略目标的一个个具体战役。公关策划最根本的任务就是企业形象的战略策划。在每一次具体公关活动中,公关部门究竟要完成什么任务,首先取决于战略策划阶段的形象设计。只有在此基础上,企业才能进一步策划具体的公关活动。总而言之,离开了战略策划,具体的公关活动就失去了灵魂,变成了一种效益低下的盲目投资,有时甚至会产生负面的效果。

(1)物流企业形象的战略策划。

企业形象的战略策划,包括对物流企业未来若干年内生存发展环境的战略预测,物流企业将会遇到哪些竞争对手,物流企业的公众结构及公众的需求将会发生什么样的变化等,企业发展的战略性思考。可以说,物流企业形象的战略策划应成为企业各项工作的基本指导方针。同时物流企业形象的战略策划,要有一定的稳定性,应在至少5年内保持不变。因此意义重大,必须慎重。

在确定了组织的总体形象以后,还要通过具体制订公关活动计划,以保证总体形象的实施。为此要注意以下几点:注意公关目标与企业整体形象的一致性;制订公关计划要避免范围过广,主题不突出;公关活动在完成战略目标的前提下,要有一定的灵活性,包括时间和要求;公关计划要注意上下衔接,为下一次活动留下余地和接口。

(2)物流企业公关活动的战术策划。

当物流企业的战略形象确定以后,具体的任务就是落实它,每一次战术性的公关活动,都是公关战略目标的实现。一般来说,物流促销公关策划的战术形式有以下几种:

①利用新闻媒介扩大企业宣传。

物流企业应争取尽可能多的机会与新闻单位建立联系,通过新闻媒介向社会公众介绍企业及其产品。这么做,一是可以节约广告支出;二是由于新闻媒介具有较高的权威性,覆盖面广,企业借助于新闻媒介的宣传效果要远远好于广告。这方面的工作内容主要包括撰写新闻稿件、编辑企业各类刊物、简讯和年度报告,向新闻界和有关团体及个人散发企业的材料、参加各种社会活动等。

②支持公益活动。

物流企业通过赞助体育、文化教育、社会福利等社会公益事业,使公众感到企业不但是一个经济实体,而且也能主动肩负社会责任,为社会的公益事业作出贡献。这样,必然扩大和提高企业在社会公众中的声誉和地位。

③组织专题公关活动。

物流企业可以通过组织或举办新闻发布会、展览会、联谊会、庆典、开放参观等专题攻关活动,介绍企业情况,沟通感情、增进了解、扩大宣传、树立形象。

④加强内部员工的联系。

物流企业可以组织内部员工进行一些文娱活动、体育活动、旅游或演讲等,还可以组织各种座谈会来交流思想，协调各部门及员工之间的关系。通过开展活动来培养员工的集体意识，增强企业的凝聚力。

4. 技能训练准备

(1) 学生每5人为一个小组，每个小组选1名组长。

(2) 教师现场指导。

(3) 训练时间安排：2学时。

5. 技能训练步骤

(1) 以小组为单位，根据所收集的资料分析物流企业公关策划的内容。

(2) 每组派一位代表陈述结果。

6. 技能训练注意事项

(1) 一丝不苟，熟悉资料。

(2) 归纳内容要围绕企业的实际情况来确定。

(3) 结论要科学合理。

7. 技能训练评价

请完成技能训练后填写附录“技能训练评价表”。

8. 技能训练活动建议

建议在训练前上网查阅更多相关企业的资料。

二、物流促销公关策划的方法

1. 情景设置

2008年北京奥运会举办之时，UPS不失时机地成为独家赞助商，参与比赛门票及奥运器材等多项奥运相关的快递配送。在北京、在广州、在上海，在公交站台、在地铁站、在机场，但凡人流密集的地方，广告牌画面上总会出现穿着棕色制服的UPS工作人员笑意盈盈的表情，或接力、或递送、或手捧鸟巢模型。在电视上、在广播中，“只有一天，这座篮球馆就要变成体操馆”的广告词更无孔不入地插播在两岸及亚洲内部的递送市场的发展。

三年前，当UPS获得北京奥运会首家赞助商资格的时候，大部分人还不清楚它究竟是做什么业务的。甚至在一些新闻媒体中，将其中文译名“联合包裹”与另外一家跨国快递企业混淆。在2006年UPS随机进行的抽查访问中，知道UPS是做什么的人只占访问总数的15%。请分析UPS采用了哪种公共策划的方法，让它的知名度大幅提高。

2. 技能训练目标

能够根据资料掌握公关关系策划的主要方法。

3. 相关理论知识

物流促销公关策略策划作为一种为实现公关目标而采用的方式方法与特殊手段，谋略运用对其策划成功十分关键。物流公关策划的方法很多，在此提供一些常见常用的策略策划方法：

1) 借题发挥法

这是利用一切可以利用的机会和条件，转换局势，争取主动，因势利导推出公关策划，实现公关目标的方法。“借”的关键在于“巧”，即巧妙借用社会的重大变故或事件、组织的重大节日或仪式庆典等。

2)择时造势法

指抓住最有利时机,产生轰动效应,塑造物流企业形象的方法。其关键在于利用环境所提供的机会,抓住最佳传播时机,敢于抢先一步,做"出头鸟"。公关人员应当有敏锐的观察力,善于发现和捕捉机遇。适时地顺势、借势、造势,使组织的知名度和美誉度顺势扩大和提高。

3)目标延伸法

即紧紧围绕宏观目标,延伸推导出企业具体的公关方案的方法。其关键在于使目标同手段相结合,切实可行地帮助目标的实现。

4)以攻为守法

当物流企业与外部环境出现矛盾冲突时,抓住有利时机和有利条件,主动出击,通过迅速调整自身的方针、政策、行为习惯等,以开创新局面的方法。如:通过选择新的顾客群,开辟新市场,开发新的服务产品去改变企业对环境的原有信赖关系;通过改换合作伙伴,减少企业与环境的摩擦冲突;通过"制造新闻"去消除负面影响,形成支持企业的社会舆论等,都可以看作是以攻为守法。

5)异中求同法

异中求同法又称"变换组合法",即把两件或几件本不相干的事联系起来,吸引舆论及公众注意,达到塑造物流企业形象的目的的方法。常用的有赞助体育比赛、赞助文化教育事业、赞助慈善事业等。

6)同中求异法

同中求异法又称为"轰动效应法",即在相同或类似中,寻求与众不同之点加以利用的方法。此方法普遍用于同行公关竞争中。其关键在于别出心裁,做到人无我有、人有我新、与众不同,来达到吸引媒介和公众注意的目的。

7)弘扬优势法

弘扬优势法即针对本企业、本企业代表的优势进行公关策划的方法。目的是使本企业的优势特色更加突出,以争取公众。其关键在于寻找本企业与其他同行企业相比的优势或长处。

8)弥补缺点法

弥补缺点法与弘扬优势法相比,主要是通过巧妙弥补缺点,以使形象更趋完美的方法。企业的负面传闻若属公众误解,应加以澄清;若确属企业本身失误,应加以改进。如服务不完美,可通过价格优惠、提高服务质量等弥补。

9)直接仿效法

直接仿效法即借用他人成功的招式为我所用的方法。中外成功的公关范例数不胜数,值得借鉴和运用的很多,关键在于如何因时、因地、因国家、因环境等具体因素而取舍选用,仿效一定要恰当,要尊重人家的知识产权,要实事求是,力避邯郸学步。

4. 技能训练准备

(1)学生每5人为一个小组,每个小组选1名组长。

(2)教师现场指导。

(3)训练时间安排:2学时。

5. 技能训练步骤

(1)以小组为单位,根据所收集的资料分析归纳企业公关策划的方法。

(2)每组派一位代表陈述结果。

6. 技能训练注意事项

(1)一丝不苟,熟悉资料。

(2)归纳内容要围绕企业的实际情况来确定。

(3)结论要科学合理。

7. 技能训练评价

请完成技能训练后填写附录"技能训练评价表"。

8. 技能训练活动建议

建议在训练前上网查阅更多有关该企业的相关资料。

三、物流促销公关策划方案的制订

1. 情景设置

某年的"315晚会"中报道了某快递公司野蛮分拣的事件,从而使快递行业遭遇了一次前所未有的公关危机,消费者对快递服务产生了极大的抵触心理,快递行业的整体士气都出现了大幅下滑。面对这种状况,某快递公司决定利用一系列的公关活动重拾消费者对快递服务消费的信心。请为该公司拟定一份详细的公关策划方案。

2. 技能训练目标

能够根据快递企业的促销目标、企业实际情况和市场环境制订公关策划方案。

3. 相关理论知识

1)公关活动的策划过程

(1)确定主题,主题是对公共关系活动的高度概括,设计主题时要考虑以下要素:

①公关目标,主题必须与目标相一致,并能充分、精练地表达目标。

②信息特性,主题要富有鲜明的个性和强烈的感召力。

③公众心理,主题要能适应公众心理需要,富有激情、可亲可信。

(2)选择公众。

一个企业面对的公众往往是多方面的,每次公关活动要有所侧重,面面俱到是不现实的。企业需要根据实现目标的需要、宣传的主题去认定哪些人群是本项目公共关系活动必须关注、交流和影响的公众,选择好目标公众才能开展有针对性的公共关系策划活动。这样,公关活动才能重点突出,顺利达到预期的目的。由于不同的公众有不同的经济条件、文化修养、生活习惯、价值观念、利益要求,对企业所持的态度也不尽一样。因此,企业在选择公众以后,还要根据公众的特点选择传播渠道和公关模式。总之,对公众的了解越彻底,公关目标就越有针对性,实行效果也就越好。

(3)选择公关模式。

所谓公关模式,就是指由一定的公关目标和任务,以及为现实这种目标和任务所应用的一整套工作方法构成的一个有机系统。公关模式不同、表现形式不同,其功能也就不同。如新闻传播与赞助活动形式上就有所不同。在制订公关计划时,要根据事先确定的主题选择公众、选择公关模式。

(4)项目设计。

公共关系目标的实现,需要通过具体公共关系项目的实施来逐步接近,直至完成。因此,公共关系策划活动中应当围绕公共关系策划总目标而确定在不同时期进行的各种形式的活动。

(5)媒体整合。

要达到预定的传播效果,公关策划人员必须知晓各种传播媒介的优缺点,并善于通过巧妙组合的方式,根据不同的公共关系策划活动目标,形成优势互补的整合传播效果。

(6)经费预算。

经费预算是公共关系策划活动的"目标"之一,也是对经费开支的控制。策划中精打细算,可以给实施者的判断和决算审核提供依据。经费开支主要包括:日常行政费、实施费、劳务报酬费、项目活动费、机动费用等。

(7)审定方案。

对方案进行评审,进一步优化方案并进行论证,增强方案的可行性和针对性,降低消耗、提高效益,最后形成书面报告,送上级主管部门审核、批准。

2)策划方案书的撰写

一份完整的公关策划书包括以下方面:

(1)标题。

一份完整的公关策划文案,必须有一个标题,使人一目了然这是一份活动策划书而不是一份工作小结或评估报告。标题可以直接写成"××公司××活动策划书",也可以采用点明某一活动主题的词语作为主标题,而将"××公司××活动策划书"作为副标题列在其下。标题要简明易懂。

(2)前言。

前言也称背景介绍,即简略地介绍组织策划这份文案的背景情况。企业的任何一项公共关系专题活动的策划、组织和实施,都不是无缘无故的,均有其特定的背景和需要。只有阐明了这一背景和需要,才能引出具体的策划内容(方案),才能说明举办这一活动的迫切性和意义。脱离了一定活动背景的策划内容(方案)会使人看了不得要领。前言要简明扼要。

(3)调查分析。

公共关系策划是建立在调查分析的基础上的,调查分析是公共关系活动策划的先期工作。调查分析主要是对组织形象作出具体分析,可以从当前组织形象的优势、问题和机会三个方面进行分析,从而明确下步公共关系工作的重点和方向。

调查分析要注重调查对象的代表性,调查手段的适用性,调查方法的科学性,资料收集的真实性和全面性,以及分析结论的可靠性。

(4)目标战略。

为了提高公共关系活动的效果,必须确立公共关系的目标,应根据组织的具体情况选择目标分类,如将目标分成总目标与分目标,长远目标、阶段目标、具体目标等。

目标战略主要考虑所设目标是否符合社会组织的发展战略,是否符合组织形象的定位要求,是否符合公众需要,是否符合社会文化及其发展需要,是否针对组织存在的问题等。

(5)创意说明。

创意是公共关系活动成败的关键。创意是公共关系人员根据调查结论、社会组织形象特性和公众需求进行的一种创造性思维活动，它是整个公共关系活动策划中的点睛之笔。一次富有创意性的公共关系策划活动，能吸引和感染公众，使公共关系传播收到良好的效果。

创意的内容包括：①活动主题。活动主题要新颖，富有独特性和个性，有意境感和吸引力。②活动名称和项目。③标语。④宣传作品等。

(6)媒介策略。

公共关系活动过程是指组织向公众传播信息、双向沟通的过程，因此，正确选择传播媒介是使活动取得成功的重要一环。媒介的选择要有针对性、可行性和有效性。

(7)活动计划。

活动计划是对具体活动的指导。应根据各个活动项目分别制订各项活动计划。活动计划要有周密性、可操作性和具体性。

(8)经费预算。

科学的经费预算是实施活动的保证。经费预算要合理、全面、留有余地。

(9)效果评估。

正确地评估本次活动的效果，有助于组织了解公共关系方案的实现程度，衡量公共关系活动的实际效果，调动公共关系人员的积极性，并为下一轮公共关系活动提供新的信息。效果评估要依据目标实事求是，给出评估的方法。

(10)署名。

这是策划书的最后部分，要签署策划部门或策划人员以及策划时间。

①策划者名。要署名策划部门名称或策划人员名称。

②策划书写作时间。标注策划书的完稿时间，如某年某月某日。

4. 技能训练准备

(1)学生每5人为一个小组，每个小组选1名组长。

(2)企业资料若干份。

(3)教师现场指导。

(4)训练时间安排：2学时。

5. 技能训练步骤

(1)每组发一份企业资料。

(2)以小组为单位，根据提供的企业资料及目前所遇情况进行分析讨论。

(3)按照企业公关活动目标，以及分析结果确定公关活动主题，选择目标公众。

(4)选择公关活动的方式，撰写公关策划方案。

(5)每组派一位代表陈述方案，进行小组之间的方案评比。

6. 技能训练注意事项

(1)资料要进行仔细的分析归纳整理。

(2)归纳内容要围绕企业的实际情况来确定。

(3)策划书要科学合理，确实可行。

7. 技能训练评价

请完成技能训练后填写附录“技能训练评价表”。

8. 技能训练活动建议

建议在训练前上网查阅不同企业的促销公关策划方案。

思考练习

1. 简答题

(1)物流企业公共关系的含义?

(2)物流促销公关策划的主要内容有哪些?

(3)简述物流促销公关策划的形式。

(4)物流促销公关策划的方法有哪些?

(5)简述一份完整的公关策划书包括哪些内容。

2. 思考题

(1)物流企业开展公关活动的根本目的是什么?

(2)物流促销公关策划方案如何制订?

3. 案例题

联邦快递公司祝中国羽毛球队2006"中国大师赛"使命必达

一方是称霸世界羽坛的强队,一方是全球快递业的巨头,两个不同领域的世界领先者于2005年12月20日在北京实现了强强联合:全球最具规模的快递运输公司联邦快递(FedEx)将成为中国羽毛球队2006年至2008年的主赞助商。这已是中国羽毛球队有史以来获得的最大赞助支持。

与以往的赞助不同,此次中国羽毛球队与联邦快递的合作更注重于优势互补,打造强势品牌,达到双赢目标。合作之初,双方即提出了"振羽高飞、使命必达"的互动理念。在签约仪式上,李永波代表中国羽毛球协会和中国羽毛球队对联邦快递的支持表示感谢,他说:"中国羽协非常重视联邦快递计划中对中国羽毛球品牌在全球的推广,这将有利于羽毛球运动在全世界进一步普及和发展。中国羽协相信与联邦快递的合作必将提升各自的形象和品牌效应,双方都将从中获益。"

作为双方活动里程碑性质的起点,2006"中国大师赛"成了这样一个有纪念意义的赛事。从这个比赛起,中国羽毛球队的选手们将全部穿着胸前印有"联邦快递"字样的比赛服参加各类世界大赛。"中国大师赛"是世界羽坛第一个六星级大赛,也是世界羽坛唯一以"大师赛"冠名的比赛。2006年的赛事在3月8~12日在成都市举行,中国队派出队中的全部精英,包括林丹、张宁等赶往成都,参加这次"中国大师赛"。

为本届"中国大师赛"营造氛围,联邦快递公司将在赛事期间隆重推出一系列品牌推广活动,例如,有联邦快递优秀员工、中国区高层领导和部分贵宾到现场观看比赛,与羽毛球有关的相关礼品在联邦快递奖品中心闪亮登场等,与大家一起见证中国羽毛球队的辉煌战果。

联邦快递是一家从梦想开始起飞的企业,为世界开创了一种全新的快递运输模式,如今已成为公认的全球快递业巨头,每天有670架飞机承载着联邦快递人的梦想在世界的天空飞翔。联邦快递也已是众多世界重要体育产业的赞助商,其中包括对F1宝马威廉姆斯车队的赞助。联邦快递的这些成功营销经验,为其在中国的新尝试提供了信心保证。联邦快递中国区总裁陈嘉良对与中国羽毛球队合作的前景充满信心:"中国羽毛球队勇于拼搏、不断争胜的健康形象,将为联邦快递的品牌创造一种充满活力的形象,进一步提高品牌认知度。"他还表示:"同中国羽协的合作,使我们有机会把联邦快递在世界其他地区的体育营销经验引入中国,从而进一步推动中国羽毛球运动。"

问题:通过实例分析物流企业公共关系策略。

项目四　营业推广策划

教学要点

(1)熟练掌握物流企业营业推广策划;

(2)通过案例分析物流企业针对消费者或中间商的营业推广策划方案。

教学方法

可采用讲授、情景教学、案例教学和分组讨论等方法。

一、针对消费者的营业推广

1. 情景设置

合理的营业推广方式能对企业在短时期内的促销起到很好的效果。营业推广方式很多,请在了解自己所就读学校的情况下,以"绿色物流、节约能源"为主体,开展一次营业推广策划活动。

2. 技能训练目标

能够根据所就读学校的实际情况选择合适的营业推广方式开展策划活动。

3. 相关理论知识

物流企业营业推广是指在短期内能够迅速刺激物流需要,吸引客户,增加物流需求量的各种促销形式。物流营业推广在物流服务中的各个阶段都是有效的,可以用来吸引注意,产生兴趣,诱发欲望,刺激购买。

1)营业推广的特点

物流企业的营业推广具有以下一些特点:

(1)刺激效果显著。在开展营业推广活动中,可选用的方式多种多样。一般来说,只要能选择合理的营业推广方式,对消费者和用户产生相当的吸引力的,会很快地收到明显的促销效果。营业推广向消费者提供了一个特殊的购买机会,使消费者有一种机不可失的紧迫感,促使消费者马上购买。因此,营业推广的效果是立竿见影的,而不像广告和公共关系那样需要一个较长的时期才能见效。

(2)营业推广是一种辅助性促销方式。人员推销、广告和公共关系都是常规性的促销方式,而营业推广方式则是非经常性的,只起到一种辅助的作用。所以物流企业在开展促销活动时,一般不会单独使用营业推广手段,而是配合其他促销方式使用,这样才能使营业推广更好地发挥作用。

(3)营业推广有贬低产品之意。采用营业推广方式促销,使顾客产生"机不可失、时不再来"之感,但同时也让消费者感觉企业是想急于出售产品,若频繁使用或使用不当,会使顾客怀疑产品或服务的质量有问题,或价格定得不合理等。因此,企业在开展营业推广活动时,要注意选择恰当的方式和时机。

做好营业推广关键的工作是策划。所谓营业推广策划就是根据企业的要求,对营业推广的组织、推广目标、策划内容、实践把握以及营业推广中的其他问题进行全面、细致的安排和规划，制订出有影响力、有效的行动方案，并将方案付诸实施，以达到激励士气、销售产品的目的。

2）针对消费者的营业推广策划

（1）赠送附加服务。

赠送附加服务是指物流企业在为客户提供物流服务的时候，可以根据客户所购买服务的数量、类别的情况，免费地为客户提供一些附加的增值服务。这样可以让消费者感觉到实惠，同时让他们感觉企业在真诚地为他们着想，有利于提高物流企业在客户心目中的形象，吸引更多的客户。

（2）赠送优惠券。

赠送优惠券是指物流企业可以通过多种方式将优惠券发到消费者手中，有此优惠券的消费者在购买本企业的物流服务时可以得到一定的价格折扣。一般来说，优惠券的持有通常是对企业有直接或间接贡献的消费者，或者是影响较大、与企业业务关系密切的长期客户，也有一部分是企业要争取的新顾客。这种优惠券的形式，有利于刺激消费者使用老产品，也可以鼓励消费者认购新产品。

（3）退费优待。

退费优待是指物流企业可以根据客户所购买服务的数量和价值情况，给予客户一定的退费。如果客户购买的物流服务数量很多，就可以享受一定的退费，购买数量越大，折扣越多。这样可以鼓励客户在日后更多的购买物流企业的服务产品，把企业更多的物流业务外包给物流企业。

（4）折价优待。

折价优待是指物流企业可以根据市场竞争情况的变化、消费者的心理变化以及自身企业的经营情况，在一定时期调低特定服务产品的售价，减少自身利润以回馈消费者。折价优待可以有效地与竞争者相抗衡，增加市场份额，从长期来看，也扩大了利润。

（5）展销。

展销是指通过展销会的形式，使消费者了解商品，增加销售的机会。物流企业在参展时，可以突出企业的产品特色，吸引消费者的注意力。可以说，参展是难得的营业推广机会和有效的促销方式。

4. 技能训练准备

（1）学生每 5 人为一个小组，每个小组选 1 名组长。

（2）卡片若干张。

（3）教师现场指导。

（4）训练时间安排：0.5 学时。

5. 技能训练步骤

（1）以每位学生为单位，根据学校实际情况在卡片上写出具体营业推广的方式并进行设计。

（2）各组通过卡片询问法，汇总并讨论方案。

（3）每组派一位代表陈述结果。

6. 技能训练注意事项

（1）卡片汇总后要进行仔细的归纳整理。

（2）归纳内容要围绕学校的实际情况来确定。

(3)策划方案要科学合理,要确实可行。

7. 技能训练评价

请完成技能训练后填写附录“技能训练评价表”。

8. 技能训练活动建议

建议在训练前对所就读学校情况进行细致调研。

二、针对中间商及推销人员的营业推广策划

1. 情景设置

运输服务中间商通常不拥有经营运输设备,但能向其他厂商提供间接服务。他们的职能类似于营销渠道中的批发商。典型的中间商开始从各种托运人手中汇集一定数量的装运需求,然后购买运输。某物流公司近期计划针对他们的运输服务中间商开展营业推广促销活动,以调动中间商的销售积极性,请为该物流企业选择合适的营业推广方式并进行策划设计。

2. 技能训练目标

能够根据企业的实际情况选择合适的营业推广方式开展策划活动。

3. 相关理论知识

1)针对中间商的营业推广策划

(1)销售竞赛。物流企业为了激发中间商推销本企业物流服务产品的积极性,规定一个具体的销售目标,对完成销售目标的中间商给予一定奖励。但这个目标应该是中间商有可能达到,且经过努力才能达到的目标。

(2)产品交易会和展示会。企业定期或不定期地组织和举办各种形式的服务产品交易会和展示会,可以在交易会上利用多媒体、展板等展示企业的服务过程(如仓储、配送等服务过程)及物流设施设备,以吸引中间商的兴趣,并以此来洽谈业务,增加交易。

(3)让利销售。企业通过交易折扣、返利或返点、广告津贴、采购费用津贴等方式,让利给中间商,调动其销售积极性。其中交易折扣有现金折扣、数量折扣、季节折扣等形式。

(4)提供公共实施。对于中间商开展的某些活动企业提供相应的材料或设备。如宣传画、展板、多媒体宣传工具等。

(5)服务促销。企业通过给中间商提供更多的服务支持调动其积极性,如开展业务会议、提供市场营销方案、发行内部刊物、培训销售人员、采购支持、退货保证等。

2)针对推销人员的营业推广策划

(1)销售奖励和销售提成。根据完成销售量的情况给予一定奖励,或按销售比例提成。这两种方式对推销人员刺激较大,有利于提高他们的推销积极性与主动性。

(2)免费提供培训与技术指导。物流企业为促使推销人员更好地推销物流服务产品,对他们进行相关知识的培训及技术指导,如推销技巧、物流产品知识的介绍。使推销人员的销售能力得以提高,有助于服务产品的销售及企业市场的拓展。

3)开展营业推广时应考虑的因素

(1)营业推广的目标。营业推广必须有明确的目标,物流企业应根据目标市场的特点和企业的整体营销策略来确定营业推广的目标,依据推广的目标制订周密的计划。

(2)营业推广的对象。各种营业推广的手段针对不同的客户、中间商、推销人员所起的作用是不同的。因此，企业在进行营业推广时，应根据已确定的目标，因时、因地制宜选择推广对象。

(3)营业推广的途径。物流企业应根据企业业务的覆盖面及营业推广的预算费用，选择既能节约推广费用，又能收到最佳效果的营业推广手段。

(4)营业推广的时机。营业推广的时机很重要，如果时机选择得好，能起到事半功倍的效果。物流企业应综合考虑产品的生命周期、市场的竞争情况、客户及中间商的营业状况等制订营业推广的实施方案。

(5)营业推广的期限。营业推广期限的选择必须符合企业市场营销的整体策略，并与其他经营活动相协调。时间太短会使一部分客户来不及购买；时间太长，又会使人产生变相降价的感觉，从而影响企业的声誉。因此，推广期限的选择必须要恰到好处。

(6)营业推广的费用。营业推广是企业促销的一种重要方式，通过营业推广可以使企业的营业额增加，但同时也增加了销售成本。企业应权衡推销费用与企业收益的得失，把握好费用和收益的比值，确定营业推广的规模和程度。

4. 技能训练准备

(1)学生每5人为一个小组，每个小组选1名组长。

(2)卡片若干张。

(3)教师现场指导。

(4)训练时间安排：0.5学时。

5. 技能训练步骤

(1)以每位学生为单位，根据企业情况在卡片上写出具体营业推广的方式并进行设计。

(2)各组通过卡片询问法，汇总并讨论方案内容进行统一。

(3)每组派一位代表陈述结果。

6. 技能训练注意事项

(1)卡片汇总后要进行仔细的归纳整理。

(2)归纳内容要围绕企业的具体情况来确定。

(3)策划方案要科学合理，要确实可行。

7. 技能训练评价

请完成技能训练后填写附录“技能训练评价表”。

8. 技能训练活动建议

建议在训练前上网收集更多其他物流企业的相关资料。

思考练习

1. 简答题

(1)简述物流企业营业推广的概念。

(2)物流企业营业推广的主要特点有哪些？

(3)物流企业针对消费者的营业推广策划有哪些？

(4)物流企业针对中间商的营业推广策划有哪些？

2. 思考题

企业为什么要开展营业推广活动？

任务七 物流营销网络策划

内容简介

通过本任务的学习，了解物流企业营销网络的类型，并分析营销网络的经济性，理解影响其策划的因素，并确定物流市场营销网络目标，作出选择，评价物流市场营销网络的适应性和可行性，对物流营销网络进行有效管控。

教学目标

1. 知识目标

(1)了解物流营销网络的类型、分析营销网络的经济性；

(2)掌握影响物流营销网络策划的因素；

(3)掌握物流市场营销网络目标。

2. 技能目标

(1)能辨别物流营销网络的类型；

(2)会分析物流营销网络策划的因素；

(3)能对物流市场营销网络作出选择；

(4)能对物流市场营销网络的适应性和可行性作出评价；

(5)能管控物流市场营销网络。

案例导入

扩大直销网络，应对全球竞争

面对集装箱运输行业的特点，考虑到下面的因素：

1)集装箱市场供过于求，若使用中间商会造成货源不稳的市场局面。

2)方便控制运价，以便运用价格手段展开竞争。

3)直接与货主接触，拜访客户，了解客户需求，有利于更好地为顾客服务。

中远集团在主要目标市场设立自己的办事处，大力拓展直销网络，加强与顾客的直接接触，实施直销网络形式后，其揽货能力大大增强，提高了市场竞争力。而市场的领导者——集装箱班轮运输巨头马士基的营销网络中，直销比例已达到70%以上。

国泰的市场营销战略

香港是国际自由港，其优越的地理位置和良好的经济商业氛围吸引了世界众多著名航空巨头纷纷在香港开展货运业务，如大韩航空、极地货运航空、UPS、联邦快递、美西北航、汉沙航、英航、快达航，可以说世界五大洲的航空公司都有航班来往于香港。面临着激烈的市场竞争，国泰采取了以下营销战略。

1)经营理念

国泰航空货运认为：它作为基地航空公司如果运价低于其他公司的话，就有可能造成市场混乱，给代理人造成负面影响。并且香港专门成立了由各航空公司组成的运价政策委员会，目前由国泰航空出任该委员会会长，主要任务就是协调各航空公司之间的运价。航空公司之间的竞争比较规范，因为各公司也不愿意看见市场出现无序竞争的混乱局面。香港97%的货运市场被代理人所占据，而且代理人在航空货运市场行为规范，不乱降价竞争。

2）优质服务

国内航空也经常提及“优质服务”的营销概念，但是往往流于形式。国泰在优质服务方面则有不少创新，比如积极推行电子商务，代理人可以通过网络查询货物的流程，这种网络服务既节省人工成本，也能让代理人方便快捷地获得信息。国泰企业宗旨之一：Service Straight From the Heart（服务发自内心），作为世界知名的航空企业，它并不是简单地要求一些表面的、形式化的东西，每年两次，管理层都要对下属进行业绩考核，考核内容共四个方面，其中一个方面就是服务改善情况。

3）良好的产品组合

任何一家企业都需要依赖其产品组合去赢得市场的份额。国泰货运具有比较广泛的航空网络渠道，在北美洲、欧洲和澳洲、东南亚、日本和韩国都有每日定期航班，并且使用747、777、340等大型客货机运营，其频率、起降时间都占有优势地位。香港国际机场是世界第四大空港和第二大航空货运口岸。国泰货运在此有利的经营环境中不断推出新产品，比如，国泰货运自己推出航空快递服务AAX，即在限定时间内，将确保货物安全运抵目的地，并提供优质服务。在欧洲和北美，它和一些卡车公司达成合作协议，利用卡车服务继续提供延伸的货运服务。

4）强强联手

国泰货运和汉莎货运联手，香港至法兰克福的货机航线上只有这两家公司运营，因而它们就采取类似联营的方式，来保持运价的稳定。同时，国泰还和敦豪国际（DHL）这家世界快运公司合作，DHL利用国泰客运飞机运送其快件物品。在客机中，国泰限制旅客人数，将舱位让给快件货物。因为通过仔细核算，国泰发现承运快件的收入要高于满座情况下的机票收入。因此，国泰管理层同意和DHL的合作时“重货轻客”，并且这类航班都是利用夜航飞机。通常是在凌晨1:00～2:00在香港国际机场运作。

和代理人建立伙伴关系。

国泰将代理人视为合作伙伴，以平等的地位对待大、中、小代理人，而且国泰一般不直接和真正的货主打交道，国泰和代理人建立长期的合作关系。在客运方面，“常旅客俱乐部”的概念已经深入人心。国泰货运部根据此概念也建立了“常货主俱乐部”，他们取名为“Cargo Elite Club”。国泰根据代理人每年发货量的大小，确定30～50家公司，然后每家公司确定1～2人为俱乐部成员，成员可以享受一系列优惠政策，比如在乘机时，可以优先登机，可以免收超重行李费。此俱乐部的目的主要是让代理人感受到一种被尊重的地位。国泰货运销售人员经常拜访代理人，而不是等着代理人上门，而且货运销售人员是专线专管，每人专门负责某一航线，并且负责和所有利用这条航线的代理人打交道。

引导思路

（1）中远集团为什么面对集装箱市场采用直销营销网络策略？采用这种策略对物流企业有何启示？

（2）面对激烈的市场竞争，国泰采取的营销战略体现在哪些方面？

(3)物流营销网络有多少种?

(4)物流企业进行营销网络设计时应该考虑哪些问题?

项目一　物流营销网络分析

教学要点

(1)利用网络,收集物流营销网络的相关资料;

(2)由小组讨论,选择某种物流营销网络的类型;

(3)拟订一份物流营销网络的调查计划书;

(4)设计制作一份调查表。

教学方法

可采用讲授、情景教学、案例教学和分组讨论等方法。

一、物流营销网络的类型

1. 情景设置

目前快递业发展迅速,国家对快递业发展给予高度重视和政策支持,为了更好地促进快递业高质量的发展,请调研快递市场的营销网络类型,为拟订营销网络调研方案确定具体的调研内容。

2. 技能训练目标

能够根据快递企业的战略目标、企业的状况、目标市场的特点来确定快递业营销网络调研的内容。

3. 相关理论知识

有些产品或服务滞销,并不一定是因为没有市场没人购买,而是因为没有适当的营销网络。物流营销网络是物流市场营销组合的一个重要因素,物流服务的营销网络策略就是物流企业为目标客户提供服务,是对所使用的位置和网络所作的决策,它是物流企业通过合适的途径,相对低的成本,将产品按要求及时送达目标顾客的过程。

1)物流营销网络的概念

(1)市场营销网络。

市场营销网络是指某种产品和服务在从生产者向消费者转移的过程中,取得这种产品和服务所有权或帮助权转移的所有企业和个人。

物流企业营销的产品是无形的服务,其内涵与有形产品的营销网络有所不同。物流企业营销网络是指物流服务从供应商向客户转移所经过的通道,其基本构成是供应商、中间商和代理商、消费者。起点是物流企业(物流服务产品的供应商),终点是对物流服务有需求的消费者,中间环节是为实现物流活动而进行货源组织的各种中间商等,包括车站、码头、机场等场站组织,航运代理、货运代理、航空代理、船务代理以及受物流公司委托建立的售票点、揽货点等代理商,铁路、公路、水路、航空运输公司等联运公司。物流企业营销网络的基本模式如图 7-1 所示。

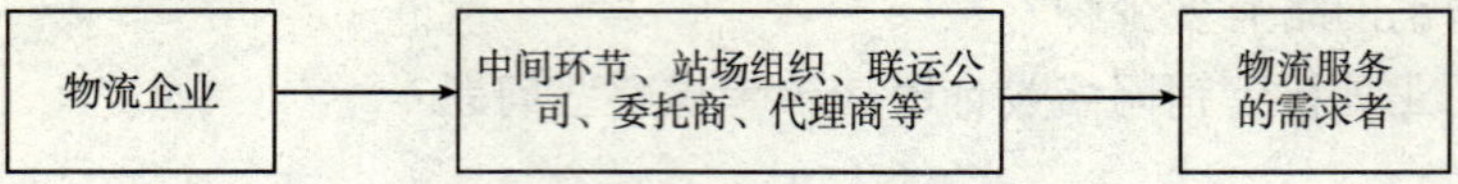

图 7-1　物流企业营销网络基本模式

(2)营销网络的职能。

营销网络的基本职能在于把自然界提供的不同原料根据人类的需要转换成有意义的产品组合。制造商大批量地生产种类较窄的服务产品,而消费者小批量地需要种类较宽的产品。在物流服务营销网络中,中间商从许多物流企业那里购买大量产品,然后把它们分成消费者要求的较小批量和较宽分类。因此,物流服务营销网络在协调供给和需求方面发挥着重要作用。物流服务营销网络的主要职能如下:

①研究,即收集并研究制订计划和帮助交换的有关信息。

②促销,即进行有关所供应服务的说服性沟通。

③接洽,即寻找预期购买者并与之沟通。

④配合,即定形和完善供应服务,使之符合消费者的需要。

⑤谈判,即达成有关供应服务价格和其他条款的协议,以便转移所有权或占有权。

⑥物流,即商品的运输和存储。

⑦理财,即获取和使用资金以支付网络运转开支。

⑧风险承担,即承担与网络工作有关的全部风险。

(3)营销网络的层次。

营销网络通常按网络层次数目来进行分析。零层网络指没有中间机构,通常叫做直接营销网络。一层网络含有一个中间机构,二层网络含有两个中间机构,三层网络含有三个中间机构,更多层次的营销网络较少见。图 7-2 给出了不同层次的营销网络的基本框图。

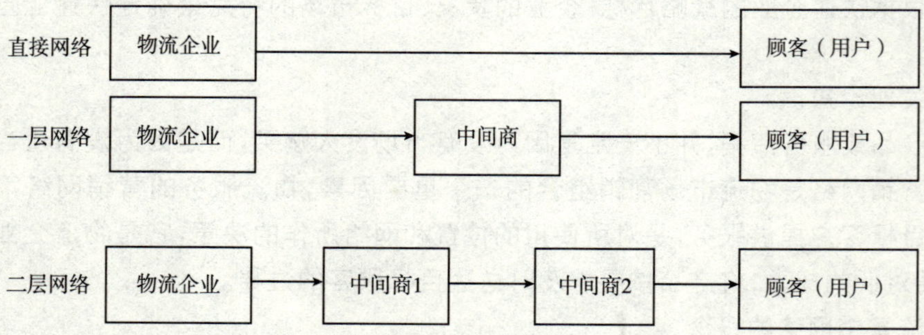

图 7-2　不同层次的营销网络

(4)物流营销网络的特点表现在:

①层次少。

物流服务作为物流业的产品,由于它具有产品的生产与消费同时发生的特点,所以在营销网络的层次上,物流服务的营销网络绝大多数为直接营销网络(即产品从生产者流向最终消费者的过程中不经过任何中间商转手的营销网络)。同时,即使存在中间商,其作用也是比较有限的。

②可控制性强。

由于物流服务营销网络具有层次少的特点,所以在日常的业务活动中,物流企业可以对自身服务产品的营销进行直接地控制,不会像其他产品的营销活动因受其他因素影响过大,进而影响到销售行为使其不能达到最初的营销期望。

2)物流营销网络的类型

物流营销网络可按照不同的标志划分为不同的类型。

(1)直接网络和间接网络。

直接网络,指物流企业直接将服务产品销售给客户,无需中间商参与。采用直接营销网络有许多优越性:

①物流企业可以对销售和促销服务过程进行有效的控制。

②可以减少佣金,便于企业控制服务价格。

③可以直接了解客户需求及其变化趋势。

④便于企业提供个性化的服务。

由于具备以上的优点,直接营销网络是目前绝大多数物流企业首选的网络模式。物流企业通过推销人员、广告、电话及互联网等扩展业务。由于互联网的迅速发展,物流企业纷纷利用这一先进的媒介推广服务。例如,美国的联邦快递公司(FedEx)在1995年开通网站,可以使客户实时提交业务、跟踪运输公司、得知抵达时间等。

间接网络,是物流企业通过一些中间商来向客户销售物流服务的网络模式。物流业的特点决定了物流业无批发商与零售商,物流中间商即为代理商。代理商是直接受物流企业或客户的委托从事物流服务购销代理业务的中间商。代理商只在物流企业与客户之间起媒介作用,通过提供服务来促成交易并从中赚取佣金。尽管代理商的作用是有限的,但是对于物流企业而言,采用代理商仍然有以下优点:

①比直接销售投资更少,风险更小。

②代理商可以适应某一些地区或某一些细分市场的客户特殊要求。

③有利于物流企业扩大市场覆盖面。

④可以延伸信息触角,拓宽信息来源。

(2)长网络和短网络。

一般说来,中间环节越少,网络就越短,一层网络通常称为短网络。而中间环节越多,网络就越长,多层网络通常称为长网络。这种划分,有利于营销人员集中考虑对某些中间环节的取舍,形成长或短,或长短结合的多种网络策略。

(3)宽网络和窄网络。

按网络中每个层次的同类中间商数目的多少,分为宽网络和窄网络。宽网络是指物流企业同时选择两个以上的同类中间商,向物流服务的需求者实施产品的营销服务。窄网络是指物流企业在某一地区或某一服务产品门类中只选择一个中间商为自己销售服务产品,实行独家营销服务。一般说来,物流企业对一些生产资料和少部分专业性较强或较贵重的消费品提供物流服务时,可采用窄网络进行。

3)物流企业营销网络系统

物流企业营销网络系统是营销网络成员之间形成的相互联系的统一体系,这一体系的形成是物流运作一体化的产物。目前,物流企业的营销网络系统大体有以下几种结构。

(1)垂直营销系统。

垂直营销系统是指由物流企业及其代理商所组成的一种统一的联合体。这一联合体由有实力的物流企业统一支配、集中管理,有利于控制网络各方的行动,消除网络成员为追求利益而造成的冲突,进而提高成员的效益。垂直营销系统主要有公司式、管理式和合同式。

①公司式垂直营销系统。

公司式垂直营销系统是在一家物流企业拥有属于自己的网络成员，并进行统一管理和控制的营销网络系统。在这个系统中，通过正规的组织进行网络成员间的合作与冲突控制。中国储运总公司在推行现代企业制度过程中，建立了以资产为纽带的母子公司体制，理顺了产权关系，其所属64个仓库在全国各大经济圈中心和港口，形成了覆盖全国、紧密相连的庞大网络，成为其跻身物流服务市场的强大基础。由于同属一个资本系统，公司式的营销系统中各成员的结合最为紧密，物流企业对营销的控制程度也最高。

②契约式垂直营销系统。

契约式垂直营销系统是指为了取得单独经营时所不能得到的经济利益或销售效果，物流企业与其网络成员之间以契约形式的营销系统。这一系统的紧密程度要逊色于公司式。比如一个物流企业可以同时授予多加代理企业代理权，这种系统的紧密程度不如公司式垂直营销系统。

③管理式垂直营销系统。

管理式垂直营销系统是指不通过共同所有权或契约而是以网络中规模大、实力强的物流企业来统一协调物流服务销售过程中网络成员各方利益的营销系统。

(2)横向营销系统。

横向营销系统是通过本行业中各物流企业之间物流运作管理的合作，开拓新的营销机会，以提高物流效率、获得整体规模效益。

(3)网络化营销系统。

网络化物流营销系统是指垂直营销系统与横向营销系统的综合体。当某一企业物流系统的某个环节同时又是其他物流系统的组成部分时，以物流为联系的企业关系就会形成一个网络关系，即为物流网络。这是一个开放的系统，企业可自由加入或退出，尤其在业务最忙的季节最有可能利用到这个系统。物流网络能发挥规模经济作用的条件就是物流运作的标准化、模块化。

4. 技能训练准备

(1)学生每5人为一个小组，每个小组选1名组长。

(2)卡片若干张。

(3)教师现场指导。

(4)训练时间安排:2学时。

5. 技能训练步骤

(1)以每位学生为单位，在卡片上写出要调研的内容。

(2)各组通过卡片问询法，收集要调研哪些问题，问题汇总后确定要调研的内容。

(3)以组为单位完成公司调研内容的确定。

(4)每组派一位代表陈述结果。

6. 技能训练注意事项

(1)一丝不苟，认真填写卡片。

(2)卡片汇总后要进行归类。

(3)调研内容确定要准确、有依据。

7. 技能训练评价

请完成技能训练后填写附录“技能训练评价表”。

8. 技能训练活动建议

建议组织学生先到网上查询知名物流企业营销网络的类型。

二、分析营销网络的经济性

1. 情景设置

某物流企业在三个地区进行物流服务，其预期服务产值分别为 1500 万元、500 万元和 2000 万元，总额 4000 万元。一年下来，三个地区的实际产值分别是 1400 万元、525 万元、1075 万元。就预期产值而言，第一个地区有 7% 的任务没有完成，第二个地区则有 5% 的超出额，第三个地区却有 46% 未完成。请进行该企业营销网络的经济性分析，并就其预期与结果的差异进行原因分析。

2. 技能训练目标

能够进行物流企业营销网络设置标准中的经济性分析，并找出其中原因。

3. 相关理论知识

经济性即比较每一个网络可能达到的销售额水平及费用水平。在物流企业营销网络设置的评价标准中，经济性标准最为重要。因为企业是追求利润而不是仅仅追求对企业营销网络的控制性。经济性分析可以用许多企业经常遇到的一个决策问题来说明，即企业应使用自己的推销力量还是应使用代理商。这两种方案可导致不同的销售收入和销售成本。判别一个方案好坏的标准，不应是其能否产生较高的销售额和较低的成本费用，而是能否取得最大利润。

1）经济性指标

（1）计划标准。

计划标准是评价效益的基本标准。以计划标准为尺度，就是将效益实际达到的水平同计划指标进行对比。这反映了效益计划的完成情况，并在一定程度上展现了第三方物流企业的经营管理水平。

（2）历史标准。

以历史标准为尺度，是将某项物流效益指标实际达到的水平同上年同期水平或历史最高水平进行对比，观察这种指标是否达到了最佳状态。这种纵向的对比，能够反映出效益指标的发展动态及其方向，为进一步提高物流管理效益的潜力提供依据。

（3）行业标准。

将全球、全国或本地区同行业已达到的先进水平作为评价效益的尺度。这种横向的对比，便于观察和表现企业本身所处的位置，便于发现差距，并可作为企业制订战略的基础。

（4）客户标准。

用顾客对企业的反映和认可程度来衡量第三方物流企业的效益。第三方物流企业是联系供应方和需求方的桥梁和中介，供应方和需求方的反映是第三方物流企业服务水平和效果的直接体现，是第三方物流企业改进和提高物流服务水平的依据。

2）基本业务效益评价

（1）业务完成额。

业务完成额是指在一定的时期内，第三方物流企业经营活动经财务核算的、实际完成的各项业务额的总和。它包括两个部分：各项代理业务额和其他业务额，反映了第三方物流企业业务活动在一定的时期内生产和客户的需要程度。在保证服务质量的前提下,实际业务完成额越多,表明第三方物流企业效益越好。业务完成额是衡量第三方物流企业效益的基本指标。

(2)合同执行率。

合同执行率指标是指在一定时期内,第三方物流企业实际执行合同数的百分比,它是衡量第三方物流企业工作服务质量的指标之一。第三方物流企业在一定的人力、物力和财力条件下,执行和完成的合同数占签订合同数的比例越高,表明企业的工作服务质量越好。合同执行率指标的作用主要是防止第三方物流企业签订空口合同,树立企业的信誉,其计算公式为:

$$合同执行率 = 合同实际执行数/签订合同数 \times 100\%$$

(3)差错事故率。

差错事故率指标是指一定的时期内,第三方物流企业在业务的经营过程中发生的差错事故项数与已执行业务总额项数的百分比。由于外部环境不确定的因素较多,造成事故的原因有主观的也有客观的,但事故差错率是对企业总体服务质量的反映,其计算公式为:

$$事故差错率 = 事故差错项数/执行业务项数 \times 100\%$$

(4)费用率。

费用率指标是指在一定时期内,第三方物流企业全部业务经营活动支出的各项费用总额占各项业务收入总额的百分比。它是衡量第三方物流企业效益的一项综合性指标,其作用表现在:促进企业加强经营管理,提高效益。

评价营销网络的经济效益,必须认真分析在营销网络中发生的各种费用,这些费用的总和称为营销网络费用,一般指零售总成本与制造成本之差。营销网络费用总量的大小以及各种费用之间的比例关系,直接影响到有关成员单位的利润。它由如下项目构成:

①直接人员费用,包括物流企业的直销人员、流通企业的销售人员、促销人员、服务人员的工资、奖金、差旅费、培训费、交际费等。

②促销费用,包括广告媒体成本、赠奖费用、促销方案设计与执行管理费等。

③仓储费用,包括租金、维护费、折旧、保险、存货成本等。

④运输费用,包括托运费用等。如果是自有运输工具,则要计算折旧、维护费、燃料费、牌照税、保险费、司机工资等。

⑤包装与品牌管理费用,包括包装费、服务产品说明书费用、品牌制作费、品牌管理费等。

⑥其他营销费用,包括营销管理人员的工资、办公费用等。

评价营销网络费用主要采用两个原则:一是费用比例与功能地位的匹配性;二是费用增长与销售增长的对应性。

合理的营销网络费用构成应当是与营销功能分配相匹配的。各个营销网络功能的有效运行都需要一定的费用作保证。重要的、难度大的营销功能应当配备较多的网络费用。根据价值工程原理,每项必要的、有意义的网络功能都可以按照其重要性、执行的难度和占用专用资源的价值,赋予一定的功能系数。有关功能执行中耗用的成本与物流总成本之比就是有关功能的费用系数。合理的费用分配应当是对于每一项功能来说,费用系数与功能系数之比都等于1。如果不是这样,则说明有些费用支出是不合理的,应当查明原因,设法予以控制。

从总量上看，物流成本与服务产品销售额应保持一个合理的比例关系，但经常出现的问题是物流成本在大幅度地增长，而服务产品销售额却增长缓慢。在市场竞争十分激烈的情况下，很可能会出现这样的问题，因为不少物流成本支出的效果被竞争抵消了。而从物流内部来看，成本超过服务产品销售额的增幅，则表明部分网络营销功能减弱了，它们缺乏强劲的顾客吸引力和竞争力。因此，要采取得力措施，扭转费用增长的局面，理想的情况是物流费用的增长幅度应低于物流产品销售额的增长幅度。

(5)全员劳动效率。

全员劳动效率是指在一定时期内，第三方物流企业实际完成的业务总管与平均人数的比值。它是企业活劳动效益的反映，其作用表现在：促进企业加强劳动监管，提高劳动效率。

(6)定额流动资金周转天数。

定额流动资金周转天数是第三方物流企业在一定时期内定额流动资金周转一次所需的时间，通常以天为单位。它表明第三方物流企业资金的利用效果，其计算公式为：

定额流动资金周转天数 = 计划期定额流动资金/资金周转次数 × 100%

(7)利润。

利润主要指利润总额，是指第三方物流企业在一定时期内，组织物流过程中，收支相抵后的余额。它是衡量第三方物流企业经营管理水平和效益的综合性指标，即一个企业是否成功的标志，其计算公式为：

利润总额 = 收入总额 - (物流费用 + 管理费用 + 税金)

(8)资金利润率。

资金利润率是指在一定时期内，实现的利润总额占企业资金固定资金平均占用额和定额流动资金占用总额的百分比。它是评价第三方物流企业效益的一项综合性指标，其计算公式是：

资金利润率 = 利润总额/资金占用总额 × 100%

4. 技能训练准备

(1)学生每5人为一个小组，每个小组选1名组长。

(2)卡片若干张。

(3)教师现场指导。

(4)训练时间安排：2学时。

5. 技能训练步骤

(1)以每位学生为单位，在卡片上写出物流企业营销网络的经济性标准，并分析情景中物流公司产值出现差异的原因。

(2)各组通过卡片问询法，互相提问分析经济性标准的问题。

(3)以组为单位进行竞赛，得分最高者为胜方。

(4)每组写出针对本组活动的总结。

6. 技能训练注意事项

(1)一丝不苟，认真填写卡片。

(2)卡片汇总后要进行归类。

(3)提问要有依据、要准确。

7. 技能训练评价

请完成技能训练后填写附录“技能训练评价表”。

8. 技能训练活动建议

建议学生到互联网上搜索物流企业的经济数据。

三、影响物流营销网络策划的因素

1. 情景设置

随着国家西部大开发进程的加快，兴发物流公司准备进军西南市场，开展小件配送服务，为了更好地促进小件配送业务的顺利实施，请通过调研总结出该公司物流营销网络策划的影响因素，并针对具体情况为该公司发展提出建议。

2. 技能训练目标

能够根据物流企业的战略目标、企业的状况、目标市场的特点来确定物流市场营销网络的影响因素。

3. 相关理论知识

物流企业营销网络类型的选择，是网络决策中的一个重要内容。影响物流企业营销网络的因素很多，归纳起来主要有以下几个方面。

1）物品和服务

物流企业进行网络选择，既要考虑物流企业本身的运输线路、仓储能力和信息咨询服务能力，又要考虑所运送物品的性质。如一些特殊货物对运输线路与运输工具有特殊的要求，就不宜使用中间商来承担服务。从所运物品来考虑，在选择营销网络时要注意：

（1）物品的大小和重量。

体积大、重量重的物品，一般应尽量选择最短的营销网络，以保证货物按期到达。如大型机电设备等，可以使用窄而短的营销网络。

（2）物品的耐腐性。

物品是否会迅速腐烂，容易损坏，是运输和储存中一个非常关键的问题。易腐、易毁的物品，应尽量缩短营销途径，迅速地把物品传递到顾客手中，一般都要求网络较短。

（3）物流服务的标准化程度。

一般来说，网络的长度和宽度与物流服务的标准化程度成正比，标准化程度高，则可以使用较长的网络。

（4）服务解决方案的技术性。

技术要求比较复杂、运作过程要求较高的物流服务产品，可以使用窄而短的营销网络。

2）物流企业自身因素

物流企业自身的因素，如经营实力、品牌知名度、营销能力、控制网络的愿望等，是进行营销网络决策的内部制约因素。

（1）物流企业的经营实力。

经营实力包括企业的规模和财力状况。如果企业的规模较大并且财力雄厚，其选择营销网络的余地较大，可依据具体情况进行选择。相反，实力较弱的企业则比较适合选择间接网络，依靠代理商的力量开拓市场。

（2）物流企业品牌的知名度。

品牌知名度高的物流企业营销网络可有多种选择，既可以利用品牌直接吸引客户，也可以利用品牌优势发展与代理商的合作；而不具备较高品牌知名度的企业则需要经验丰富的代理商来帮助其打开市场,采用间接网络。

(3)物流的营销能力。

物流企业自身的营销能力主要涉及其财力水平、营销人员的经验和管理能力。物流企业自身资金实力越雄厚,越可以自由选择营销网络;物流企业的营销人员和管理经验方面的条件较丰富,则能够依靠自己的力量自行销售网点,采用直接网络。而如果情况相反,则物流企业适宜采用间接网络进行销售活动。

(4)物流企业控制网络的愿望。

如果物流企业希望有效地控制营销网络就应建立直接网络,但是,这样会使企业花费更多的人力、物力、财力来建立自己的销售网络。无力控制网络的企业则可以采用间接网络。

3)市场因素

(1)目标市场的分布。

目标市场的分布指目标市场规模的大小及潜在客户的地理分布状况。如果目标市场规模大且客户分布集中则适宜采用直接网络。相反,则采用间接网络。

(2)目标客户的购买习惯。

目标客户的购买习惯直接影响物流企业营销网络的选择。如果客户需要的是方便、快捷的服务,则物流企业需要与代理商合作,广泛地设置自己的服务网点。

(3)销售季节。

某些物流服务会随着产品生产和消费的季节性而存在淡季和旺季的差别,在销售旺季时,物流企业可以采用间接网络,而在销售淡季则适合采用直接网络。

(4)竞争状况。

物流企业在物流服务市场竞争激烈的情况下,应采取与竞争对手不同的网络模式,或即使采取相同的网络模式也要创造出差异化的服务,以便在留住老客户的同时吸引新客户。

影响物流企业营销网络选择的因素除了企业及市场两个主要因素外,还可以有物流服务的种类及社会的政治、经济、科技等多方面因素,物流企业应综合分析本企业面临的实际情况来选择营销网络模式,在竞争激烈的物流服务市场中占据一席之地。

4)宏观环境的特性

网络设计还要受到环境因素的影响。在经济萧条、通货紧缩、需求下降的市场条件下,物流企业营销策略的重点是控制成本和降低物流服务价格。在此情况下,物流企业会尽可能地减少流通环节,尽可能地选择成本较低的短网络。而在市场繁荣时期,物流企业选择网络的范围及余地会更大些。

4. 技能训练准备

(1)学生每5人为一个小组,每个小组选1名组长。

(2)卡片若干张、电脑。

(3)教师现场指导。

(4)训练时间安排:1学时。

5. 技能训练步骤

(1)以每位学生为单位,在卡片上写出物流企业营销网络的影响因素。

(2)各组每位成员分享自己卡片上的影响因素,并给出实际案例,并制作PPT。

(3)老师予以适时地补充。

(4)每组认真发言,并结合兴发物流公司给出物流市场营销网络策划的具体建议。

6. 技能训练注意事项

(1) 一丝不苟，认真填写卡片。

(2) 卡片汇总后要进行归类。

(3) 回答问题要有依据、要准确。

(4) PPT 制作要精美。

7. 技能训练评价

请完成技能训练后填写附录“技能训练评价表”。

8. 技能训练活动建议

建议学生到互联网上搜索物流企业的营销网络策划影响因素。

思考练习

1. 简答题

(1) 什么是市场营销网络？

(2) 市场营销网络的职能有哪些？

(3) 物流营销网络的特点表现在哪些方面？

(4) 什么是横向营销系统？

(5) 物流市场营销经济性指标有哪些？

2. 思考题

(1) 营销网络的经济性分析对物流市场营销网络的建立有何意义？

(2) 如何开展影响物流营销网络策划的因素分析？

3. 案例分析题

中国雅芳的商流物流分离

中国雅芳在经历了10年的以分公司仓库为中心的物流运作模式后，于2001年初开始了物流系统的重新整合，将商流物流分离，并进行配套变革。2003年雅芳的营运成本比2002年初降低了2个百分点，库存水平下降，供货周期由原来的5~10天降低为2~3天。这个简单的数字，对于竞争白热化、利润微薄而制造成本和销售成本又难以压缩的日化行业来说并不简单。

1. 商流物流分离前的运作方式

2001年之前，雅芳的物流运作是商流物流合一的。除总部工厂仓库外，75个分公司各有一个仓库，物流运作是由工厂仓库→分公司仓库→经销商自提，即雅芳通过长途陆运或空运的方式，将货物从广州工厂仓库运到全国75个分公司的仓库，然后由经销商到所属区域的各个分公司提取货物，并在专卖店或专柜向顾客出售。

2. 商流物流分离后的运作方式

经过近1年的考察和研究，雅芳拿出了一套叫做“直达配送”的物流解决方案。其实质是商流物流的分离，即取消75个大大小小的分公司仓库，成立区域物流中心，经销商订货直接由总部安排区域物流中心向其配送。雅芳重新进行了物流网络规划，并借助IT来支撑。

3. 物流网络重新规划

雅芳公司从其战略角度考虑，取消了分公司仓库，在广州、北京、上海、重庆、武汉、郑州、沈阳、西安、乌鲁木齐建立九大物流中心，并将仓储、运输(配送)等物流服务外包，通过第三方物流服务商(中国邮政物流、大通国际运输有限公司、共速达物流公司)将雅芳产品直接配送至专卖店。物流运作方式改变为“总部工厂——区域物流中心—送达经销商”。雅芳生产出的货物由工厂运送到各物流中心，订货方式转变为经销商在网络上向总部订货，总部将订货信息处理后传给区域物流中心，区域物流中心根据订货信息拣货包装，并由第三方物流在48小时内进行“门到门”的送货服务。在将物流外包到物流公司以后，雅芳开始专注于企业产品的生产和销售方面的业务，各分公司也从过去的繁琐事务当中摆脱了出来，专注于市场开拓，一年间产品销售量平均提高了45%，北京地区达到70%，市场份额不断扩大。

4. IT系统支撑

雅芳自行开发了CIA(综合信息系统)和DRM(经销商关系管理系统)等系统来支撑业务管理和“直达配送”物流模式。其中DRM作为中国雅芳业务支持的核心系统是基于互联网运作的，它作为一个公用的平台，将中国雅芳总部、厂部、分公司、销售网点和顾客服务中心及第三方物流企业有效地整合在了一起。

有了基于WEB的DRM系统，经销商只需要在网上下订单，在线通过银联、招商银行或者邮政付款，就可以坐等第三方物流公司将货物送到店里，最后在网上签收就可以了。更为重要的是雅芳总部可以通过信息系统及时了解市场信息，掌握客户库存，作出及时的预测和执行指令，保证物流服务的时效性、准确性，也能有效控制库存成本、运输成本。

5. 组织结构变化

物流模式转变后，以前75个分公司共有600名员工负责收费、仓库、管理、打单等营运工作，现在分公司只专注于市场开发和销售业务，营运工作由八个区域服务中心负责，原有负责物流工作的员工组织结构发生变化，不再属于分公司，而是划归区域服务中心管理，员工数量也锐减至182人。

6. 流程再造

雅芳对物流运营流程进行了再造，客户订货流程、内部管理流程、运输配送流程等均发生了很大的变化。在客户订货上，由原来的分公司处理转为总部统一处理，下订单的方式转为网上订货；仓储运输被剥离出来由第三方物流来做，自己则专注于研发和销售。

雅芳通过以上几项变革的配套进行，顺利完成了商流物流的分离，成功地实现了其物流重构。

问题：

(1)雅芳采用的是哪种物流营销网络？

(2)物流营销网络中各成员前后发生了怎样的变化？

(3)从雅芳商流物流分离中，您获得了什么启示？

项目二　物流营销网络策划

教学要点

(1)利用网络，收集物流营销网络策划目标的相关资料；

(2)由小组讨论，评价物流营销网络策划的经济性和可控性；

(3)设计物流营销网络；

(4)对物流营销网络进行有效管控。

教学方法

可采用讲授、情景教学、案例教学和分组讨论等方法。

一、确定物流市场营销网络目标

1. 情景设置

某快递公司想扩大营销范围，增长业务量，该快递公司邀请您为其设计物流营销网络，在设计物流营销网络之前，应首先确定该营销网络的目标。

2. 技能训练目标

能够根据快递企业的战略目标、企业的状况、目标市场的特点来确定该快递公司的营销网络的目标。

3. 相关理论知识

物流企业人员在设计其市场营销网络时，需要在理想网络和可用网络之间进行抉择。一般来讲，新企业在刚刚开始经营时，总是先采取在有限市场上进行物流服务的策略，以当地市场或某一地区的市场为服务对象。因其资本有限，只能选用现有中间商。而在一些地区市场内，中间商的数目通常是有限的，所以，到达市场的最佳方式是可以预知的。问题是如何说服现有的中间商来进行服务。

每个服务生产者必须在顾客、产品、中间商、竞争者、企业政策和环境等形成的限制条件下确定网络目标。网络目标是指企业预期达到的顾客水平以及中间商应执行的职能。

营销网络目标是网络设计者对网络功能的预期，体现着网络设计者的战略意图。营销网络目标的确定首先必须是以消费者的需求为核心。

1）网络设计的目标

网络设计的目标主要有以下几个方面：

（1）顺畅，保证产品以最短的时间送到消费者手中。这主要是满足目标消费者时间上的要求。能够体现物流作业流程的准时性。

（2）便利，使顾客方便购买。如宅急送与健之佳合作，利用健之佳遍布各居民区网点收货，方便了客户小件就近交货。

（3）开拓市场，增加新顾客、发现新用途。非传统网络使得消费者能在方便的地方购买商品和得到服务。

（4）提高市场占有率，增加新顾客、提高重复购买率、激活休眠客户。

（5）扩大物流企业品牌知名度，增强顾客对物流服务的认知，树立物流服务产品在顾客心目中的地位。

（6）经济性，建立低成本的营销策略使企业能赢得需求弹性大的市场部分，将费用节约的好处让渡给消费者，并通过挑战竞争对手的价格来获得满意的利润。

（7）市场覆盖面及密度，销售网点的建立和维护。制造商往往通过两条以上竞争的营销通路销售同一商标的物流服务，或销售两种商标的基本相同的服务产品。

（8）控制网络，实现高效率的网络渠道和网络整合。为了实现以上目标，我们首先要考虑两个匹配，即产品与市场的匹配、网络与客户购买行为的匹配。

4. 技能训练准备

(1)学生每5人为一个小组,每个小组选1名组长。

(2)卡片若干张。

(3)教师现场指导。

(4)训练时间安排:0.5学时。

5. 技能训练步骤

(1)以每位学生为单位,大家讨论关于某快递公司的营销网络的目标。

(2)积极运用头脑风暴法,每个学生将自己的想法写在卡片上。

(3)将卡片张贴到黑板上,小组内积极讨论,形成该公司的营销网络的目标。

(4)每组派一位代表陈述结果,并简单叙述营销网络目标实现的途径。

6. 技能训练注意事项

(1)一丝不苟,认真填写卡片。

(2)讨论过程中,教师要善于引导,防止学生讨论偏题。

(3)营销网络目标的确定要符合企业实际,并能实现。

7. 技能训练评价

请完成技能训练后填写附录"技能训练评价表"。

8. 技能训练活动建议

建议学生要在项目一中物流营销网络分析的基础上,上网搜集该快递企业的现状后制订。

二、物流市场营销网络的选择

1. 情景设置

某快递公司想扩大营销范围,增长业务量,该快递公司之邀请您为其设计物流营销网络(请在物流市场营销网络调研的基础上设计)。

2. 技能训练目标

能够根据快递企业的战略目标、企业的状况、目标市场的特点来设计该快递公司的营销网络。

3. 相关理论知识

物流企业市场营销网络的选择主要包括如何确定网络模式、确定中间商的数目以及明确网络成员的权利与责任。

1)确定营销网络模式

物流企业选择营销网络,不仅要求保证将物品及时送到目的地,而且要求选择的营销网络效率高,营销费用少,能取得最佳的经济效益。因此企业在选择营销网络之前,必须综合分析本企业的战略目标、营销组合策略以及其他营销网络选择的因素,确定网络模式,如是否采用中间商,营销网络的长短、宽窄,具体网络成员等。网络模式的选择主要是指物流企业需不需要中间商参与,如果需要,如何来选择和确定。如果不需要,就直接面对用户进行营销活动。

2)中间商的选择

(1)选择中间商的条件。中间商是物流企业营销网络的重要组成部分。企业对中间商的选择应考虑以下条件：

①中间商的销售能力。该中间商是否有一支训练有素的销售队伍？其市场渗透能力有多强？销售地区有多广？还有哪些其他经营项目？能为顾客提供哪些服务？

②中间商的财务能力。中间商的财务能力包括其财力大小、奖金融通情况、付款信誉如何等。

③中间商的经营管理能力。中间商的经营管理能力体现在其行政管理和业务管理水平上。

④中间商的信誉。该中间商在社会上是否得到信任和尊敬。

此外，还应该考虑中间商的地理位置、服务水平、运输和储存条件。要了解中间商的上述情况，企业必须搜集大量的相关信息。如果必要的话，企业还可以派人对被选中的中间商进行实地调查。

(2)确定中间商的数目，即确定网络的宽度。在这一层次上，需要解决的主要问题是每个网络层次使用多少数目的中间商，而这个问题又受企业追求的市场展露程度影响。市场展露程度可分为三种：密集销售、选择销售、独家销售。

①密集型营销策略，即企业在某一网络层次上，尽可能多地通过中间商来完成物流活动，使网络尽可能加宽。密集型销售的主要目标是扩大市场覆盖率，使消费者和用户可以随时随地享受到物流服务。总之，这种销售模式更加强调物流服务的地点效应。能够与潜在顾客广泛接触，广告的效果好，容易组织更多的资源，但网络不易控制，与中间商的关系比较松散。

②独家型营销策略，也称集中网络策略，是一种窄网络营销策略。即物流企业在一定区域内，仅通过一家中间商为本企业推销服务和组织货源，并通过双方协商，签订独家经销合同，规定双方的销售权限、利润分配比例、销售费用和广告宣传费用的分担比例等；规定在特定的区域内不准许物流企业再找其他中间商推销其服务，也不准许所选定的中间商再推销其他企业提供的同类竞争性服务。其优点是：易于控制市场的销售价格，可以提高营销商的积极性和销售效率，有利于产销双方较好地合作。其缺点是：物流企业在该地区过分依赖该中间商，易受其支配。此外，在一个地区选择一个理想的中间商很困难，若选择不当或客观条件发生变化，可能会完全失去市场。另外，一个地区只有一个中间商，可能会因为推销力量不足而失去许多潜在顾客。鉴于物流企业的特点一般不宜采用该种策略。

③选择型经销策略，即物流企业在某一地区仅仅通过少数几个精心挑选的、最合适的中间商推销其产品。选择型销售比独家经销面宽，有利于开拓市场，展开竞争。同时，这种形式又比密集销售面窄，有助于厂商对中间商进行控制和管理，还可以有效地节约市场营销费用。选择型销售策略的重点在于稳固企业的市场地位，维护品牌声誉。同时，促使中间商彼此之间加强了解，相互竞争，使被选中的中间商努力提高市场营销管理水平。鉴于物流企业的特点，选择型营销策略较多地被采用。

3)规定网络成员的权利与义务

物流企业在确定了网络的长度和宽度之后，需要进一步规定网络成员彼此享有的权利和应尽的义务，即制订贸易关系协议。协议主要涉及价格政策、营销条件、地区权利以及各方应为其他方提供的服务及应尽的责任与义务。

价格政策要求物流企业制订价目表，对不同地区、不同类型的中间商和不同的购买数量给予不同的价格折扣。价格政策的主要内容应得到中间商的理解和认可。如海运企业一般给代理商代理订舱数量一定比例的订舱佣金。

除上述条件外，厂商还应明确中间商应具有的权利，规定交货时间、结算条件以及彼此为对方提供的服务。对于双方的义务和权利必须慎重对待，尤其是采用特许经营或独家代理等网络形式时，更应当明确双方的义务和责任。

在确定了厂商和中间商之间的贸易协定之后，市场营销网络的设计还应研究网络的成本，即比较不同网络方案的销量与成本。一般而言，在物流服务进入市场的前期，利用代理商的成本比物流企业自己服务要低得多，但是，到产品销售的中、后期，即当销售增长率达到一定水平时，使用代理商的成本迅速上升。这是因为，随着销售量的迅速增长，代理商的佣金比公司支付给销售人员的薪金要高得多。通常，代理商适合小型公司或者是大公司在一个较小的市场区域使用。

此外，还应决策对中间商的控制标准和适应标准。中间商作为独立的经济实体，所关心的实质问题是自身利润的最大化。由此决定了中间商的注意力将更多地集中在自身的市场上，除非物流企业给予中间商特殊的奖励或增加额外的佣金。因此，在企业选择中间商或代理商的情况下，意味着会产生更多的控制问题。就其实质而言，每一种网络形式都具有稳定性和连续性，与其他市场营销要素相比，网络的选择相对来说缺乏弹性。物流企业一旦选择了某一种形式的中间商，双方都需要签订为期若干年的协议或销售合同。在规定的时期内，即使其他销售形式发展得更快或更为有效，物流企业也不能单方面解除与中间商的合约。从这一相对缺乏弹性的现实出发，物流企业在进行网络设计决策时，应该将考虑双方彼此之间的适应性，并作为一项非常重要的内容来看待。

4. 技能训练准备

(1)学生每5人为一个小组，每个小组选1名组长。

(2)卡片若干张。

(3)教师现场指导。

(4)训练时间安排:2学时。

5. 技能训练步骤

(1)以每位学生为单位，在卡片上写出快递公司的营销网络设计的要点。

(2)各组通过卡片抽签法，决定小组内成员工作任务。

(3)以组为单位完成公司营销网络策划的文本。

(4)每组派一位代表陈述结果。

6. 技能训练注意事项

(1)一丝不苟，认真填写卡片。

(2)营销网络策划文本要认真排版。

(3)策划内容确定符合企业实际，尽量有实施的可能性。

7. 技能训练评价

请完成技能训练后填写附录“技能训练评价表”。

8. 技能训练活动建议

本次活动内容丰富、工作量大，建议学生咨询专家，并走访快递企业进行调研。

三、评价物流市场营销网络的适应性和可控性

1. 情景设置

某快递企业已经委托你公司为其设计了物流市场营销网络，经过了一年的实施，该公司委托你公司对该营销网络的适应性和可控性进行评价，以促进公司业绩的不断攀升。

2. 技能训练目标

能够根据物流市场营销网络的适应性和可控性的相关考虑因素，对存在问题的营销网络提出整改措施。

3. 相关理论知识

1）评价物流市场营销网络的适应性

物流市场营销网络的适应性主要是指每种网络承担义务与经营灵活性之间的关系，包括承担义务的程度和期限。物流企业对网络的选择必须兼顾短期和长期的阶段性策略，不但要考虑近期的最佳营销网络的选择，也要考虑长期营销网络的适应性和灵活性。每个营销网络方案都会因某些固定期间的承诺而失去弹性。当某一物流企业决定利用销售代理商推销产品时，可能要签订5年的合同。这段时间内，即使采用其他销售方式会更有效，物流企业也不得任意取消销售代理商。所以，一个涉及长期承诺的营销网络方案，只有在经济性和控制性方面都很优越的条件下，才可以考虑。

在衡量物流市场营销网络中，承担义务的程度，主要从服务产品分配的质量方面进行评价。

服务产品分配质量即作为物流企业营销网络成员的中间商对客户需要满足的及时程度。目前，正处于速度经济的时代，而且从物流的角度看，时间排在物流企业客户服务四个传统要素的首位。对客户需求的及时反应已经成为物流企业必不可少的能力甚至可以成为核心竞争力。这种速度不仅仅要快速完成谈判，进行合同的磋商，而且要及时根据客户的要求提高专业化的服务产品，建立QR（Quick Response，快速反应）系统以便在客户的需要发生时提供客户所需的服务，消除客户的缺乏状态。许多大型公司在设计和管理营销网络时，着重建立QR系统。快速反应关系到一个大厂商是否能及时满足顾客的服务要求的能力，而信息技术的广泛应用提高到了在尽可能短的时间内完成物流作业、提供物流服务的能力。

物流企业对营销网络服务分配质量进行评价可以着重考虑时间及几个变量，其中包括订单传送、处理及发送等。

对服务质量的评估可以从信息沟通、实体分配服务、促销效率和顾客抱怨与处理等方面进行。

（1）信息沟通。

市场信息的收集者和传送者主要是中间商或网络终端服务人员，信息的接收者和使用者主要是物流营销网络的领导者。信息沟通质量主要是考察网络的下游对上游所反馈的市场信息与服务信息是否有效，衡量指标包括沟通频率、沟通内容、沟通时间和沟通方式。

网络终端服务人员往往身在市场第一线，相对物流营销网络领导者或设计者而言更接近消费者。在沟通良好的情况下，下游企业在某种程度上而言，可以常年为上游企业承担市场调研的职能。沟通的信息范围可以是当地的经济状况与发展趋势、政府的政策与法规，也可以是竞争品牌的营销新举措、新进入者的情况，还可以是自身业务开拓，如市场份额变化、

宣传与促销等诸多方面。因而,网络信息的沟通质量对于物流服务生产厂家的营销决策而言具有重要的意义。

(2)实体分配服务。

实体分配也称为物流。是指对原料和最终产品从生产者向使用者转移,以满足顾客的需要,并从中获利的实物流通的计划、实施和控制。实体分配的基本功能包括物质的运输、保管、装卸、包装、流通加工以及与之相联系的物流信息。实体分配服务质量是指网络成员满足顾客需求的及时程度。及时满足顾客的需求不仅要求快速完成谈判、签订合同,而且要快速交货,以便使顾客在需求产生时能立即购买到所希望的产品。

不少公司这样描述它们的实体分配目标:以最低的成本将适当的产品在适当的时间运到适当的地方。其实这一目标缺乏实际的指导意义,没有一个实体分配系统能同时兼顾最佳顾客服务和最低营销成本。最佳顾客服务意味着大量的存货、足够的运输工具和许多仓库,这一切都将增加其营销成本。最低网络成本意味着低廉的运输费用、低水准的存货和少量的仓库。

网络成员从自身的利益出发,一般倾向于保持尽可能小的库存,以减少资金的占用;倾向于通过铁路运输,以节约成本,但铁路运输的速度相对较慢;而较低的库存又容易造成断货。

西方许多企业在设计和管理网络时,着重从六个方面来控制实体分配的服务质量:快速反应、高弹性、最小库存、优化运输、全面质量控制和产品生命周期支持。

(3)促销效率。

网络促销效率是指在促销活动的前后网络中产品流通量的变化与预期效果的比较。促销效率的事后评估是检验促销活动是否达到预期目标以及促销花费是否合算的较好途径,同时也是在为下一次的促销决策提供参考和衡量的标准,从而避免盲目行动的风险。为了提高促销的效率,营销管理者应该坚持记录每一次促销活动的成本和对销售的影响,可以通过统计促销促成的销售比例、赠券回收率、询问人数等来研究促销效率。

企业可采用多种方法对网络的促销效果进行评估,而且在不同的市场可采取不同的做法。

(4)顾客抱怨及处理。

顾客对物流服务的不满和责难称为顾客抱怨。顾客的抱怨行为是由对物流服务的不满意而引起的,所以,抱怨行为是不满意在具体行为上的反映。顾客对服务的抱怨意味着经营者提供的服务没达到他的期望,未满足他的需求。也表示顾客仍旧对经营者抱有期待,希望能提高服务水平。物流企业应协助网络成员建立顾客抱怨管理制度。

①鼓励顾客公开提出批评和建议,同时对那些私下抱怨的顾客进行追踪调查,积极收集顾客对其产品和服务反应的完整资料,并对其进行分析,及时发现问题并予以纠正。

②建立顾客抱怨卡,用于记录顾客发生抱怨事件的内容,通常是关于客户因企业失误而产生抱怨事件的发生时间、内容、经过及处理结果等。

2)评价物流市场营销网络的可控性

可控性标准即物流企业与中间商之间的配合度。一般认为,利用代理商会增加网络的长度,物流企业对网络的控制程度相应下降,因此,对这方面需要进行慎重的利弊比较和综合分析,由于代理商是一个独立的企业,它所关心的是自己如何取得最大利润,又由于代理商不能完全有效地掌握物流企业服务产品的全部细节,这都给物流企业控制网络带来难度。

而且，不同代理商的可控制程度也有所不同，这些都有待于物流企业根据具体情况作出决策。

评价物流市场营销网络的可控性主要从网络成员绩效及企业销售人员的评价两个方面进行。

(1)对网络成员绩效的评价。

物流企业网络成员即为物流企业推销服务产品的中间商。物流企业必须定期检查中间商的工作业绩，并对那些业绩良好的中间商采取相应的激励措施，对业绩不佳的中间商进行分析、诊断，直至淘汰掉较差的中间商。物流企业评价中间商的方法主要有历史比较法和区域内比较法。

①历史比较法，将每一中间商的销售绩效与上期绩效进行比较，并以整个群体的升降百分比作为评价标准。对低于该群体平均水平以下的中间商，必须加强评估与激励措施。如果在对后进中间商的环境因素调查过程中，发现一些可以原谅的因素，比如当地经济衰退、某些顾客不可避免地流去，主力推销员的丧失或退休等。这样，物流企业就不应因这些因素而对经销商采取惩罚措施。

②区域内比较评价法，将各中间商的绩效与该地区的销售潜量分析所设立的定额相比较。在销售期过后，根据中间商的实际销售额与潜在销售额的比率，将各中间商按先后名次进行排列。这样，企业的调查与激励措施可以集中于那些没有达到既定比例的中间商。具体而言，对营销商评估的标准主要有以下几点：

a. 业务量；

b. 开辟新业务的情况；

c. 承担责任的情况；

d. 业务金额；

e. 为推动业务而投入的资源；

f. 市场信息的反馈；

g. 向客户介绍物流产品的情况；

h. 向客户提供服务的情况；

其中业务量、开辟新业务的情况、承担责任这三个指标最重要，他们反映了该经销商发展的能力、履行合同的情况。

(2)对企业销售人员的评价。

对企业销售人员的评价是企业对其工作业绩考核与评估的反馈过程。它不仅是分配报酬的依据，而且是企业调整营销战略、促使销售人员更好地为企业服务的基础。因此，加强对销售人员的评价，在企业人员营销网络决策中具有重要意义。

①要掌握和分析有关的情报资料。情报资料的最重要来源是销售报告。销售报告分为两类：一是销售人员的工作计划；二是访问报告的记录。当然，情报资料的来源还有其他方面，如销售经理个人观察所得、客户信件以及与其他销售人员交谈等。总之，企业管理部门应尽可能从多个方面了解销售人员的工作绩效。

②要建立评价指标。评价指标要基本上能反映业务人员的销售绩效。主要有：业务量增长情况、毛利、每天平均访问次数及每次访问的平均时间、每次访问的平均费用、每次访问收到的订单的百分比、一定时期内新客户的增加数及失去的客户数目、销售费用占总成本的百分比。为了科学、客观地进行评估，在评估时还要注意一些客观条件，如销售区域的潜力、

区域形状的差异、地理状况、交通条件等,这些条件都会不同程度地影响销售效果。

③实施正式评估。企业在占有足够的资料、确立科学的标准之后,就可以正式评估。大体上,评估有两种方式。一种方式是在各区域市场的销售潜力、工作量、竞争环境、企业促销组合大致相同的基础上将各个销售人员的绩效进行比较和排队;另一种方式是把销售人员目前的绩效与过去的绩效相比较。

4. 技能训练准备

(1)学生每5人为一个小组,每个小组选1名组长。

(2)卡片若干张。

(3)教师现场指导。

(4)训练时间安排:2学时。

5. 技能训练步骤

(1)以小组为单位,讨论确定营销网络评估项目,确定项目指标,确定评估标准。

(2)按照以上确定的内容设计评估表。

(3)各组将设计好的评估表进行评比选优,确定最终的评估表。

(4)各组成员进行分工,按照评估表内容逐项进行实地调查,收集资料填写评估表。

(5)汇总评估表,统计整理分析数据,形成翔实的评估报告。

(6)根据评估报告,并结合快递企业实际情况,找出问题,提出合理化建议。

6. 技能训练注意事项

(1)确定评估项目、指标、标准,要科学合理、便于操作。

(2)评估表格设计要新颖,并有利于调查及数据分析。

(3)整改措施的提出要符合企业实际,并具有可实施性。

7. 技能训练评价

请完成技能训练后填写附录"技能训练评价表"。

8. 技能训练活动建议

建议学生咨询专家,并走访快递企业进行调研,拿到基础资料。

四、物流营销网络的管控

1. 情景设置

某快递企业已经委托你公司为其设计了物流市场营销网络,在该营销网络实施过程中,该快递公司业绩有所提升,但提升速度较慢,与中间商关系一般,没能形成非常良好的战略合作伙伴,故再次委托你公司对该公司的营销网络提出管理意见。

2. 技能训练目标

能够根据物流市场营销网络的适应性和可控性的相关因素,对存在问题的营销网络提出整改措施。

3. 相关理论知识

物流企业在对各种影响因素进行分析并选择了网络模式后,就要对网络实施管理。

1)营销网络冲突类型

(1)垂直冲突,是指同一网络中不同层次成员之间的冲突。它表现为中间商同时销售了竞争者的同类产品而引发的冲突。由于物流企业的产品是无形的,与有形产品不一样,所以物流企业的代理商完全可以同时代理几家同类物流企业,这种现象是普遍和正常的,因此而引发的冲突可以说是客观存在的。对这种冲突,物流企业应强化系统内的职能管理,增加网络成员间的信任,加强信息的传递和反馈。

(2)水平冲突,这种冲突是指同一营销系统内同一层次的企业之间的冲突,又称为横向冲突。如果同一层次选择众多中间商营销,则可能造成中间商之间相互抢生意的情况。对这种冲突,物流企业一般通过各种条令、规则来消除。

(3)交叉冲突,是指当某个物流企业建立了两条或两条以上的网络向同一市场进行物流服务时,发生于网络之间的冲突。

2)选择营销网络成员

作为一个物流企业,须明确中间商的优劣,通常要评估中间商经营时间的长短及其成长记录、清偿能力、合作态度、服务能力、声望等。当中间商是销售代理商时,还需评估其经销其他物流服务的数量与性质、推销人员的素质与数量等。

3)激励营销网络成员

中间商选定之后,还需要进行日常的监督和激励,使之不断提高业务经营水平。必须指出,由于中间商与物流企业所处的地位不同,考虑问题的角度不同,因而必然会产生矛盾。如何处理好产销矛盾,是一个经常存在的问题。物流企业要善于从对方的角度考虑问题,要知道中间商不是受雇于自己,而是独立的经营者,有它自己的目标、利益和策略。物流企业必须尽量避免激励过分和激励不足两种情况发生。一般来讲,对中间商的基本激励水平,应以交易关系组合为基础。如果对中间商激励不足,则生产商可采取两条措施:一是提高中间商的毛利率、放宽信用条件或改变交易关系组合,使之有利于中间商;二是采取人为的方法来刺激中间商,使之付出更大的努力。

处理好物流企业和中间商的关系非常重要。通常根据不同情况可采取以下三种方案。

(1)与中间商建立合作关系。

物流企业一方面用促销因素给中间商以高利润、特殊优惠待遇、合作推销折让、销售竞赛等,以激励他们的推销热情和工作。另一方面,对表现不佳或工作消极的中间商则降低利润率,推迟装运或终止合作关系。但这些方法的缺点在于,物流企业在不了解中间商的需要、他们的长处和短处以及存在的问题的情况下,而试图以各种手段去激励他们的工作,自然难以收到预期的效果。

(2)与中间商建立一种合伙关系,达成一种协议。

物流企业明确自己应该为中间商做些什么,也让中间商明确自己的责任,如市场覆盖面和市场潜量,以及应提供的咨询服务和市场信息。企业根据协议的执行情况对中间商支付报酬。

(3)经销规划。

这是一种最先进的办法,它是一种把物流企业和中间商的需要融为一体的、有计划的、有专门管理的纵向营销系统。物流企业在其市场营销部门中设立一个分部,专门负责管理过程中同中间商关系的规划,其任务主要是了解中间商的需要和问题,并作出经营规划以帮助中间商实现最佳经营,双方可共同规划营销工作,如共同确定销售目标、存货水平、陈列计划、培训计划以及广告和营业推广的方案等。

总之,企业对中间商应当贯彻"利益均沾、风险分担"的原则,尽力使中间商与自己站在同一立场,作为营销网络的一员来考虑问题,而不要使他们站在对立的买方市场。这样,就可减少或缓和产销之间的矛盾,以便双方密切合作,共同搞好营销工作。

4)评价营销网络成员

物流企业还须核定一定的标准来评价网络成员的优劣。评价的内容包括:该中间商经营时间长短、增长记录、偿还能力、意愿及声望、销售密度及涵盖程度、平均存货水平、对企业促销及训练方案的合作、中间商为客户服务的范围等。对于达不到标准的,则应考虑造成的原因及补救的方法。物流企业有时需要让步,因为若断绝与该中间商的关系或有其他中间商取而代之,可能造成更严重的后果。但若存在着比使用该中间商更为有利的方案时,物流企业就应要求中间商在规定的时间内达到一定的标准,否则,就要将其从营销网络中剔除。

5)营销网络的完善和发展分析

(1)营销网络调整的原因。

物流企业在设计了一个良好的营销网络后,不能放任其自由运行而不采取任何维护措施。为了适应企业营销环境等的变化,必须对营销网络在评价的基础上加以修正和改进。

①现有营销网络未达到发展的总体要求。

企业发展战略的实现必须借助于企业的营销能力,如果现有的营销网络在设计上有误,中间商选择不当,在营销网络管理上不足,均会促使企业对之进行调整。

②客观经济条件发生了变化。

当初设计的营销网络对当时的各种条件而言是很科学,但现在各限制因素发生了重大变化,从而产生了调整营销网络的必要。因此企业有必要定期地、经常地对影响营销网络的各种因素进行监测、检查、分析。另外,企业若能准确预测和把握某些影响营销网络的因素的变化趋势时,则应提前对营销网络实施调整。

③企业的发展战略发生变化。

任何营销网络的设计均围绕着企业的发展战略,企业的发展战略发生变化,自然也会要求调整营销网络。

(2)营销网络调整的步骤。

①分析营销网络调整的原因。这些原因是是否产生营销网络调整的必然要求。

②重新确定营销网络目标,在对营销网络选择的限制因素重新研究的基础上,重新确定营销网络目标。

③进行现有营销网络评价,如果通过加强管理能够达到新营销网络的目标,则无须建立新营销网络;反之,则应考虑建立新营销网络。新营销网络的建立成本与收益要合理。

(3)营销网络调整的策略。

①设计制度化机制以控制早期冲突。

可以通过信息强化机制来解决。所谓信息强化机制是指通过网络成员之间充分的信息交流与沟通,实现信息共享,从而达到预防和化解网络冲突的目的。通过信息强化机制,加强了网络成员间彼此的信任,从而能建立和维护彼此间的良好合作关系。

对于信息强化机制的具体实现方法有以下几种主要形式:

a. 建立会员制度。通过会员制度,加强彼此的定期沟通和意见反馈,以化解和预防会员间的冲突。

b. 网络成员间通过互派人员来加强沟通。由于深入到对方机构里工作,因此增强了相互了解。当互换人员回到各自的工作岗位后,更容易从对方的角度考虑问题,从而有利于加强彼此的理解、信任和合作。

c. 网络成员之间共享信息和成果。这种做法因为网络成员之间共同分享某一方所拥有的技术、信息而加强了彼此的合作关系。

d. 邀请网络成员参与本企业的咨询会议或董事会议。这种做法可以促进网络成员的信息交流，使企业在做决策时考虑到合作成员的要求，从而达到互相尊重和互相理解，有助于减少冲突。

②第三方机制，指冲突双方不是通过协商、说服等充分沟通的方式来达到彼此谅解和理解，最终达成共识、解决冲突的，而是需要第三方通过调解或仲裁方式介入来解决冲突。调解机制的存在能够制止冲突，仲裁也同样是制止冲突的有效途径。仲裁可以是强制性的，也可以是自愿的。在强制性的仲裁程序中，法律要求各方把争端交由第三方，而第三方的决定是最终的且具有约束力的。

③建立产销战略联盟，是指从长远发展的角度出发，"产"方与"销"方（物流企业与中间商、代理商与中间商、上游中间商与下游中间商）之间通过签订协议的方式，形成风险一利益联盟共同体，按照商定的营销策略和游戏规则，共同开发市场，共同承担市场责任和风险，共同管理和规范销售行为，并共同分享销售利润的一种战略联盟。对付网络冲突最有效的办法是让网络成员建立产销战略联盟，形成利益共同体，使矛盾双方成为一家人。

④增加或减少某些营销网络成员。在调整时，既要考虑由于增加或减少某个中间商对企业盈利方面的直接影响，也要考虑可能引起的间接反映，即营销网络中其他中间商的反应。比如当增加某一地区内的中间代理商时，会引起地区内原有中间商的反对。而当企业由于某一网络成员业绩很差而撤销其经营代理权时，虽然减少了企业的短期盈利，但也向其他中间商发出警告，督促其改善业绩或服务。

⑤增加或减少某些营销网络。市场环境各方面的变化使物流企业认识到，只变动营销网络成员是不够的，有时必须变动营销网络才能解决问题。企业可以根据市场变化，削减某个不再发挥作用的营销网络。企业增减营销网络来调整营销网络是相对的，企业往往在增加新的营销网络的同时，减少老的营销网络。

⑥整体营销网络系统调整，即重新设计营销网络。由于企业自身条件、市场条件、商品条件的变化，营销网络模式已经制约了企业的发展，就有必要对它作根本的实质性的调整。这种调整波及面广、影响大、执行困难，不仅要突破企业已有网络本身惯性，而且由于涉及利益调整，会受到某些网络成员的强烈抵制。对这类调整的政策，企业应谨慎从事，筹划周全。

4. 技能训练准备

(1) 学生每 5 人为一个小组，每个小组选 1 名组长。

(2) 卡片若干张。

(3) 教师现场指导。

(4) 训练时间安排:2 学时。

5. 技能训练步骤

(1) 以每位学生为单位，根据快递公司的营销网络适应性和可控性的调研数据，在卡片上写出快递公司的营销网络管控的要点。

(2) 每组采用卡片收集法，将卡片张贴，并讨论。

(3) 以组为单位，完成公司营销网络管控的建议措施。

(4) 每组派一位代表陈述结果。

6. 技能训练注意事项

(1) 一丝不苟，认真填写卡片。

(2)营销网络管控文本要认真排版。

(3)管控内容确定符合企业实际,尽量有可实施性。

7. 技能训练评价

请完成技能训练后填写附录“技能训练评价表”。

8. 技能训练活动建议

建议组织学生采用头脑风暴法收集观点。

思考练习

1. 简答题

(1)网络设计的目标主要有哪些方面?

(2)选择中间商的条件有哪些?

(3)如何对服务质量进行评估?

(4)如何对网络成员绩效进行评价?

(5)如何对企业销售人员进行评价?

2. 思考题

(1)如何根据企业的营销目标、实际情况,合理地选择营销网络?

(2)物流企业实行营销网络管控有何意义?

3. 案例题

乐凯胶片公司的网络建设

1993年,国内彩色胶卷销量4000万卷,1994年上升到1亿卷,1995年则达到1.25亿卷。中国彩卷市场总体上是城镇大于乡村。据统计,1991年美国人均年消费胶卷3.5个,而中国只有0.053个。据权威人士估计,中国的胶卷市场将以15%的速度增长。

中国彩卷市场上,日本富士是最强有力的竞争者,在中国境内设有3000多家专卖店,占有40%的市场份额。柯达为第二大竞争者,1996年,在中国建有1700多家专营店,正在缩小与富士市场份额的差距。日本柯尼卡的快速冲扩店也已遍及中国内地,市场份额近10%。德国爱可发建有300多家冲扩连锁店,份额较少,但已把中国市场作为重要的目标市场。

乐凯公司目前的营销是由总公司以出厂价交给自己的销售公司,销售公司再以批发价格向各器材店、市场、冲扩店和其他零售店批发,最后由零售商卖给消费者。总公司每年都要给销售公司1000多万元的补贴,才能使其维持正常运转。总公司给销售公司每卷8.5元的出厂价,而销售公司批发价为8.65~8.7元,微小的差价难以维持销售公司的日常开支。

近年来,柯达、富士大搞连锁专卖,柯尼卡和爱可发也不甘落后。为了挤垮乐凯,一些品牌连锁店不收乐凯胶卷冲扩,即使勉强接收,也是使用废药液或用柯达、富士频道冲扩,严重影响了质量。

公司李经理正在思考在每个城市建一个冲扩中心店,然后建立大量的收活点以弥补网点不足的建议。

问题:

(1)你若是李经理,对这一建议有何想法?

(2)针对乐凯胶片公司网络策略的设计及管理,您对当前快递业的营销网络的设计及管理有何想法?

任务八 物流企业形象策划与营销造势

内容简介

在市场竞争白热化的当今，物流企业之间的竞争已从产品、价格、服务、营销手段的竞争进入企业整体形象的竞争。物流企业在社会公众中树立良好的形象，能够吸引人才和资金，能够吸引广大客户，获得充足的客源、稳定的订单，能够争取到优质的合作伙伴，能够得到有关部门的重视和关心，从而促进物流企业的发展与环境的改善。

物流企业在市场竞争中，只有占有优势，才可先声夺人。在一个注意力的时代，没有什么比牵引公众的注意力、社会的舆论更具强大的推动力、鼓动力和杀伤力。企业的成败很多时候取决于企业运作者是否能有效地抓住社会热点、吸引公众的视线、引导社会的舆论，为企业的发展营造良好的发展环境，使企业一鸣惊人。因此，物流企业无势者需造势，无力造势者需借势，有势者需用势。

教学目标

1. 知识目标

(1) 掌握物流企业形象策划的程序与方法；

(2) 掌握营销造势的方法；

(3) 掌握商业活动策划的方法。

2. 技能目标

(1) 能够进行物流企业的形象策划；

(2) 能够运用各种营销造势策略；

(3) 能根据需要策划相关的商业营销活动。

案例导入

德邦物流 CIS 物流品牌建设、走向成功之路

德邦物流是国家5A级物流企业，主营国内公路零担运输业务和空运代理服务。公司创始于1996年9月，截至2011年8月，德邦物流已在全国31个省级行政区开设直营网点1500余家，自有运输车辆4600余台，货台总面积超过50万平方米，日吞吐货量近3万吨，服务网络遍及国内550多个城市和地区。公司秉承"承载信任、助力成功"的服务理念，以每年超过60%的增长速度在中国物流行业迅速崛起，并获得"全国先进物流企业"的荣誉称号。德邦物流志在成为中国人首选的国内物流运营商，公司以"为中国提速"为使命，凭借严谨的运作体系和持续完善的服务网络，竭诚为广大客户提供安全、快速、专业的精准物流服务。

近2年来，德邦物流在业内可谓是声名鹊起。从一个不知名的地方企业到一个具有全国规模的品牌物流，其近年来发生的蜕变，使整个行业为之侧目，进而产生了一股模仿、复制德邦模式之风。

这几年中，德邦物流究竟发生了什么？2000 年～2005 年，德邦处于发展摸索阶段，该阶段德邦的业务重心在空运运输方面，业务收入的 80% 属于空运收入。其货源主要依托于广州、深圳两地。2003 年经历了 2 次分家，企业发展受阻。

经过一年的恢复，2004 年公司又重新步入正轨。由于看到空运发展资源受各方面制约较大的状况，2005 年公司决定向国内汽运方面发展。2004 年年底开通了第一条“卡车航班”。在接下来的 5 年内，公司逐步完善了信息化管理，期间建立了 TIS 信息化系统、OA 内部办公平台。以及 ISO 标准化认证，全面推行规范化管理。

2006 年，公司开始大批量从学校招收应届毕业生，逐步减少社会招聘的数量，并且确定了内部晋升、内部培养的人才战略。同年，德邦物流宣布对原来的 Logo 进行更换。在国内同行当中，德邦物流较早认识到企业应该进行品牌化经营，而企业自 2000 年启用的品牌形象过于陈旧。德邦物流改进了 Logo 的设计，新标识比旧标识更利于体现公司的业务和追求，利于消费者识别和记忆公司形象。结合公司的业务，德邦物流提炼了新的广告语：“全程呵护，放心托付”，德邦物流还进一步统一了企业 VI(Visual Identity 视觉识别系统)设计，在公司的店面装修、传单、户外广告牌、自由车体上都更换成统一标识，更为集中地进行传播，重塑了企业形象。

2007 年为企业数据化管理、标准形象推广年。本年度内全公司推行了全面数据化管理、一切从数据说话的管理形式。同时，全国各地将运营模块独立出来，打造了全国统一的运营团队，大大提高了运营质量和效率。

2008 年为企业品牌塑造年，全年共投入 3000 万元进行品牌包装和推广，使走出去的路线得到有效贯彻。使得德邦在行业内逐渐揭开其神秘面纱，企业社会知名度也得以大大提升。

2009 年，德邦开始涉足网上贸易，并取得“淘宝推荐物流商”的称号。同年其网上业务发生额达到 1.1 亿元。德邦的服务开始进入千家万户。2009 年年底公司总部搬至上海，标志着德邦从地方性知名企业向全国知名企业转变。

2010 年，德邦加快其网络铺设速度，同年 9 月全国网点规模突破 1000 家，坐上了全国零担运输的第一把交椅。

引导思路

(1)德邦物流的成功经验体现了形象塑造对物流企业在市场竞争中的哪些作用？

(2)物流企业在进行 CIS 导入时应选择什么样的时机？

项目一　物流企业形象策划

教学要点

(1)根据市场调查，选定某一物流企业分析该企业现状；

(2)通过小组讨论，为该企业制订形象策划方案，选择 CIS 导入的时机。

教学方法

可采用讲授、情景教学、案例教学和分组讨论等方法。

一、物流企业形象策划的内容

1. 情景设置

某物流公司是一家刚组建的以药品配送为主营业务的公司，该公司准备在公司成立之初进行形象策划，如果你是公司企划部负责人，那么公司的形象策划应该包括哪些内容？

2. 技能训练目标

(1) 能够掌握物流企业形象策划的原则。

(2) 能够根据企业情况确定企业形象策划的内容。

3. 相关理论知识

1) 企业形象的含义

企业形象是指社会公众对一个企业综合认识后形成的印象和评价。在激烈的市场竞争中，企业形象的优劣直接影响到企业的生存发展。因此，树立良好的企业形象是任何一个企业至关重要的任务。

企业形象策划就是将企业经营理念和精神文化传送给企业周边相关的组织或者团队，包括企业内部人员和社会大众，并使其对企业产生一致的认同感。

企业形象策划是塑造企业形象、获得竞争优势的强有力的手段，也是消费者认识企业、企业向社会展示风采的一座桥梁。企业要在激烈的市场竞争中长盛不衰，就必须加强企业形象策划管理，塑造好企业的个性，弘扬企业精神，使消费者对企业产生深刻的印象和认同感，从而树立良好的企业形象，谋求更大的发展。

CI 是英文 Corporate Identity 的简称，Corporate 是“企业”、“社团”的意思，Identity 是“身份”、“同一”、“识别”的意思。依此，可以将 CI 直译为“企业身份的同一”或“企业识别”。完整的 CI 应该是一个不可分割的系统，即 CIS(Corporate Identity System) 通常译为企业识别系统。

CI 是指企业通过传播媒介，以增进社会认同的符号传达系统，将企业的经营理念与经营哲学向社会大众进行有效传达的过程。即企业有意识、有计划地将自己企业或品牌进行规划设计，通过媒体向公众展示，使公众对某一个企业或品牌有一个标准化、差异化、美观化的印象和认识，以便更好地识别，达到提升企业经济效益和社会效益的目的。

CIS 由 MI、BI、VI 组成。三者构成了一个有机的整体，缺一不可。MI 是 CIS 战略的策略面，好比企业的心脏；BI 是 CIS 的战略执行面，好比企业的手脚；VI 是 CIS 的展开面，好比企业的脸。MI、BI、VI 构成了塑造形象的三大支柱。

2) 企业形象策划的功能

企业形象策划的具体功能可分为对企业内部和企业外部两个方面的功能，这两部分是相辅相成、互为补充的。

(1) 企业形象策划的内部功能

企业形象策划的内部功能是指企业形象对企业内部经营管理的作用，主要表现在促进企业文化的建设、企业凝聚力的提高，技术、产品竞争力的增强以及企业多元化、集团化经营优势的取得等方面。具体来说，导入企业形象对于提升企业内部功能体现在以下几个方面。

①导入企业形象有利于企业文化的建构。

企业文化是企业员工所追求的固有价值、思维方式、行为方式和信念的综合，它是企业员工在企业长期的竞争中逐渐吸取经验和教训而发展起来的。作为企业生命的一个重要因素，它对企业的现在和未来有着巨大的影响，是企业对付挑战和变化的力量源泉。企业文化的最大作用是强调企业目标和企业员工工作目标的一致性；强调群体成员的信念、价值信念的共同性；强调企业的吸引力和向心力。因此，它对企业成员有着巨大的内聚作用，使企业成员团结在组织内形成一致对外的强大力量。

②导入企业形象有利于产品竞争力的增强。企业形象给人印象强烈的视觉识别设计，有利于创造名牌、建立消费者的品牌偏好。

③导入企业形象有利于多元化、集团化、国际化的实现。

(2)企业形象策划的外部功能。

企业形象策划的外部功能是企划广泛应用的原因，它有利于企业经营资源的利用，有利于消费者的认同，有利于企业的公共关系。正是企业形象策划的应用为企业创造了一个良好的经营环境，使企业与政府、供应商、推销商、股东、金融机构、大众传播媒介、地方社区、消费者等企业相关的组织和个人都保持了良好的关系，所以它有利于企业向着良性方向发展。

①有利于企业对经营资源的利用。企业的经营资源主要包括人、财、物三个方面，企业形象策划的推行使企业能充分利用外界的各种经营资源，实现合理配置。

a. 有利于企业员工的稳定和招揽优秀人才。

b. 有利于企业的融资和股东投资信心的增强。

c. 有利于企业扩大流通渠道。

总之，企业形象策划所创造的优良企业形象，形成一个统一的识别系统，可以增强供应商和经销商的信心，促进供销商更为勤奋地工作，有利于企业建立长期稳定的供销网络和良好的供销关系，不断扩大产品的销售。

②有利于获得消费者的认可。

名牌在消费者看来，是一种信任的标志，也是一种荣誉的象征。名牌所引申出来的气派和身价，让消费者认为即使花费比同类产品高出很多的钱购买也值得。

③有利于企业公共关系的运转。

企业的公共关系是直接为企业的经营发展服务的，它通过传递企业的有关信息来协调企业与公众的各种关系，有利于信息传递的可信性、真实性和统一性，使企业的公共关系活动得到顺利发展。企业的公共关系大致分为员工关系、顾客关系、金融界的关系、供销关系、政府关系、社区关系、新闻界关系等。

企业形象策划的推行使企业信息的传播更为简单化，更易于公众识别和认同，从而达到最佳的沟通效果。同时，企业形象策划本身创造的优良企业形象，也使公共关系的运转有了更为坚实的基础。

3)企业 CIS 策划的原则

(1)统一性原则。

统一性是 CIS 策划的一个显著特征。它是指企业向外界所传达的任何信息，都必须使用统一的形象，包括企业名称、商标名称、品牌名称的统一和企业理念、内部行动规程与形象传达的统一多个方面。只有实现了统一性，才能突出本企业的个性，才能强化社会公众的印象，才能更好地提升企业的知名度和美誉度。

(2)系统性原则。

CIS 是一项系统工程，要推行或导入 CIS 策划，就必须从企业的经营哲学、经营宗旨、经营信息、行为规程、视觉传达等方面进行全方位的系统设计，忽略了任何一方面，都有可能影响整体形象效果。

(3)个性化原则。

CIS 策划要求无论是企业风格、策略、制度，还是名称、标识、广告、口号，都要有自己的特色，要能体现出鲜明的个性。只有个性化才能反映出区分度，而正是区分度决定了社会公众在复杂的背景信息中能够把本企业识别出来，并形成牢固的记忆。美国可口可乐公司以其红色波浪形的标志和特色形成自己独具个性的商标，使广大社会公众受到深刻的刺激而过目不忘。

(4)规范性原则。

CIS 设计包括理念、行为、视觉形象三个方面的设计。设计时必须注意规范化，在具体实施过程中也必须规范，决不能任意改变，以免影响其整体效果。

(5)战略性原则。

CIS 策划不仅是一种形象策略，更是一种全方位推出企业形象的系统战略。因此，CIS 设计必须具备战略性眼光，坚持战略性原则，要对企业的内外运作、内外环境、所处的市场状况、发展前景以及政策因素等等进行全面的考察、分析、研究，要从战略的高度来完成其全部设计、策划工作。

4) CIS 策划的内容

(1) MIS(Mind Identity System)理念识别系统。

MI(Mind Identity，理念识别)，主要指企业的经营理念，它是企业的经营哲学、价值取向、企业精神的结合体，换句话说，所谓理念识别就是指一个企业经营理念的定位，形成企业颇具个性的经营理念，以区别于其他同类企业的精神形态和定势，从而创立企业在市场上的形象。

一个企业的理念，最主要的是要有个性，不能与他人，尤其是不能与同行业的其他组织相重复，否则就无法起到标识的作用。在现实社会中，我们有时候会看到，有的企业理直气壮地打着“团结向上，创新求实”、“顾客是上帝”等经营方针和口号，但实际上不过是一句空话而已，没有实质性的内容，任何企业用它都不会不恰当。真正的 MI 应当是企业唯一拥有、舍我其谁和不可重复的企业价值观念的综合，它是企业经营方针和战略目标的确定、管理体制的形成、员工培训、对外统一形象等具体经营实践活动的本源。

MIS 犹如一个人的做人准则和标准，它不是企业决策层“闭门造车”的随意杜撰，不是随意拿来做做门面的假大空招牌，而是在企业经营者的意向、企业的文化形态、企业的各种资源和对企业内外部环境周密分析的基础上形成的。一个组织的 MIS 应当是在其长期的经营和管理活动中逐渐凝聚起来的。

MIS 是 CIS 的一个子系统，其特点是抽象性和统领性。

所谓抽象性，就是企业的理念并不能直接感知，它是诸多企业行为和过程的共同观念的集合体。所以，对理念的理解和感受，需要通过企业的行为、管理、决策、产品、员工等活动或者人员载体体现出来

MIS 的统领性，指的是企业的理念系统是所有行为和过程的中心线索及核心因素。无论 BIS，还是 VIS，都是对 MIS 的具体贯彻和执行。因此，M1S 是统领企业整体的纲领。如果说 VIS 是一个人的外表和仪态，BIS 是一个人的举止和行为，那么 MIS 就是人的价值观和人生观等根本性的东西，它对一个人的行为起着决定性的作用。

企业理念设计包括以下几个方面：

①企业经营宗旨设计。这是企业经营的最高目标。它一般可包含三个层次。第一个层次是经济目标,即企业的一切活动都以盈利为目的,其经济行为最终是体现在实现利润上。第二层次是经济、社会目标,即我们通常说的要实现经济效益和社会效益两个目标。第三个层次是经济、社会、文化目标,这就是说企业在实现经济效益和社会效益的同时,必须注重其文化建设,要创建本企业的企业文化和管理文化。企业文化一旦建成并为社会所认同,它就变为社会财富,为社会所广泛采用。企业文化的意义远远超过为社会奉献产品这一点。从这个意义上来说,不同的企业,根据其自身特点,制订的经营宗旨都要能完成它的经济使命、社会使命和文化使命。

②企业经营方针设计。这是企业运行的最高原则,在这个方针指导下制订出行为规程,是企业具体运行的根据。企业经营方针的制订必须考虑行业的特点,换句话说,不同行业应有其不同的经营方针,同时在制订经营方针时,要充分了解目标公众对本企业的共同要求是什么,要以这种共同要求为基础来设计。经营方针必须简洁明快,便于传达、便于记忆。

③企业价值观设计。这是反映企业对其全部经营行为的看法。它包括:目的观、质量观、服务观、责任观、人才观、政策观、法律观、财税观等等。价值观不同,企业经营行为的方向和后果就不同。例如服务观,有的企业认为服务是企业行为的必然延伸,有的企业认为服务是企业的一种额外劳动;有的企业认为优质服务应是企业经营行为不可或缺的一部分,是消费者应享受的基本权利;有的企业认为提供优质服务只是为了从消费者手中获得更多的报酬等等,不同的服务观会导致不同的服务态度、服务行为、服务质量。

④企业精神提炼。企业精神是企业理念的浓缩,是企业灵魂的集中体现,是企业在生产经营活动中谋求自身的生存发展而长期形成的并为员工所认同的一种健康向上的群体意识。它统一于整体的价值观,是企业文化的重要表现形式。企业精神的内容包括:员工对本企业的特征、地位、形象和风气的理解与认同,包括由企业优良传统、时代精神和企业个性融合而成的共同信念、作风和行为准则,以及员工对本企业的生产、发展、命运和未来抱有的理想与希望。

企业精神的提炼方式可以多样化,一般有如下几种。

a. 条例式。这种方式是指把企业精神作为规则、文件在企业内予以公布。条例式具有某种正规制度所要求的性质,一般将其内容制成小册子发给每一个员工领会执行,这种方式在美、日等经济发达国家早就普遍实行了。

b. 标语口号式。这种方式是指把企业的精神和经营理念的主要内容用箴言、警句张贴在企业内部,使员工处处可见,随时受到熏陶。

c. 厂歌式。这种方式是指把企业精神、经营思想写成词,配上曲谱,作为厂歌,用艺术的形式向员工灌输。

d. 故事式。通过把企业发生的事例或企业典型人物的事迹编写成短小的故事,在企业的广播、电视等媒体上,在班组、科室的会议上进行讲述,使之在企业的职工中广为流传。以这些故事为载体宣传企业的价值观和经营思想,能使其潜移默化地深入员工的心中。

c. 广告式。企业 CI 战略是企业传播的战略,是企业形象的战略。将企业的思想观念、社会价值用企业形象广告的形式不时地、完整地通过大众媒体进行传播,这是十分必要和非常有效的。

(2)BIS(Behavior Identity System)——行为识别系统。

行为识别系统(BIS)是最复杂和持久的形象影响因素,最能体现企业行为的识别特征。

实际上，MIS 设计得再科学，也必须通过 BIS 来具体地体现出来。

BIS 是指企业在其经营理念的指导下所形成的一系列独特的经营活动模式和范式。由于其在不同的企业理念下形成，因此在经营活动的重点和具体方法上，明显有别于其他企业。

这种活动识别最主要和最直接的表现在企业发展战略的制订、经营目标的确立以及由此衍生出的企业管理方法及管理风格的形成、组织机构的设置、科技发展重点、产品开发方向、促销手段的运用、营销策略的谋划、员工行为规范的制订以及公关活动的范围和目标等等上。

BIS 实际上是组织的管理、运行、员工行为、经营决策、企业发展等诸多方面的综合体。它要求在所有这些方面都要有自己的特色和与众不同的内容，而且要形成自己的模式和相对固定的“格式”。任何暂时性的良好行为表现，都不可能真正起到行为标识的作用。

BIS 的识别作用要通过企业自始至终的努力才能做到，因此，对于一个企业来说，BIS 是永无止境的动态标识体系。这使它与 MIS 和 VIS 都明显地不同。BIS 永远没有完成和到达终点的时候。

当然，在行为识别方面，有时候也可以进行专门的特殊行为设计，使之成为组织的标志性行为。海尔集团推出“商家设计，海尔制造”的全新营销模式，就起到了这种特殊的识别作用。

总之，只要企业行为的方方面面都做到与众不同，处处注意维护良好的公共关系状态，行为识别系统就会逐渐凝聚起来，形成区别于其他企业的独特行为模式和基本特征。

企业行为系统设计包括：

①企业的结构设计，即选择和设计企业的管理体制和组织机构。包括各级机构的职责、职权和相互配合、相互制约的机制。

②企业人事管理设计。包括人事任用的规定、员工训练的办法、工资制度等方面。

③业务（生产）管理设计。是指企业业务（生产）方面的管理规程。

④财务管理设计。

⑤营销管理设计。包括市场调查、营销策略选择、广告策划、营销网络建立、营销人员培训等内容。

⑥事务管理设计。包括事务分析图表设计和文书管理规程设计两方面。

（3）VIS（Visual Identity System）——视觉识别系统。

视觉识别系统（VIS）是在企业经营理念的确立和战略范围及经营目标制订的基础上，适用视觉传达设计的方法，根据和一切经营活动有关的媒体要求，设计出交流的识别符号，以刻画企业的个性，突出企业的精神，突现企业的特征，目的是使企业内部、社会各界和消费者对企业产生一致的认同感和价值观。VIS 设计的成功与否关系到 CIS 战略的成败。

根据心理学的研究，人们接受信息 90% 以上来自视觉。因此视觉识别，对于企业给公众留下美好印象有着至关重要的作用。而且，视觉识别到的信息更容易被记忆和保持长久的印象。视觉识别的另一个作用就是要强化记忆和简化记忆，用最简洁的符号表达企业的基本精神和独特特征等各种信息。

视觉识别严格说来并不仅仅是通过视觉而产生的印象。它实际上包括听觉、味觉、触觉等感官所能感知的任何方面。因此，视觉识别的严格意义应该是感知识别。它的内容有许多方面，如颜色、声音、图像、文字、广告及口号等。

VIS 在塑造与众不同的企业形象上起着比 MIS 或 BIS 更为直接和直观的作用，它通过直观设计上的与众不同，将各自企业的经营理念和战略目标充分地表现出来，并借助各种传播媒体，让社会各界和消费者一目了然地掌握其中传递的信息，以达到识别的目的。这方面的实例，在现实生活中几乎随处可见。像可口可乐龙飞凤舞的商标、柯达胶卷金黄色的包装、麦当劳红底黄字的“M”标志、丹麦曲奇牛油饼干独特的宝蓝颜色、雀巢咖啡“味道好极了”的传播口号等等，都使人过目难忘，闻而牢记。

设计组织的 VIS 标识是一项非常复杂的事情，需要从徽标、代表色、宣传口号、名称等许多方面着手。一般来说，在设计 VIS 时，一定要注意认真构思和筛选，统一制作和设计。因为 VIS 就像一个人的外表和名字，一旦形成，就不宜轻易更改。而且，一旦一个企业的 VIS 被认可，它就会产生抗变性。

企业视觉形象设计包括：

①名称设计。名称设计是指对企业名、商标名、品牌名的设计。

②标志设计。标志是企业抽象的理念精神的形象表达，即运用特定的造型、图案、文字、色彩等视觉语言来表达或象征某一企业（产品）的形象。标志分为企业标志和产品标志两种。

③标准字与标准色设计。标准字与标准色设计是指企业将企业或产品的名称、商标、品牌等加以熔铸提炼，组合成具有独特风格的统一字体，以便强化公众的感知。

标准字设计是指将企业或产品的名称加以熔铸提炼，组合成具有独特风格的统一字体。通过文字的可读性和说明性，可以将企业的规模、特征与经营理念传达给社会公众。由于文字具有明确的说明性，容易产生视听同步的印象，因此具有强化企业形象、补充标志内涵、增强品牌诉求力的功效。与普通铅字和书写体相比，标准字不仅外观造型不同，而且在文字的配置关系上也有很大差异。由于标准字的设计是根据企业的品牌名称、活动的主题而精心创作的，因此，对于字间的宽幅、笔画的配置、线条的粗细、统一的造型要素等，都有细密的规划和严谨的制作要求，尤其讲究经过视觉的调整和修正来取得均衡的空间与和谐的文字配置结构。

标准色设计是企业把某一特定的色彩或一组色彩，统一运用在所有传达信息的媒体上，通过色彩的知觉刺激与心理反应，来表现企业的经营理念和产品的内容特质，我们把这样一种或几种色彩称为企业标准色。标准色是企业理念的象征，它一经确定，将会应用在企业所有视觉传达的相关媒体上，与企业标志、标准字等基本视觉要素相结合，形成完整的视觉系统，在企业情报所传达的整体视觉设计系统中具有强烈的识别效应。

④企业造型、象征图案的设计。

企业造型是指为了强化企业性格、诉求产品特质而选择适宜的人物、动物、植物等，绘制成形象化的图形，以引起公众的注意，产生强烈的印象。

象征图案是修饰企业形象的附属要素，其功能在于加强平面设计的展开运用，强化企业的形象。象征图案通过丰富多彩的造型、符号来补充企业标志、标准字呆板僵化的不足，增加企业的诉求力，使其表现更强、更完美。

4. 技能训练准备

（1）学生每 5 人为一个小组，每个小组选 1 名组长。

（2）卡片若干张。

（3）教师现场指导。

(4)训练时间安排:2 学时。

5. 技能训练步骤

(1)各组成员熟悉了解形象策划包括哪些方面的内容。

(2)分析该公司的实际情况、经营特点,根据分析确定策划的内容。

(3)在卡片上填写策划内容及依据。

(4)各小组收集汇总卡片,确定策划内容。

(5)各组派一位代表陈述分析结果。

6. 技能训练注意事项

(1)一丝不苟,认真填写卡片。

(2)卡片汇总后要进行归类。

(3)内容确定要符合企业的定位、要准确。

7. 技能训练评价

请完成技能训练后填写附录"技能训练评价表"。

8. 技能训练活动建议

(1)训练前学生上网查阅物流企业形象策划的有关资料。

(2)教师提供相关案例资料供学生阅读。

二、物流企业 CIS 导入的程序

1. 情景设置

某物流公司刚通过改制,准备导入 CIS,以新的经营宗旨、理念,规范的行为,统一的视觉形象传达给企业内外公众。如果你负责该项工作,你打算怎么为公司导入 CIS?

2. 技能训练目标

能够制订 CIS 战略导入方案。

3. 相关理论知识

CIS 的导入,是企业实施 CIS 的具体操作过程,CIS 导入和实施应符合规范,有序运作。CIS 导入包括四个阶段:

1)引入 CIS 的启动阶段

CIS 作为一项经营战略计划和企业文化战略,在现代物流企业市场化和国际化进程中所起的重要作用,已逐渐被企业家所看重和接受。越来越多的国内物流企业已开始选择自身形象塑造的"突破口"、"切入点",全方位、广角度、多层次地开展企业形象塑造工作。为确保 CIS 的成功导入和顺利实施,物流企业需要做深入细致、切实有效的导入前期准备工作,其中包括沟通决策层的意见并达成共识,强化企业员工的参与意识,营造导入 CIS 的宣传氛围,进行 CIS 意识灌输和"启蒙",对本企业导入 CIS 计划现状及可行性进行诊断,拟订 CIS 导入计划等。

在导入 CIS 计划的各项前期工作中,最主要的是以下两个方面。

(1)营造 CIS"时不我待"的企业氛围。

目前,我国物流企业经营普遍存在服务产品同质化、效率不高等问题;另外,随着外来资本及国际物流企业全面进入中国物流市场,这无疑对国内物流企业带来严峻的考验和挑战。如何塑造良好的企业形象,提高企业素质和竞争力,应该成为物流企业全体员工的历史责任和使命。

企业形象是企业各要素形象的综合,企业形象塑造的动力来自于全体员工协同奋进的合力。CIS 的导入和实施过程,实质上是全体员工共同参与和投入的过程。因此,加快 CIS 基础知识和理论的普及与培训,营造“时不我待”的企业氛围,是 CIS 引入前期工作的关键。这期间,企业必须在全体员工中首先树立起四个观念:转变树立企业形象是花钱的观念,确定导入 CIS 同样是投资行为的观念;转变树立企业形象是领导行为的观念,确立塑造企业形象是群体行为的观念;防止塑造企业形象一阵风,确立塑造企业形象需要长期坚持的观念;转变塑造企业形象是装点门面的错误观念,确立塑造企业形象是系统工程的观念。

(2)组建 CIS 委员会,强化引入实施功能。

CIS 委员会是企业导入、实施和推进 CIS 计划的权威协调机构,也是企业成功导入和实施 CIS 计划的核心机构。CIS 委员会主要功能是协调企业在 CIS 推导和实施过程中的各项具体问题,其中包括普及 CIS 基础知识,实施企业外部的调研,确定 CIS 推进过程中的运行程序,协调 CIS 各系统的设计开发,预算或落实 CIS 计划的费用投入,负责对 CIS 推进过程中各阶段工作的监督控制等。此外,还包括在 CIS 推导过程中对企业内部的协调沟通以促进相互间的协力合作。

2)企业实态调查阶段

导入 CIS 的企业,必须对自己有明确的认识,对企业的历史、现状和未来有清晰的了解,对市场、竞争对手了如指掌。企业只有通过实态调查,才能明晰企业形象,摸清企业实态与内外部期望的差异,确定导入 CIS 的准确坐标,找到与竞争对手的形象差别。企业实态调查可分为内部调查和外部调查两部分内容。

(1)企业内部实态调查。企业内部实态调查是针对企业内部实际情况而做的调查分析,主要包括以下两个方面内容。

①与企业高层决策者沟通。

与企业高层决策者沟通,主要是要了解物流企业的宗旨、发展规划、价值取向和经营理念等。因为,把企业办成什么模式,塑造什么样的形象,最终取决于企业决策者的决策思路。另外,通过沟通还可以了解企业导入 CIS 计划的整体思路和目标指向。

②与企业内部员工的交流。

与企业内部员工进行访谈调查,是企业实态调查的重要组成部分。因为,员工是企业的一员,是企业导入和实施 CIS 的主体。全体员工对 CIS 导入的关心程度将直接影响 CIS 实施的效果。通过与员工的交流,可以了解到企业的发展历史和文化传统,掌握企业的现状,并可以征集到员工对有关塑造企业形象的合理化建议。由此可见,注重与内部员工的交流是十分重要和完全必要的。

(2)企业外部实态调查。物流企业的外部环境是一个复杂的概念,是企业赖以生存和发展的外部空间。物流企业外部环境调查涵盖面较广,主要包括以下几个方面。

①市场调查。

市场是企业生存的基础,市场环境的好坏直接影响企业的发展。相对于发达国家,我国物流行业发展尚处在初级阶段,但随着世界经济贸易一体化趋势的加速发展,尤其在我国加入 WTO 以后,我国物流业的发展有了前所未有的巨大机遇和广阔的市场发展空间。因此,准确地了解和把握现代物流企业所面对的新兴市场,依托自身的专长和优势,积极开拓本企业的物流服务领域,是企业进行外部环境调查的首要任务。物流企业的市场环境调查的主要内容有：目标市场调查、差异市场调查和潜在市场调查。

②竞争对手调查。

“知己知彼，百战不殆”。企业的发展，很大程度上是因为有了竞争对手的促进。一个企业不可能没有竞争对手，关键是如何看待竞争对手并采取适宜的竞争策略。

目前，由于我国物流服务的技术含量不高，行业壁垒较低，业内模仿行为相对容易，存在大量潜在的进入者。另外，各类物流企业间因经营模式的相近而难争高低。因此，企业在CIS的导入过程中，必须在了解竞争对手的同时，凭借自己独特的经营理念和“先动优势”策略以获取较大的市场份额，稳固本企业的竞争地位。

(3)企业知名度与美誉度的调查。

外界要了解、考察、衡量和评价一个企业，有许多渠道和方式，其中社会公众对企业知名度与美誉度的好坏，会直接影响CIS计划的目标、工作重点切入点的选择。扩大知名度、提高美誉度是现代物流企业导入和实施CIS的宗旨。

3)CIS的设计阶段

CIS设计开发阶段，是现代物流企业导入和实施CIS战略计划的重点，它主要分两个步骤进行。

(1)企业形象塑造的理论定位。

物流企业开展企业实态调查的目的，就是为了明确企业形象的现状，进而为构筑企业形象的准确定位提供决策依据。物流企业经营理念定位，应时刻掌握环境的变化，创造客户所需要的价值并让其满意，以使企业得以生存和发展。通过创造产品的附加值方法，既使顾客满意，又保证物流企业的合理收入，形成双赢的局面。因此，未来的经营战略应定位在“价值的创造”而不是“利润的创造”。

企业形象塑造理念定位的确认，取决于三个方面的内容：一是培育颇具个性的企业精神；二是确立与众不同的经营理念；三是设计体现企业价值追求的形象口号。此外，企业形象塑造的理念定位还涉及企业的经营方针、企业风格、员工的行为规范等方面的内容。

(2)CIS的设计。

所谓CIS设计，实质上是通过对视觉识别系统的设计，充分展示企业经营理念、企业宗旨的一种标志。按照国际惯例，CIS的设计开发包括以下几个方面内容。

①企业基本要素的设计。企业基本素质的设计，是CIS识别系统设计的重要组成部分，主要包括：企业标志、企业名称、品牌、企业标准色、标准字及企业标语等。

②企业应用识别系统的设计。企业应用识别系统设计要求有鲜明的识别性和直观的象征意义。如台湾地区新竹货运股份有限公司设计以孙悟空的造型象征新竹货运的高知名度，充分表达该公司迅速、可靠、安全的企业精神，简洁的设计将企业独特的经营理念与精神文化具体地塑造出来。

企业应用识别系统的设计开发，涉及的面较广，主要包括以下几项内容。

a. 企业的标准类应用设计系统。主要包括公司旗章、办公用品、车辆设备和员工服饰等。

b. 品牌设计要素与企业识别。主要包括品牌名称、品牌标志、品牌标准色、品牌标语和品牌的模型塑造等。

c. 企业主体的识别系统。主要包括企业的法定识别、企业的媒体识别和品牌代表的识别。

4)CIS 的实施管理阶段

CIS 的实施管理是整个 CIS 计划进程的重要阶段,在此过程中,实施管理是否得当,推进运作是否规范,员工培训是否到位,企业上下的行动是否协调一致,都关系到 CIS 计划导入的成败。此阶段的主要工作包括以下内容。

(1)CIS 的发表。

CIS 设计完成之后,企业就应及时对外、对内发布和演示 CIS 成果,即通过发表 CIS 成果,真正让企业外部公众和企业内部员工,都认识和感知企业的新形象和企业经营的新理念。对内发布 CIS 成果,有利于激发企业员工的热情,强化员工的参与意识,使员工自觉地执行各项 CIS 计划;对外发布 CIS 成果,可以通过社会公众和媒体的宣传扩大影响,得到社会的理解和支持。

(2)对企业内部员工的教育与培训。

为快速有效地推广 CIS 成果,必须在对内发布 CIS 成果的基础上,加紧对企业内部员工进行 CIS 导入内容的教育和培训。开展对员工进行教育培训的方法主要有编印员工手册、编制 CIS 指南手册、组织视听教育和多途径宣传等。

(3)CIS 各系统的实施管理。

①识别系统的实施管理。这一过程主要包括物流企业经营理念的确立,物流服务的品牌识别系统的管理,应用识别系统的管理,企业内部标准化、规范化管理等。

②CIS 导入计划的完善管理。CIS 导入计划在完成预期规定的程序之后,可视为 CIS 的第一循环企划作业结束,但并不意味着 CIS 计划终结,在日后对 CIS 导入计划的完善和管理方面,还有大量的工作要做。其中包括建立发展 CIS 的部门或机构,CIS 设计系统的管理和修正,企业理念效应的定期观测等。

③CIS 效果评估。物流企业在导入 CIS 以后,必须进行 CIS 效果的评估,通过评估来检测、衡量导入 CIS 的最终效果,总结经验,收集反馈信息,为塑造良好的企业形象、完成 CIS 的终极目标提供有价值的参考依据。CIS 效果的评估主要有三个方面的内容:企业内部评估、外部公众评估和根据企业经营业绩上升情况评估。

4. 技能训练准备

(1)学生每 5 人为一个小组,每个小组选 1 名组长。

(2)教师现场指导。

(3)训练时间安排:2 学时。

5. 技能训练步骤

(1)以组为单位设置 CIS 组织机构。

(2)提出导入提案,进行实态调查。

(3)进行企业形象定位、创意策划、编制 CIS 手册。

(4)确定导入时机,导入 CIS。

(5)评估反馈。

6. 技能训练注意事项

(1)组织机构设置要科学合理,切忌贪大求全。

(2)实态调查要合理分工避免时间分配不均。

7. 技能训练评价

请完成技能训练后填写附录“技能训练评价表”。

8. 技能训练活动建议

(1)活动前熟悉 CIS 策划的流程及注意事项。

(2)通过网络阅读成功的 CIS 策划方案案例。

三、物流企业 CIS 导入时机

1. 情景设置

某物流企业已经完成了 CIS 策划的各项工作,准备适时导入 CIS。请为该公司选择合适的 CIS 导入时机。

2. 技能训练目标

(1)能够掌握物流企业不同的 CIS 导入时机及各种导入时机的适用情况。

(2)能够根据物流企业的情况选择恰当的时机导入 CIS。

3. 相关理论知识

物流企业导入 CIS 是一项策略性极强的系统工程,人力、物力和财力的投入量很大,需要把各种资源进行最佳整合,还要讲究 CIS 导入时机,讲究"应天时",讲究技巧和策略。导入的时机不对,则适得其反,时机选择得好,企业导入 CIS 作用发挥空间更大,能起到事半功倍的作用。CIS 作为企业的现代经营策略工具,虽然有它的共同性,但每家企业的实际情况不同,其导入 CIS 的动机与目的不同,解决问题的切入点不同,因而在选择导入 CIS 的时机上,也会自有区别。一般说来,企业可以根据自身的情况在以下情形(时机)导入 CIS。

1)企业成立、变更或重组

企业成立、变更或重组对于企业来说是一个新起点,新起点需要新形象。

(1)企业新成立时。

一个企业新成立时,如果企业的最高决策者就能站在 CIS 设计的制高点上,对企业的理念、行为、视觉三大系统进行定位和规范,那么就可以少走弯路、少花钱、多办事,就可以收到事半功倍的效果。因为企业刚刚成立,一切从零开始,新公司可能没有任何知名度,通过运用 CIS 集中资源,集中视觉焦点,能够快速树立形象资产(品牌)。

(2)企业并购重组。

两家或更多家企业为了彼此更加长远的利益,可能会发生合并、兼并、收购等重组行为,这时通过导入 CIS 重新设计规划,以让社会大众认识到企业重组后的企业形象和企业定位。同时,重组企业间存在文化差异,通过对重组后的企业导入 CIS,有利于消除企业间的文化差异,并推动重组企业向着共同目标前进,或者说 CIS 能够对企业跨文化并购起到重要辅助作用。

(3)企业设立分支机构。

企业发展到一定阶段,通常会衍生分支机构,有些分支机构与母公司距离遥远,通过运用统一的 CIS,可以使母子公司之间遥相呼应,并以此维系企业的向心力和凝聚力。

(4)企业变更名称。

随着企业的发展,经营范围的扩张、产业的不断延伸、企业法人的变更等因素都可能导致企业名称的变更,可能导致企业理念的变化,这时导入 CIS 可以让社会大众认识公司的重新定位,认知公司新的经营理念和企业形象。

2）重塑理念创建活力企业

（1）企业名称和企业标志陈旧或标志与其他企业雷同。

我国原先是单一的计划经济模式，因此很多企业都是按"地名+序数+行业"的三段式命名，或用"名胜+行业"的二段式命名，雷同化现象十分严重，再加上没有严格的规范，企业标志在使用过程中逐渐变形和走样，标志的表征性荡然无存，不利于社会公众的认知、识别和记忆。

（2）变更企业经营理念。

企业更换领导人，或是原有经营理念已不适应，这时可运用导入新 CIS 的办法，效果直接而有效。

（3）企业经营不善，员工士气低落。

造成企业经济效益下降或者产品的市场覆盖率不高，可能有多方面的因素，但在产品的价格、质量、服务与其他企业产品不相上下或大同小异的情况下，企业形象的好坏就起关键作用，设计导入新的 CIS 计划，就可以一改企业的老面孔，振奋企业员工的精神，提升企业的经营业绩，使企业走上良性循环之路。

（4）企业缺乏凝聚力。

如果一个企业缺乏凝聚力，就如一盘散沙，无法形成经营企业的合力，这时可通过 CI 策划，使企业拥有良好的企业形象，企业员工会因为自己属于企业一分子而倍感自豪，从而更加主动地接受企业价值观，并将其内化为个人价值的一部分，进而拥有较高的员工士气和更大的工作热情。

3）企业实施品牌兴企战略

品牌的最大特性是易于识别性和不可复制性，在产品与服务日趋同质化的今天，品牌战略似乎更为重要。

（1）企业自创品牌。

自创品牌是企业导入 CIS 的动机中十分直接的一个，自创品牌一般称为品牌识别系统（BIS）。运用 BIS 可以快速建立品牌全系列的一致形象。品牌识别是中国特色的 CIS 的重要内容之一，和战略识别（SI）一起丰富、补充和完善了国外的理念识别（MI）、行为识别（BI）和视觉识别（VI）三大板块，使 CIS 更加适合于中国企业。

（2）企业打造强势品牌。

当一家企业的产品拥有了品牌之后，并不意味着企业具有绝对的竞争优势，只有强势品牌、名牌才是企业的最大品牌资本。所以，打造强势品牌是企业梦寐以求的一件大事。而打造强势品牌有很多工作去做，诸如选择品牌代言人、确定广告标语、策划个性化的视觉形象识别系统等等。

4）企业实施形象强企战略

未来的市场竞争靠形象，已经不再是一句美丽的口号，而形象需要 CIS（尤其 VI）来支撑，先从视觉上接受，再到内心的接受。

（1）旧形象已不适应新形势。

市场有其规律性也有其突变性，可谓瞬息万变，新市场在不断取代旧市场，所以企业必须时刻展现出适应市场的企业形象，不断地更新和创新，紧扣时代和市场的脉搏。例如：德邦物流为了适应市场和企业的发展改进了 Logo 的设计，使新标识比旧标识更利于体现公司业务和追求，利于消费者识别和记忆公司形象，收到了较好的效果。

(2)在同行业中企业形象处于劣势。

市场竞争愈演愈烈，品牌越来越多，而良好的品牌形象是企业竞争获胜的保障，因为品牌形象关系到产品或服务的知名度、信任度和美誉度。形象处于劣势的企业要积极导入CIS，使品牌形象得到强化，为品牌脱颖而出奠定基础。

(3)修复受损的企业形象。

企业在生产经营过程中，难免有来自企业内部或外部的各种意外事故或灾难，诸如消费者投诉、劳资纠纷、媒体恶意炒作等等。事故或灾难一旦发生，将给企业造成巨大的损失，包括经济损失和无形资产损失。对于经济损失一般是可以估量的，而无形资产的损失则是不可估量的。尤其企业商誉、形象等受损时，需要企业以崭新的形象出现于消费者或公众面前，让消费者或公众对企业重新认识，让消费者或公众看到新的希望，忘却过去的负面影响。

(4)企业推行客户满意(CS)战略。

追求顾客满意已经成为各企业的共识，顾客满意(CS)策略也是众多企业的战略要素之一。在推行顾客满意策略时，无论企业倡导TCS(全程满意策略)，还是推行5S(理念满意、视觉满意、行为满意、质量满意、服务满意)策略，都与企业CIS导入密切相关，需要企业形象支持。

5)企业实施规模经营战略

(1)新产品上市。

一个新产品开发成功，需要在面向市场推广之前导入CIS，提炼产品理念，引入品牌概念，制订营销形象和面市推广计划整合，这有利于起到促销和建立品牌的效果。国内许多名牌产品，都是运用新产品上市契机导入CIS，取得显著效果。但至今仍有许多企业在新产品面市之前，显得匆匆忙忙，不得要领，毫无计划。甚至连产品的商标、企业商号等基本形象识别都不顾，就匆匆忙忙往市场上推。当走了弯路发现问题，再来"规范"已进退两难，损失惨重。

(2)企业实施多元化经营。

随着企业的发展，企业产品拓展、服务范围扩大，造成企业名称或企业标志与之不相适应，这时需要开发新的CIS，建立既符合企业实际情况，又能契合未来发展的识别系统，统合新开发产品与企业本体的关系。

(3)企业建立集团体系。

企业发展到一定阶段，规模不断扩大，由于企业跨行业经营或多角发展的需要，会经常出现内部派生子公司或外部兼并其他企业的现象，这时候如果缺乏明确统一的CIS计划，那么企业集团中各企业的作用、企业间的相互关系以及母公司与子公司的相互关系就需要很长时间才能使人清楚。因此，需要导入集团识别系统(CIS)，这样可使整个企业集团形象整齐划一，还可以通过统一形象化系统而使集团各成员企业共享广告资源，收到以几何级数扩散的广告效应，同时还可节约广告投入。

(4)企业市场国际化。

企业进军海外市场，迈向国际化经营，参与国际竞争，由于企业所面对的公众起了变化，原先在国内市场上形象良好的企业及其产品很可能会丧失竞争力，这时候就要设计导入新的CIS。同时把在设立的国外分支机构与国内公司形象统一化，使企业品牌、产品品牌效应得以良好发挥和展现。

(5)企业间组建企业联盟。

随着竞争的深入发展，一些企业的竞争观念发生了改变，竞争企业之间由过去的"你死我活”转变为“既竞争又联合”,即由单纯的竞争走向竞合,向着“共赢”的道路迈进。在很多情况下,企业联盟也要有自己的理念、章程、价值观等一整套联盟形象识别系统,通过联盟导入 CIS,可以增强联盟合力,树立联盟形象,促进合作,为共同的战略目标而努力奋斗。

6)企业实施其他战略举措

(1)企业股票筹划上市。

目前越来越多的企业借企业股票上市对企业进行全新的 CIS 策划,注入现代经营理念。以新的形象、前卫的理念出现在股民和社会公众面前,无疑是为了加大融资力度,让更多的受众对企业产生期盼,更好地吸引资金,推动企业快速发展。

(2)企业发展连锁体系。

企业大型化、连锁经营、特许经营已成为 21 世纪企业发展的必然趋势,通过建立连锁识别系统可以快速直接地树立商业形象,使各连锁店以同一企业形象、同一品牌形象出现在客户面前,这样能够有效提升企业的经营业绩,导入 CIS 就无疑更是前提条件了。

总之,企业在具备必要条件的前提下,应适时导入 CIS,以核心优势为起点,对企业形象进行整体策划,把企业战略定位化,将企业识别具体化,再将企业形象全面推广,深入人心,从而使企业形成自己的内在的独特的个性,生成优质的企业整体竞争力,进而达到赢取市场、获取最佳经济效益的目的。但是,CIS 需要良好的企业文化底蕴,需要良好的执行机制,否则 CIS 也必将是空中楼阁,能看却不能用,不能真正地服务于企业生产经营。同时,我们也应该认识到导入 CIS 对企业经营作用的有限性,因为企业导入 CIS 和良好经营业绩之间的关系只是必要条件,而非充分条件,我国第一家导入 CIS 的企业——太阳神集团的衰落恰恰能让人更加冷静和理性地面对 CIS,而不是盲动和狂热。

4. 技能训练准备

(1)学生每 5 人为一个小组,每个小组选 1 名组长。

(2)教师现场指导。

(3)训练时间安排:2 学时。

5. 技能训练步骤

(1)各小组根据给出的资料分析该企业导入 CIS 的目的。

(2)各组成员熟悉了解,一般哪些情形是导入 CIS 的时机。

(3)根据公司导入 CIS 的目的、实际情况、经营特点,选择导入 CIS 的时机。

(4)各组派一位代表陈述结果。

6. 技能训练注意事项

(1)CIS 导入时机选择要有依据。

(2)CIS 导入时机选择要恰当。

7. 技能训练评价

请完成技能训练后填写附录“技能训练评价表”。

8. 技能训练活动建议

上网查阅物流企业 CIS 导入的相关案例。

思考练习

1. 简答题

(1)何谓企业形象策划?

(2)物流企业 CIS 策划的原则是什么?

(3)企业形象策划具有哪些功能?

(4)企业形象策划包括哪些内容?

(5)企业应如何选择 CIS 导入的时机?

2. 思考题

(1)物流企业为什么要进行企业形象的树立?

(2)如何才能做好企业形象策划?

项目二　物流企业营销造势与商业活动策划

教学要点

(1)根据提供的资料,选择营销造势的方式,进行营销造势的策划;

(2)上网查询某一物流企业资料,写一份商业活动策划方案。

教学方法

可采用讲授、情景教学、案例教学和分组讨论等方法。

一、物流企业营销造势

1. 情景设置

沿海某物流公司准备进入内陆市场,春运临近,该公司准备进行营销造势,为进军内陆市场做好铺垫。如果该公司此项工作由你负责,那么应该选择哪种方式进行营销造势?

2. 技能训练目标

(1)能根据企业的目标正确应用各种营销造势策略。

(2)能进行营销造势策划。

3. 相关理论知识

1)营销造势的含义

当前各企业奋力厮杀的营销战场正发生着翻天覆地的变化,新的企业(品牌)进入市场、新的产品出现、新的商业模式诞生,在当今的市场环境下,造势已经成为企业别无选择的必经之路。

何谓势? 孙子兵法曰:“激水之疾,至于漂石,势也。”湍急的流水飞快地奔流,以致能冲走巨石,这就是势的力量。

孔明自出茅庐以后,极擅长造势、借势、用势。刘备赴江东招亲时,赵云令荆州随行兵士俱披红挂彩入南徐,便是孔明造势之计。其目的在于制造出一种热热闹闹办喜事的舆论声势。用现代话来说,这既是表明来意的“安民告示”,又是广而告之的“轰动效应”。结果,这一轰动效应惊动了乔国老和吴国太,孙权和周瑜的假戏不得不真唱下去,最后,刘备得了孙夫人又保住了荆州。

营销同样需要造势。一个刚开张的新企业,一种刚上市的新产品,知名度低,企业需要造势以提高知名度,以“势”为其鸣锣开道;一个实力雄厚的知名企业,一种名牌产品,虽然已有了一股势,仍需继续造势,以巩固市场,提高形象。企业在市场竞争的商战中,只有占有优势,才可先声夺人。所以企业无势者需造势,无力造势者需借势,有势者需用势。对于外部市场要造势,声势在外,对于下一步的营销工作有莫大的帮助。当我们扫描近几年来中国市场上极为成功的营销造势案例时,就可以轻易地发现,那些有着强大影响力、高美誉度以及良好市场销售结果的营销事件,无不是先行的事件策划。例如:山东省济南市邮政局“3·15”账单业务开发纪实成功的借力造势线性营销。在经济危机之下,在企业市场推广费用大幅降低的前提下,营销造势更突现其强大的作用:以最低的投入获得最大的关注效应。

“营销造势”就是举办活动或制造事件,再通过大众传播媒介的报道,让企业有价值的信息进入公众视野,引起社会大众或特定对象的持续关注,成为社会焦点,造成对自己有利的声势,达到企业扬名的目的,进而提高品牌的知名度,在公众中建立良好的企业形象,甚至改变那些对企业不友善的态度或者不利于企业的看法。

造势最根本的目的:一是要为正式的品牌传播、市场营销做充分的铺垫,打下坚实的基础,也就是通过前期造势的工作,使在正式的品牌沟通和市场营销工作实施时,能够迅速形成有效的目标市场规模;二是让目标市场充分接受企业的品牌价值理念、企业营销文化、产品功能价值等最本质的思想理念,使接下来的所有营销工作水到渠成。

2)营销造势的方法

(1)通过企业庆典进行营销造势。

庆典活动是企业面向社会和公众展现自身、体现自身领导和组织能力、社交水平以及文化素养的绝佳机会。通过邀请政要、知名人士和媒体记者参加,扩大企业的影响。常见的庆典活动有法定节日庆典,某一组织的节日庆典,特别“日、月、周、年”的庆典,签字仪式,颁奖、授勋仪式等。企业庆典活动的具体形式要根据企业自身的发展历史、企业生产经营特点及所能投入的经费来决定,无论庆典活动的形式如何,其策划都要以激起广大公众的兴趣,尤其是激起广大公众新闻媒介的兴趣为出发点和追求目标,只有达到了这一目标的庆典活动才算是成功的,才能为营销工作的进一步展开打下良好的基础。

(2)利用赞助活动进行营销造势。

赞助是通过提供资金、产品、设备、设施和免费服务资助社会事业的活动,同时也是一种既可以赢得社会好感又可以提高企业知名度的活动,从而成为进行大众传播和沟通的方式之一。选择最合适的赞助、开展广泛的传播活动,是企业公关营销活动常见的有效手段之一。通过赞助达到广告的目的,增强广告的说服力和影响力;通过赞助制造新闻效果,扩大企业的认知度,提高在公众中的美誉度;通过赞助表明企业承担的社会责任,可以树立关心社会公益事业的良好形象;通过赞助建立与公众的关系,增强企业与外界交流的和谐度,为企业的营销工作建立了良好的开端。

赞助活动的对象,往往是公众最乐于支持的事业和急需支持的事业,如:体育比赛、大型群众活动、福利事业、教育事业、文化活动、专业奖励等。

(3)新闻发布会。

新闻发布会是企业把各新闻机构的记者召集在一起,公开发布新闻的会议,是广泛传播企业某一重要信息的有效方法,是企业信息迅速广泛传播的有效途径。

企业召开新闻发布会有以下几种情况:企业经营方针的改变、企业作出了某项决策、新产品开发、企业首脑或高级管理人员的变更、新工厂的上马或旧工厂的扩建、企业合并、企业创立周年纪念日、企业的产品获奖、与企业相关的重大责任事故的发生等。

(4)借助各种展览会来宣传造势。

展览会是一种综合运用各种传媒,通过实物、文字、图片等形式向公众传递企业信息、展现企业成果、展示企业自我形象、有效扩大企业知名度、增强企业影响力、促进企业产品销售的活动。展览会分为:大型综合展览会、小型展览会和微型展览会。大型综合展览会通常由专门的单位举办,规模大,参展项目很多;小型展览会规模较小,一般由企业自办;微型展览会是指橱窗展览和流动车展览等。

(5)研讨会。

借研讨会之名,行企业宣传广告之实,把研讨会演绎成造势方法,是企业造势的一种最新流行趋势。由企业赞助邀请行业专家和媒体记者参加,研讨题目一般都与企业的新技术和新产品等有关,会上除了阐述企业和行业的最新发展动态之外,主要是企业趁此机会向媒体和业界人士介绍自己的产品,让大家有更多的了解。

(6)企业开放参观。

物流企业为了让公众更好地了解自己,获得客户对企业的支持,可以有计划地组织公众参观,邀请社会公众、客户、新闻工作者以及对企业感兴趣的人到企业参观,利用这个机会向公众宣传,树立企业形象。这也是营销造势的手段之一。

(7)广告宣传造势。

造势本来就是广告宣传的目的之一。企业可以根据具体情况通过广告宣传本企业某项产品(服务)为社会带来的社会价值、经济价值,或该产品(服务)的政治意义、政治价值,经济意义等等。

此外,拍卖造势、演说、有奖征答等都是很实用的造势营销手段和方法。

4. 技能训练准备

(1)学生每5人为一个小组,每个小组选1名组长。

(2)教师现场指导。

(3)训练时间安排:2学时。

5. 技能训练步骤

(1)以组为单位根据提供的资料分析该企业的情况、营销造势目的。

(2)为该企业设计营销造势的形式。

(3)各组派一名代表陈述结果。

6. 技能训练注意事项

选择营销造势方式一定要符合企业的实际情况与营销目标。

7. 技能训练评价

请完成技能训练后填写附录“技能训练评价表”。

8. 技能训练活动建议

上网查阅有关营销造势的技巧、方式及成功案例。

二、物流企业商业活动策划

1. 情景设置

红星物流公司新近推出了一项个性化礼品递送服务,为了迅速打开市场,该公司决定搞一次商业活动，请为该公司策划一个活动方案。

2. 技能训练目标

能够根据物流企业的战略目标、企业的状况、目标市场的特点确定物流市场调研的内容。

3. 相关理论知识

商业活动策划是企业在短期内提高销售额、提高市场占有率的有效行为，商业活动策划的目的是制造眼球效应和社会效应，商业活动策划具有广泛的大众传播性深层的阐释功能和良好的经济优势。商业活动策划在现代商业活动中显现的优势十分明显，好的商业活动策划方案，尤其是创意突出、具有良好的可执行性和可操作性的活动策划，无论对于企业的知名度，还是对于品牌的美誉度，甚至对促进销售都将起到积极的作用。

商业活动是企业整合市场资源、开展市场营销活动和提升企业文化建设的重要手段，随着商业活动的日渐频繁，商业活动策划逐渐被人们所熟知。成功的商业活动策划不仅可以帮助企业赢得客户的认可，更能给企业带来可观的效益。商业性活动策划形式多样，活动策划往往对于新产品上市、产品终端铺货和产品转型具有直接的效果，所以它也是广告策划中的一个重要组成部分。

商业活动策划主要可以分为三类：营销主导型活动策划、传播主导型活动策划和混合型活动策划。营销主导型活动策划指其活动以盈利销售为主、品牌宣传为辅而展开的商业活动策划。传播主导型活动策划指以品牌宣传为主、盈利销售为辅的商业活动策划。混合型活动策划兼备了以上两个类型的特点，既做营销又搞传播，属于“鱼和熊掌兼得”型的商业活动策划。

1）商业活动策划的程序

（1）活动目标的确定。

在开展商业活动策划时首先要明确本次商业活动的目标是什么，活动目标应与企业总体目标相一致。活动目标必须是具体的，应当是企业在现有条件下能够或必须达到的实际结果，如企业在某（开展活动）区域的认知度提高了多少个百分点，产品销售达到多少量、订单数量增加多少份等。活动目标应切合实际，不应定得过高，也不能定得太低。活动目标合适，可以极大地提高销售量，使订单数量增加。

（2）调查分析。

确定了商业活动的目标之后，就要进行企业自身情况的调查分析，如企业经营的方针、产品特点、财务状况等；进行市场调查分析，包括竞争对手当前的产品状况、广告行为、目标消费群体分析、消费者心理分析等；进行商业活动的社会环境和目标公众的适应性分析；同时，还要开展对公众关注的热点、历史上同类个案的资讯、国家关于大型活动方面的政策和法规的调查。

（3）提炼主题，进行创意。

提炼主题，进行创意。这是商业活动的核心内容，重中之重。商业活动主题是为了更好体现企业目标，必须与企业的目标保持一致。好的主题不在于辞藻华丽、技巧娴熟，而在于产生的实际效果。主题要能真正打动公众心扉，还要考虑社会效果，一味哗众取宠，迎合低级趣味的主题是不可取的。

主题要单一，体现总的营销思想，在一次活动中，不能做所有的事情，只有把一个最重要的信息传达给目标消费群体，正所谓“有所为，有所不为”，这样才能把最想传达的信息最充分地传达给目标消费群体，才能引起受众群关注，并且比较容易地记住你所要表达的信息。

(4)时空选择。

商业活动要充分地选择运用时间和空间，即捕捉“天时”、“地利”。

开展商业活动要抓住合适而有利的时机。捕捉时机要准确，对可以预先选定的时机，一定要选准其“时间区间”。把握时机要及时，对于那些不可预先选定的时机和稍纵即逝的时机，要及时抓住，不可犹豫。选择时机要尽量选择那些能够引起目标客户关注的时机。如利用重要节日，大型社会活动、热点新闻期间等。

商业活动策划，对于空间场景的利用非常必要。一方面应尽可能地考虑如何充分利用环境的有利条件，回避不利条件。比如对特殊民俗风情的利用以及避开恶劣气候条件等。另一方面是尽量选择利于商业活动实施的场所。应顾及活动的地理位置、活动空间大小。空间大小以活动规模大小、活动参与人数多少为准。场地过小则显得拥挤、混乱，也易造成事故。场地过大既是浪费也无美感，会使活动气氛显得冷清；商业活动空间的地理位置很重要，选择位置要与商业活动内容相适应。

同时，还要考虑商业活动场地周边的交通环境、人流环境、活动场地周围的建筑环境、生态环境等。以及基本设施和基本条件。比如通讯设施、医疗急救条件、卫生条件、治安条件等。

此外，还应考虑备用空间，防止各种因素或条件的偶然变化，便于对空间作一些应急和临时变动的考虑。

(5)媒体整合。

要想使商业活动的效果达到预期的目标，还要进行媒体的整合。一是要考虑活动中不同传播形式所需的设备、器材以及从语言到文字，从声音到画面、从表情到服饰、印刷物、招贴画等方面的设计。二是要根据商业活动的需要选择相应的媒介，因为不同的媒介有各自的传播特点，其传播的范围、受众不同，传播效果也有差异，所以要根据本次商业活动的特点、针对的对象来选择合适的媒介。三是在媒体的选择上要考虑企业的财力，只要能达到商业活动预期目的，还是应以节省经费为出发点。

(6)经费预算。

经费预算是对商业活动实施经费开支的控制。包括：器材设施费，如购置、租借各种视听器材通讯器材、影像器材、各种纪念品、印刷品等；各种日常开支，如水电费、通信费、保险费、交通费、资料购置费等。以及劳务费、场地费、接待费、调查活动费等。

(7)人员的分配。

一是要根据商业活动的规模大小、内容、层次进行人员的挑选；二是对选出的人员进行培训，就活动的目的、宗旨、方法技巧、应急等方面进行培训；三是进行人员分工，对活动任务分解落实，根据活动要求完成各自相应的任务，保证商业活动的顺利进行。

(8)应急措施。

要制订一套应急方案，以应对各种意外情况的发生，如天气情况变化、安全情况变化等。

2)商业活动策划的要素

(1)商业活动策划一定要和产品或服务的卖点相结合，一个活动策划再怎么精妙，如果消费者只记得了活动的有趣，而忘记了产品或服务本身，说明这个活动策划是一大败笔。

(2)直接地说明利益点。在确定了唯一的主题之后，受众消费群体也能够接受我们所要传达的信息，但是仍然有很多人虽然记住了广告，但是却没有形成购买冲动，为什么呢？那是因为他们没有看到与他们有直接关系的利益点，因此，在活动策划中很重要的一点是直接地说明利益点，如果是优惠促销，就应该直接告诉消费者你的优惠额数量，而如果是产品说明，就应该贩卖最引人注目的卖点，只有这样，才能使目标消费者在接触了直接的利益信息之后引起购买冲动，从而形成购买。

(3)活动要围绕主题进行并尽量精简。很多策划文案在策划活动的时候往往希望执行很多的活动，认为只有丰富多彩的活动才能够引起消费者的注意，其实不然。

其一，容易造成主次不分。很多市场活动搞得很活跃，也有很多人参加，似乎反响非常热烈，但是在围观或者参加的人当中，没有多少人是企业的目标消费群体，而且即使是目标消费群体，他们在参加完活动之后是否会购买产品？目前一些策划者经常抱怨的一个问题就是围观者的参与道德问题，很多人经常是看完了热闹就走，或者是拿了公司发放的礼品就走了。其实这里的问题就在于活动的内容和主题不符合，所以很难达到预期效果。其二，提高活动成本，执行不力。在一次策划中，如果加入了太多活动，不仅要投入更多的人力物力和财力，直接导致活动成本的增加，并且容易导致操作人员执行不力，最终导致案子的失败。

(4)具有良好的可执行性。

一个合适的产品，一则良好的创意策划，再加上一支良好的执行队伍，才是成功的市场活动。而执行是否能成功，最直接和最根本地反映了策划案的可操作性。策划要做到具有良好的执行性，除了需要进行周密的调查外，详细的活动安排也是必不可少的。活动的时间和方式，必须考虑执行地点和执行人员的情况进行仔细分析，在具体安排上应该尽量周全。另外，还应该考虑外部环境(天气、民俗)的影响。

(5)变换写作风格。

一般来说，策划人员在策划案的写作过程中往往会积累自己的一套经验，当然这种经验也表现在策划书的写作形式上，所以每个人的策划书可能都会有自己的模式。但是往往是这样的模式会限制了策划者的思维，没有一种变化的观点是不可能把握市场的。而在策划书的内容上也同样应该变换写作风格，因为如果同一个客户三番五次地看到你的策划都是同一个模子，就很容易在心理上产生一种不信任的态度，而这种“首因效应”，即第一次给他人留下的印象，在对方头脑中形成并占据着主导地位的效应，有可能影响了创意的表现。

(6)切忌主观言论。

在进行活动策划的前期，市场分析和调查是十分必要的，只有通过对整个市场局势的分析，才能够更清晰地认识到企业或者产品面对的问题，找到了问题才能够有针对性地寻找解决之道，主观臆断的策划者是不可能作出成功的策划的。同样，在策划书的写作过程中，也应该避免主观想法，切忌出现主观字眼。因为策划案没有付诸实施，任何结果都可能出现，策划者的主观臆断将直接导致执行者对事件和形式产生模糊的分析，而且，客户如果看到策划书上的主观字眼，会觉得整个策划案都没有经过实际的市场分析，只是主观臆断的结果。

此外，企业要认识到一次活动不可能达到巨大的效果，也不能因此就树立起品牌，所以企业不可能通过一次活动解决所有的问题，一次活动只能主要解决一个问题，在品牌的建设和产品的销售上，只有坚持正确的营销思想，并且在此思想下，在适当的时间和适当的地点进行适当的商业活动，才能使企业更快更好地继续发展下去。

3) 商业活动实施管理

(1) 进行必要的现场模拟。从经验看,我们应该非常重视计划方案的现场模拟。我们看到一些商业的活动,都存在这样的问题:计划很好,但是由于缺少演练或彩排,在操作过程中出现很多问题,违背了原创精神或者没有达到原创水平。所以,在原则方案确定以后,还要进一步进行现场模拟。

(2) 实施操作程序的管理。程序化管理是一种科学的管理意识,只有程序化实施,才能有标准化、科学化管理,因而实施设计,重要的是设计出操作的规范程序,这在商业活动中其实就是对细节的把握和处理。

(3) 方案培训。在大型商业活动中,为了保证参与活动工作人员的素质,进行培训显得尤为重要,这样不但保证了商业活动的质量,而且会极大地调动参与活动工作人员的积极性,提升主办方的声誉和影响力。假如参与的工作人员不了解全局的策划意图,他们就不能为大型活动策划实施提供建设性的劳动,因而需要对工作人员进行方案培训。只有知情才能出力,这些往往以讲座、专门辅导、召开会议等形式进行,既简便又高效。

4. 技能训练准备

(1) 学生每 5 人为一个小组,每个小组选 1 名组长。

(2) 某物流企业相关资料若干份。

(3) 教师现场指导。

(4) 训练时间安排:2 学时。

5. 技能训练步骤

(1) 以组为单位为一个商业活动策划小组。

(2) 根据给出的资料分析该企业商业活动的目标。

(3) 根据商业活动目标分析确定活动主题。

(4) 撰写商业活动策划书。

6. 技能训练注意事项

(1) 教师在训练前将企业资料提供给学生,便于学生进行调查、分析。

(2) 要充分利用提供的资料分析企业的特点、活动目标。

(3) 策划方案要突出企业特征、符合企业营销目标。

7. 技能训练评价

请完成技能训练后填写附录"技能训练评价表"。

8. 技能训练活动建议

(1) 训练前教师提供一些商业活动策划书范本供学生参阅。

(2) 建议学生上网阅读一些成功的商业活动案例。

思考练习

1. 简答题

(1) 何谓营销造势?

(2) 营销造势的目的是什么?

(3) 营销造势的方法有哪些?

(4) 商业活动策划的要素是什么?

(5) 如何进行商业活动的实施管理?

2. 思考题

(1)营销造势对物流企业的发展有何意义?

(2)物流企业进行营销造势应该注意哪些问题?

(3)物流企业如何进行商业活动策划?

(4)如何才能避免商业活动策划达不到预期的效果?

3. 案例题

案例1

借力造势一线性营销

——山东省济南市邮政局"3·15"账单业务开发纪实

2003年"3·15"国际消费者权益日,山东济南邮政局与济南市消费者协会联合举办了"维护消费者知情权,营造放心消费环境"的研讨会。该局借助市消费者协会的号召力,有效地激发了消费者和经营者供求双方对账单业务的需求,新增长效账单用户7家,使2003年的账单制作量达到282万件,同比增长75.4%,居全省第一位,激活了济南账单业务市场。2004年,济南局乘胜追击。3月11日,济南局和市消费者协会联合举办的"3·15"账单业务营销活动又如期举办。济南市消费者协会召集金融系统、通信行业、保险公司、公用企业共34家单位举办以"诚信经营,增强公众消费透明度"为主题的"3·15"消费者权益日研讨会。会上,34家企业踊跃发言,在"账单可以增强公众消费透明度"方面达成共识。民生银行、兴业银行和济南市机关事业单位保险办公室三家单位在会议现场就与济南局签订了账单制作、寄递协议。山东省、济南市地方媒体对账单业务进行了广泛宣传,在社会上营造了"账单可以维护消费者知情权"的良好舆论氛围。济南局隐身幕后,策划"导演"了2003年、2004年两场旨在宣传邮政账单业务的"3·15"维权大戏。

经营形势严峻账单业务担当主角

大力发展账单业务是济南局在深入分析邮政经营形势的前提下所采取的一项重要举措。邮政储蓄转存款利率连续下调,对邮政业务的长远发展带来较大影响;报刊的治理整顿,影响了大宗函包代发业务;速递市场竞争格局将进一步激烈,不要说DHL、FEDEX、TNT等国外速递公司虎视眈眈,泉水快递、兔兔快运、天地货运等济南市场上的私人快递公司也在不断壮大;代理保险、代办电信、分销物流等新业务虽然市场前景看好,但规模化发展尚待时日。所以,邮政面临更加激烈的市场竞争,实现持续快速健康协调发展的目标尤为艰巨,加大业务结构调整力度势在必行。

"一枝独秀"带来的市场风险呼唤"群星闪烁"的业务发展态势。济南局提出"函件业务作为传统业务必须突出重点,要在社会上树立现代邮政账单的金字招牌。"作为一项本土业务,账单业务投入少,成本低,具有长期稳定的经济效益,是邮政壮大函件规模、增量创收的"亮点"业务。作为山东省的政治、经济、文化中心,济南企事业单位多、人口多,发展账单业务的市场潜力较大。

对自身资源的把握和运用能力决定了业务发展空间和市场潜力,而市场潜力则蕴藏着经济效益。

账单业务的市场潜力巨大,但发展速度却不快,原因何在?济南局副局长林令才认为:"不论是服务商还是消费者,对账单消费的意识都还不到位。对于服务商来说,为客户制作、寄递账单固然会增加成本,但却为客户提供了周到的服务,这会提高他们的市场竞争力,带来的经济效益将远远大于制作、寄递账单的成本。对于消费者来说,要求服务商提供账单的意识几乎没有。所以，制约邮政账单业务发展的瓶颈在于人们的意识还不到位，需要启发!”

掌握良机邮政当起“总导演”

每一次社会热点的出现都在挑逗企业的广告热情，同时也在考验企业的商业智慧。热点带来的市场机会总是稍纵即逝，谁有捕捉、赢得市场先机的敏锐嗅觉并付诸行动，谁就能占得市场先机。如果再选好合作对象，例如依靠某一权威部门的推介，那天文数字的广告费用就省下了。不仅不用做广告，新闻媒体还会抢着报道，既做了不花钱的广告，还取得比做广告更好的效果。

3 月 15 日是消费者权益日，今年，中国消费者协会确定的主题是“诚信·维权”。刚进入 3 月，各媒体就营造出“弘扬诚信，共谋维权”的浓郁氛围，济南局见机行事，制订了《关于举办“诚信经营，增强公众消费透明度”研讨会的活动方案》。《方案》出台后，该局相关人员奔走于济南市消协以及金融、保险、通信、公用企业等账单业务的现实客户和潜在客户之间，以账单具备“维护消费者知情权、营造透明消费环境”的功用说服济南市消协出面召集研讨会。同时，该局邀请通信公司、保险公司、供电局等单位参加研讨会并现身说法，说明使用邮政账单业务后，对企业经营和服务产生的影响。

邮政搭台泉城上演账单大戏

作为研讨会的倡导方，济南局一直以被邀单位的角色低调出现。在研讨会上，济南局副局长林令才在消协领导作完主题为《倡导服务商为消费者寄递账单，共创透明消费环境》的报告后，才低调表态："我们济南市邮政局将积极响应市消协的倡导，及时为消费者提供消费发票或消费详单，让消费者花个明白钱、放心钱，为消费者营造一个放心的消费环境。”济南市消费者协会秘书长都明基在接受媒体采访时说："正如恩格尔系数是衡量地方经济发达程度的标准一样，账单的使用率也是各地经济发达程度的晴雨表。从 2003 年的有关统计数字来看，济南市人均月收到账单数只有 0.3 件，广州、深圳等经济发达城市为 6.2 件，而美国则多达 22.6 件。维护消费者知情权，为消费者寄送账单，将是社会经济发展的必然趋势。目前，济南市有 20 家企业给自己的用户提供账单寄递服务，这些企业的做法说明：时代发展了，济南越来越与国内、国际的一些大城市的观念和做法接轨了。”

民生银行、兴业银行和机关事业单位社会保险办公室在研讨会现场就与济南局签订了账单寄递协议。

媒企互动共同演绎营销华章

济南局各部门同心协力，为营销活动的成功运作提供了保障——市场部负责策划，与消费者协会沟通联系，函件包裹局负责邀请账单业务客户，新闻中心负责编写新闻通稿，各负其责，形成合力，让“焦点”充分燃烧。

为进一步制造新闻效应，济南局新闻中心工作人员在研讨会现场对媒体记者进行了现场调查。

“你们每月能收到什么单位寄给你们的消费账单?”

“我什么也收不到。”有的说。

“我只能收到联通公司每月寄给我的手机费账单。”有的说。

“你们有没有到服务商的营业室办理账单申请手续?”

“对，我们应该主动向服务商索要账单。看来账单对消费者维权具有重要意义，我们一定要呼吁呼吁，服务商要提供账单寄递服务，消费者应主动索要账单。”

看到大家对账单的重要性认识深刻了，新闻中心工作人员心中窃喜：记者们的重视意味着造势成功了！

果然，3 月 12 日，《山东商报》、《济南时报》、《便民报》都以较大篇幅对研讨会进行了报道，《济南时报》还以《推进消费透明化，消协呼吁——五大行业应给消费者寄账单》为标题，在新闻版头条报道了此事。

此次研讨会是 2003 年研讨会主题的再深化，济南局借助济南市消费者协会的号召力，再次为账单业务的发展树立正确的舆论导向，达到扩大账单业务市场的目的。济南局局长李延东认为，“邮政必须增强商业化服务的意识，加快市场化运作的步伐！要借势造势，挣信息钱、智慧钱、资源钱，而不只是辛苦钱！”在市场上，在商场中，在生存和发展的搏击中，永远是智者胜。

邮政经营的严峻形势呼唤着高层次营销策划的出台和实施，呼唤着唱好幕后主角的营销大戏频繁亮相，为邮政各项业务的发展造势。

问题：

(1) 山东省济南市邮政局的营销造势具有哪些特点？

(2) 山东省济南市邮政局通过营销造势为企业的形象树立起到哪些作用？

案例 2

赣州市邮政速递物流公司邮礼网礼仪业务专项营销喜创佳绩

江西省邮政速递物流公司依托 EMS 品牌资源、投递服务平台、客服查询系统和供应商整合能力，率先开发建设了“邮礼网”，采取“线下(网上)订购 + 专业礼品封装 + EMS 全程配送”的运营模式，为用户提供一条龙速递礼仪服务。赣州市邮政速递物流公司根据统一部署，在全市积极推进邮礼网礼仪业务专项营销活动，以三大举措为抓手，深入挖掘全市优质礼仪客户资源，市县联动，喜报频传。截至 2010 年 4 月 30 日，已实现邮礼卡销售额 19.82 万元，其中全南县公司与晶环稀土有县公司签下单笔销售额 5.46 万元的邮礼卡协议，列全市县公司大单榜首。

赣州市邮政速递物流公司能取得销售佳绩，主要有以下几点原因：一是领导高度重视，早布置早安排，活动组织到位。于 2010 年 2 月初出台了《关于开展邮礼网礼仪业务专项营销活动的通知》，对活动目标、组织领导、奖励办法、业务流程模式、资金结算等方面做了详细布置，并将邮礼网营销纳入新年邮礼范围进行营销，率先抢占市场。二是细化业务培训，加大宣传力度，为“邮礼网”造势。赣州市邮政速递物流公司市场部积极组织市县客户经理等相关营销人员，以基本架构、业务流程、模块功能、营销技巧等相关知识为主举办了两期专项业务培训，同时在 EMS 揽投车辆上统一制作邮礼网车身广告，以“全场正品保证，EMS 全国免费邮”和“时尚送礼”为重点进行主题宣传，扩大了“邮礼网”在赣州的知名度和认知度。三是做好市场调研，锁定目标客户，积极营销攻关。以各级政府和行业性企事业单位、工业园稍具规模企业的员工生日、会议礼仪、客户经销商礼品、积分兑换等为目标市场，制订个性化礼仪方案，分组营销突破，目前已与赣州市工商银行、邮储银行等达成员工生日礼品业务协议，合计实现邮礼卡销售额 3 万余元，且正与移动公司洽谈员工生日礼仪、大客户积分兑换等项目，营销势头喜人。

问题：

请分析赣州市邮政速递物流公司的邮礼网礼仪业务专项营销活动获得成功的原因。

任务九 顾客满意度战略策划

内容简介

在物流市场竞争中，由于物流企业之间技术和管理方面不会产生很大差距。物流企业只有提供高水平的、与众不同的物流服务，使客户对物流企业的服务满意，才能吸引新客户，留住老客户。因此，提高顾客满意度成为物流企业核心竞争力的重要方面。通过对顾客满意度的调查来确定顾客满意度指标，并形成顾客满意度的标准，为物流企业顾客满意度战略策划提供依据，从而提高物流客户服务，提高顾客的满意度，这样才能使物流企业在激烈的市场竞争中立于不败之地。

教学目标

1. 知识目标

(1) 了解顾客满意度的含义和重要性；

(2) 理解顾客满意指标；

(3) 掌握顾客满意度的评价方法。

2. 技能目标

(1) 能设计顾客满意指标；

(2) 能对顾客满意度进行测定；

(3) 初步具备顾客满意策划的能力。

案例导入

7分钟为什么比6分钟更高效？

1. 某航空公司服务精良，一路上让乘客都很满意，但下了飞机，乘客却要在行李处等候6分钟才能取到自己的东西。乘客们报怨公司服务质量差，运送行李的速度慢得令人难以忍受。

2. 航空公司派人在乘客下机以后，马上就热情地招呼他们跟随着去取行李，绕了一圈，走了7分钟的路，一到行李处，乘客们马上就拿到了行李，于是他们纷纷称赞航空公司的高效率。

引导思路

(1) 影响顾客感知服务质量的因素有哪些？

(2) 企业可以采用哪些手段改进服务质量？

项目一 物流企业顾客满意度调查

教学要点

(1) 了解基本概念，包括顾客满意指标、顾客满意度和顾客服务满意的策划；

(2)分小组对某物流企业顾客满意度进行调查;

(3)设计制订调查评价标准。

教学方法

采用讲授、情景教学、分组讨论、案例教学和分组实践的方法。

一、顾客满意度指标的确定

1. 情景设置

某快递公司的主要业务是与多家企业合作,担负其物流配送的工作。随着网络购物的兴起,特别是淘宝、京东等大型电子商务企业的飞速发展,极大地促进了个人快递业务量的增长。为此,该公司准备进军一般客户快递业务,但是一般客户的需求和企业的需求是不一样的,要开展这项业务首先就要确定一般客户的需求和满意度。请根据该公司的目的,拟订顾客满意度指标。

2. 技能训练目标

能够根据物流企业的战略目标、企业状况、目标市场的特点来确定顾客满意度指标。

3. 相关理论

顾客满意(Customer Satisfaction,简写为CS)作为现代企业的一种手段,常被称为CS战略,或顾客满意战略。它是指顾客接受有形产品或无形产品后,感到需求满足的状态。

1)顾客满意指标概念

顾客满意度是指顾客在购买和消费某种有形产品或无形的过程中,消费需求获得满足的状态,是作为顾客满意程度的常量感知性评价指标。这一理念,在国外企业的经营管理特别是质量管理中,占有相当重要的地位。1987年美国商务部设立的马尔科姆·鲍得里奇国家质量奖(Malotm Baude Rich International Quality Award)的评奖标准中,顾客满意度的指标比重占第一位,达30%。该项指标又分为8个子项:①对顾客要求和期望的认识程度;②顾客关系管理;③顾客服务标准;④对顾客的承诺;⑤对质量改进要求的解决;⑥顾客满意度的确认;⑦顾客满意效果;⑧顾客满意度比较。

从以上评奖标准项目可以看出,识别顾客、明确需要、改进提高、不断提高顾客满意度并不断与竞争对手比较等一系列活动,已构成企业全面质量管理的重要内容。通过产品和服务解决顾客的问题,保证满意度的提高是全面质量管理的核心。

我们的顾客希望尽早在适合他们的时机得到完整的或满足具体要求的产品与服务。倘若我们能够顺利地完成全面满足这一时间和内容上的需求,则我们将实施"顾客完全满意"。如果我们根据我们的时间安排顺利地向顾客提供他们所选择的产品与服务,则只能说我们功亏一篑,未做到顾客完全满意。

2)顾客的组成

顾客的含义:具有消费能力和消费潜力的人。在顾客满意策划中,顾客包含两部分:一是内部顾客,二是外部顾客。

(1)内部顾客。

①股东、员工是企业的基本顾客。

②采购、生产和销售三者是典型的顾客关系。

③各职能部门之间是顾客关系。

④工序之间是顾客关系。

(2)外部顾客。

在企业外部,凡是购买或可能购买企业产品的单位或个人都是企业的顾客。这类顾客按与企业的关系程度分为三种:①忠诚顾客。②游离顾客。③潜在顾客。

3)建立顾客满意指标

顾客满意度CSI(Customer Satisfaction Index)是衡量顾客满意程度的量化指标,由该指标可以直接了解企业或产品在顾客心目中的满意度。

满意指标的设计应该具有全面性、代表性、独立性。

(1)企业内部顾客满意指数,包括:①股东CSI;②管理者CSI;③员工CSI。

(2)服务的CSI设计,包括:①效用;②保证;③整体性;④便利性;⑤情绪或环境。

(3)企业综合CSI,包括:①美誉度;②知名度;③回头率;④抱怨率;⑤销售力。

4)顾客满意指标设计

(1)内部顾客满意指数。

①股东CSI,主要包括六个项目:在年度结算时有不错的盈余和分红;企业能继续稳定地成长下去;劳资和谐无严重冲突;能尽到社会责任;以拥有优良的企业而骄傲并且有成就感等等。

②管理者CSI,主要包括13个方面:健全的薪金与退休或退职制度;个人生涯规划与晋升机会;好的企业文化;有自我表现的机会可以达到自我成就的愿望;有更多的学习机会;被上级欣赏重用;公司及个人均有发展前景;能自由发挥个人潜力;同事间合作愉快;公司的企业形象或社会地位良好;目前对其个人未来发展和个人事业有帮助;有效率的管理制度及充分授权等。

③员工CSI,按照美国管理学家赫茨伯格的"激励——保健因素"理论。使职工非常满意的因素有:成就、认可度、工作本身、责任感、发展、成长;易导致职工非常不满意的因素有:公司政策和行政管理、监督、与主管的关系、工作条件、薪水、与同级的关系、个人生活、与下级的关系、地位安全。

(2)内部顾客满意企划包括:①尊重员工;②体贴关怀;③利益共享;④有效沟通。

(3)行业CSI,指用以衡量某一行业顾客满意的项目因子或属性。

①选取本行业中最优秀企业的CSI用作行业指标;②综合本行业各企业CSI的优点,然后加以组合成为一个更全面、更科学和更完整的行业CSI;③组织CS专家对本行业的产品或服务进行系统分析,确定出行业CSI。

(4)企业综合CSI,是排除具体的满意指标,而用几个主要的综合性数据来反映顾客满意状态的指标体系。包括:

①美誉度,是顾客对企业的褒扬程度。对企业持褒扬态度者,肯定对企业提供的产品或服务满意,即使本人不曾直接消费该企业提供的产品或服务,那么也一定直接或间接地接触过该企业产品和服务的消费者,因此,他的意见可以作为满意者的代表。借助于对美誉度的了解,可以知道企业所提供产品或服务在顾客中的满意状况,因此美誉度可以作为企业CSI的指标之一。

②知名度,是指顾客指名消费某企业产品或服务的程度。如果顾客对某种产品或服务

非常满意时，他们就会在消费过程中放弃其他选择而指名道姓、非此不买。产品的知名度高是因为它一流的质量已令使用过的顾客非常满意，以致形成了“口碑效应”，所以名声在外，甚至造成了长年缺货的局面。

③回头率，是指顾客消费了该企业的产品或服务之后再次消费、或如果可能愿意再次消费、或介绍他人消费的比例。当一个顾客消费了某种产品服务之后，如果心里十分满意，那么他将会再次重复消费。如果这种产品或服务不能重复消费（比如家里仅需一台冰箱），那么他会向领导、亲朋大力推荐，引导他们加入消费队伍。因此，回头率也可以作为顾客满意衡量的重要指标。

④抱怨率是指顾客在消费了企业提供的产品或服务之后产生抱怨的比例。顾客的抱怨是不满意的具体表现，通过了解顾客抱怨率，就可以知道顾客的不满意状况，所以抱怨率也是衡量顾客满意度的重要指标。抱怨率不仅是顾客直接表现出来的显性抱怨，还包括顾客存在于心底未予倾诉的隐性抱怨。因此，要了解抱怨率的必须直接征询顾客。

⑤销售力是产品或服务的销售能力。一般而言，顾客满意的产品或服务就有良好的销售力，而顾客不满意的产品或服务就没有良好的销售力，所以销售力也是衡量顾客满意的指标。

顾客满意指标是用以衡量顾客满意度的项目因子或属性，找出这些项目因子或属性，不仅可以用以测量顾客的满意状况，而且还可以由此入手改进产品和服务质量，提升顾客的满意度，使企业立于不败之地。

树立服务理念、建立完整的服务指标和为顾客提供优质服务，既是 CS 营销的保证，又是 CS 战略策划的关键所在。

4. 技能训练准备

(1) 学生每 5 人为一个小组，每个小组选 1 名组长。

(2) 稿纸若干。

(3) 教师现场指导。

(4) 训练时间安排:2 学时。

5. 技能训练步骤

(1) 以每位学生为单位，针对情景设置里的快递公司的企业目标要求，对如何拟订顾客满意度指标，各自发表意见，并记录总结成文。

(2) 各组通过总结，收集要制订的指标内容。

(3) 量化顾客满意度指标。

(4) 以组为单位完成顾客满意度指标的确定。

(5) 每组派一位代表陈述结果。

6. 技能训练注意事项

(1) 一丝不苟，认真思考，结合实际。

(2) 各小组必须要将意见归纳、总结。

(3) 最终内容确定要有依据、可行。

7. 技能训练评价

请完成技能训练后填写附录“技能训练评价表”。

8. 技能训练活动建议

建议组织学生到附近的物流企业进行参观、调查。

二、顾客满意度的测定

1. 情景设置

仍然以任务九项目一“顾客满意度指标的确定”中“情景设置”为例，根据该公司的目的，在拟订顾客满意度指标后选择测定方法。

2. 技能训练目标

能够根据物流企业的战略目标、企业状况、目标市场的特点来对顾客满意度进行测定。

3. 相关理论

1) 顾客满意指数测评及顾客满意层次

(1) 顾客满意指数测评，是指通过测量顾客对产品或服务的满意程度以及决定满意程度的相关变量和行为趋向，利用数学模型进行多元统计分析得到顾客对某一特定产品的满意程度。顾客满意指数能帮助组织了解发展趋势、找出经营策略的不足，为政府部门、企事业制订政策，改进产品和服务质量、提高经营绩效，提供科学依据。

(2) 顾客满意分为三个层次：

①物质满意层次，是顾客在对企业提供的产品核心层的消费过程中所产生的满意。物质满意层次的支持者是产品的使用价值，如功能、质量、设计、包装等，它是顾客满意中最基础的层次。

②精神满意层次，是顾客在对企业提供的产品形式层和外延层的消费过程中产生的满意。精神满意层的支持者是产品的外观、色彩、装潢品位和服务等。

③社会满意层次是顾客在对企业提供的产品的消费过程中所体验到的社会利益维护程度。社会满意层次的支持者是产品的道德价值、政治价值和生态价值。产品的道德价值是指在产品的消费过程中，不会产生与社会道德相抵触的现象；产品的政治价值是指在产品的消费过程中不会导致政治动荡、社会不安；产品的生态价值是指在产品的消费过程中不会破坏生态平衡。

以上三个满意层次，一般具有递进关系。从社会发展过程中的满足趋势看，人们首先寻求满足的是产品的物质满意层，只有这一层次基本满意后，才会推及到精神满意层；而精神满意层基本满意后，才会考虑社会满意层。

2) 顾客满意及其界定

在 CS 理论里，顾客满意有其特殊的含义，在此我们必须予以界定。

(1) 顾客满意是顾客消费了企业提供的产品和服务之后所感到的满足状态，这种状态是个体的一种心理体验。

(2) 顾客满意是以顾客总体为出发点的，当个体满意与总体满意发生冲突时，个体满意服从于总体满意。

(3) 顾客满意有鲜明的个体差异。如甲十分满意的产品和服务，乙可能十分不满意。因此，企业不能追求统一的满意模式，而应因人而异，提供有差异的满意服务。

(4) 顾客满意必须符合公众道德、国家法律和社会义务。有违于公众道德、国家法律和社会义务的满意行为不是顾客满意的本意。

(5) 顾客满意是相对的，没有绝对的满意。因此，企业应不懈地追求，向绝对满意靠近。

3）收集顾客满意信息的渠道

顾客满意度信息收集渠道一般来讲包括七个方面：

（1）顾客抱怨。

（2）与顾客的直接沟通。

（3）问卷和调查。

（4）委托收集和分析数据。

（5）消费者组织的报告。

（6）各种媒体的报告。

（7）行业研究的结果。

4）设计调查问卷

设计过程中应考虑的因素：问卷的长度、问卷的结构、问卷的类型（事实陈述或性能及重要性的衡量）。

4. 技能训练准备

（1）学生每5人为一个小组，每个小组选一名组长。

（2）教师现场指导。

（3）训练时间安排：2学时。

5. 技能训练步骤

（1）以每位学生为单位，在A4纸上写出针对企业目标要求的测评标准。

（2）各组将小组成员的测评标准择优归纳汇总。

（3）设计调查问卷。

（4）调查并收集顾客满意度。

6. 技能训练注意事项

（1）一丝不苟，认真思考，结合实际。

（2）各小组必须要将每人意见归纳形成小组共同努力的结晶。

（3）最终内容确定要有依据、可行。

7. 技能训练评价

请完成技能训练后填写附录技能训练评价表。

8. 技能训练活动建议

建议组织学生到附近物流企业进行参观、调查并为其进行顾客满意度调查。

三、顾客满意度的评价标准

1. 情景设置

仍然以本项目中"顾客满意度指标的确定"中的"情景设置"为例，根据该公司的目的，再拟订顾客满意度测定方式后，进行具体评价标准制订。

2. 技能训练目标

能够设计顾客满意度评价标准。

3. 相关理论

1）顾客满意级度

七个级度为：很不满意、不满意、不太满意、一般、较满意、满意、很满意。

五个级度为：很不满意、不满意、一般、满意、很满意。

顾客满意级度的界定是相对的，因为满意虽有层次之分，但毕竟界限模糊，从一个层次到另一层次并没有明显的界限。之所以进行顾客满意级度的划分，目的是为供企业进行顾客满意程度的评价之用。管理专家根据心理学的梯级理论对五梯级给出了如下参考指标：

①很不满意：愤慨、恼怒、投诉、主动反宣传、受骗；

②不满意：气愤、烦恼、抱怨、反宣传、后悔；

③一般：无明显正、负情绪，无所谓，印象不深，还算过得去；

④满意：称心、赞扬、愉快、乐于宣传、物有所值；

⑤很满意：激动、满足、感谢、主动宣传、能成为忠诚顾客。

2）顾客满意度的分值与加权

为了能定量地进行评价顾客满意程度，可对顾客满意分为五个级度，给出每个级度得分值，并根据每项指标对顾客满意度影响的重要程度确定不同的加权值，这样即可对顾客满意度进行综合的评价。

3）评价体系

（1）建立顾客满意度测评指标体系，必须遵循以下几条原则：

①建立的顾客满意度测评指标体系，必须是顾客认为重要的。“由顾客来确定测评指标体系”是设定测评指标体系最基本的要求。要准确把握顾客的需求，选择顾客认为最关键的测评指标。

②测评指标必须能够控制。顾客满意度测评会使顾客产生新的期望，促使企业采取改进措施。但如果企业在某一领域还无条件或无能力采取行动加以改进，则应暂不采用这方面的测评指标。

③测评指标必须是可测量的。顾客满意度测评的结果是一个量化的值，因此设定的测评指标必须是可以进行统计、计算和分析的。

④建立顾客满意度测评指标体系还需要考虑到与竞争者的比较，设定测评指标时要考虑到竞争者的特性。

（2）设立顾客满意度测评指标体系的基本构成。

顾客满意度测评指标体系是一个多指标的结构，运用层次化结构设定测评指标，能够由表及里、深入清晰地表述顾客满意度测评指标体系的内涵。通过长期的实践总结，将测评指标体系划分为四个层次较为合理。每一层次的测评指标都是由上一层测评指标展开的，而上一层次的测评指标则是通过下一层的测评指标的测评结果反映出来的，其中“顾客满意度指数”是总的测评目标，为一级指标，即第一层次；顾客满意度模型中的顾客期望、顾客对质量的感知、顾客对价值的感知、顾客满意度、顾客抱怨和顾客忠诚等六大要素作为二级指标，即第二层次；根据不同的产品、服务、企业或行业的特点，可将六大要素展开为具体的三级指标，即第三层次；三级指标可以展开为问卷上的问题，形成了测评指标体系的四级指标，即第四层次。

由于顾客满意度测评指标体系是依据顾客满意度模型建立的，因此测评指标体系中的一级指标和二级指标的内容基本上对所有的产品和服务都是适用的，具体见表 9-1。

顾客满意度指数测评的二、三级指标 表 9-1

一级指标	二级指标	三级指标
顾客满意度指数	顾客期望	顾客对产品或服务的质量的总体期望 顾客对产品或服务满足需求程度的期望 顾客对产品或服务质量可靠性的期望
	顾客对质量的感知	顾客对产品或服务质量的总体评价 顾客对产品或服务质量满足需求程度的评价 顾客对产品或服务质量可靠性的评价
	顾客对价值的感知	给定价格条件下顾客对质量级别的评价 给定质量条件下顾客对价格级别的评价 顾客对总价值的感知
	顾客满意度	总体满意度 感知与期望的比较
	顾客抱怨	顾客抱怨 顾客投诉情况
	顾客忠诚	重复购买的可能性 能承受的涨价幅度 能抵制的竞争对手降价幅度

4. 技能训练准备

(1)学生每5人为一个小组,每个小组选1名组长。

(2)教师现场指导。

(3)训练时间安排:2学时。

5. 技能训练步骤

(1)以每位学生为单位,写出针对企业目标要求的测评标准。

(2)各组将小组成员的测评标准择优归纳汇总。

(3)确定测评指标权重。

(4)调查并收集顾客满意度。

(5)每个学生完成一份顾客满意度的调查报告。

6. 技能训练注意事项

(1)一丝不苟,认真思考,结合实际。

(2)各小组必须要将每人意见归纳形成小组共同努力的结晶。

(3)最终内容确定要有依据、可行。

7. 技能训练评价

请完成技能训练后填写附录“技能训练评价表”。

8. 技能训练活动建议

建议学生上网查阅物流企业顾客满意度评价的有关资料。

思考练习

1. 简答题

(1)什么是顾客满意?谈谈你对顾客满意的认识。

(2)顾客满意度的影响因素有哪些?

(3)建立顾客满意度测评指标体系的原则是什么?

2. 思考题

(1)如何确定顾客满意度指标?

(2)在美国芝加哥的一栋大楼前,有这样一尊雕塑——耶稣蹲下他高大的身子跪着为他的门徒洗去双脚的泥尘。旁边的注解是:耶稣说,"每天去传播福音的人不是我,而是我的门徒,所以我要跪下来为他们洗脚。"由耶稣的行为你想到了什么?

项目二 物流企业顾客满意度战略的策划

教学要点

(1)了解提高顾客满意度的方法;

(2)掌握顾客满意度策划的内容;

(3)设计完成一份顾客满意度策划方案。

教学方法

采用讲授、情景教学、分组讨论、案例教学和分组实践的方法。

一、提高顾客满意度的方法

1. 情景设置

某快递公司快递业务不仅多而且涉及面也广,涵盖了个人业务、公司业务,甚至还开拓了海外业务,业务量增长了,但是服务却跟不上了,虽然给该企业带来了可观的销售额,但也带来了顾客大量的抱怨甚至指责,一段时间后,订单量开始下降。如果该企业要继续保持健康的发展,如何改善和提高顾客的满意度?

2. 技能训练目标

能够根据物流企业的战略目标、企业状况、目标市场的特点来对制订提高顾客满意度的策略。

3. 相关理论

1)提高客户满意度

顾客满意是顾客对企业和员工提供的产品和服务的直接性综合评价,是顾客对企业顾客关怀的认可,不断强化的顾客满意是顾客信任的基础。

在卖方市场环境下,物流企业只要提供的服务产品就能销售出去即可,物流企业管理的目标是如何降低服务产品成本。后来,物流市场出现了竞争,物流企业的产品如果卖不出去,就无法实现资本循环。为了实现从产品向货币的转换,"以销售为中心"逐步成为物流企业管理的核心。随着物流市场竞争日益激烈,物流企业发现虽然销售额提高了,但由于生产成本和销售费用越来越高,利润反而下降。因此,物流企业转而追求利润的绝对值,通过在生产和营销部门的各个环节上最大限度地消减生产成本和压缩销售费用来实现利润最大化。但成本是各种资源构成的,相对而言它是一个常量,不可能无限制地降低。当物流企业对利润的渴求无法或很难再从消减成本中获得时，它们自然就将目光转向了顾客，并企图通过顾客需求满足来维护其利润。为此，物流企业开始从内部挖潜转向争取顾客，进入了"以顾客为中心"的管理。由于需求构成了市场，也构成了企业的获利潜力，而在物流市场上需求运动的最佳状态是顾客满意，因此顾客满意就是物流企业效益的源泉，这样顾客满意度就成为顾客服务的中心和基本观念。

满意本身也有不同的层次：

满足——产品和服务可以接受或容忍。

愉快——产品和服务可以给顾客带来积极的体验。

解脱——产品和服务能给顾客解决麻烦。

新奇——产品和服务能给顾客带来新鲜、兴奋的感觉。

惊喜——产品和服务超过了期望。

因此，在满足顾客需求、向顾客提供服务时，针对不同的顾客采取不同的方式，可以达到不同的效果。

物流企业要提高顾客满意度要做到以下几点：

(1)开发顾客满意的服务产品。

企业的全部经营活动都要以满足顾客的需要为出发点，所以企业必须熟悉顾客，了解用户，即要调查他们的现实和潜在的要求，分析他们购买的动机和行为、能力和水平，研究他们的消费习惯、兴趣和爱好。只有这样，企业才能科学地确定产品的开发方向，准确地选择服务的具体内容和重点对象，把顾客需求作为具体内容和重点对象。把顾客需求作为企业开发产品的源头也是CS营销战略中较重要的一环。

(2)提供顾客满意的服务。

即不断完善服务系统，最大限度地使顾客感到安心和便利。热情、真诚、为顾客着想的服务能给顾客带来满意，而令人满意又是顾客再次上门的主要因素。销售是否成功，就要看顾客是否再次上门。美国哈佛商业杂志发表的一项研究报告指出："企业利润的25%~85%来自于再次光临的顾客，而吸引他们再来的因素，首先是服务质量的好坏，其次是产品本身，最后才是价格。"

对于物流企业来说，如果顾客对物流企业的产品和服务感到满意，往往会重复其购买行为，从而增加企业的盈利，同时他们也会将自己的消费感受通过口碑传播给其他顾客，扩大产品的知名度，提高企业的形象。

顾客对服务质量的满意度是一种非财务的评估方法，它是营销绩效非财务衡量的一个重要内容。研究人员发现，有5个因素在衡量服务质量方面起着关键作用。第一有形资产，包括有形设施、装备、工作人员及交通设施；第二可信赖感，令消费者信任的、提供已承诺的服务的能力。第三责任感，帮助顾客并且提供及时、便捷服务的意愿；第四保证，雇员所掌握的知识和所具有的教养，以及他们赢得顾客信任和向顾客表现其信心的能力；第五感情，让顾客感受到企业给予他们的照顾和关注。

顾客服务满意的策略有：全方位服务；个性化服务(为每一位顾客提供差异化服务)；特色服务(与同类产品企业的服务有差异)；品牌服务；承诺服务。

要使顾客感到满意还应考虑以下因素：

①信任感，是指固定的行为准则和令人信任的感受。这表示企业第一次就能很好的提供服务，也指企业兑现自己的承诺，它包括：

a. 开票时的高度准确。

b. 正确地做记录。

c. 按指定时间提供服务。

②责任感，包括员工乐于向顾客提供服务的意愿，它包括：

a. 与顾客接触员工的知识和技能。

b. 企业经营人员所具备的知识和技能。

c. 机构的研究水平，比如：物流规划水平。

③可接近性，包括便捷利用服务的程度及易于接触性举措。

a. 通过打电话可以容易地获得服务（比如，电话不占线和电话接通后不让顾客等候太长时间）。

b. 为了接受服务而等候的时间不会太长（比如订单处理、收发货时间）。

c. 合适的、方便的经营时间的安排（如24小时服务、节假日不休息等）。

d. 服务设施所处地点的适当安排（如网点的合理布局）。

④礼节，包括与顾客接触的员工的礼貌，尊重别人及对顾客的友善态度。

a. 考虑到保护顾客的财产（比如，上门服务，不能因员工鞋不干净，弄脏顾客的地毯）。

b. 与顾客交往接触的公关人员的仪表的整洁。

⑤交流，是指用顾客能够听懂的语言来向顾客传达信息，也指企业要对不同的顾客使用不同的语言表达方式，让各种层次的顾客都满意，提高与受过高等教育的顾客交流时的措辞及谈话水平；同时这类员工讲话要清晰、简洁。它具体包括：

a. 讲解企业的服务。

b. 顾客为得到服务而急需支付的费用。

c. 说明服务与费用之间的交易细节。

d. 向顾客说明企业能解决合作中出现的问题。

⑥信赖感，指企业值得信赖的程度，令人感受到企业是否诚实。它能使消费者在心目中对该企业感到踏实。有助于消费者信任企业的因素有：

a. 企业名称。

b. 企业信誉。

c. 与顾客接触的员工的自身特点。

d. 企业与顾客交往过程中的销售努力程度。

⑦保障，是指使顾客免遭危险、风险及不使顾客有任何疑惑。它包括：

a. 人身安全（客户是否会被欺骗）。

b. 货物安全（如客户的货物储运安全是否有保障）。

c. 保密度（客户与企业的交易作为客户个人的私事，是否能够保密）。

⑧理解、了解顾客包括努力了解顾客的需要，它是指：

a. 了解顾客的特殊要求。

b. 表示对每个顾客的关注。

c. 熟悉经常光临的顾客。

⑨有形资产（包括有形服务）：

a. 实物投资。

b. 员工的外表。

c. 提供服务的工作设备。

d. 享用服务设施的其他顾客。

(3)培养企业员工 CS 观念。

企业要对全体员工进行 CS 观念教育，使"顾客第一"的观念深入人心，使全体员工能真正了解和认识到 CS 行动的重要性，并形成与此相适应的企业文化，一种对顾客充满爱心的观念和价值观。

同时，员工满意度与客户满意度有很大关系。研究结果表明：员工满意度提高 5%，会连带提升 1.3% 的客户满意度，同时也提高 0.5% 的企业业绩，也就是说，重视提高员工满意度，最终可以给企业带来收益。内部员工满意度反映了企业的士气、向心力和团队精神，是外部客户满意的动力。

员工满意度情况也可利用问卷进行调查，在选择问卷涵盖的议题前，应确定调查的目的，并与员工沟通，深入了解他们所关心的话题，然后有针对性地设计问卷。员工满意度调查至少一年进行一次，定期做调查可以对比出改进效果，从而提高工作业绩。

从物流企业角度来说，顾客服务的目标并不仅仅止于使顾客满意，使顾客感到满意只是营销管理的第一步。在物流企业与顾客建立长期的伙伴关系的过程中，物流企业向顾客提供超过其期望的"顾客价值"，使顾客在每一次的购买过程和购买后体验中都能获得满意。每一次的满意都会增强顾客对物流企业的信任，从而使企业能够获得长期的盈利与发展。因此我们说顾客满意仅仅只是迈上了顾客服务的第一个台阶。

(4)建立 CS 分析评价体系。

用科学的方法和手段来检测顾客对企业的产品和服务的满意程度，及时反馈给企业管理层，为企业不断改进工作，及时、真正地满足顾客的需要和服务。现代营销是以服务取胜的时代，这个时代企业活动的基本准则应是使顾客感到满意。因为在信息社会，企业要保持产品上的优势和生产率的领先已越来越不容易，企业必须把工作重心转移到顾客身上。从某种意义上说，使顾客感到满意的企业才是不可战胜的。

顾客满意度评价及实施体系建立的步骤：①顾客的需求结构；②顾客满意指标；③顾客满意级度；④顾客满意度的分值与加权；⑤顾客满意信息的收集与分析；⑥顾客满意战略的实施。

2)提高顾客忠诚度

顾客忠诚是指顾客对某一企业、某一品牌的产品或服务认同和信赖，它是顾客满意不断强化的结果，与顾客满意倾向于感性感觉不同，顾客忠诚是顾客在理性分析基础上的肯定、认同和信赖。

(1)顾客忠诚的层次。

一般来说，顾客忠诚可以分为 3 个层次：认知忠诚直接基于产品和服务而形成，因为这种产品和服务正好满足了他的个性化需求，这种信任居于基础层面，它可能会因为志趣、环境等的变化而转移；情感忠诚是在使用产品和服务之后获得的持久满意，它可能形成对产品和服务的偏好；行为忠诚只有在企业提供的产品和服务成为顾客不可或缺的需要和享受时，行为信任才会形成，其表现是长期关系的维持和重复购买，以及对企业和产品的重点关注，并且在这种关注中寻找巩固信任的信息或者征求不信任的信息以防受欺。

老顾客是对物流企业、产品、服务有信任感而多次重复购买产品或接受服务的群体。物流企业为了提高市场占有率和完成不断增长的销售额压力，都或多或少地把寻找新顾客作为营销管理的重点，而忽视了老顾客的作用。事实上，这是一个误区。越来越多的物流企业开始通过提高服务质量来维系与老顾客的关系，因为堵住漏桶带来的远不是“顾客数量”，而是“顾客质量”的提高。

(2)顾客忠诚度的衡量标准。

由于企业的具体经营情况有很大的不同，因此，不同企业在设计客户忠诚度的量化考核标准时可以从自身各个方面加以考虑，根据实际情况选择合适的因素，并给以不同的权值来得出一个综合评价得分。客户忠诚度的衡量标准主要有：

①客户重复购买率。考核期间内，客户对某一种产品重复购买的次数越多，说明对这一产品的忠诚度越高；反之，则越低。对于经营多种产品的物流企业来讲，重复购买本企业品牌的不同产品，也是一种对企业高度忠诚度的表现。

②客户对本企业产品品牌的关心程度。一般来讲，对物流企业的商品和品牌予以关注的次数越多，表明忠诚度越高。

③客户需求满足率。指一定时间内客户购买某物流商品的数量占其对该类产品或服务全部需求的比例，这个比例越高，表明客户的忠诚度越高。

④客户对物流产品价格的敏感程度。敏感程度越低，忠诚度越高。客户对产品价格的敏感程度可以从侧面来了解，比如公司在价格调整以后，客户购买量的变化、其他的反应等。但需要注意的是，忠诚客户对商品价格的不敏感，并不意味着企业可以利用单独的调价行为来谋取额外利益，因而要结合产品的供求状况、对于人们的必需程度等进行综合考察。

⑤客户对竞争产品的态度。人们对某一品牌的态度的变化，大多是通过与竞争产品的比较而产生的，客户对竞争者表现出越来越多的偏好，表明忠诚度下降。

⑥客户对商品的认同度。如果客户经常向身边的人士推荐产品，或者在间接地评价中表示认同，则表明忠诚度较高。

⑦客户购买时的挑选时间。客户在挑选产品的时候，时间越短，忠诚度越高(客户能在短时间内了解物流企业提供物流服务产品的种类、价格等)。

⑧客户对产品质量事故的承受力。客户忠诚度越高，对出现的质量事故也就越宽容(货损、货差)。

企业设计适合自身情况的指标体系，采用相应的客户忠诚度解决方案，可以提高客户的“回头率”，增加单位客户销售额，同时减少客户流失率。

(3)提高顾客忠诚度的方法。

①提高普通顾客忠诚度。

物流企业如何才能提高顾客忠诚度是很多企业希望解决的问题。首先，物流企业要完整地认识整个客户生命周期，从技术上提供与客户沟通的统一平台，提高员工与客户接触的效率和客户反馈率，建立多样化的沟通渠道和灵活高效的激励机制，形成一个完整的反馈流，从而既能为消费者提供完全一致的高品质服务，使消费者在意想不到的时刻感受来自产品提供商的点到点、面对面的关怀，同时还可以实时掌握市场动态，迅速开发出新的市场。

其次，增加顾客忠诚度的重要手段是提供个性化的产品和服务。物流企业具有以客户为中心，为客户提供最合适的服务，或根据客户的不同需求而提供不同内容的产品，客户再次光顾的可能性才会大大增加。除了在产品本身的因素上努力外，还可以采用卓有成效的消费累积奖励方案，让消费者在选择购买产品之后免费成为注册用户，以后每次购买商品将实时赢得累积奖励，累积奖励将为消费者带来优惠，从而留住高价值客户并吸引新客户。有针对性的服务对维持顾客的忠诚度有极大帮助。

②提高大客户忠诚度。大客户往往关系到庞大的生意，因而对物流企业非常重要。物流企业必须密切关注大客户的动态，调动大客户的积极性。可以从以下几个方面着手，做好大客户的工作。

a. 优先供货。大客户对产品的需要量非常大，物流企业要优先满足大客户对产品的数量及系列化的要求，优先为大客户供货（在生产旺季为大客户优先提供货位、优先提供运输、配送服务）。

b. 开展关系营销。物流企业营销人员应充分调动大客户中的一切与销售相关的因素，甚至包括最基层的营业人员和推销人员。

c. 关注大客户的动态。大客户是物流企业市场营销的重要一环，物流企业必须密切关注大客户的一切公关及促销活动、商业动态，并及时给予支持和协助，利用一切机会加强与客户之间的感情交流。

d. 安排企业领导访问大客户。物流企业有关部门的领导，应定期访问大客户，如营销部门的主管提供准确的信息，协助安排合理的日程，以使其有目的、有计划地访问大客户，联络与大客户的感情，并显示对大客户的尊重和重视。

e. 经常性征求意见。物流企业应经常征求大客户的意见，特别是对市场营销人员的意见，及时调整市场营销人员。

f. 及时准确地传递消息。大客户对市场具有强大的影响力，甚至控制力，其销售状况事实上是市场状况的“晴雨表”。因此，企业要对大客户的有关销售信息进行及时、准确的收集、汇总、整理、分析、并及时通报各有关部门，以便针对市场变化及时调整。

g. 制订特别的奖励机制。物流企业应针对大客户的特点，采取特别的奖励政策，如各种折扣、合作促销计划、销售竞赛、返利等，以此有效地刺激客户的销售积极性和主动性。

h. 组织业务洽谈会。定期组织高层主管与大客户之间的业务洽谈会，听取大客户对物流企业产品、服务、营销、产品开发等方面的意见和建议，客户对未来市场发展趋势的看法，并对企业以后的发展计划进行研讨等。

大客户管理工作涉及物流企业许多部门，要求各部门之间协调配合，进行非常细致的工作。大客户管理工作的成功与否，对企业的销售业绩有着举足轻重的影响。因此，物流企业必须充分调动一切积极因素，深入地做好各项工作，更好地为大客户服务。牢牢抓住大客户，才能增强企业对竞争对手的抵御能力，才能在激烈的竞争中立于不败之地。

4. 技能训练准备

(1) 学生每 5 人为一个小组，每个小组选 1 名组长。

(2) 教师现场指导。

(3) 训练时间安排：2 学时。

5. 技能训练步骤

(1) 以每位学生为单位，根据情景案例在纸上写出提高顾客满意度的方法。

(2) 各组通过互相讨论、论证总结最佳办法。

(3) 各组根据自己的办法去进行市场问卷调查。

(4) 每组派一位代表陈述结果。

6. 技能训练注意事项

(1) 一丝不苟，认真书写。

(2)各小组外出调查一定要注意安全。

(3)调研内容确定要有依据、要准确。

7. 技能训练评价

请完成技能训练后填写附录“技能训练评价表”。

8. 技能训练活动建议

建议组织学生到附近物流企业进行参观、调研并为其进行提高顾客满意度策划。

二、顾客满意度战略的策划

1. 情景设置

仍然以本项目一中提高顾客满意的方法里面的某快递公司为例,根据该公司情况对其进行顾客满意战略的策划。

2. 技能训练目标

初步具备顾客服务满意策划的能力。

3. 相关理论

现代营销的中心是使顾客满意,企业要努力达到顾客满意的目标,就要有一系列的战略策划。顾客满意度战略的策划有以下几个步骤:

1)衡量创造价值的顾客

在顾客评价企业实绩的某个方面,例如,送货是否满意时,我们应该清楚,不同顾客在定义所谓满意的送货时有不同的标准:它可能意味着较早地送到,或者准时送到,或者订货一次全部运到等等。所以还必须清楚,两个顾客在宣称“非常满意”时,可能是出于不同的原因:一个顾客可能在大多数场合都很容易满足;而另一个可能很难满足,只是偶然感到满意。

企业还应注意,经理和销售人员可操纵顾客满意率的高低。他们可以在调查前对顾客特别好,他们也可将不愉快的顾客排除在调查之外。还有一点要注意的是,如果顾客知道企业将尽全力取悦顾客时,他可能会尽量表示不满(甚至可能是满意的时候),以获得更多的折让。

尽管以顾客为中心的企业寻求创造顾客满意,但未必追求顾客满意最大化。首先,企业可以通过降低价格或增加服务来提高顾客的满意,然而,这样可能会降低利润;其次,企业可以通过其他途径来增加利润(如改善其服务能力);第三,企业有许多与利润有关者,包括诸如员工、货代、供应商和股东等,增加了在提高顾客满意方面的开支,就是转移了部分原来用于提高其他“合伙人”满意率的资金;最后,企业必须遵循这样一个理念,在总资源一定的限度内,企业必须在保证其他利益攸关者至少能接受的满意水平下,尽力提供一个高水平的顾客满意。

什么样的顾客才是创造价值的呢?一个创造价值的顾客就是指能不断为企业产生收入流的个人、家庭或公司,其收入应超过企业吸引、销售和服务该顾客所花费的成本。

事实上,为企业带来最大利润的并不是最大的顾客。最大的顾客常常要求相当多的服务和很大的价格折扣,从而减少了企业的获利水平。购买量小的顾客付全价,而且服务也最少,然而,与小客户的交易成本降低了它的利润;中等的顾客受到良好的服务,支付的价格接近全价,在很多场合,他们带来的利润最大。这可以用来解释为什么历来仅以大客户为目标顾客的大企业最近纷纷看好中等客户的市场。

2) 培养顾客品牌忠诚度

忠诚营销是为企业发展忠诚顾客的策划过程，对企业忠诚的顾客多，企业的收入就越多。然而，另一方面，公司对忠诚顾客的支出越多。发展忠诚顾客的获利率也往往高于企业的其他业务活动。一个企业应该在顾客关系活动中投入多少呢？怎样使成本不超过收益？

每一市场由不同种类购买者组成。一个品牌忠诚者的市场是一个对品牌的坚定忠诚者在买主中占很高百分比的市场。在一个品牌忠诚者市场推销产品的企业，要想获得更多的市场份额就很困难，要进入这样一个市场的企业，也得经过一段艰难时期。

需要留心的是，品牌忠诚者购买模式的出现也可能反映出习惯、无差异性、低价、高转换成本或对其他品牌的不适用性。因此，企业必须仔细地分析在观察到的购买形式的后面究竟是什么。它必须确定用户是否属于忠诚者、多变者或新顾客，它还必须根据这些现象灵活地开展营销活动。

为什么使目标顾客满意是极端重要的呢？因为企业每一时期的销售，基本上来自两种顾客群：新顾客和老顾客。有人评估过，吸引一个新顾客的成本是维护一个满意的老顾客的5倍，对赢利率来说，吸引新顾客与丧失一个老顾客相差15倍，留住新顾客比保持现有顾客常常要花费更多的成本。因此，保持顾客比吸引顾客更加重要。

保持顾客的关键是使顾客满意，一个高度满意的顾客会忠诚企业更久；购买更多的新产品和提高购买产品的等级；对企业和它的产品和服务说好话；忽视竞争品牌和广告并对价格不敏感；向企业提出改善产品或服务的建议，由于交易惯例化而比新顾客降低了成本。

当一个企业认识到一个忠诚的顾客在几年内可使企业增加巨大收益这一事实，就不会在小事上使顾客委屈或同顾客争吵，从而得罪甚至失去每一个老顾客。维持老顾客是一项重要的营销活动，它的成本通常比吸引一个新顾客要低。

因此，企业精明之举是经常地测试顾客的满意程度。例如，企业可以通过电话向最近的客户询问他们的满意度是多少，测试要求为：高度满意，一般满意，无意见，有些不满意，极不满意。这也是发现顾客满意与不满意的方法。企业将利用这些信息来改进其下一阶段的工作。

3) 追踪顾客满意度

对于顾客满意的追踪是一项非常重要的工作，它确保企业了解自己在消费者心中的位置，改进经营以增加新顾客并维系老顾客。顾客满意度追踪调查和衡量的方法主要有：

(1) 建立投诉和建议制度。一个以顾客为中心的组织应为其顾客投诉和建议提供方便。如让顾客填写意见表，开设免费的“顾客热线”电话为顾客提要求、建议、发牢骚敞开大门。这些信息为企业带来了好的创意，使它们能更快地采取行动，解决问题。

(2) 顾客满意度调查。仅仅靠一个投诉和建议，企业无法完全了解顾客的满意和不满意。一些研究表明，顾客平均每4次购买中会有1次不满意，而只有5%以下的不满意的顾客会抱怨，顾客可能觉得他们的抱怨无关紧要，或者觉得这样做有点傻，或者认为说了也没有人理解，大多数顾客会少买或转向其他供应商，而不是抱怨，结果企业就失去了顾客。所以，企业不能以抱怨水平来衡量顾客满意度。敏感的企业通过定期调查，直接测定顾客满意状况。企业在现有的顾客中随机抽取样本，向其发送问卷或打电话咨询，以了解顾客对企业业绩各方面的印象，还可向客户征求其对竞争者业绩的看法。

(3) 佯装客户收集信息。研究顾客满意的另一个有效途径是花钱雇一些人，装扮成顾客报告他们在购买企业及其竞争产品和服务的过程中发现的优点。佯装客户甚至可以故意提出一些问题,以测试企业的销售人员能否适当处理,比如,一个佯装客户可以对货物送达不及时表示不满意,以试验企业如何处理这些抱怨。

企业不仅应该雇用佯装客户,销售经理们还应经常走出他们的办公室,进入他们不熟悉的公司以及竞争者的实际销售环境,亲身体验作为"顾客"所受到的待遇。

④分析流失的顾客。对于那些已停止购买或转向另一个供应商的顾客,企业应该与他们接触沟通以了解原因。当企业流失一个顾客时,需要尽一切努力去了解企业在哪些地方做得不足,是服务价格太高、服务不周到,还是其他原因等等。企业不仅要和那些流失的顾客沟通,而且还必须控制顾客流失率,如果流失率不断增加,无疑表明企业在使其顾客满意方面不尽人意。

4. 技能训练准备

(1)学生每 5 人为一个小组,每个小组选 1 名组长。

(2)设计并打印好调查问卷。

(3)教师现场指导。

(4)训练时间安排:2 学时。

5. 技能训练步骤

(1)以每位学生为单位,选择某一快递公司为例,做好调查问卷收集整理。

(2)各组通过访谈与问卷调查的方法对顾客满意度情况进行调查,在此基础上作出顾客满意度调查策划方案。

(3)每组派一位代表陈述结果。

6. 技能训练注意事项

(1)外出调查要注意安全,各小组要有以专人负责安全管理。

(2)一丝不苟,认真对待每一份问卷。

(3)调查内容确定要有依据、合理。

7. 技能训练评价

请完成技能训练后填写附录"技能训练评价表"。

8. 技能训练活动建议

调查问卷时要注意考虑学生性格特点,特别是那些不善于交流的学生一定要注意方式方法,避免出现反感情绪。

三、顾客满意战略策划的效果评定

1. 情景设置

根据一段时间的调查,XX 物流企业利用 SWOT 分析法认真分析了自身状况,为了让顾客满意,该企业放弃了一些利润低成本高的业务,同时抓住电子商务快速发展的机会,大力开展网络卖家和买家的快递业务,取得了可喜的成绩。那么如何评定该企业实施顾客满意战略策划的效果呢?

2. 技能训练目标

会对中小物流企业顾客满意战略策划效果进行评价。

3. 相关理论

1)模糊评价法

模糊评价法又称模糊判断，是在建立各级数学模型的基础上，运用扎德法则作模糊矩阵乘法，然后，根据"最大隶属度原则"给出综合评价结论。在模糊综合判断时，所需用的主要数据是各个指标的权重因数和指标的评定等级。比如传统的八级：E＝{一级，二级，…，八级}或四级：E＝{优秀，良好，及格，不及格}。对因素集、考核集、评定集综合评定之后，用最大接近度原则来判定等级，进行综合评定。可将模糊判断描述为：

确定评价因素集 $U=(u_1,u_2,\cdots,u_n)$

确定评价的等级集 $V=(v_1,v_2,\cdots,v_n)$

依据等级集评估表中的模拟信息，建立模糊矩阵，即：确定指标权重集 $A=(a_1,a_2,\cdots,a_n)$；进行模糊综合判断，得出判断结果。

2）层次分析法的基本思想

层次分析法（AHP）是一种将半定性、半定量问题转化为定量问题的拟定量方法。其主要思想是：

（1）分解，将一个复杂的系统对象表示为一个有序的、阶梯层次的结构模型，即把问题层次化。

（2）判断，将同一层次的评价指标两两比较相对重要性，建立判断矩阵，得到各评判指标的相对权重。

（3）综合，计算各层各指标的组合权重，得到相对于总目标的优先顺序。

其中指标集是由反映评价因素所组成的标准序列，权重集是一个按指标的层次对应性有序排列而成的权重值表。

4. 技能训练准备

（1）学生每5人为一个小组，每个小组选一名组长。

（2）事前做好SWOT分析。

（3）教师现场指导。

（4）训练时间安排：1学时。

5. 技能训练步骤

（1）以每位学生为单位，以情景案例为例进行相关资料整理。

（2）各组通过用层次分析法确定各评价指标的权重。

（3）采用模糊综合评价进行评定。

（4）每组派一位代表陈述结果。

6. 技能训练注意事项

（1）一丝不苟，认真仔细。

（2）权重取值要合理。

7. 技能训练评价

请完成技能训练后填写附录"技能训练评价表"。

8. 技能训练活动建议

建议组织学生到附近物流企业进行调研进行真实效果评定。

思考练习

1. 简答题

（1）什么是顾客满意指标（CSI）策划？如何进行员工CSI的策划？

(2)要使顾客感到满意应考虑哪些因素?

(3)什么是顾客的忠诚度?

(4)顾客忠诚度的衡量标准是什么?

(5)如何提高大客户忠诚度?

(6)顾客满意战略策划的效果评定有哪些方法?

2. 思考题

(1)顾客满意战略的重要意义?

(2)如何提高顾客的满意度?

(3)如何进行顾客满意度战略策划?

3. 案例题

乐百氏饮用水公司成立之初,就从规模化经营角度制订了一个目标:用三年的时间在桶装水这个行业做到四个中国第一,即市场覆盖率第一、销量第一、赢利第一、在70%的区域市场做到第一。同时,紧紧围绕深度利用乐百氏大品牌的资源打击小品牌、提升顾客综合价值与满意度等战略,创造性地进行了精细的战术执行。

乐百氏饮用水公司要求加盟专卖店有统一的招牌、店面形象,对所有送水工人进行专业的培训,对专卖店的行为规范、服务流程、用语、动作(如及时送水、送水员进入客户家庭的礼貌用语、衣着整洁等)都有详细的规定。乐百氏在行业内率先向消费者推广饮水机的使用知识,免费为消费者清洗饮水机。从一些小细节中可以看到乐百氏服务的细致。乐百氏的送水人员以前是穿鞋送水,为避免弄脏消费者家里的地板,往往会脱鞋进屋,但许多送水工脚汗味非常大,这种情形看似小事,却会非常严重损害乐百氏的形象。为此,乐百氏的送水工又有了一条新规定——带鞋套送水,进屋时换上。当这些服务逐渐为同行纷纷采用后,乐百氏又开始寻求更为细致的服务方式。

问题:

(1)乐百氏的四个第一目标和顾客满意度战略有什么关系?

(2)如果服务达不到顾客满意,那么再好的产品也卖不出去。你对这句话有什么理解?

任务十 物流市场营销管理

内容简介

现代物流业基于信息技术和管理理论，涉及运输、仓储、货代、联运、制造、贸易、信息等行业，物流企业要根据客户需要将有关物流服务业务整合起来，形成一体化物流服务。这就不仅需要与客户建立长期关系，而且要进行市场营销活动，那么物流市场营销管理就显得尤为重要。它直接关系到物流企业的生存、成长和发展战略。通过研究市场营销策划的组织、控制与管理，为使物流企业达到最佳营销效果提供依据。同时，在国际化的今天，物流企业国际化市场营销战略为企业开拓了新的领域。

教学目标

1. 知识目标

(1) 了解市场营销策划组织建立的基本原则；

(2) 了解影响市场营销组织设置的因素；

(3) 掌握市场营销组织建立的一般操作程序；

(4) 掌握市场营销控制的内容和方法；

(5) 了解物流市场营销国际化管理内容。

2. 技能目标

(1) 能够根据企业的实际情况建立市场营销组织；

(2) 能够对物流市场营销组织进行控制与管理；

(3) 能够对物流市场营销策划效果进行评价；

(4) 能够认知物流市场营销国际化管理内容。

案例导入

物流企业营销计划与控制

孙某担任某物流企业总经理已一年多了，他刚看了企业今年实现目标情况的资料。企业各方面工作的进展出乎他的意料。曾记得他任总经理后的第一件事就是亲自制订了企业的一系列工作目标。例如，为了提高工作效率、降低成本，他规定在一年内要把总的营销费用降低10%，其中促销费用降低3%，网点营运费用降低4%，市场调研费用降低3%。他把这些具体目标都告诉了下属的有关方面的负责人。现在年终统计资料表明，促销费用比去年增加了不少，超过预算的16%，网点营运费用则超过预算的8%，市场调研费用基本持平，他找来了有关方面的负责人询问原因。促销经理认为：我们也在控制促销费用，可目前物流企业竞争激烈，各企业都加大了促销力度，并且媒体及宣传资料的价格都在上涨，不用说降低促销费用，如果明年企业的促销费用不增加，我们将失去竞争优势。营销经理则认为：网点营运费之所以增加是因为劳动力成本提高以及房屋租金油价上涨等因素导致的。市场调研经理认为：市场调研费用基本持平，是由于开源节流，通过网络调查，节省了部分实地调查费用，否则也可能超出预算。

引导思路

（1）孙某担任总经理后，制订的控制目标分解给具体部门，在执行时却没有能够按目标完成，甚至超出了预算，其原因是什么？

（2）物流企业应如何实施营销计划与控制？

项目一　物流市场营销策划组织

教学要点

（1）上网查询，选择某一物流企业；

（2）根据选定企业资料，模拟建立一个营销策划机构。

教学方法

采用讲授、分组讨论、案例教学和分组实践的方法。

一、市场营销组织设计的程序

1. 情景设置

张总是R物流企业的创始人兼董事长，R公司是典型的家族式企业，公司中层以上人员均是家族成员，有些中层干部甚至是一些高层干部的长辈，加上不同部门业务交叉严重，导致基层人员经常接受多重指挥，无所适从，中层领导不按高层领导意图办事的情况越来越多。日益下降的效益引起了张总的注意，他想对企业组织进行重新设计，不仅要提高企业效益，也要结合公司的实际情况，毕竟该公司是由家族共同努力的结果。为此，他陷入深深的苦恼中。

2. 技能训练目标

能够根据企业不同阶段的特点建立合理的市场营销组织。

3. 相关理论

物流企业对营销组织进行设计时一般要经历分析组织环境、确定组织内部活动、确立组织职位、设计组织结构、配备组织人员和组织评价与调整等环节。

1）分析组织环境

任何一个市场营销组织都是在不断变化着的社会经济环境中运行的，要受这些环境因素的制约。由于外部环境是物流企业的不可控因素，因此，市场营销组织必须随着外部环境的变化而不断地调整、适应。组织环境包括很多复杂因素，如政治、经济、社会、文化、科技等，而对市场营销组织影响最为明显的主要是市场和竞争者状况。此外，市场营销组织作为企业的一部分，也受整个企业特征的影响。

2）确定组织内部活动

物流企业市场营销组织内部的活动主要有两种类型：一种是职能性活动，它涉及物流企业市场营销组织的各个部门，范围相当宽泛，物流企业在制订战略时要确立各个职能在市场营销组织中的地位，以便开展有效的竞争。另一种是管理性活动，涉及管理任务中的计划、协调和控制等方面。

物流企业通常是在分析物流市场机会的基础上，制订物流市场营销战略，然后再确定相应的物流市场营销活动和组织的专业化类型。假定一个物流企业满足下述条件：企业年轻且易于控制成本；企业的几种产品都在相对稳定的市场上销售；竞争战略依赖于广告或人员推销等技巧性活动，那么，该企业就可能设计职能型组织。同样，如果企业产品销售区域很广，并且每个区域的购买者行为与需求存在很大差异，那么，它就会建立地理型组织。

3）建立组织职位

物流企业对市场营销组织内部活动的确立有利于企业对组织职位的分析。通过组织职位的分析使这些组织活动有所归附。物流企业在建立组织职位时应考虑3个要素，即职位类型，职位层次和职位数量，从而弄清楚各个职位的权利，责任及其在组织中的相互关系。

（1）职位类型，每个职位的设立都必须与市场营销组织的需求及其内部条件相吻合。

（2）职位层次是指每个职位在组织中地位的高低。

（3）职位数量是指物流企业建立组织职位的合理数量，它同职位层次密切相关。

4）设计组织结构

在确定了物流组织职位的基础上我们就可以对组织结构进行设计了。物流企业在设计组织结构时必须注意两个问题：一是把握好分权化程度，即权力分散到什么程度才能使上下级之间更好地沟通；二是确定合理的管理宽度，即确定每一个上级所能控制的合理的下级人数。一般来说，假设每个职员都是称职的，那么，分权化越高，管理宽度越大，则组织效率也就越高。如果一支20人的销售队伍仅由1名~2名经理来控制，那么，这支队伍就有较大的决策自主权，从而可能会取得较好的销售效果。

此外，市场营销组织总是随着市场和企业目标的变化而变化，所以，设计组织结构要立足于将来，为未来组织结构的调整留下更多的余地。

5）配备组织人员

在分析市场营销组织人员配备时，必须考虑两种组织情况，即新组织和再造组织（在原组织基础上加以革新和调整）。相比较而言，再造组织的人员配备要比新组织的人员配备更为复杂和困难。这是因为，人们总是不愿意让原组织发生变化，往往把再造组织所提供的职位和工作看作是一种威胁。

事实上，组织经过调整后，许多人在新的职位上从事原有的工作，这就大大损害了再造组织的功效。同时，物流企业解雇原有的职员或招聘新职员也非易事，考虑到社会安定和员工个人生活等因素，许多物流企业不敢轻易裁员。但是，不论哪种情况，物流企业配备组织人员时必须为每个职位制订详细的工作说明书，从受教育程度，工作经验，个性特征及身体状况等方面进行全面考察。而对再造组织来讲，还必须重新考核现有员工的水平，以确定他们在再造组织中的职位。

6）组织评价与调整

任何一个组织都是存在着冲突的，在冲突中组织才能不断地发展和完善。因此，从市场营销组织建立之时，市场营销经理就要经常检查、监督组织的运行状况，并及时加以调整，使

之不断得到发展。市场营销组织需要调整的原因主要有以下几点:

(1)外部环境的变化。包括:商业循环的变化、竞争加剧、新的技术出现、工会政策、政府法规和财政政策、产品系列或销售方法的改变等。

(2)组织主管人员的变动。新的主管人员试图通过改组来体现其管理思想和管理方法。

(3)改组是为了证明现存组织结构的缺陷。有些缺陷是由本组织本身的弱点所造成的,如管理宽度过大、层次太多、信息沟通困难、部门协调不够、决策缓慢等。

(4)组织内部主管人员之间的矛盾也可以通过改组来解决。所以,为了不使组织结构变得呆板、僵化和缺乏效率,物流企业必须适当地、经常地对组织结构加以重新调整。

综上所述,物流企业市场营销组织的设计和发展大体要遵循以上6个步骤,这6个步骤相互联系、相互作用,形成一个动态有序的过程。为了保持市场营销组织的生机和活力,市场营销经理就要根据这一过程进行有效决策。

4. 技能训练准备

(1)学生每5人为一个小组,每个小组选1名组长。

(2)教师现场指导。

(3)训练时间安排:2学时。

5. 技能训练步骤

(1)以每位学生为单位,针对情景案例提出的问题,记录自己的意见。

(2)各组通过汇总、讨论写出最终意见。

(3)每组派一位代表陈述结果。

6. 技能训练注意事项

(1)一丝不苟,书写认真。

(2)每个成员汇总后小组长要负责归类。

(3)陈述内容要清晰明了。

7. 技能训练评价

请完成技能训练后填写附录"技能训练评价表"。

8. 技能训练活动建议

首先要让学生熟悉各种组织形式以及适用范围。

二、市场营销组织建立时应考虑的因素

1. 情景设置

仍以第一节R公司的情况为例,张总要建立营销组织需要考虑哪些方便的因素?

2. 技能训练目标

学会对从企业的全局出发,考虑各种影响因素,以保障市场营销组织能更好地发挥作用。

3. 相关理论

1)建立物流市场营销组织的原则

(1)协调的原则。市场营销组织要与外部环境尤其与市场、顾客之间关系协调。市场营销机构也要与企业内部的其他机构相互协调,并能协调各个部门之间的关系。

(2)目标原则,是营销组织机构的设置与规模,要同所承担的任务与规定达到的目标

一致。

(3)责、权、利相统一原则。这一原则,能促使营销组织积极、主动、有效地完成各项任务。

(4)统一领导原则。强调机构要实行统一领导,必须是一个统一的有机整体。

(5)精简及适当的管理跨度原则。强调组织机构设置要齐备,但要精简,划分得当,层次合理,动作流畅。

(6)灵活性原则。营销组织应具有一定的灵活性,能够使企业迅速捕捉有利机会,求得更大发展。

(7)效率原则。营销组织的设置,要求达到运转灵活,善于寻找机会,高效运作。

(8)注重人才发现与培养原则。企业的竞争,归根结底是人才的竞争,企业组织机构要善于运用人才。

2)物流市场营销组织建立时应考虑的因素

有效的市场营销组织应该满足这些要求:①具有较好的环境适应性;②具有较好的横向和纵向协调性;③能有效地实现营销目标;④能迅速传递信息。根据这些要求,物流市场营销组织建立时应该考虑以下因素。

(1)市场特点。

物流市场是建立营销组织时应考虑的最主要的因素。物流企业所面临的市场不稳定性较强时,营销组织多采用柔性结构;当物流市场较稳定、变化性不大时,多采用刚性结构。物流市场由几个较大的物流目标市场组成时,常采用按物流目标市场(顾客)划分的营销组织。物流市场分布的地理特点较明显时,地理因素成为划分销售人员业务区域的标准。当物流企业面临的市场较大时,营销组织相对要大一些。

(2)企业规模。

物流企业规模越大,营销组织越复杂。大型物流企业的营销组织规模较大,职能划分上较细,形成专门的部门,如市场调查部、广告部、销售部等;大型物流企业营销组织的层次较多,人员控制幅度较大。小型物流企业的营销组织则相对简单,往往只有一个或几个人进行营销管理活动。

(3)产品类型。

产品的类型也会影响到营销组织形式,尤其是在工作侧重上有所不同。

(4)企业所处行业和市场阶段。

服务业的营销职能主要是同顾客的沟通和形象塑造。创业阶段的营销组织较集权,进入正规化阶段后则多采用分权制的组织结构。

4.技能训练准备

(1)学生每5人为一个小组,每个小组选1名组长。

(2)教师现场指导。

(3)训练时间安排:2学时。

5.技能训练步骤

(1)以每位学生为单位,独立思考情景案例中张总要进行组织设计时应该考虑哪些因素?并在纸上写出自己的意见。

(2)各组通过汇总、讨论写出最终意见。

(3)每组派一位代表陈述结果。

6. 技能训练注意事项

(1) 一丝不苟，书写认真。

(2) 每个成员汇总后小组长要负责归类。

(3) 陈述内容要清晰明了。

7. 技能训练评价

请完成技能训练后填写附录“技能训练评价表”。

8. 技能训练活动建议

教师尽量列举更多案例对学生进行启发。

三、市场营销组织的主要类型

1. 情景设置

仍以第一节 R 公司为例，如果张总要进行组织改革应该采用哪种类型？

2. 技能训练目标

能够根据企业现状确定市场营销组织的类型。

3. 相关理论

为了实现物流企业目标，市场营销经理必须根据自己所处的市场营销环境来选择合适的市场营销组织。大体上，市场营销组织可分为专业化组织和结构性组织两种。

1) 专业化组织

(1) 职能型组织。

这是最古老也是最常见的市场营销组织形式。它强调市场营销各种职能，如销售、广告和研究等的重要性。当物流企业只有一种或很少几种产品，或者物流企业产品的市场营销方式大体相同时，按照市场营销职能设置组织结构比较有效。但是，随着产品品种的增多和市场的扩大，这种组织形式就暴露出发展不平衡和难以协调的问题。既然没有一个部门能对某产品的整个市场营销活动负全部责任，那么，各部门就强调各自的重要性，以便争取到更多的预算和决策权力，致使市场营销总经理无法进行协调。职能型组织如图 10-1。

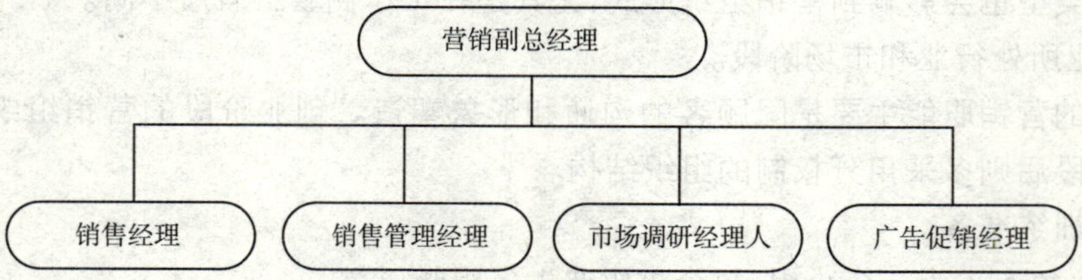

图 10-1　职能型组织

(2) 市场型组织。

当物流企业拥有单一的产品大类，面对各种不同偏好的消费群体以及使用不同的分销渠道时，建立市场型组织是可行的。许多物流企业都在按照市场系统安排其市场营销机构，使市场成为物流企业各部门为之服务的中心。

一名市场主管经理管理几名市场经理。市场经理开展工作所需要的职能性服务由其他职能性组织提供并保证。其职能是负责制订所辖市场的长期计划和年度计划，分析市场动向及企业应该为市场提供什么新产品等。他们的工作成绩常用市场占有率的增加来判断，而不是看其市场现有盈利状况。市场型组织的优点在于，市场营销活动可以按照满足各类不同顾客的需求来组织和安排，这有利于物流企业加强销售和市场开拓。其缺点是权责不清和多头领导。市场型组织如图10-2。

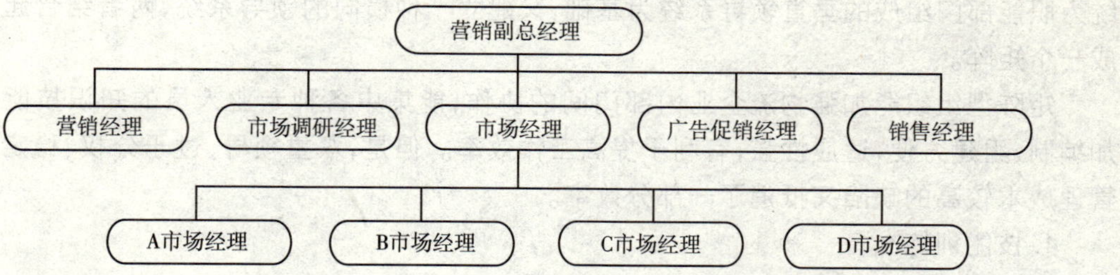

图10-2　市场型组织

(3)地理型组织。

如果一个物流企业的市场营销活动面向全国，那么它会按照地理区域设置其市场营销机构。该机构设置包括：一名负责全国销售业务的销售经理，若干名区域销售经理、地区销售经理和地方销售经理。为了使整个市场营销活动更为有效，地理型组织通常都是与其他类型的组织结合起来使用。地理型组织如图10-3。

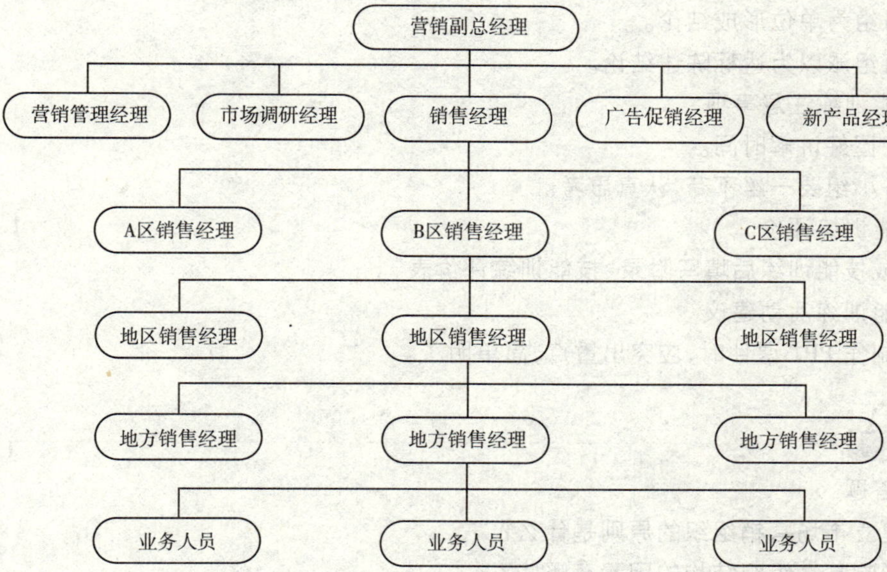

图10-3　地理型组织

2)结构性组织

专业化组织只是从不同角度建立了市场营销组织中各个职位的形态，至于如何安排这些职位，还要分析组织结构与职位之间的相互关系。物流企业设计组织结构不是最终目的，而只是实现市场营销目标的一种手段。既然各个物流企业有着不同的目标、战略、目标市场、竞争环境和资源条件，因而就可以建立起不同类型的组织结构。因此，物流企业最好的组织类型就是结构性组织类型，这种组织类型主要有以下两种表现形式：

(1)金字塔型。这是一种较为常见的组织结构形式。它由经理至一般员工自上而下建立垂直的领导关系，管理幅度逐步加宽，下级只向自己的上级直接负责。按职能专业化设置的组织结构大都是金字塔型。其特点是上下级权责明确，沟通迅速，管理效率较高。不过，由于每个员工权责范围有限，往往缺乏对总体市场营销状况的了解，因而，不利于他们的晋升。

(2)矩阵型。这种组织形式是职能型组织与产品型组织相结合的产物，它以直线指挥系统为职能部门组成的垂直领导系统为基础，又建立一种横向的领导系统，两者结合起来就组成一个矩阵。

矩阵型组织能加强物流企业内部门间的协作，能集中各种专业人员的知识技能又不增加编制，组建方便，适应性强，有利于提高工作效率。但是，双重领导、过于分权、稳定性差和管理成本较高的缺陷又抵消了一部分效率。

4. 技能训练准备

(1)制作多媒体课件。

(2)学生 5 人一组，每个小组选 1 名组长。

(3)教师现场指导。

(4)训练时间安排:2 学时。

5. 技能训练步骤

(1)通过 PPT 课堂讲解。

(2)各组根据所学内容讨论情景案例 R 公司应该采用何种组织形式。

(3)以组为单位形成结论。

(4)每组派以为达标陈述结论。

6. 技能训练注意事项

(1)把握好讲解时间。

(2)各小组要一丝不苟，认真思考。

7. 技能训练评价

请完成技能训练后填写附录"技能训练评价表"。

8. 技能训练活动建议

教师制作 PPT 课件时，应突出重点，简单明了。

思考练习

1. 简答题

(1)建立市场营销组织的原则是什么?

(2)影响营销组织结构的因素有哪些?

(3)简述市场营销部门的组织形式?

2. 思考题

(1)物流企业建立营销组织有何意义?

(2)物流企业应如何建立营销组织结构?

3. 案例题

某公司专门从事家电厂家原材料及各大卖场家电配送业务，G 省市场 50% 的配送业务由该企业完成，公司在家电生产厂家及各大卖场口碑很好。公司赵总经理决定进一步扩大配送市场规模，并要求尽快在全国建立分销网络。公司将全国分为东北、华北、华东、华中、西北、华南、西南七个大区，在每个大区的中心城市设立配送营销分公司，在其他省会城市设立配送营销处。每个大区的配送营销公司由G公司总部直接派人负责，每个配送营销处则是由有经验的可靠代理商或经销商负责配送。大区配送公司负责领导各配送处的营销工作。经过两年的努力，G公司的分销网络基本建成，公司营销部门的人员也从20人扩大到120人。G公司为加强对配送营销公司的管理，作出三项规定：(1)配送款须在配送业务完成后一个月内返回G公司财务部；(2)各配送公司必须每周向公司营销部报告所在中心城市及各省会城市配送服务情况与市场信息；(3)各营销配送公司只能以本企业的名义开展配送业务，不得以其他公司的名义开展业务。若违反上述三项规定，公司将严肃查处。

问题：

(1)公司决定在各大区中心城市设立配送公司，在其他省会城市设立配送处。你认为采取这一组织结构的最大好处是什么？

(2)你认为该公司出台的三项规定将会带来什么问题？

项目二　物流市场营销策划的控制与管理

教学要点

(1)利用网络，选择某一物流企业；

(2)根据选定企业的资料，小组讨论为其建立一个营销策划有效的控制标准。

教学方法

采用讲授、分组讨论、案例教学和分组实践的方法。

一、年度计划控制

1. 情景设置

W物流企业一直遵循一个惯例：每年年初开一个动员大会，给各个部门下达计划指标，若是年底超过计划目标，按超出比例给予不同的奖励；若是没有达到目标，相关负责人必须分析原因并给出解决措施。随着不断的发展，W公司慢慢成为行业的领头羊。该公司采用了什么控制方法？

2. 技能训练目标

能够对年度计划现实情况进行分析。

3. 相关理论

所谓市场营销控制，是指市场营销管理者经常检查市场营销计划的执行情况，查看计划与实绩是否一致，如果不一致或没有完成计划，就要找出原因所在，并采取适当措施和正确行动，以保证市场营销计划的完成。物流企业市场营销控制的内容主要有：年度计划控制、盈利能力控制、效率控制盒战略控制。

1)年度计划控制

任何物流企业都要制订年度计划，然而，年度市场营销计划的执行能否取得理想的成效，还需要看控制工作进行得如何。所谓年度计划控制，是指物流企业在本年度内采取控制步骤，检查实际绩效与计划之间是否有偏差，并采取改进措施，以确保市场营销计划的实现与完成。许多物流企业每年都制订相当周密的计划，但执行的结果却往往与之有一定的差距。事实上，计划的结果不仅取决于计划制订得是否正确，还有赖于计划执行与控制的效率如何。可见，制订年度计划并付诸实施之后，搞好控制工作也是一项极其重要的任务。

物流企业经理人员可运用5种绩效工具以核对年度计划目标的实现程度，即销售分析、市场占有率分析、市场营销费用对销售额比率分析、财务分析及顾客态度追踪。

(1)销售分析，主要用于衡量和评估经理人员所制订的计划销售目标与实际销售之间的关系。这种关系的衡量和评估有以下两种主要方法：

①销售差异分析用于决定各个不同的因素对销售绩效的不同作用。

②微观销售分析可以决定未能达到预期销售额的特定产品、地区等。

(2)市场占有率分析，物流企业的销售绩效并未反映出相对于其竞争者企业的经营状况如何。如果物流企业销售额增加了，可能是由于企业所处的整个经济环境的发展，也可能是因为其市场营销工作较之其竞争者相对改善。市场占有率正是剔除了一般的环境影响来考察物流企业本身的经营工作状况。如果物流企业的市场占有率上升，则表明它较其竞争者的情况更好；如果下降，则说明其相对于竞争者绩效较差。市场占有率分析的具体方法有以下4种：

①全部市场占有率可用物流企业的销售额占全行业销售额的百分比率表示。使用这种方法必须作出两项决策：第一是要以单位销售量或以销售额来表示市场占有率；第二是正确认定行业的范围，即明确本行业所应包括的产品、市场等。

②服务市场占有率可用其销售额占企业所服务市场的总销售额的百分比来表示。物流企业所服务的市场是指所有能够并愿意购买本企业产品的购买者。物流企业的物流市场占有率往往要小于它的全部市场占有率。一个物流企业能够获取100%的服务市场，但只能在全部市场中占有较小的比例。一个物流企业首先要获得它所服务市场的最大市场占有率，然后再考虑增加新的产品和地区，从而扩大它所服务的市场。

③相对3个最大竞争者的市场占有率，可用物流企业销售额对3个最大竞争者的销售额总和的百分比表示。如某物流企业有30%的市场占有率，其最大的3个竞争者的市场占有率分别为20%、10%、30%，则该企业的相对市场占有率是50%(30/60)。在一般情况下，相对物流市场占有率高于33%即被认为是强势的。

④相对于市场领导竞争者的市场占有率，可用物流企业销售额对市场领导竞争者的销售额的百分比来表示。相对市场占有率超过100%，表明企业是市场领导者；相对市场占有率等于100%，表明物流企业与市场领导竞争者同为市场领导者；相对市场占有率的增加表明物流企业正接近市场领导竞争者。

(3)市场营销费用对销售额比率分析。

年度计划控制也需要检查与销售有关的市场营销费用，以确定物流企业在达到销售目标时的费用支出。市场营销费用对销售额比率是一种主要的检查方法。市场营销管理人员的工作，就是密切注意这些比率，以发现是否有任何比例失去控制。当一项费用对销售额比率失去控制时，必须认真查找原因。

(4)财务分析。

市场营销管理人员应就不同的费用对销售额的比率和其他的比率进行全面的财务分

析，以决定企业如何以及在何处展开活动，并获得盈利。尤其是利用财务分析来判别影响企业资本净值收益率的各种因素。

(5)顾客态度追踪。企业一般主要利用以下系统来追踪顾客的态度。

①抱怨和建议系统，物流企业对顾客书面的或口头的抱怨应该进行记录、分析，并作出适当的反应。对不同的抱怨应该分析归类并做成卡片。较严重的和经常发生的抱怨应及早予以注意。物流企业应该鼓励顾客提出批评和建议，使顾客有经常的机会发表意见。这样，才能收集到顾客对物流企业产品和服务所作反应的完整资料。

②固定顾客样本，有些物流企业建立了由具有代表性的顾客组成的固定顾客样本，定期地由企业通过电话访问或邮寄问卷了解其态度。这种做法有时比抱怨和建议系统更能代表顾客态度的变化及其分布范围。

③顾客调查，物流企业定期让一组随机顾客回答一组标准化的调查问卷，其中包括职员态度、服务质量等。通过对这些问卷的分析，物流企业可及时发现问题，并及时予以纠正。

2)盈利能力控制

除了年度计划控制之外，物流企业还需要运用盈利能力控制来测定不同产品、不同销售区域、不同顾客群体、不同渠道以及不同订货规模的盈利能力。由盈利能力控制所获取的信息，有助于管理人员决定各种产品或市场营销活动是扩展、减少还是取消。

3)效率控制

假如盈利能力分析显示出物流企业关于某一产品、地区或市场所得的利润很差，那么紧接着下一个问题便是有没有高效率的方式来管理销售人员、广告、销售促进及分销。即对市场营销运行还要进行效率的分析。

4)战略控制

物流企业市场营销战略是指物流企业根据自己的市场营销目标，在特定的环境中，按照总体计划所拟定的一系列行动方案。由于市场营销环境变化很快，往往会使物流企业制订的目标、战略、方案失去作用。因此，在企业市场营销战略实施过程中必然会出现战略控制问题。战略控制是指市场营销管理者采取一系列行动，使实际市场营销工作与原计划尽可能一致，在控制中通过不断评审和信息反馈，对战略进行不断修正。市场营销战略的控制既重要又难以准确。因为物流企业战略的成功是总体的和全局性的，战略控制注意的是控制未来，是未发生的事件。战略控制必须根据最新的情况重新评价计划和进展，因而难度也较大。

物流企业在进行战略控制时，可以运用市场营销审计这一重要工具。各个物流企业都有财务会计审计，在一定期间客观地对审核的财务会计资料或事项进行考察、询问、检查、分析，最后根据所获得的数据按照专业标准进行判断，作出结论，并提出报告。这种财务会计的控制制度有一套标准的理论、做法。但是，市场营销审计尚未建立一套规范的控制系统，有些物流企业往往只是在遇到危急情况时才进行，其目的是为了解决一些临时性的问题。

市场营销审计的基本内容包括营销环境审计、市场营销战略审计、市场营销组织审计、市场营销系统审计、市场营销盈利能力审计和市场营销职能审计。

4. 技能训练准备

(1)学生每5人为一个小组，每个小组选1名组长。

(2)准备某家企业的年度计划表以及实际销售情况的实例。

(3)教师现场指导。

(4)训练时间安排:2 学时。

5. 技能训练步骤

(1)以每位学生为单位,分别对情景案例采用的计划控制进行分析。

(2)各组将分析内容汇总。

(3)每组派一位代表陈述结果。

6. 技能训练注意事项

(1)一丝不苟,分析认真全面。

(2)要结合实际情况进行考虑。

7. 技能训练评价

请完成技能训练后填写附录"技能训练评价表"。

8. 技能训练活动建议

提供的年度计划实例要尽量详细,并由当年整体环境的介绍。

二、盈利能力控制

1. 情景设置

W 公司每年销售情况都超过了年初计划目标,但却出现亏损,请分析出现亏损的原因。

2. 技能训练目标

能够根据拟订目标的损益表,并进行分析。

3. 相关理论

1)市场营销成本

在考虑物流企业的盈利能力时,我们应从对市场营销成本的分析入手,因为市场营销成本直接决定了物流企业利润的多少。

物流企业的营销成本一般来说是由以下项目构成:直接推销费用,包括直销人员的工资、奖金、差旅费、培训费、交际费等;促销费用,包括广告媒体成本、产品说明书印刷费用、赠奖费用、展览会费用、促销人员工资等;仓储费用,包括租金、维护费、折旧、保险、包装费、存货成本等;运输费用,包括托运费用等。如果是自由运输工具,则要计算折旧、维护费、燃料费、牌照税、保险费、司机工资等;其他市场营销费用,包括市场营销管理人员工资、办公费用等。

上述成本连同物流企业的生产成本构成了物流企业的总成本,直接影响到物流企业经济效益。其中,有些与销售额直接相关,称为直接费用;有些与销售额并无直接关系,称为间接费用。有时二者很难划分。

取得利润是任何物流企业的最重要的目标之一。物流企业盈利能力历来为市场营销管理人员所高度重视,因而盈利能力控制在市场营销管理中占有十分重要的地位。

2)战略利润模型

物流企业的财务状况不能由单一指标来衡量,必须由财务指标组合来衡量。财务指标组合包括以下 4 个方面:流动性比率、资产效率比率、获利能力比率和杠杆比率。

战略利润模型有4个重要的管理用途:第一,该模型强调公司的主要财务目标是赚取足够高的目标既定的投资收益率;第二,该模型定义了物流企业可以采取的3种“利润途径”,即加快资产周转率,提高净利率,或者深化杠杆经营程度。其假设前提是:未来的资金流动足以覆盖新增的借贷资本;第三,该模型理想地阐述了公司主要领域的决策制订方针,即资本管理、利润管理和财务管理,而且公司中相互联系的资本计划、利润计划、财务计划被认为有效地促进了管理业务的高效益;第四,该模型提供了评价财务策略的非常有用的观点,不同的组织可以采用这些财务策略来实现其目标投资收益率。

为了更好地理解战略利润模型,有必要掌握以下财务指标:

(1)流动性比率。

流动性比率用于衡量物流企业资产的流动性。目的是评价物流企业按时履行其财务义务的能力。低比率表示物流企业债务沉重,有可能无力清偿债务或由于其信用级别低而无法充分利用可能出现的增长机会。供应商可以向渠道内偿债能力低的成员继续提供商品和服务,但应限制其信用(赊款)总额或妥善安排其偿债方案。广泛应用的4个流动性比率由流动比率、速动比率、营运资本比率和现金。

(2)资产效率比率。

资产效率比率用来衡量一个企业怎样有效经营其资产。针对单项资产和总资产的管理有以下几个指标:应收账款周转率、存货周转率和总资产周转率。使用这些方法,渠道成员可促使债务人加快偿付,加速存货周转,或减少经营不佳的分店等非高效资产。

(3)获利能力比率。

获利能力比率着眼于物流企业产生利润的行为。这些比率衡量物流企业可以多么有效地产生利润。在这里主要考察两种获利能力比率,即毛利率和收益率。

(4)杠杆比率。

3个常用的杠杆比率是负债比率、资产－权益比率和权益倍数。

4.技能训练准备

(1)学生每5人为一个小组,每个小组选1名组长。

(2)准备某家企业各损益表的实例。

(3)教师现场指导。

(4)训练时间安排:1学时。

5.技能训练步骤

(1)以每小组为单位,选择某一物流企业并对其财务指标进行分析讨论。

(2)各组将分析内容汇总。

(3)每组派一位代表陈述结果。

6.技能训练注意事项

(1)一丝不苟,分析认真全面。

(2)要结合实际情况进行考虑。

7.技能训练评价

请完成技能训练后填写附录“技能训练评价表”。

8.技能训练活动建议

一定要让学生发挥的独立分析能力。

三、效率控制

1. 情景设置

W 物流公司盈利能力分析结果显示该企业在华北地区利润很差,公司决定对该地区进行效率控制,如果这项工作由你负责,应该采用何种控制方法?

2. 技能训练目标

能够对销售人员、广告、促销等进行效率分析。

3. 相关理论

1) 销售人员效率控制

物流企业进行销售人员效率控制,各地区的销售经理需要记录本地区内销售人员效率的几项重要指标。这些指标包括:每个销售人员每天平均的销售访问次数;每次会晤的平均访问时间;每次销售访问的平均收益;每次销售访问的平均成本;每次销售访问的招待成本;每百次销售访问所订购的百分比;每期间的新顾客数;每期间丧失的顾客数;销售成本对总销售额的百分比等。

2) 广告效率控制

物流企业进行广告效率控制,应至少做好如下统计:每一媒体类型、每一媒体工具接触每千名购买者所花费的广告成本;顾客对每一媒体工具注意、联想和阅读的百分比;顾客对广告内容和效果的意见;广告前后对产品态度的衡量;受广告刺激而引起的询问次数。

3) 促销效率控制

为了改善销售促进的效率,物流企业还需进行促销效率控制。为此,管理层应该对每项促销的成本和销售的影响做记录,注意做好如下统计:由于优惠而销售的百分比;每一销售额的陈列成本;赠券收回的百分比;因示范而引起询问的次数。

4) 分销效率

分销效率主要是对物流企业存货水平、仓库位置及运输方式进行分析和改进,以达到最佳配置并寻找最佳运输方式和途径。

4. 技能训练准备

(1) 学生每 5 人为一个小组,每个小组选 1 名组长。

(2) 准备某家企业的销售情况实例。

(3) 教师现场指导。

(4) 训练时间安排:0.5 学时。

5. 技能训练步骤

(1) 以每位学生为单位,选择某一物流企业,并对其效率控制进行分析。

(2) 各组将分析内容汇总。

(3) 每组派一位代表陈述结果。

6. 技能训练注意事项

(1) 一丝不苟,分析认真全面。

(2) 要结合实际情况进行考虑。

7. 技能训练评价

请完成技能训练后填写附录"技能训练评价表"。

8. 技能训练活动建议

一定要让学生发挥的独立分析能力。

四、战略控制

1. 情景设置

W 物流公司为了确保企业的目标、政策、战略和措施与市场营销环境相适应，那么该公司如何进行营销战略控制？

2. 技能训练目标

能够根据实际情况采取一系列行动，在控制中通过不断评审和信息反馈，对战略不断修正。

3. 相关理论

物流企业在进行战略控制时，可以运用市场营销审计这一重要工具。各个物流企业都有财务会计审计，在一定期间客观地对审核的财务会计资料或事项进行考察、询问、检查、分析，最后根据所获得的数据按照专业标准进行判断，作出结论，并提出报告。这种财务会计的控制制度有一套标准的理论、做法。但是，市场营销审计尚未建立一套规范的控制系统，有些物流企业往往只是在遇到危急情况时才进行，其目的是为了解决一些临时性的问题。

目前，在国外越来越多的物流企业运用市场营销审计进行战略控制。所谓市场营销审计，是对一个物流企业市场营销环境、目标、战略、组织、方法、程序和业务等进行综合的、系统的、独立的和定期性的核查，以便确定困难所在和各项机会，并提出行动计划的建议，改进市场营销管理效果。市场营销审计实际上是在一定时期对物流企业全部市场营销业务进行总体效果评价，其主要特点是不限于评价某些问题，而是对全部活动进行评价。

第二次世界大战以后，发达国家产品翻新加快，需求趋向个性化、多样化，市场竞争日益激烈，物流企业市场营销呈现危机。物流企业为了提高经济效益，必须对市场营销活动加强检查、分析和控制，逐步展开市场营销审计。进入 20 世纪 70 年代以后，美国许多工商企业，尤其是一些跨国公司，日益从单纯关注利润和效率发展到全面检查经营战略、年度计划和市场营销组织，高瞻远瞩地改善物流企业经营管理和更有效地扩大经济效果。它们对市场营销活动的检查范围逐步扩大，包括用户导向、市场营销组织、市场营销信息、战略控制以及作业效率等；同时制订了检查的具体要求，确立了检查标准并采用计分办法加以评核。从那时起，市场营销审计开始成熟，并逐步发展。越来越多的物流企业把它当作加强市场营销管理的一个有效工具。

市场营销审计的基本内容包括营销环境审计、市场营销战略审计、市场营销组织审计、市场营销系统审计、市场营销盈利能力审计和市场营销职能审计。

4. 技能训练准备

(1) 学生每 5 人为一个小组，每个小组选 1 名组长。

(2) 准备某家企业的资料。

(3) 教师现场指导。

(4) 训练时间安排：1 学时。

5. 技能训练步骤

(1) 以每位学生为单位，选择一物流企业，讨论其市场营销审计情况。

(2) 各组将分析内容汇总。

(3)每组派一位代表陈述结果。

6. 技能训练注意事项

(1)一丝不苟，分析认真全面。

(2)要结合实际情况进行考虑。

7. 技能训练评价

请完成技能训练后填写附录“技能训练评价表”。

8. 技能训练活动建议

一定要让学生发挥的独立分析能力。

思考练习

1. 简答题

(1)简述市场营销组织的五种形式。

(2)简述效率控制的主要内容。

(3)进行年度计划控制的主要步骤有哪些?

2. 思考题

(1)物流企业营销控制的意义是什么?

(2)如何进行物流企业营销控制?

3. 案例分析题

目前小件递送业务竞争日趋白热化，进行一场价格大战。为了保持一定的市场占有率，企业决定降低服务价格。为了弥补降低了的利润，企业领导安排了一项成本削减计划控制方案，其主要内容是要减少5%的运输成本、8%的包装成本及3%的营销成本。

问题：

企业可采取哪些控制方法来达到这些目标?

项目三　物流市场营销策划的效果评价

教学要点

(1)通过网络，选择某一物流企业；

(2)根据选择的企业资料分小组对该物流企业营销策划进行效果评价；

(3)设计制订评价指标与量化标准。

教学方法

采用讲授、分组讨论、案例教学和分组实践的方法。

一、物流市场营销策划效果评价的方法

1. 情景设置

R物流公司结合自身定位、发展方向以及物流行业发展趋势，提出了自己的市场营销策

划方案。经过一年的运行，R 公司总裁很想对自己公司的营销效果进行评价，但是评价的方法多种多样，那一种最合适呢？

2. 技能训练目标

能够熟练运用系统分析法、逻辑分析法和模糊综合评判法等评价方法进行评价。

3. 相关理论

1）传统定性分析法

常用的定性描述分析方法有：系统分析方法和逻辑分析方法。

（1）系统分析法是用系统科学的原理来处理评价市场营销策划。在评价市场营销策划效果时，用系统科学的基本原理（反馈原理、有序原理、整体原理）对评价的整个过程进行系统的思考，以使评价结果具有较高的可靠性和准确性，以提高评价结果的品质。

（2）逻辑分析方法是用逻辑学的基本原理和方法来评价市场营销策划效果，常用的方法有：

①归纳、演绎。

归纳是从个别事实推出一般结论的思维方法，相当于认识运动中从个别到一般的阶段。二者是互相密切联系的两个方面，归纳是演绎的基础，演绎是原有归纳的补充，而且演绎是新的归纳过程的前导，归纳也是演绎的补充。

②分析和综合。

分析就是把认识的对象在思维中分解成各个组成部分，然后对它们进行细致的研究。其研究的结果是对认识对象的各个部分提供了具体的认识。综合则与分析相对，是在思维活动中将分析所得的关于客观对象各个部分、方面、特性和因素的认识联结起来，形成对客观对象的整体性认识。二者是两种不同的、相反的理性认识方法，但它们又是相互依存、不可分割。二者统一的客观根据是事物本身都是由若干部分、方面组成的统一体，事物既有多样性，又有统一性。而且，分析是综合的前提，而综合又是分析的发展和提高。

2）模糊综合评判法

模糊综合评判法是基于评价过程的非线性特点而提出的，它是利用模糊数学中的模糊运算法则，对非线性的评价论域进行量化综合，从而得到可比的量化评价结果的过程。模糊综合评判的过程是：将评价目标看成是由多种因素组成的模糊集合，再设定这些因素所能选取的评审等级，组成评语的模糊集合分别求出各单一因素对各个评审等级的归属程度，然后根据各个因素在评价目标中的权重分配，通过计算，求出评价的定量解值。

传统的评价方法不足之处。其一，评价指标没有明确的外延，具有很大的"模糊性"。其二，评价的主观色彩浓厚，同时该方法将各种评价指标"同一化"，并没有结合企业营销策划目标来分配各指标之间的权重。

4. 技能训练准备

（1）学生每 5 人为一个小组，每个小组选 1 名组长。

（2）教师现场指导。

（3）训练时间安排：2 学时。

5. 技能训练步骤

（1）举例说明某企业实际执行营销策划的情况。

（2）以每位学生为单位，采用某一分析方法进行分析。

（3）各小组讨论最佳方法，并形成文字说明。

(4)每组派一位代表陈述结果。

6. 技能训练注意事项

(1)一丝不苟,分析认真全面。

(2)要结合实际情况进行考虑。

7. 技能训练评价

请完成技能训练后填写附录"技能训练评价表"。

8. 技能训练活动建议

尽量采用不同分析方法进行分析。

二、物流市场营销策划效果评价的标准

1. 情景设置

仍然以第一节情景为例,R 公司总裁很想知道营销策划的效果到底如何? 与以往有了那些变化? 那么这里就有一个评价指标问题,评价标准不同的出的结论也就不同,那么检验营销策划整体效果的指标有哪些呢?

2. 技能训练目标

能够运用相关评价指标对营销策划进行综合评价。

3. 相关理论

1)主要评价指标

(1)盈亏状况,企业进行市场营销策划的目的是为了提高经济效益,实现效益最大化的营销战略目标。这也是市场营销策划的出发点和归宿点。因此,盈亏状况是被策划企业最先关注的。

(2)销售增长率,是指企业本年销售增长额与上年销售额之间的比率,反映销售的增减变动情况,是评价企业成长状况和发展能力的重要指标。销售增长率是衡量企业经营状况和市场占有能力、预测企业经营业务拓展趋势的重要指标,也是企业扩张增量资本和存量资本的重要前提。该指标越大,表明其增长速度越快,企业市场前景越好。

(3)相对市场占有率,所谓相对市场占有率是指企业各个产品的市场占有率与同行业中最大的竞争对手的市场占有率之比。相对市场占有率是分析企业竞争状况的重要指标,也是衡量企业营销状况的综合经济指标。相对市场占有率高,表明企业营销状况好,竞争能力强,在市场上占有有利地位;反之,则表明企业营销状态差,竞争能力弱,在市场上处于不利地位。

2)评价内容

(1)行业分析和评价。

(2)营销环境分析和评价。

(3)竞争对手分析和评价。

(4)消费者研究和分析。

(5)产品优缺点分析和评价。

(6)市场占有率和市场地位分析。

(7)企业内部分析和评价。

(8)SWOT 分析。

4. 技能训练准备

(1)学生每5人为一个小组,每个小组选1名组长。

(2)教师现场指导。

(3)训练时间安排:2学时。

5. 技能训练步骤

(1)举例说明某企业进行市场营销策划后的现状。

(2)以每位学生为单位,对其进行分析评价。

(3)各小组讨论最佳方法,并形成文字说明。

(4)每组派一位代表陈述结果。

6. 技能训练注意事项

(1)一丝不苟,分析认真全面。

(2)要结合实际情况进行考虑。

7. 技能训练评价

请完成技能训练后填写附录"技能训练评价表"。

8. 技能训练活动建议

建议邀请一位资深营销策划师现场讲座、指导。

三、物流市场营销策划效果评价报告的撰写

1. 情景设置

以上一节情景为例,经过对R公司市场营销策划情况进行分析评价之后,如何撰写评价报告,以供公司决策层参考?

2. 技能训练目标

能够规范地撰写市场营销策划效果评价报告。

3. 相关理论

1)评价报告的难点在于评价指标的设计与量化过程的处理,特别是量化问题,如果量化方法不科学,评价结果的可靠性就差。

2)评价内容要对企业年度计划控制效果、盈利效果、效率控制效果以及战略控制效果进行详细说明。

3)评价报告的格式没有定性要求,但需要条理清晰,引用数字真实可靠。一般格式为:

(1)策划书封面。

①策划书的名称:将策划主题体现出来,尽量简洁明了让使用者一目了然,但必须具体全面。如果标题不足以说明问题,可以加上副标题。

②策划者姓名:策划小组名称及成员姓名列示出来。

③策划书制作时间:年、月、日。

④策划书的编号。

(2)目录。

(3)前言及摘要。

(4)市场营销策划效果评价正文。

正文内容一般按以下分类:①项目的总体介绍,包含策划方法、目的等;②本次评价的时

间段、方法等；③评价指标标准的制订；④对本次市场营销效果的评价打分，可制订表格按标准打分；⑤评分结论说明；⑥对结论进行分析，包括成功或失败原因，或者是造成这种原因的分析等；⑦改进或者建议。

(5)策划书的附录。

4. 技能训练准备

(1)学生每5人为一个小组，每个小组选1名组长。

(2)教师现场指导。

(3)训练时间安排：2学时。

5. 技能训练步骤

(1)以每位学生为单位，根据前两节结论撰写出完整规范的评价报告。

(2)各小组打分各成员报告内容。

(3)每组推荐最优报告，并说明原因。

6. 技能训练注意事项

(1)一丝不苟，分析认真全面。

(2)要结合实际情况进行考虑。

7. 技能训练评价

请完成技能训练后填写附录"技能训练评价表"。

8. 技能训练活动建议

一定要列举实例进行模拟撰写，撰写内容尽量符合实际。

思考练习

1. 简述题

(1)物流市场营销策划效果评价的方法有哪些？

(2)物流市场营销策划效果评价的主要评价指标是什么？

(3)物流市场营销策划效果评价的主要内容有哪些？

2. 思考题

(1)如何选择合适的方法进行物流市场营销策划效果评价？

(2)怎样撰写物流市场营销策划效果评价报告？

3. 计算题

(1)某企业年度计划要求第三季度销售5000件产品，价格为2元/件，即销售额1万元。在该季度结束时，销售了6000件，价格为2.2元/件，即实际销售额为13200元，比预期销售额多3200元，求销售额的上升有多少归因于销售量的上升？有多少归因于价格的上涨？(计算出实际数字即可)

(2)某企业生产A产品，该产品的单位变动成本为10元，所需固定成本为10万元，产量4万件，利润率为20%，计算A产品的价格。

4. 案例题

联邦快递天津收购大田集团股份

在2006年1月，联邦快递和天津大田集团有限公司签署协议，收购大田－联邦快递有限公司(双方从事国际速递业务的合资企业)中的50%股权，以及大田集团在中国的国内速递网络。该协议成交后，联邦快递将在中国拥有超过6000名员工。此项交易还需经过有关政府部门的批准以及获取有关证照等惯例程序。

现在联邦快递每星期可提供26班货机进出中国，在亚太区内聘有超过一万名员工，服务逾30个国家和地区，提供业内无可比拟的跨太平洋空运速递服务。联邦快递自设MD－11和A310宽体机队，每星期提供超过四百班货机往来曼谷、北京、宿务、胡志明、香港、雅加达、高雄、吉隆坡、马尼拉、大阪、槟城、首尔、上海、深圳、新加坡、苏比克湾、悉尼、台北和东京，以及欧美多个主要城市。

2007年5月，联邦快递（中国）有限公司宣布在中国正式推出国内限时服务业务。

问题：

（1）联邦快递进入中国的模式是什么？

（2）联邦快递推出中国国内限时服务业务体现了何种营销策略？

项目四　物流市场营销的国际化管理

教学要点

1. 利用网络，收集国际物流企业资料。
2. 由小组讨论，对国际化物流市场进行分析。
3. 拟订一份国际化物流市场发展战略。

教学方法

可采用讲授、分组讨论、案例教学和分组实践的方法。

一、物流市场营销的国际化市场分析

1. 情景设置

中国加入WTO，承诺向外资开放邮政。以UPS（美国联合包裹）、FedEx（美国联邦快递）、DHL（敦豪国际）、TNT（荷兰天地快运）四大国际巨头为代表的国际快递公司迅速进入中国，联手中外运、中铁、中国民航等国内企业，已完成投资布局。目前各外国巨头主要从事国际快递业务，十几年内已占领中国国际快递业务市场的80%，下一个目标是抢夺中国国内快递市场。请分析这些世界快递巨头是如何进入中国市场的？我国物流企业应作何反思？

2. 技能训练目标。

能够对物流市场国际化发展进行综合思考。

3. 相关理论

1）国际物流概念

（1）国际物流是不同国家之间的物流，其狭义的理解是当供应和需求分别在两个或两个以上国家独立进行时，为了克服供应需求之间的空间距离和时间间隔，而发生的商品物质实体在不同国家之间跨越国境的流动。

（2）国际物流市场是指从事交通运输、仓储等一体化物流服务的企业，通过整体营销努

力满足一个以上国家或地区的顾客对物流产品和服务的需求，从而实现国际物流企业利益目标的活动过程。

2）国际物流的特点

（1）市场广阔性，它所面对的是市场国际市场，全世界有224个国家和地区，人口超过60亿，此外种族、习惯等因素注定它是一个多层次、多维体的市场。

（2）国际性，设计多个国家，系统的地理范围大。

（3）复杂性，一个国家的物流系统要在几个不同法律、人文、语言、科技、社会标准的环境下运行。

（4）高风险性，主要包括政治风险、经济风险和自然风险。

3）国际营销特点

第二次世界大战以来，随着世界经济的迅速发展，各国在商品、劳动力、资本、科技情报等方面的交流日益频繁，经济全球化的步伐日益加速，越来越多的国家都积极参与到国际市场的竞争中来。在这种环境的发展趋势下，市场营销拓展到了新的领域，形成了新的营销分支——国际市场营销。

国际市场营销与国内市场营销从本质上来说，两者并无根本的不同，市场营销的基本原则对其都适用。具体而言，国际市场营销和国内市场营销都要进行环境分析、选择目标市场，都要作出营销决策，完成商品和劳务的交换，实现商品从生产者到消费者的转移。但是，国际市场营销和国内市场营销毕竟处于两个不同的营销地域，前者与后者相比，有跨国界、异国性、多国性的特点，在具体的营销过程中，国际市场营销又有不同于国内市场营销的操作层面。

国际市场营销与国内市场营销相比，其特点主要表现在以下几个方面：

（1）复杂性。

各国由于特定的社会文化、政治法律和技术经济环境不同，使国际市场营销的复杂性远远大于国内不同地区的市场营销。社会文化不同表现在语言障碍、文化差异、风俗习惯、社会制度不同等，给国际营销带来市场调查不易、了解贸易对手困难、交易双方沟通障碍、交易接洽不便等诸多困难；政治法律不同表现在政治体制、海关制度及有关贸易法规不同等，给国际市场营销带来障碍；技术经济环境不同表现在居民收入水平不同、经济发展水平不同、经济体制不同等，对国际市场营销也产生极大影响。

（2）风险性。

国际市场营销由于进行跨国界的交易活动，很多情况不易把握，其产生的风险，如信用风险、汇兑风险、运输风险、政治风险、商业风险等，远远大于国内市场营销。

（3）激烈性。

进入国际市场的物流企业都是各国实力强大的企业，使国际市场营销企业参与的国际竞争比国内市场的竞争更为激烈，也更为残酷。世界各国在国际市场上，营销的参与者与国内也有很大不同，除国内市场竞争的常规参与者外，政府、政党、有关团体也往往介入营销活动中，政治力量的介入，使国际市场的竞争更加微妙，竞争的激烈程度也比国内市场大为提高。对于发展中国家的物流企业来说，参与国际竞争必然要承受巨大的竞争压力。

4）国际营销环境分析

国际市场营销在本质上是国内营销在国际市场上的延伸，因此，国际市场营销学的基本原理同国内市场营销是一致的。许多指导国内物流企业营销活动的范畴、策略和方法，诸如营销调研、环境分析、购买者行为研究、细分市场和目标市场选择、市场营销组合策略的制订与实施等，均可以用来指导国际市场营销活动。但是，国际市场营销作为跨越国界的贸易活动，却又不是国内营销在国际市场的简单延伸。国际市场营销所面对的是本国以外的其他国家的市场。国外市场范围辽阔且距离遥远，且各个国家的政治制度、法律体系、经济体制、人口状况、技术水平、消费方式、风俗习惯等不可控制的环境因素均有较大差异，环境特性成为国际市场销售与国内市场营销之间质的区别。这意味着从事国际市场营销活动的企业将面临极为复杂的国际营销环境。

在这里我们不再对从事国际营销所考虑的一般环境因素进行分析。下面我们将提供给大家一些新的环境发展趋势，正是这些趋势的存在带来了国际营销新的内容。

(1)政治的多极化。自从20世纪90年代，前苏联发生巨变以来，美国成为唯一具备超级大国一切因素的国家，因此，美国试图建立一种单极体制的世界政治体制。单就经济实力而言，美国霸主地位开始动摇，西欧经济实力迅速增长，亚洲太平洋地区正在成为新的世界经济中心，亚太地区将和北美、欧盟鼎足而立。世界政治多极化的趋势已越来越明显。

(2)经济的全球化。近20年来，世界经济全球化日趋明显，已成为不以某一国家利益为转移的必然趋势。科学技术的进步、信息网络的发展、低成本宽带通行能力的增强，对经济全球化趋势的形成起到了不可低估的推动作用。经济全球化以各国国内市场国际化为依托，其发展又进一步促进了国内市场国际化程度的提高。

(3)知识经济的全面到来。21世纪将是知识经济的时代。在直接依据知识和信息的生产、分配和使用的经济中，知识已成为生产的支柱和主要产品，服务业将在国民经济中占据主要地位，高新技术产业的飞速发展是重要标志之一。知识经济为物流企业创新提供了良好的外部环境，给物流企业的发展带来全方位的影响。物流企业必须进行营销因素的重新组合才能更好地生存和发展。在营销中引入知识的要素，如依靠知识进行产品的创新，充分利用新近发展起来的网络渠道等。

(4)网络的普及。当前电脑和网络的用户群的规模不断的扩大，中国“网民”数量已突破5亿。由于电子商务的发展，消费者可从因特网上得到任何产品的图片，阅读产品说明书，并按最适宜的价格和条件从自动售货机上买到商品。商店的交易量趋于减少，更多的商店经营娱乐性项目。大多数的公司建立了专门客户的基本资料，以向个别客户提供按要求定做的产品。网络的普及带来的是营销活动的虚拟化。

5)进入国际物流市场方式的影响因素

(1)东道国物流市场规模的大小。物流市场规模的大小，直接影响物流企业进入该国物流国际化的意愿和进入方式。

(2)东道国的资源状况。东道国丰富低廉的生产资源往往是促进物流企业选择直接投资方式的重要原因。

(3)东道国政府的政策法规。国外投资政策必然会促使物流企业考虑投资规模和进入方式等，严格的外汇管理政策直接影响投资收益和资本汇率，也会影响物流企业投资方式进入信心。

(4)东道国与母国之间的文化差异。东道国与母国之间的文化差异会影响营销活动的开展，东道国与母国之间的文化发生冲突时，就会受到抵制，这也会影响物流企业进入的方式。

4. 技能训练准备

(1) 学生每 5 人为一个小组，每个小组选 1 名组长。

(2) 教师现场指导。

(3) 训练时间安排:2 学时。

5. 技能训练步骤

(1) 以小组为单位，讨论情景案例中速递巨头如何成功进入中国市场。

(2) 各组整理讨论内容。

(3) 每组派一位代表陈述结果。

6. 技能训练注意事项

思维方式要有国际化大局观。

7. 技能训练评价

请完成技能训练后填写附录"技能训练评价表"。

8. 技能训练活动建议

尽可能多的列举一些熟悉的案例教学。

二、物流市场营销的国际化发展战略

1. 情景设置

新加坡港务集团是世界上最强的集装箱码头管理机构之一，集装箱年吞吐量多年来一直稳居全球前两位，早有进入中国内地之心。集团经过仔细考虑决定从广州港入手，2002 年底，新加坡港务集团加盟广州港，双方合资 8 亿元组建广州集装箱码头有限公司。此举一出，便影响到了整个珠江三角洲的物流业。新加坡港务采用了一种什么样的发展战略呢?

2. 技能训练目标

能够根据企业自身特点制订国际化发展战略。

3. 相关理论

1) 物流市场营销国际化发展策略

全球行销策略包括 4 个主要方面:全球营销任务、全球市场细分、全球竞争定位及全球市场营销组合。

(1) 确定全球营销任务。

全球市场营销的中心任务不再是对别国的特定的市场营销活动的个别优化，而是更多地优先考虑不同国家的商业利益如何隶属于物流企业的全球性战略目标。既然全球营销对于物流企业获取其全球性战略目标有重要作用，物流企业的全球营销就应与物流企业的整体发展相适应，为了物流企业的政体发展，物流企业在必要的时候甚至放弃某国的市场也应在所不惜。物流企业在确定全球任务时，应以战略的眼光看待全球市场的选择与进退，注重全球市场规模的政体优化。

(2) 进行全球市场细分，有 3 种方式可供选择。

①全球性市场细分，此方式要求细分标准必须跨越国界，重在找出不同国家的消费者在需求上的共性，而避免地域或文化方面的差异。

②国别性市场细分，这一方式强调不同国家之间文化上的差异，市场细分主要以地理位置和国籍为基准，即把世界市场看成是由许多不同国家的市场组成的。

③混合型市场细分,这种方式是前两种细分方法的结合型,某一国别市场可个别化,而另一些国别市场则可组合成一个共同的细分市场。

(3)选择全球竞争定位。

除进行全球市场细分外,物流企业还要选择其在每一个市场上的竞争地位。通常情况下,4 种主要的竞争定位分类是:市场领导者、市场挑战者、市场追随者和市场补缺者即小市场份额占有者。如果物流企业在所有的外国市场采取同样的竞争定位方式,则称之为全球性竞争定位策略;反之,如果物流企业在不同市场采取不同的竞争定位,则称之为混合型竞争定位策略。

(4)设计全球营销组合。

根据物流企业的全球市场细分和竞争定位策略,可以设计相应的市场营销组合决策。

理想的全球营销组合指采用统一的营销计划,在一个全球性细分市场上营销一种标准化产品。当某一全球物流企业向所有的消费者出售同样的产品并提供相同的服务时,它注意的是全球市场的相同点,全球营销者充分认识到产品、定价、渠道与促销的标准化能给物流企业带来的巨大经济消息。

全球营销体现出国际市场营销的重新定位,是国际营销的一种新战略。为充分利用与全球营销紧密相关的国际市场机会、物流企业必须在全球营销战略实施前,结合物流企业的内部因素与外在环境进行全面的分析,以确保全球营销战略的实现。

2)进入目标市场的方式

(1)投资方式,具体形式主要有:购买航线、建立物流设施、追随进入、设立分公司、成立合资物流公司。

(2)建点方式,将物流活动中的某一环节设在目标市场所在国。

(3)贸易方式,主要形式有加工贸易,补偿贸易等。

(4)契约方式,主要采取授权经营、技术协议、服务合同、管理合同、分包合同等形式。

3)企业竞争战略分析法

(1)成本领先战略是指当企业与其竞争者提供相同的产品或服务时,采取的使产品和服务的成本长期低于竞争对手的战略。

(2)集中化战略也称为专一化战略,是指把物流企业的注意力和资源集中在一个有限的领域的战略。

(3)差异化战略是指物流企业针对客户的特殊需求,把自己同竞争者或替代产品区分开来,向客户提供不同于竞争对手的产品或服务,建立起全行业中具有独特性的地方,而且这种差异是竞争者短期内难以模仿的。

4. 技能训练准备

(1)学生每 5 人为一个小组,每个小组选 1 名组长。

(2)教师现场指导。

(3)收集东道国资料。

(4)训练时间安排:2 学时。

5. 技能训练步骤

(1)以每位学生为单位,思考如何选择国际化发展战略。

(2)各组将分析内容汇总。

(3)每组派一位代表陈述结果。

6. 技能训练注意事项

思维方式要实事求是。

7. 技能训练评价

请完成技能训练后填写附录“技能训练评价表”。

8. 技能训练活动建议

尽可能多的列举一些熟悉的案例教学。

思考练习

1. 简答题

(1) 何谓国际物流？国际物流有什么特点？

(2) 国际营销具有哪些特点？

(3) 简述物流国际市场定位的策略？

(4) 影响选择进入国际物流市场方式的因素？

2. 思考题

(1) 试述物流市场营销国际化对我国物流企业有何意义？

(2) 国际物流市场营销与国内物流市场营销的共同点和不同点是什么？

附　录：

技能训练评价表

<table>
<tr><td>专　业</td><td colspan="2">物流管理</td><td>班级　　　　　　学号</td><td>姓名</td><td></td></tr>
<tr><td>考评地点</td><td colspan="5"></td></tr>
<tr><td>考评内容</td><td colspan="5"></td></tr>
<tr><td rowspan="11">考评标准</td><td colspan="3">内　容</td><td>分值(分)</td><td>评分(分)</td></tr>
<tr><td rowspan="2">学生自评</td><td>参与度</td><td>是否积极参与学习？积极进入角色？积极动手实践？积极探知知识点和思考工作方法？积极参加研讨？积极提出建议？</td><td>10</td><td></td></tr>
<tr><td>工作报告</td><td>是否独立完成？如实撰写？撰写详尽？专业性？图表合理清晰？</td><td>15</td><td></td></tr>
<tr><td rowspan="3">小组互评</td><td>协作力</td><td>信息传递准确？传递及时？交流融洽？</td><td>5</td><td></td></tr>
<tr><td>岗位描述</td><td>是否口头表达顺畅？岗位职责详细？可执行性？有效性？</td><td>10</td><td></td></tr>
<tr><td>组织能力</td><td>是否积极参与学习？积极探知知识点和思考工作方法？积极参加研讨？</td><td>10</td><td></td></tr>
<tr><td rowspan="4">教师评价</td><td>工作流程计划</td><td>是否流程设置清晰？可执行性？有效性？</td><td>10</td><td></td></tr>
<tr><td>角色完成质量</td><td>按时完成任务？正确完成任务？采取合理工作方法？</td><td>10</td><td></td></tr>
<tr><td>工作汇报</td><td>是否 PPT 如实描述？内容全面？编排美观？专业性？图表合理清晰？独创性？</td><td>15</td><td></td></tr>
<tr><td>工作报告</td><td>是否独立完成？如实撰写？撰写详尽？专业性？图表合理清晰？</td><td>15</td><td></td></tr>
<tr><td colspan="3">总　评</td><td>100</td><td></td></tr>
</table>

注：该表序号根据相应训练项目排序自行填写。

参 考 文 献

[1] 沈文,邓爱民．国内外物流经典案例——企业家之桥[M]．北京:人民交通出版社,2001.

[2] 曲建科．物流市场营销[M]．北京:电子工业出版社,2007

[3] 黄福华．李坚飞．物流营销[M]．大连:东北财经大学出版社,2009.

[4] 詹春燕．物流营销基础与实务[M]．北京:机械工业出版社,2006.

[5] 闫叶琛．物流服务营销[M]．北京:人民交通出版社．2007.

[6] 侯旻,孙军．物流营销实务[M]．北京:清华大学出版社·北京交通大学出版社,2011.

[7] 张铎．物流市场营销基础[M]．北京中国铁道出版社,2008.

[8] 李祖武．物流市场营销[M]．北京:清华大学出版社,2008.

[9] 何娟．物流市场营销理论与实务[M]．成都:西南交通大学出版社,2010.

[10] 龙丁玲．物流企业市场营销[M]．武汉:华中科技大学出版社,2010.

[11] 梁军．物流服务营销[M]．北京:清华大学出版社·北京交通大学出版社,2007.

[12] 杨穗萍．物流营销实务[M]．北京:中国物资出版社,2006.

[13] 陈向红．物流市场营销[M]．重庆:重庆大学出版社,2009.

[14] 陈立新．物流市场营销[M]．北京:人民交通出版社,2005.

[15] 蒋惠园．运输市场营销学[M]．北京:人民交通出版社,2004.

[16] 严炎清,范爱理．物流市场营销[M]．北京:机械工业出版社,2004.

[17] 汪娅．我国中小企业的物流发展战略研究[J]．物流科技,2006.

[18] 邹筱．浅论发展中小企业物流的战略与策略[J]．中国市场,2006.

[19] 郝渊晓．现代物流管理学[M]．广州:中山大学出版社,2002.

[20] 王广宇．客户关系管理[M]．北京:经济管理出版社,2001.

[21] 狄振鹏．服务营销技巧[M]．北京:北京大学出版社,2008.

[22] 冯丽云,李宇红．现代营销管理[M]．北京:北京中华工商联合出版社,2007.

[23] 杨芳玲．我国服务营销的现状及发展趋势[J]．河南商业专科学报,2007.

[24] 章金萍．市场营销理论与实务[M]．杭州:浙江大学出版社,2005.

[25] 董千里．物流企业运作与实务[M]．北京:人民交通出版社,2005.

[26] 菲利普·科特勒．营销管理——分析、计划、执行与控制[M]．上海:上海人民出版社,2001.

[27] 郭国庆．市场营销学通论[M]．北京:中国人民大学出版社,2007.